创新思维法学教材
Legal Textbooks of Creative Thinking

证据法论

Evidence Law

第四版

占善刚 刘显鹏 ▸著

WUHAN UNIVERSITY PRESS
武汉大学出版社

图书在版编目(CIP)数据

证据法论/占善刚,刘显鹏著．—4版.—武汉：武汉大学出版社，2019.7(2023.1重印)

创新思维法学教材

ISBN 978-7-307-20973-2

Ⅰ.证…　Ⅱ.①占…　②刘…　Ⅲ.证据—法学—中国—高等学校—教材　Ⅳ.D925.013

中国版本图书馆CIP数据核字(2019)第115138号

责任编辑:张　欣　　　责任校对:李孟潇　　　版式设计:马　佳

出版发行：**武汉大学出版社**　(430072　武昌　珞珈山)

(电子邮箱：cbs22@ whu.edu.cn　网址：www.wdp. com.cn)

印刷：武汉图物印刷有限公司

开本:720×1000　1/16　印张:21.5　字数:384千字　插页:1

版次:2009年2月第1版　2013年4月第2版

2015年8月第3版　2019年7月第4版

2023年1月第4版第2次印刷

ISBN 978-7-307-20973-2　定价:48.00元

第四版序

2018年3月20日第十三届全国人民代表大会第一次会议通过了《中华人民共和国监察法》，明确规定监察委员会是行使国家监察职能的专责机关，有权对所有行使公权力的公职人员进行监察，调查职务违法和职务犯罪，从而给我国刑事诉讼中的侦查结构带来了重大的调整。该法第18条至第33条对监察机关在行使调查权的过程中如何收集证据作出了明确的规范。为配合《监察法》的实施，2018年10月26日第十三届全国人大常委会第六次会议通过了《关于修改〈中华人民共和国刑事诉讼法〉的决定》，对《刑事诉讼法》作了第三次修正。新设的“缺席程序”、“速裁程序”等程序也均涉及证据制度的适用。为因应2014年《行政诉讼法》的修改，2017年11月13日最高人民法院通过了《关于适用〈中华人民共和国行政诉讼法〉的解释》，其中第34条至第47条对行政诉讼中的证据制度作出了全新的解释。2016年9月9日，最高人民法院、最高人民检察院、公安部联合发布《关于办理刑事案件收集提取和审查判断电子数据若干问题的规定》，对电子数据的收集与提取、电子数据的移送与展开、电子数据的审查与判断作出了详细的规定。为因应教学的需要以及方便读者更好地了解与学习证据法，本书以最新的立法及司法解释为依据再次进行了修订。此外，在本次修订过程中，对书中的个别错误观点也一并作了改正。

第三版序

2014 年 11 月 1 日第十二届全国人大常委会第十一次会议通过了《关于修改〈中华人民共和国行政诉讼法〉的决定》，对现行行政诉讼证据制度作了较大的修改。如增设电子数据为独立的证据类型，确立了非法证据排除规则，并在吸收此前最高人民法院发布的《关于行政诉讼证据若干问题的规定》相关解释合理内容的基础上就行政诉讼中举证责任的分配、证据的收集等制度作了进一步的明确规定。2014 年 12 月 18 日最高人民法院发布了《关于适用〈中华人民共和国民事诉讼法〉的解释》，就 2012 年修改后的《民事诉讼法》的具体适用作了详尽的解释，其中第四部分“证据”从第 90 条至第 124 条共计 35 个条文对民事证据的基本制度作了较为全面的阐释。修改后的《行政诉讼法》已于 2015 年 5 月 1 日起施行，新的《民诉法解释》也已于 2015 年 2 月 4 日起施行。为因应教学的需要以及方便读者进一步了解并学习证据法，本书以修改后的《行政诉讼法》及最新的《民诉法解释》为依据对内容作了进一步的修订。

第二版序

2012年3月14日及8月31日第十一届全国人大第五次会议及第十一届全国人大常委会第二十八次会议分别通过了《关于修改〈中华人民共和国刑事诉讼法〉的决定》及《关于修改〈中华人民共和国民事诉讼法〉的决定》，对现行刑诉法及民诉法作了大范围的修正，其中很多内容涉及证据法规范。譬如，增设电子数据为独立的法定证据形态，确立了非法证据排除规则，完善了证人出庭作证制度、鉴定制度、证据保全制度等。诸如此类，不一而足。修改后的刑诉法及民诉法均将于2013年1月1日实施，为配合修改后的刑诉法的实施，2012年11月22日及12月20日，最高检及最高法分别通过了《人民检察院刑事诉讼规则》及《关于适用〈刑事诉讼法〉的解释》，对证据制度的适用作了具体的阐释。为因应教学的需要以及方便读者进一步了解并学习证据法，本书以修改后的两大诉讼法为实定法依据作了相应的修订。

前　言

在德国、日本等大陆法系国家或地区学者所撰之证据法教科书或著作中，直接以“证据法”作为书名的绝少见之，而多以“民事证据法”或“刑事证据法”目之。盖在大陆法系，并无统一的证据法典，证据法殆皆作为民事诉讼法典、刑事诉讼法典中的一编或一章而予以规范。民事诉讼法与刑事诉讼法之间在立法观念上所存在的根本性的差异，直接决定了大陆法系民事证据法与刑事证据法在证据能力之限制、证明度之要求、法官证据调查之设计等各方面均存在本质上的差异。因此，一如对民事诉讼法、刑事诉讼法乃分别为著述讲学，大陆法系学者对民事证据法、刑事证据法亦乃分别为著书立说，庶免徒增认识上的纷扰。我国诉讼法立法素承大陆法系之立法传统，证据法不独亦仅作为诉讼法典的一章予以规范，并且民事证据法规范与刑事证据法规范亦存在诸多差异而绝少同一。故若循此以解，我们应可推知，国内学者在撰写证据法教科书或著作时，亦应效尤大陆法系学者，对其分而论之，如此方合乎事理。不过，从国内出版的已有的关于证据法的各种读物来看，几无例外地是将民、刑证据法统合在一起进行著述，这似乎已成了关于证据法写作的惯习并为广大读者所接受。基此考量，本书在写作体例上亦乃从之。

本书立足于现行三大诉讼法典中的证据法则以及最高人民法院于不同时期颁行的关于证据法的司法解释，在大量吸收国内学者的关于证据法最新成果之基础上，阐释了民、刑证据法基本原理、证据中的基本制度与基本证据规则，缕析了我国证据规范所存在的缺漏并就如何完善提出了自己的看法。本书立论平允，其中不少为作者自己所持之见解，在此意义上讲，其实有别于传统意义上的教科书，毋宁认为乃真正意义上的证据法著作。本书不仅可作为初学者入门之用，也可作为法学专业研究生进一步研习证据法的高级读本，于法官、检察官、律师等法律职业者在司法实务中的操作亦不无裨益。

为方便读者进一步研究证据法，作者将书中所援引的中外文参考文献列入书尾，以供检索、查阅。

法律文件的缩略语

法律文件的全称	缩略语
中华人民共和国宪法(1982 年 12 月 4 日公布并施行,2004 年 3 月 14 日修正)	《宪法》
中华人民共和国监察法(2018 年 3 月 20 日公布,自公布之日起施行)	《监察法》
中华人民共和国民事诉讼法(1991 年 4 月 9 日公布,2007 年 10 月 28 日第一次修改通过,2008 年 4 月 1 日施行。2012 年 8 月 31 日第二次修改通过,2013 年 1 月 1 日施行。2017 年 6 月 26 日第三次修改通过,自 2017 年 7 月 1 日施行)	《民事诉讼法》
中华人民共和国民事诉讼法(试行)(1982 年 3 月 8 日公布,1982 年 10 月 1 日施行。已废止)	《民事诉讼法》(试行)
中华人民共和国刑事诉讼法(1979 年 7 月 1 日公布,1996 年 3 月 17 日第一次修改通过,1997 年 1 月 1 日施行。2012 年 3 月 17 日第二次修改通过,2013 年 1 月 1 日施行。2018 年 10 月 26 日第三次修改通过,自公布之日起施行)	《刑事诉讼法》
中华人民共和国行政诉讼法(1989 年 4 月 4 日公布,2014 年 11 月 1 日第一次修改通过,2015 年 5 月 1 日施行。2017 年 6 月 27 日第二次修改通过,自 2017 年 7 月 1 日施行)	《行政诉讼法》
中华人民共和国海事诉讼特别程序法(1999 年 12 月 25 日公布,2000 年 7 月 1 日施行)	《海事诉讼法》

法律文件的全称	缩略语
中华人民共和国民法通则(1986年4月12日公布,1987年1月1日施行)	《民法通则》
中华人民共和国合同法(1999年3月15日公布,1999年10月1日施行)	《合同法》
中华人民共和国继承法(1985年4月10日公布,1985年10月1日施行)	《继承法》
中华人民共和国公司法(1993年12月29日公布,2005年10月27日第一次修改通过,2006年1月1日施行。2013年12月28日第二次修改通过,2014年3月1日施行)	《公司法》
中华人民共和国专利法(1984年3月12日公布,2000年8月25日第一次修改通过,2001年7月1日施行。2008年12月27日第二次修改通过,2009年10月1日施行)	《专利法》
中华人民共和国刑法(1979年7月1日公布,1997年3月1日修改通过,1997年10月1日施行)	《刑法》
中华人民共和国治安管理处罚法(2005年8月28日公布,2006年3月1日施行)	《治安管理处罚法》
中华人民共和国道路交通安全法(2003年10月28日公布,2007年12月29日第一次修改通过,2008年5月1日施行。2012年10月26日第二次修改通过,2013年1月1日施行)	《道路交通安全法》
国务院诉讼费交纳办法(2006年12月8日公布,2007年4月1日施行)	《诉讼费交纳办法》
最高人民法院关于适用《中华人民共和国民事诉讼法》若干问题的意见(1992年7月14日公布并施行,已废止)	《民诉适用意见》
最高人民法院关于民事经济审判方式改革问题的若干规定(1998年7月6日公布,1998年7月11日施行)	《民事审改规定》

法律文件的全称	缩略语
最高人民法院关于民事诉讼证据的若干规定(2001 年 12 月 21 日公布,2002 年 4 月 1 日施行)	《民事证据规定》
最高人民法院关于行政诉讼证据若干问题的规定(2002 年 6 月 4 日公布,2002 年 10 月 1 日施行)	《行政证据规定》
最高人民法院关于适用《中华人民共和国刑事诉讼法》的解释 2012 年 12 月 20 日公布,2013 年 1 月 1 日施行)	《人民法院刑事诉讼解释》
人民检察院刑事诉讼规则(试行)(2012 年 11 月 22 日公布,2013 年 1 月 1 日施行)	《人民检察院刑事诉讼规则》(试行)
最高人民法院关于适用《中华人民共和国行政诉讼法》的解释(2018 年 2 月 6 日公布,2018 年 2 月 8 日施行)	《行诉法解释》
最高人民检察院关于严禁将刑讯逼供获取的犯罪嫌疑人供述作为定案依据的通知(2001 年 1 月 2 日公布)	《关于严禁将刑讯逼供获取的犯罪嫌疑人供述作为定案依据的通知》
最高人民法院关于适用《中华人民共和国民事诉讼法》的解释(2014 年 12 月 18 日公布,2015 年 2 月 4 日施行)	《民诉法解释》
最高人民法院最高人民检察院、公安部关于办理刑事案件收集提取和审查判断电子数据若干问题的规定(2016 年 9 月 9 日公布,2016 年 10 月 1 日施行)	《刑事案件电子数据规定》
最高人民法院关于未经对方当事人同意私自录制其谈话取得的资料不能作为证据使用的批复(1995 年 3 月 6 日公布)	《未经对方当事人同意私自录制其谈话取得的资料不能作为证据使用的批复》
最高人民法院关于对诉前停止侵犯专利权行为适用法律问题的若干规定(2001 年 6 月 7 日公布,2001 年 7 月 1 日施行)	《诉前停止侵犯专利权行为适用法律问题规定》

法律文件的全称	缩略语
最高人民法院关于诉前停止侵犯注册商标专用权行为和保全证据适用法律问题的解释(2001 年 12 月 25 日公布,2002 年 1 月 22 日施行)	《诉前停止侵犯注册商标专用权行为和保全证据适用法律问题解释》
最高人民法院关于审理涉及计算机网络著作权纠纷案件适用法律若干问题的解释(2006 年 11 月 20 日公布,2006 年 12 月 8 日施行)	《审理涉及计算机网络著作权纠纷案件适用法律问题解释》
最高人民法院关于审理医疗损害责任纠纷新适用法律若干问题的解释(2017 年 12 月 13 日公布,2017 年 12 月 14 日施行)	《医疗损害责任纠纷解释》
最高人民法院关于互联网法院审理案件若干问题的规定(2018 年 9 月 6 日公布,2018 年 9 月 7 日施行)	《互联网法院审理案件规定》

目　录

第一章　证据法概论

第一节　证据法中的事实

证据法，是调整诉讼中证据调查和运用的法律规范的总称。以之为研究对象的法律学科被称为证据法学。证据作为案件真实发现的基础和法院裁判的依据在诉讼程序中居于最为核心的地位，故系统、全面地学习和研究证据的基本理论及其运用规则对整个诉讼程序的理解和把握具有极为重要的意义。

在当今各国和地区普遍采取的争执双方当事人对等的辩论式诉讼模式下，诉讼程序通常乃是经由处于中立地位的法官对双方当事人之间争执的法律关系从事实认定与法律适用两个方面进行裁决。双方当事人争执之所在，或为事实问题，或为法律问题，或两者兼而有之。而对纷争事实的正确认定乃法官对法律适正适用的基础，因此，学习和研究证据法，必须先对证据法中的事实内涵与形态等基本问题有一个正确的理解。

一、事实的内涵

证据法上的事实，一般来说是指主体对事物的特定属性或与其他事物的特定关系所作的判断。易言之，其乃是由人对呈现于自己面前的案件相关现象有所觉察，并运用一定的概念对之加以陈述或描述以及在此基础上作出相应判断的结果。当人们对呈现于自己面前的案件相关现象依自己之五官而感知，并且在作出了一个正确判断时，即可认为其发现了案件事实；反之，如果主体基于一定认知所作出的陈述或描述不符合案件发生时的实际情况，也即主体对案件发生的真实状况作出了错误的断定时，则应认为其没有发现案件事实。①

事实和证据虽然不能等同，但两者之间却存在着内在的联系。证据是证明案件事实的根据，其蕴含着诉讼中需要查明的案件事实的各种信息。证据中的这些信息能够揭示案件事实，并由此查明案件事实。证据实质上就是蕴含有案件事实信息的以人的或物的形态存在的事实信息载体。通常来讲，认定案件事实必须审查、判断其所依据的或者说其能得以推断存在的证据，审查、判断证据的诉讼程序和相关制度不同，其所蕴含的价值也就各异。

诉讼中的事实并非事件经过本身，而是当事人对事件经过的陈述②或主张。从事实陈述主体看，当事人对事实的主张分为两类：

（一）一方当事人向法院提出的使自己的诉讼请求得以成立的事实

当事人的该项事实上的陈述乃狭义上的主张，对法官在事实认定上具有拘束力。如果当事人在诉讼中未向法院提出此项事实，纵然法官通过证据调查知晓该事实存在，也不能将其作为裁判之基础，这在诉讼理论上被称为"主张责任"。

（二）一方当事人为使对方当事人的主张得不到法院的支持所作的陈述

这类事实陈述又可具体分为四种。

1. 否认

否认是一方当事人对对方当事人的主张进行争执的行为，是指一方当事人针对对方当事人提出的事实主张，所作出的认为其不存在或不真实之陈述。其

---

① 一般来说，事实包含两层含义，即事实存在和事实判断。事实存在是指作为认识对象的事物的真实情况，其处于人的认识之外，是一种"自在"。当这种"自在"进入人的认识领域，就形成了事实判断，即人对事物真实情况的陈述或认定。例如，车站有人在候车，这是一种事实存在，而甲对乙说"车站有人在候车"，则是在作事实陈述。尽管人们所说的事实经常指的是事实判断，但从认识的有机过程和联系来看，一个活生生的事实，应该由事实存在和事实判断来构成。这种对事实涵义的界定是从本体论和认识论两方面入手的，事实存在是本体论意义上的事实，事实判断则是认识论意义上的事实。同时，这一界定实际上也描述了事实的两种表现形式，即作为存在的事实和作为命题表述的事实。而证据法上对事实的界定，主要是从认识论的角度入手，因为诉讼程序中所有的事实都是通过当事人的陈述或描述而呈现的，都是以当事人的认识为立足基点的。

② 此"陈述"与我国民事诉讼法中"当事人的陈述"并非同一概念：民诉法中所称"当事人的陈述"实际上相当于证人证言，乃指当事人以非诉讼主体身份在法官的询问或讯问之下所作的陈述，它属于证据资料；而诉讼法理上所指称之"陈述"特指当事人以诉讼主体身份就案件事实向法官所作的陈述，它属于诉讼资料。证据资料的功能在于证明诉讼资料。

细分为以下两种：

（1）单纯的否认。即针对对方的主张，当事人仅直接予以否认，不提出其他事实。

（2）附理由的否认。即当事人提出另外的事实，此事实与对方主张的事实不能并存。

有些国家立法中，规定当事人对其陈述负有“具体化义务”，依此义务之要求，一般而言当事人对对方的主张并不能进行单纯的否认。仅在特定情形下，也即在该对方当事人不能具体、充分地知道事实发生的原因和经过或处在事案经过以外时，始可作单纯的否认。

2. 抗辩

抗辩，也是当事人对对方当事人的主张进行争执的行为，是指一方当事人为了使对方当事人提出的事实主张在法律上的效果不发生或使其消灭而提出的与对方当事人主张的事实能够对立的并且能够独立引起法律效果的要件事实。抗辩也有两种具体表现形式：

（1）当事人将诉讼外行使抗辩权的事实于诉讼中向法院提出。其为单纯的抗辩，仅引起诉讼法上的效果。

（2）当事人在诉讼外未行使抗辩权，而在诉讼中于法官面前针对对方当事人行使抗辩权。此类抗辩实际上乃当事人将实体法上的抗辩权于诉讼中行使，故具有双重意义，其既产生实体法上的效果，又引起诉讼法上的效果。

一般而言，诉讼上的抗辩分为权利障碍抗辩、权利消灭抗辩与权利阻止抗辩三类形式。

①权利障碍抗辩。权利障碍抗辩是指当事人提出的妨碍对方主张的事实效果予以成立的事实。例如原告要求被告履行合同义务，主张合同有效成立，被告主张合同违反强行性法律规定或公序良俗，并未生效，被告的主张即为权利障碍抗辩。

②权利消灭抗辩。权利消灭抗辩是指一方当事人提出的认为对方当事人所主张的权利虽曾存在但现在已消灭的事实。例如，原告要求被告清偿债务，被告主张该项债务已经清偿或者已经被免除，被告的事实主张即为权利消灭抗辩。

③权利阻止抗辩。权利阻止抗辩是指当事人因主张实体法上的拒绝履行权而提出的事实。权利阻止抗辩之意义在于，当事人在诉讼中提出相应事实援用该抗辩权时，虽不能使对方的请求权归于消灭，但却使其一时或永久无法有效行使，如主张留置权、同时履行抗辩权存在的事实即为权利阻止抗辩。值得注

意的是，当事人在行使留置权以及同时履行抗辩权的情形下，其必须援用该抗辩权，也即当事人若想法官斟酌上述抗辩的法律效果，其首先必须具有行使权利的意思表示。此乃权利障碍抗辩和权利消灭抗辩所不具备的特殊性。当然，当事人不仅在诉讼上可以援引该抗辩权存在的事实，在诉讼外也可以行使此抗辩权。只要有一方当事人在诉讼中提出该抗辩权曾被行使的事实，法官就可以斟酌其之效果。

抗辩与否认尤其是附理由的否认存在根本上的不同，应注意严格区分。我们以一个实践中常见的案件对此作进一步的分析。

例如，在一起民事诉讼中，原告甲向法院起诉要求被告乙还钱，乙的陈述可能有如下几种：①根本没有借；②拿了钱，但不是借的，是甲送的；③借了，但是已经还了；④借了，但是已过诉讼时效。这里我们可以看出，被告乙所作的四种陈述中，①和②为否认，分别为单纯的否认和附理由的否认。在单纯的否认中，被告没有针对原告的主张提出新的事实，依证据责任分配之基本原理，原告就其借钱给被告的事实主张应负证明责任；在附理由的否认中，原告主张的主要事实是存在借贷合同和金钱的授受这两方面的事实，被告主张的事实是存在赠与关系和金钱的授受。此种情形下，被告对金钱的授受予以承认，但是否认有借贷关系的存在，而认为是赠与关系，由于赠与与借贷两种事实不能并存、两立，故被告所提赠与存在之事实主张仍为否认，正因如此，借贷合同的存在仍然应由原告负证明责任，其之证明责任并没有转移给被告。③和④则为抗辩，因为无论是清偿（还了）还是诉讼时效已经过了之事实与原告主张的借贷事实均为两立之事实，在这两种情形下，由于被告实际上承认了原告所主张的主要事实，因此原告对于该事实不负证明责任，被告则应对清偿（还了）与过了诉讼时效之抗辩事实负证明责任。

3. 自认

自认，乃一方当事人对对方当事人的主张未作争执而予以承认的行为，是指在言辞辩论中一方当事人对于对方当事人提出的于己不利的事实主张予以承认之陈述。当然，作为当事人陈述的自认，必须是明示的自认，默示的自认为法律上的拟制，并非属于当事人陈述的范围。

对于一方自认的事实，对方当事人不负证明责任。

4. 不知情或不记得之陈述

此类陈述是指当事人作出“不知道这样的事实”的陈述的行为，也即一方当事人对于对方当事人关于某一特定事实的主张，在诉讼中向法官表示不知道、不清楚或不记得等。该行为虽未主张一定事实，亦未对他造主张的事实予以否认或承认，但实质上仍对对方当事人提出的事实作出了一定评价，进而会对法官的心证产生一定影响，故也应将其纳入当事人陈述的范畴。①

二、事实的形态

依据功能和地位的不同，证据法中的事实有以下三种主要形态：

（一）主要事实

主要事实，又被称为直接事实，是指对于判断引起权利发生、变更或消灭的法律效果直接且必要的事实，换言之，是与作为法律构成要件被列举的规范事实（要件事实）相对应的事实。

法律构成要件事实和主要事实在本质上是一致的，但也有一定的区别。法律构成要件事实是抽象意义上的，作为法律构成要件被列举的事实（要件事实），有的是被抽象化的事实，有的则不是事实，仅是一种评价或描述。主要事实则为具体意义上的事实，是指能够被作为裁判对象的事实，而且其必须是能够成为证明及证据调查对象的事实。

在辩论主义的诉讼运作方式下，前面已提到，依主张责任之原理，某项主要事实若未经当事人主张，即不能成为审判的对象，也就不存在运用证据对其予以证明的问题；仅在经由一方当事人主张，且当事人双方对其之真实性存在争议时，才应依法律规定的证据调查程序予以证明。

（二）间接事实

间接事实，是指借助于经验法则及逻辑法则的作用推论主要事实存在的事实。当法律要件事实或主要事实涉及一些不确定的概念（如不可抗力、过错等）时，由其无法如一般的法律要件事实那样具有确定的可直接感知之要素，故当事人不易直接用证据证明其存在，在此情形下，当事人往往先提出若干间接事实并证明其存在，然后由法官依据经验法则，从中推导出主要事实的存在。

（三）辅助事实

无论是主要事实还是间接事实，本身也需要由一定证据予以证明，而辅助事实，即是用于明确主要事实和间接事实据以成立的证据的证据能力或证据力的事实。

间接事实和辅助事实区分之意义有二。其一，间接事实与辅助事实不受主

---

① 当然，对于这种陈述，不同的国家和地区在立法上有不同的规制，如德国乃是将其视为否认，日本和我国台湾地区则是将其视为自认。

张责任的规制，也即当事人即使未在诉讼中提出，法院也可以依职权主动调查并将其作为裁判的基础。其二，当事人的自认在适用对象上仅限于主要事实，而不及于间接事实与辅助事实。也即对于当事人主张的间接事实与辅助事实，即便对方当事人承认其存在，法院亦不能直接将其作为裁判的基础，而须调查其是否真实存在。

下面举两个例子来说明主要事实、间接事实与辅助事实之区分。

例 1：在借贷关系中，金钱的交付与否，是决定借贷法律关系是否成立的主要事实。但在民间借贷中，这一事实往往很难直接得到证明，此时便有必要从侧面入手，通过调查出借人与借款人的交易情况、出借人自银行提款的时间和数额与借款人向银行存款的时间和数额的关联性以及借贷人存款的资金来源等事实间接推导出主要事实，这些事实即为间接事实。而关于借据是否由借贷人亲自所写、一方提供的证人与借贷双方之间的关系及当事人陈述时意识是否清楚等则为明确主要事实和间接事实据以成立的证据的证据能力或证据力的辅助事实。

例 2：甲因涉嫌故意伤害乙被提起公诉。甲伤害乙即为主要事实，而现场目击甲伤害乙的证人丙即为直接证据。若甲曾在案发前不久威胁乙要揍他，此即为间接事实，而乙的儿子丁恰好在场，则丁即为间接证据；又若案发后在甲的住处搜出带血的匕首一把，发现匕首上的血迹为乙的，同时匕首上的指纹与甲的指纹相吻合，则此即为间接事实，而对血迹和指纹的鉴定即为间接证据。若证人丙经常说谎，且有作伪证的不良记录，而证人丁则因目睹伤害现场深受刺激导致意识不清，此二者皆为辅助事实，而用以证明二者的证据即为辅助证据。

第二节　证据法的基本原则

证据法的基本原则，是指证据法中存在的可作为证据法的规则的基础或本源的综合性、稳定性的原理和准则。它作为证据规则的基础，不预先设定任何确定的、具体的事实状态，没有规定具体的权利和义务，更没有确定的法律后果，可称为规则的规则，是证据调查运作的基石。

证据法的基本原则体现了证据法的根本价值。与其他法律的结构成分只负载证据法的一两项价值不同，基本原则几乎是证据法的所有基本价值的负载体。它对证据法诸价值的承载通过两个方向进行：其一，以其自身的模糊形式负载灵活、简便和安全等价值；其二，通过对其他法律结构成分运行的干预实现证据法的正义价值，并实现其整合功能。

证据法的基本原则是整个证据领域的指导思想和出发点，构成证据法体系的神经中枢。证据法体系的建立和运作是在一定的指导思想统帅之下，通过原则的确立，再具体化为规则，并凝结为某些制度和连续化为程序的过程。作为这一过程中至关重要的一环，基本原则能使证据法律体系中的各个子法律规则整合并统一于基本原则的要求，指导具体的证据规则在特殊情况下变通适用。

从总体上看，现代法治国家和地区证据法上主要有证据裁判主义和自由心证主义两项基本原则。

一、证据裁判主义原则

（一）证据裁判主义原则概述

1. 证据裁判主义原则的概念

证据裁判主义原则，是指法官作出裁判必须以证据所能证明的事实为基础，所有的事实都必须有证据证明。

证据裁判主义原则在刑事诉讼制度和民事诉讼制度中具有不同的重要性。在刑事诉讼中，基于刑罚适用的慎重性，尽管对于证明对象的枝节性内容会存在毋庸证明的可能，证明对象的实体构成要件一般却必须由证据予以证明。其支配所有犯罪事实的认定，是无罪推定原则的显著体现。无证据不得推定其犯罪事实，从反面来看，既然有证据始能推定被告之犯罪事实，即亦表示被告受到无罪推定的保护，在确认能够推定其犯罪事实的证据之前，被告应被作无罪的推定。强调实质真实的大陆法系国家如此，强调程序正义而实行对抗制的英美法系国家亦不例外。虽然在英美法国家，由于实行起诉认否程序，被告人在作有罪答辩后，如果法官接受该项答辩，即可以此作为迳行定罪的根据。但是，法庭在考虑是否接受一项有罪答辩时，有权审查被告人的答辩是否基于明知、明智且自愿以及是否具备事实上的基础。相比之下，民事诉讼则明显地不同。在民事诉讼中，基于辩论主义运作方式而衍生的自认规定之存在以及大量的推定法则的适用，使得作为裁判对象的法律要件事实往往因毋庸证明或因存在其他的认识手段而不具有以证据证明的必要性，从而削弱了证据裁判原则对事实认定的决定性作用。因此从某种意义上讲，证据裁判主义原则是刑事证据法领域特有的原则。

2. 证据裁判主义原则的意义

在证据法发展史上，证据裁判主义原则的发展经历了由证据非裁判所必需到没有证据不得进行裁判的转变。证据裁判原则的产生直至在刑事诉讼中发挥重要作用，是刑事诉讼发展的必然结果，也是诸多进步、文明的诉讼理念与原则的体现和要求。

首先，证据裁判主义原则是刑事诉讼文明与进步的集中体现。证据裁判主义在刑事诉讼中的确立，一方面从历史意义上否定了所谓的神判，认定事实必须依据证据，其他任何东西都不是认定事实的根据，相对于神示证据制度下的水审、火审等通过神的意志发现事实真相的做法，证据裁判无疑是诉讼历史上的巨大进步；另一方面完善了刑事证据规范体系，强调必须根据具有证据能力的证据，而且只有经过调查之后才能认定构成犯罪核心内容的事实。

其次，证据裁判主义原则可以防止法官的恣意擅断。法官形成裁判时应当依其内心确信，但内心确信的形成，不应当是任意的，而是应当有所约束。证据裁判主义不仅要求法官必须依证据而为事实之认定，而且对于一定之证据限制法官为自由心证，若欲予以定案所需证据存在无证据能力、未经合法调查、明显与事理相违背或与认定事实不符等情形，则不得作为自由心证的依据。证据裁判主义显然是对法官恣意擅断的最为有效的约束机制。

再次，证据裁判主义原则是增强司法裁判的确定性的重要保障。证据裁判主义要求裁判的作出必须以证据为根据，这就避免了以主观臆断或者其他不具有证据能力的材料作为认定案情基础现象的出现，减少了裁判形成过程中带来的争议，并且经由限定裁判形成者自由裁量的范围，从而增强了裁判的信服力，凸显出司法裁判的确定性。

最后，证据裁判主义原则是无罪推定原则的体现。如上所述，根据证据裁判主义原则，没有证据或者证据没有达到相应的证据要求，法院就不得认定犯罪事实，也即应当推定为无罪。

3. 证据裁判主义原则的主要立法例

英美法系和大陆法系在对待证据裁判主义原则上走了两条不同的发展道路，从而在具体制度布设上存在显著的不同。

（1）英美法系。在作为英美法系发源地的英国，早期的神明裁判制度在与陪审团审判的竞争中逐渐退出历史舞台。在最初的陪审团审判中，证据对于裁判而言并非不可或缺。裁判所依据的不是当事人提交的证据，而是陪审员自己的亲身经历或道听途说的事实，此即为所谓的知情陪审团。随着证据理论研究的不断深入和陪审团制度的日益完善，知情陪审团逐渐转变为不知情陪审团，① 即陪审团依靠自身以外的证据，特别是亲身感知案件事实的当事人陈述

① 参见陈卫东：《论刑事证据法的基本原则》，载《中外法学》2004 年第 4 期。

和证人证言等言词证据进行裁判变得越来越普遍，并最终导致了必须据证裁判的强制性规则的出现。至17世纪以后，陪审员已经不得在其陪审案件的审判法院外收集证据资料，而只能以在陪审案件法庭上表现的证据为限进行裁判。

在当今英美法系国家和地区，其凸显当事人在诉讼中主导地位的构造决定了法官在诉讼中处于相对消极的地位。因此在证据的提供和调查上，法官一般不会主动进行，也就无需关于约束法官调查证据相关规定的存在。虽然在英美法系国家和地区的证据法上没有明确规定证据裁判原则，但其刑事诉讼中大量存在的规范证据可采性的规则以及刑事程序中关于证据出示、认定等规则的规定，都与证据裁判原则的精神有暗合之处。当然，英美法系国家和地区普遍适用的有罪答辩及辩诉交易制度使得证据裁判精神在一定程度上只在经过正式、完整的庭审程序的案件中方得以体现。但应明确的是，一方面，正式、完整的审判程序的可能性以一种预见的结果制约着控辩双方辩诉交易的过程；另一方面，辩诉交易的达成也需要法官在审查有无特定事实根据的基础上才能予以认可，所以在此领域证据裁判主义乃是以另一种姿态保障着诉讼程序的顺利进行。

（2）大陆法系。在欧洲大陆，神明裁判被废止之后，取而代之的是从教会法传播而来的法定证据制度。法定证据制度的兴起在很大程度上是与神明裁判衰落后司法力量对案件实质真实的追寻密切相关的。从13世纪开始，法定证据原则逐渐向西欧各国扩散，并得以普及和发展。① 同时，逐渐形成中的中央集权制国家对统治秩序稳定性的迫切追求成为法定证据制度普及和发展更直接和有力的推动力量。在法定证据制度下，法官对事实的认定必须以证据为根据，事实的评判维系于特定种类证据数量的增减和质量的良莠。只要法官把特定种类的证据加在一起可以构成一个符合法律规定的完整的证明，他就必须作出有罪判决；反之，则必须作出无罪判决。在这两种情况下，判决都不受具体案件中法官内心对证据确信程度的影响。在大陆法系国家，通过几个世纪的努力，尽管法定证据的机械性被自由心证制度所否定，但法定证据制度中的证据裁判主义却作为司法传统中较具合理性的一部分被继承下来。

在当今大陆法系国家和地区，在强调法官主导诉讼程序的理念指导下，普遍奉行证据裁判主义原则。一方面，要求法官的裁判必须依靠证据；另一方面，严格规范法官调查证据的程序，规范法官权力的行使。因此，大陆法系国家和地区的刑事证据法中大多明文规定了证据裁判主义原则。《德国刑事诉讼

① 参见陈卫东：《论刑事证据法的基本原则》，载《中外法学》2004年第4期。

法》第244条第2款规定，为了查明事实真相，法院应当依照职权将证据调查延伸到对裁判有意义的所有事实和证据。同法第261条规定，对证据调查的结果，由法庭根据在审理的全过程中建立起来的内心确信而决定。①《日本刑事诉讼法》第317条认定事实应当根据证据之规定，② 亦体现了证据裁判主义之精神。

（二）证据裁判主义原则的内容

在现代刑事诉讼制度下，证据裁判主义原则主要有以下三方面的内容：

1. 裁判事实必须依靠证据

事实的裁判应当依据证据，这是证据裁判主义最基本的含义。换句话说，对于要证事实，没有证据（既包括没有任何证据，也包括证据不充分的各种情形）就等于没有该项事实，没有证据就不能对要证事实予以认定。证据裁判主义原则强调了证据对于裁判的必要性，与历史上曾经存在的裁判制度不同，证据是裁判不可或缺的必要手段。

2. 裁判所依据的证据必须具有证据资格

证据是法律规范下的产物，在不同历史时期，接受法庭调查的证据也具有不同的样态。从神示证据制度到法定证据制度，再到自由心证制度，何者可以作为证据差别很大。但任何时代的证据都必然具有一个共同特征：当时的人们普遍承认该项材料具有作为证据的合理性。神示证据与特定的不容置疑的神学信念密不可分；法定证据则与普遍存在的对权威的遵从直接有关。

在现代法律制度下，一项材料是否可以作为证据接受法庭调查，有两种立法模式：英美法国家的规则调整模式和大陆法国家的自由裁量模式。在英美法国家和地区，为适应陪审团审判，形成了一系列规范证据资格的法律规则，从外观上看，一项材料是否可以作为接受法庭调查的证据，主要是一个法律问题。在大陆法系国家和地区，立法一般不对证据的资格问题作预先的规定，证据是否可以接受法庭调查是由法官根据具体的情形作出判断，因此，其主要是一个事实问题。然而，两种立法模式的差别仅仅是一种操作方式上的不同。在英美法国家和地区，作为裁量依据的证据规则具有可见性，但其实质却是过去司法经验的总结；在大陆法系国家和地区，法官在裁量时尽管没有这种明示的

① 参见李昌珂译：《德国刑事诉讼法典》，中国政法大学出版社1995年版。以下对德国刑事诉讼法条文的引用，如无特别说明，均以此版本为准。

② 参见宋英辉译：《日本刑事诉讼法》，中国政法大学出版社2000年版。以下对日本刑事诉讼法条文的引用，如无特别说明，均以此版本为准。

规则，却仍然要依赖积累的司法经验对具体问题作出判断。因此，尽管在外观上，大陆法系国家和地区诉讼中的证据只与事实和经验有关，并不产生证明能力问题，但事实上，法官在准许对特定证据进行调查时，其所作判断却相当于英美法系国家和地区证据规则所具有的过滤机制；而且，此项判断也并非纯粹的事实判断，而必然包含着价值上的选择。①

无论依据法律规则作出判断，还是由法官裁量，证据裁判主义原则所依据的证据必然具备一定的资格。

3. 经过法庭调查的证据方能成为裁判的依据

证据裁判主义原则的核心是裁判者对事实的认识必须以证据为根据，但裁判者对证据的认识可能有多种方式，不同的认识方式直接影响着裁判者认识的准确程度，因此法庭调查的方式和效果也成为现代刑事诉讼中证据裁判主义原则不可或缺的内容之一。

裁判者对事实的认定主要是在其心理层面展开的。这一认识活动的过程根本无法被观察，更不用说监督了。因此，在无法了解裁判者内心意识的前提下，只有严格约束其认识的形成过程。各国和地区的立法均是将法官的认识活动局限在可为外界所观察到的证据调查阶段，从而获取评判法官认识活动的可能性，并至少从外观上更容易让人相信法官的认识来自证据而非其他途径。同时，进一步要求没有经过法庭调查的证据不得作为裁判的依据，即使该项证据确实具有证明价值。

（三）我国

我国《刑事诉讼法》第 55 条第 1 款规定："对一切案件的判处都要重证据，重调查研究，不轻信口供。只有被告人供述，没有其他证据的，不能认定被告人有罪和处以刑罚；没有被告人供述，证据充分、确实的，可以认定被告人有罪和处以刑罚。"虽然该条没有明确规定对案件事实的认定必须依靠证据，但却强调了证据在判处案件中的重要作用，因此，可以说我国在一定程度上也是认可证据裁判主义这一原则的。但毋庸置疑的是，我国现行法所认可的所谓证据裁判制度与证据裁判主义原则的本意相距甚远，甚至是实质相左。

在我国传统的证据法理论中，认为法官认定的事实应当是客观的案件事实，《刑事诉讼法》第 162、176 条和第 200 条将"案件事实清楚，证据确实、充分"作为侦查终结移送审查起诉、人民检察院提起公诉和人民法院有罪判决的证明标准更是将这一思想贯彻于刑事诉讼始终。可见，在我国，侦查机关

---

① 参见陈卫东：《论刑事证据法的基本原则》，载《中外法学》2004 年第 4 期。

查明的事实、检察机关指控的事实和法官裁判认定的事实是同一的，即均应是客观的案件事实。这种对事实的理解无疑抹杀了诉讼中事实应当具有的法律性。无论是侦查机关查明的事实、检察机关指控的事实还是法院裁判认定的事实，实际上都不是客观的案件事实本身，而是符合刑法所规定的犯罪构成要件事实，诉讼中并不存在纯粹的未经法律评价的事实。

如果将侦查机关、审查起诉机关和审判机关在不同的诉讼阶段所认定的事实都界定为客观的案件事实，那么极容易导致侦查机关和审查起诉机关的办案人员主观地认为自己的认识所达到的就是客观的案件事实本身，并以此为出发点，去寻找证据来印证自己的认识，从而导致证据与事实之间关系的错位。证据裁判主义原则要求事实建立在证据的基础之上，但实际上侦查机关和审查起诉机关却在根据自身认为的所谓“事实”去找证据，然后再用“找到”的证据来印证自己预先形成的认识，这种逻辑颠倒的错误性是显而易见的。

从某种意义上讲，要在我国刑事诉讼中切实确立和贯彻体现现代法治与理性精神的证据裁判主义原则，还是任重而道远的。

二、自由心证主义原则

（一）自由心证主义原则概述

1. 自由心证主义原则的概念

自由心证主义原则，是指一切诉讼证据的证据力的大小及其取舍均由法官根据自己的理性自由判断，且在判断的过程中一般不受任何规则的约束。换句话说，即法律不预先设定机械的规则来指示或约束法官，而由法官针对具体案情，根据经验法则、逻辑规则和自己的理性良心等，来自由判断证据和认定事实。

自由心证的“自由”即法官独立；“心”即良心、良知和理性。法官通过对案件证据的审查、判断、认可以及对案件事实的最终评定，完全按照内心信念形成“心证”，当这种“心证”达到深信不疑或者排除任何合理怀疑的程度，便成为“确信”，从这一意义上讲，自由心证又称“内心确信”，法官审判案件只根据自己的心证对案件事实进行裁判。

自由心证反映了一个问题的两个方面：一是证据证据力的大小、强弱及其真伪的判断和取舍，均由法官凭借自我理性的启迪和良心的感受，独立地形成自己的意见；二是法官对案件事实的评定必须建立在内心深处对自己的主观判断确信无疑的基础之上。

2. 自由心证主义原则的历史发展

自由心证主义原则为现代先进法治国家证据法上所共有的一项基本原则。纵观整个西方证据制度的发展史，自由心证制度在欧洲大陆证据评价领域大体经历了古典自由心证主义和近现代自由心证主义两个发展阶段。

法官自由心证早在古罗马时代就有了规定和实践，此即为古典自由心证主义时期。其产生的背景是古罗马时期商品经济的高度发展，平等主体之间的民事交往纷繁复杂，这给古罗马社会注入了平等和自由的观念。而法官运用自由心证原则处理民事案件便成为与之相配套的最有效的审判手段之一。古典自由心证主义时期，粗陋的立法技术无法对复杂、精细的证据法体系进行完整、系统的规制，也未能对法官的自由心证进行合理、有效的制约。其片面强调保证法官内心思想（即心证）的绝对自由，法官除了审判结果，有权不公开其关于案情的任何看法，故具有浓厚的隐秘性和神秘感，极易引发法官自由心证的滥用。

近现代意义上的自由心证产生于资产阶级革命时期。整个中世纪，为维护专制统治秩序的需要，在证据制度上，教会法和世俗法均推行法定证据制度，证据证据力的大小完全取决于法律的预先规定，法官在审理案件中只需依据法律的规定被动、机械地计算证据的证据力，无权依照自己的认识和思维独立判断证据。与人类社会初期较为原始和落后的神示证据制度相比，法定证据制度具有显著的进步意义，但随着人类社会的不断发展和认知水平的日益提高，这种制度的弊端越来越明显，将不同证据的不同价值加以绝对化，充满了专制主义的专横、武断和僵化的意味，使法官在判断证据方面不具任何主动性。从17世纪以后，欧洲大陆的启蒙运动和资产阶级革命分别从思想和政治上推动了司法制度的改革。崇尚自由、平等的资产阶级对以刑讯逼供为特征的纠问式诉讼制度发起猛烈攻击，许多国家相继摒弃了纠问式诉讼模式转采辩论式诉讼模式。辩论式诉讼模式下，纠纷双方均是诉讼的主体，法官居中进行裁判；证据一般由当事人向法庭提供，双方当事人到庭进行辩论。在此背景之下，法定证据制度被废除，取而代之以自由心证主义。

与传统自由心证主义相比，近现代的自由心证主义打破了心证的封闭性，构建起一种开放和公开的心证，以此来否定法官单方面的心证自由，使当事人对法官的判决产生信赖。最早提出在立法中以自由心证取代法定证据制度的是法国资产阶级代表人物杜波尔。他认为，由法律预先规定何种证据可用来确认事实真相，不管法官内心是否确信，强迫其根据法律预先作出判决，这对被告人以及社会都是危险的，是一种荒诞的做法。应该用自由心证制度取代法定证据制度，由双方当事人周密地提供认识真实情况的一切材料，并在法庭上加以阐明，由法官进行分析判断，做出决定。1791年法国宪法会议经过辩论最后采纳了杜波尔的建议，并向全国发布训令正式确立了自由心证制度，而后颁布的《法国刑事诉讼法典》又作了进一步明确。① 后来，欧洲各资产阶级国家的立法也相继规定自由心证主义原则，并进而发展成为现代法治国家通行的判断证据的重要原则。

（二）自由心证主义原则的内容

考察世界各国和地区有关自由心证主义原则的理论和立法例，可以发现，自由心证主义原则包含有以下三方面的主要内容：

1. 作为法官认定案件事实基础的证据方法无限制

诉讼中，能够被法官基于五官作用而感知并能够进行证据调查的对象被称为证据方法。证据方法有物的证据方法（包括书证和勘验）和人的证据方法（又称人证）之分，其中蕴含有书证的内容、勘验的结果和证言的内容等证据资料。法官对事实的认定可斟酌对证据方法的调查结果，即以证据资料为基础。

与法定证据主义相比，在自由心证主义下，法官对证据方法的调查一般不受任何限制。如在法定证据主义下，不少国家的立法均规定书证的证据力强于人证的证据力，在二者兼有的情形下，法官必须舍人证，而依书证来认定案件事实。但在自由心证主义下则不然。法官如果认为人证的证据力强于书证，则应该舍书证，而依法定证据主义下所谓证据力较弱的认证来作为判断事实真伪的依据。

2. 法官依经验法则对证据力进行自由评价

自由心证主义下，证据的证据力依靠法官自由的评价（自由心证）。也就是说，从证据到间接事实、主要事实的认定，或者从间接事实到其他间接事实、主要事实的认定，应依靠法官的自由评价。在此过程中，法官可以自由地依据经验法则进行选择和取舍。

比如，对于侵权损害赔偿案件，若原告已证明其受有损害，但不能证明损害的具体数额，法院应该斟酌造成损害的原因及其他有关情况，通过自由心证认定其受损数额，而不得以数额未能证明为由驳回其诉讼请求。又如，法官为发现特定案件事实的真相，要求当事人到庭接受讯问。若当事人接到命令后拒不到庭，法官在依自由心证判断相关事实的真伪时，自然可以将其不到庭接受询问的情形作为考量的原因之一，从而作出对该当事人不利的事实认定。

① 参见毕玉谦：《民事证据法及其程序功能》，法律出版社1997年版，第93页。

3. 法官对事实真伪的判断应以证据调查结果和调查中出现的特定情况为依据

证据调查的结果，即法官从证据方法中获取的证据资料，无疑是法官自由心证最重要的内容和对象，是案件事实认定的主要依据。但应注意的是，除证据调查的结果之外，证据调查过程中出现的特定情形也可能成为法官自由心证时斟酌的对象，进而成为案件事实认定的依据。有些国家和地区的证据法理论中将其称为“全部辩论意旨”,① 比如当事人或其诉讼代理人在诉讼中的态度、当事人对主张的变更、当事人的自认及撤回、当事人提出特定攻防手段的时机、证人的状况及勘验或鉴定所遇到的情况等。这些情形虽并非证据调查的结果本身，但可能对证据调查的结果产生某种程度上的影响，进而影响法官心证的形成，故也将其列入心证的内容之列。

（三）自由心证主义原则的限制

现代自由心证主义原则在确立之初，以克服法定证据制度之弊端为己任，赋予法官充分的自由裁量权，法官在办案过程中可以按照自己的良心、理性自由地判断证据，从而摆脱了法定条框的束缚，有利于发挥法官的主观能动性，使之有可能从案件实际情况出发运用证据发现事实真相，较之与法定证据制度是具有很大的进步性。然而，也恰恰在这一点上，自由心证制度不断遭受来自各方的非议、质难和批判，认为有矫枉过正之嫌。因为自由心证主义将对证据的审查、案件事实的认定乃至案件最终结果的确定维系于办案法官身上，法官素质的高低优劣就成为决定诉讼质量的关键因素。然而，如果说一种制度的贯彻与实施，最终要完全依赖于制度执行者的素质好坏，那么这种制度设置的弊端是显而易见的。在没有相应的措施规制的情形下，自由心证制度则无疑方便了某些背德法官上下其手、颠倒黑白，成为滋生司法腐败的温床。自由心证主义的灵活性，从反面看，倒凸显出随意性和主观臆断性等缺陷。

自由心证的“自由”是相对的，自由的结果应是比较公正的，并非容许法官恣意判断。为了保障自由心证能够正常、合理地发挥作用，人们为探寻建立限制自由心证恣意性的客观标准不断努力。在当今采取自由心证主义的国家和地区，为求得合理的心证，一方面尽量保障法官心证形成的自由，另一方面也通过相关规则的设置对此加以合理的制约。一般来说，主要从以下几方面入手：

① 刑事诉讼与民事诉讼不同，因其实行证据裁判主义原则，认定事实必须全部依据证据资料，而不能依据全部辩论意旨。

1. 外部机制

(1) 司法独立。此处的司法独立不仅指法院的独立，更关键的是审理具体案件的法官个人独立，这是形成正当自由心证的根本前提。审案法官既独立于非审判人员，又独立于其他审案法官，排除来自外部的非法干预，个体自由的意志方能产生自由的心证。

(2) 合议制。对一般案件的判断采用复数主体制度，即合议制，通过复数审判人员相互之间的监督和制约，来达到防止单一法官恣意形成不当的自由心证的目的。

(3) 回避制。回避制保证的是法官与案件本身以及当事人双方及诉讼代理人无关联且中立的诉讼地位，也就是与双方当事人保持同等的诉讼距离。这样才能保证法官的心证是公正、客观、不偏不倚，不因与案件或当事人特定的关系而影响中立地裁判案件。

2. 内部机制

在审理案件时，法官必须通过一定的论理原则和经验法则进行推理。

所谓论理原则，又称逻辑法则，是指人们能够进行正确的思考所依据的规则，其主要包括同一律、排他律及矛盾律等。论理法则的主要作用是为人们提供以经验法则为根据，从已知事实推导出未知事实的逻辑工具。逻辑是法律思维的工具，正确的自由心证需要逻辑力和逻辑程序加以保障。

所谓经验法则，是指人们在长期生产生活以及科学实验中，对客观事物的普遍现象与通常规律形成的一种理性认识。经验法则具有一般性，是不证自明的显然性命题，是法官评价证据的主要依据。司法实践中经验法则的特殊性，表现为法官根据那些不证自明的经验作为法律逻辑的一种推理方法，它并非由法律加以具体规定，而是一种客观上的普遍知识，无须借助任何证据便能确认，其作为基本常识而为一般常人所认同。经验法则对于法官认定事实有积极作用，对于法官适用法律甚至有决定性的影响。

推理及日常生活经验是对法官的论理法则和经验法则的规制提出的基本要求，可以简单概括为理性。法官应该是一个理性的人，其自由心证应该建立在理性的基础上。逻辑法则和经验法则构成了对自由心证的内在制约。

3. 心证公开

公开审判是诉讼制度文明和民主的重要标志之一，是现代法治国家的一项基本诉讼原则。将诉讼这种密切关系当事人利益的特殊社会活动置于当事人和公众的监督之下，既有利于法官严格依法认证，提高案件的证明质量；又能使当事人充分了解认证的过程和理由，提高司法判决的权威性。采取自由心证主义的国家在此框架下，大多还规定了心证的公开。

心证公开，是指在庭审时及庭审后的裁判中，法官就自己形成的内心确信，包括对案件事实和法律适用认证的过程、结论和理由，向当事人或利害关系人乃至社会公众公开，使其有所知悉、认识或理解。一般来说，主要包括五项内容：

（1）前提公开。心证的条件包括人的前提和制度前提。人的前提是指优秀的法官。要实行心证过程公开，必须首先实行法官的职业化和专业化，实行严格的法官遴选制度。法官只有熟练地掌握法律知识，娴熟地进行法律推理和逻辑推理，熟悉各种认定事实的法律规则，才能根据实际情况作出准确的心证。制度前提包括国家所颁布的法律和法规的内容应当严谨和翔实，尽量减少明显的疏漏。

（2）过程公开。法官办案的过程，如如何对待当事人所提供的证据、对相关法律的适用情况、对证据规则的运用及对当事人权益的保障等，均应该为当事人所知晓。

（3）结果公开。法官通过这一个自由心证的严密过程得到最后的判决结果，法官需将该结果公开。

（4）理由公开。法官在心证过程中采用某一证据或者认定某一事实的理由应该在裁判文书中公开，为当事人和社会公众所知晓。

（5）救济公开。法官形成错误的心证结果时，当事人能够得到及时、合理的救济。

（四）我国的自由心证主义原则

1. 我国对自由心证主义原则的认识

1949年以后的相当长一段时间，我国证据法理论对自由心证主义原则是持否定甚至批判态度的。传统观点认为，一方面，我国没有经历过欧洲国家那样的法定证据制度时代，所以不存在自由心证产生的历史条件；另一方面，自由心证主义仅凭法官的“良心”来判断证据，自然是不受客观实际的限制和检验的，有悖于唯物主义的认识观。因此，改革开放后颁布的三大诉讼法典的证据部分均未提到法官自由心证的只言片语，司法实践中对其也是讳莫如深。

随着在这一问题上认识的不断深入和发展，我国理论界和实务界逐渐意识到传统看法的缺陷和粗疏。一方面，我国不存在法定证据的历史不能构成排斥自由心证主义原则的理由。自由心证原则虽肇始于对法定证据制度的批判，但其民主、公平和理性的精神却为现代社会所共通。不少现代法治国家，特别是英美法系国家，虽也没有经历法定证据阶段，但审判实践中基本上贯彻了自由心证主义原则的精神。我们不能仅以是否在法律中明确提出自由心证的概念作为判断一国是否确立该原则的唯一标准。许多国家仅是因为历史原因才未把自由心证形成文字，但历史的作用仅此而已，它只能造成这种表面上的差别，而对于已融入审判实践精髓之中的自由心证主义原则的灵魂则无能为力。另一方面，自由心证主义原则虽然赋予法官较大的自由裁量权，但绝不意味着法官可以毫无限制地自由专断。心证的形成，必须以人类的共同认识能力和方式为基础，必须符合伦理规则与经验法则，必须接受诸多外部规制的制约。

2. 我国关于自由心证主义原则的规定

这一认识的转化反映到规则层面，最突出的表现便是最高人民法院先后在2001年12月6日颁布的《民事证据规定》和2002年6月4日颁布的《行政证据规定》中对自由心证主义原则进行了突破性的设置。2014年12月18日颁布的《民诉法解释》重申了该原则。

（1）自由心证主义原则的确立。《民事证据规定》第64条规定："审判人员应当依照法定程序，全面、客观地审核证据，依据法律的规定，遵循法官职业道德，运用逻辑推理和日常生活经验，对证据有无证明力和证明力大小独立进行判断，并公开判断的理由和结果。"同规定第66条进一步规定："审判人员对案件的全部证据，应当从各证据与案件事实的关联程度、各证据之间的联系等方面进行综合审查判断。"《民诉法解释》第105条对《民事证据规定》第64条的表述作了一定的修正，规定："人民法院应当按照法定程序，全面、客观地审核证据，依照法律规定，运用逻辑推理和日常生活经验法则，对证据有无证明力和证明力大小进行判断，并公开判断的理由和结果。"《行政证据规定》第54条规定："法庭应当对经过庭审质证的证据和无需质证的证据进行逐一审查和对全部证据综合审查，遵循法官职业道德，运用逻辑推理和生活经验，进行全面、客观和公正地分析判断，确定证据材料与案件事实之间的证明关系，排除不具有关联性的证据材料，准确认定案件事实。"

而《民事证据规定》第63条"人民法院应当以证据能够证明的案件事实为依据依法作出裁判"和《行政证据规定》第53条"民法院裁判行政案件，应当以证据证明的案件事实为依据"的规定则明确了自由心证主义原则的重要内容之一，即法官对事实真伪的判断应以证据调查结果为依据。

《民事证据规定》第73条第1款"双方当事人对同一事实分别举出相反的证据，但都没有足够的依据否定对方证据的，人民法院应当结合案件情况，判断一方提供证据的证明力是否明显大于另一方提供证据的证明力，并对证明力较大的证据予以确认"的规定则确立了我国民事诉讼中法官形成内心确信的标准——高度盖然性。《民诉法解释》第 108 条对此作了进一步的规定："对负有举证证明责任的当事人提供的证据，人民法院经审查并结合相关事实，确信待证事实的存在具有高度可能性的，应当认定该事实存在。"易言之，即在我国的民事诉讼中，裁判者依据日常经验可能达到排除较大的合理怀疑的程度，疑问即告排除，事实即可认定。

（2）对自由心证主义原则的限制。当然，两个证据规定还对法官的自由心证作了一些限制，主要有：

①补强规则。即特定的情形下，某种证据不得作为法官认定案件事实的唯一依据。《民事证据规定》第 69 条规定："下列证据不能单独作为认定案件事实的依据：（一）未成年人所作的与其年龄和智力状况不相当的证言；（二）与一方当事人或者其代理人有利害关系的证人出具的证言；（三）存有疑点的视听资料；（四）无法与原件、原物核对的复印件、复制品；（五）无正当理由未出庭作证的证人证言。"《行政证据规定》第 71 条规定："下列证据不能单独作为定案依据：（一）未成年人所作的与其年龄和智力状况不相适应的证言；（二）与一方当事人有亲属关系或者其他密切关系的证人所作的对该当事人有利的证言，或者与一方当事人有不利关系的证人所作的对该当事人不利的证言；（三）应当出庭作证而无正当理由不出庭作证的证人证言；（四）难以识别是否经过修改的视听资料；（五）无法与原件、原物核对的复制件或者复制品；（六）经一方当事人或者他人改动，对方当事人不予认可的证据材料；（七）其他不能单独作为定案依据的证据材料。"

②完全证据规则。即具备法定条件的证据，经过质证环节后，法律直接肯定它的证据力，而不需法官再予自由裁量。《民事证据规定》第 70 条规定："一方当事人提出的下列证据，对方当事人提出异议但没有足以反驳的相反证据的，人民法院应当确认其证明力：（一）书证原件或者与书证原件核对无误的复印件、照片、副本、节录本；（二）物证原物或者与物证原物核对无误的复制件、照片、录像资料等；（三）有其他证据佐证并以合法手段取得的、无疑点的视听资料或者与视听资料核对无误的复制件；（四）一方当事人申请人民法院依照法定程序制作的对物证或者现场的勘验笔录。"

③最佳证据规则。即在数个证据对同一事实都有证据力，不同证据证明了相反的事实主张的情况下，有关各个证据证据力的大小的判断应在法律规定的范围内进行。《民事证据规定》第 77 条规定："人民法院就数个证据对同一事实的证明力，可以依照下列原则认定：（一）国家机关、社会团体依职权制作的公文书证的证明力一般大于其他书证；（二）物证、档案、鉴定结论、勘验

笔录或者经过公证、登记的书证，其证明力一般大于其他书证、视听资料和证人证言；（三）原始证据的证明力一般大于传来证据；（四）直接证据的证明力一般大于间接证据；（五）证人提供的对与其有亲属或者其他密切关系的当事人有利的证言，其证明力一般小于其他证人证言。”《行政证据规定》第63条规定：“证明同一事实的数个证据，其证明效力一般可以按照下列情形分别认定：（一）国家机关以及其他职能部门依职权制作的公文文书优于其他书证；（二）鉴定结论、现场笔录、勘验笔录、档案材料以及经过公证或者登记的书证优于其他书证、视听资料和证人证言；（三）原件、原物优于复制件、复制品；（四）法定鉴定部门的鉴定结论优于其他鉴定部门的鉴定结论；（五）法庭主持勘验所制作的勘验笔录优于其他部门主持勘验所制作的勘验笔录；（六）原始证据优于传来证据；（七）其他证人证言优于与当事人有亲属关系或者其他密切关系的证人提供的对该当事人有利的证言；（八）出庭作证的证人证言优于未出庭作证的证人证言；（九）数个种类不同、内容一致的证据优于一个孤立的证据。”

④心证理由和救济公开。《民事证据规定》第79条第1款规定：“人民法院应当在裁判文书中阐明证据是否采纳的理由。”《行政证据规定》第72条第2款规定：“人民法院应当在裁判文书中阐明证据是否采纳的理由。”同规定第73款进一步明确规定：“法庭发现当庭认定的证据有误，可以按照下列方式纠正：（一）庭审结束前发现错误的，应当重新进行认定；（二）庭审结束后宣判前发现错误的，在裁判文书中予以更正并说明理由，也可以再次开庭予以认定；（三）有新的证据材料可能推翻已认定的证据的，应当再次开庭予以认定。”

此外，两个证据规定还从当事人陈述、证人证言及鉴定结论等证据资料证据力的判断对法官提出了一定的要求。

第二章　证据概述

第一节　证据的概念

“证据”一词在汉语中的准确起源已很难考证。在古汉语中,“证”、“据”二字往往分开使用。其中,“证”字犹如现代的证据，但多指人证；“据”字则意为依据或根据。如《唐律》中就有“据众证定罪”的表述。到了清代，刑律中也有“众证明白，即同狱成”等规定。辛亥革命以后，随着白话文的推广，“证”、“据”二字才逐渐合并为一个词使用，并多出现在与法律有关的表述中。例如，1912 年南京国民政府颁布的《大总统令内务、司法两部通饬所属禁止刑讯文》中规定：“不论行政司法官署，及何种案件，一律不准刑讯。鞫狱当视证据之充实与否，不当偏重口供。其从前不法刑具，悉令焚毁。”

现在，“证据”一词在日常生活中使用得非常广泛。但不能否认的是，由于其在法律领域中所具有的重要地位和相当高的使用频率，在很大程度上，证据仍然是法律领域的专门术语。《辞海》对证据的解释是“法律用语，据以认定案情的材料”。可见，在非法律领域对证据一词的理解也是以法律领域的概念为基础的，即实质上是在借用法律术语，两者之间没有也不应该存在差异。在讨论证据法上的证据概念问题时，不应片面强调法律用语和日常用语的差异，不应偏离长期形成的语言习惯对证据的理解再去使用诸如“法律证据”、“法定证据”或“司法证据”等无中生有的概念。

一、关于证据概念的学说

关于证据的概念，理论界认识不一，存在不小的分歧。归纳来看，主要有下列几种：

（一）材料说

该说把证据界定为证明案件事实的材料。如有学者认为，证据是一切用来证明案件事实情况的材料。①

（二）事实说

该说把证据界定为一种用来证明案件情况的事实。如英国法学家边沁认为，在最广泛意义上，把证据假定为一种真实的事实，成为相信另一种事实存在或不存在的理由的当然事实。美国证据法学家威格莫尔也提出，证据是任何一件或一组可知的事实，而不是法律或伦理的原理。② 这一学说在我国当代诉讼法学界最具影响，不少学者都是在这一框架内对证据加以界定的。如最具代表性的表述即为，证据就是证明案件真实情况的事实。③

（三）根据说

该说把证据界定为证明案件事实的根据。如我国台湾地区有学者认为，证据是足以使法院认定当事人之主张为真实之凭据。④ 我国大陆也有一些学者持此种观点，认为证据是指用来证明案件真实情况，正确处理案件的根据。⑤ 这种观点在司法实践中也得到了一些部门的认可。如最高人民法院于 1984 年 8 月 30 日颁布的《关于贯彻执行〈民事诉讼法（试行）〉若干问题的意见》第四部分“证据问题”开篇即明确规定：“证据是查明和确定案件真实情况的根据。”

（四）统一说

作为一种折中的说法，该学说强调证据内容与形式的统一。如有观点认为，证据是证据的内容与证据的形式的统一，是以法律规定的形式表现处理的能够证明案件真实情况的一切事实。⑥ 还有学者认为，从证据所反映的内容看，证据是客观存在的事实；从证明关系看，证据是证明案件事实的凭据，是用来认定案情的手段；从表现形式看，证据必须符合法律规定的表现形式，诉讼证据是客观事实内容与表现形式的统一。⑦

---

① 参见应松年主编：《中国行政诉讼法讲义》，中国政法大学出版社 1994 年版，第 136 页。

② 参见王以真主编：《外国刑事诉讼法学》，北京大学出版社 1994 年版，第 215 页。

③ 参见江伟主编：《证据法学》，法律出版社 1999 年版，第 206 页。

④ 参见陈世雄等：《民刑事诉讼法大意》，台湾五南图书出版公司 1986 年版，第 96 页。

⑤ 参见杨荣新主编：《民事诉讼法教程》，中国政法大学出版社 1991 年版，第 210 页。

⑥ 参见卞建林主编：《证据法学》，中国政法大学出版社 2000 年版，第 70 页。

⑦ 参见樊崇义主编：《证据法学》，法律出版社 2001 年版，第 45 页。

二、证据的内涵

上述学说从某种程度上来说，都有其合理性，但都存在一定的缺陷，而且都仅停留在一般证据概念的层面，未能触及法律意义上证据的实质。我们认为，对证据的内涵应从三方面予以把握：在有形方面，证据是指作为法官据以认定案件事实基础的调查对象之有形物，称为证据方法；在无形方面，证据是指法官进行调查所得的结果，也即法官依五官感知证据所获知的内容，称为证据资料；在结果方面，证据则是指特定事实能使法官确信的原因，称为证据原因。

（一）证据方法

1. 证据方法的概念

所谓证据方法，是指能够被法官基于五官作用而感知，并能够进行证据调查的有形物（人或物）。有形物符合法律的规定，进入诉讼成为法官调查对象的证据方法，即具备了证据能力，或称为证据适格。法官为就待证事实获得心证所进行的查验证据方法的行为，即为证据调查。对证据方法调查的结果，足以影响法官认定事实的效果的，即为证据力，或称为证据价值。

2. 证据方法的分类

根据载体的不同，证据方法可分为人的证据方法和物的证据方法。人的证据方法一般包括证人和鉴定人；物的证据方法包括文书和勘验标的物。不少国家和地区的证据法上还有“当事人讯问制度”，即法官依证人证言、书证、勘验结果和鉴定结论等不能得到充分的心证时，可以要求当事人自己作为证人，并在其宣誓后，加以询问，从而查明事实真相的一种制度。在当事人询问制度下，当事人本人与人证和物证同为证据方法之一，但仅为一种补充的证据方法，不具有独立性。

例如，甲在某处将乙杀死，事后甲将作案行为告诉给朋友丙，甲的邻居丁第二天早晨看见甲从外面回来且满身鲜血，后来侦查人员在凶案现场发现带血的匕首和甲的指纹。在这个案例中，人的证据方法包括当事人甲、证人丙和证人丁，物的证据方法包括匕首、指纹和血迹。

3. 证据方法的取得

将证据方法分为人的证据方法和物的证据方法两类，目的在于两类证据方法取得的途径和手段不同。对于物的证据方法，在持有人无正当理由不予提供的情形下，可以通过搜查取得，并用扣押加以固定；对于人的证据方法，在特定人无正当理由不到庭陈述的情况下，则可以通过传唤甚至拘传强制其到庭陈述。

基于权利保障之需要，对证据方法的收集，应遵循一定的原则：

（1）法律保留原则。该原则要求司法人员采取搜查的手段收集证据只能在法律（狭义上的法律，由国家立法机关制定）规定的情形下才能实施，法律未明文规定的不得实施。该项原则的实质目的在于使搜查权的行使严格在立法机关的监控之中，没有代表民意的立法机关的同意，搜查权就不得行使。它既体现了立法权对司法权的制约，也体现了司法权的民意基础。

（2）比例原则。其具体包括两方面的要求：①适当性原则。即搜查机关所采行的措施必须能够实现搜查目的或至少有助于搜查目的达成并且是正确的手段。也就是说，在目的和手段的关系上，搜查必须是适当的。当然，其判断标准并非以客观结果为依据，而是以搜查措施作出时司法机关是否考虑到相关目的为准。②必要性原则。即在适当性原则的前提下，在能达成搜查目的的诸方式中，应选择对相关主体权利最小侵害的方式。换言之，已经没有任何其他能给相关主体造成更小侵害而又能达成目的的措施来取代该搜查措施了。

（3）法官保留原则。即在刑事诉讼中，在涉及人身等重大人身权利的搜查时，应由法官而非警察或检察官签发令状。该原则所蕴含的意义并不表明法官对事实和法律的认辨能力比警察或检察官更高明，而是因为只有法官才能更好地制约警察权或检察权。与警察和检察官相比，法官处于更加中立的地位，法官的职业角色定位就是对争议作出裁判，其所受的职业教育或培训，其执业要求和执业习惯，以及在实践中所接受的技术训练，都有利于确保其行为的公正性。同时，对搜查实践中新出现的手段和技术的控制，有赖于中立的法官不同程度上的“造法”能力，根据案件的具体情况进行定夺，从而补充现有制度相对滞后于搜查实践的不足。

值得探讨的是，刑事诉讼中，在无罪推定原则这一前提下，被告人是否有容忍义务协助作证？譬如，当被告人不愿意做鉴定时，若涉及刑事责任能力时能否将被告送进精神病院做医疗鉴定？此处涉及程序法治原则（无罪推定属于程序法治原则范畴）与真实发现原则的平衡问题。本书认为，基于对当事人，尤其是对被告人权益保障的需要，一般来说，程序法治原则应优先于真实发现原则，但绝不排斥为确保国家刑罚权的实现，真实发现原则需要在一定程度上超越无罪推定原则。世界各国和地区刑事诉讼立法上也大多规定被告人负有容忍义务协助作证，当被告人不愿意做鉴定时，若涉及刑事责任能力时可将被告人强制送进精神病院做医疗鉴定。

4. 我国现行法上的证据方法

我国三大诉讼法均对证据的基本形式有所涉及。《刑事诉讼法》第 50 条第 2 款规定："证据包括：（一）物证；（二）书证；（三）证人证言；（四）被害人陈述；（五）犯罪嫌疑人、被告人供述和辩解；（六）鉴定意见；（七）勘验、检查、辨认、侦查实验等笔录；（八）视听资料、电子数据。"《民事诉讼法》第 63 条第 1 款规定："证据包括：（一）当事人的陈述；（二）书证；（三）物证；（四）视听资料；（五）电子数据；（六）证人证言；（七）鉴定意见；（八）勘验笔录。"《行政诉讼法》第 33 条第 1 款规定："证据包括：（一）书证；（二）物证；（三）视听资料；（四）电子数据；（五）证人证言；（六）当事人的陈述；（七）鉴定结论；（八）勘验笔录、现场笔录。"若将上述三项条文所列的证据形式以证据方法之名予以分析，可以看出，现行法上所规定的证据方法分别是：①书证——文书；②物证、勘验、检查笔录——勘验标的物；③证人证言——证人；④被害人陈述、犯罪嫌疑人、被告人供述和辩解、当事人的陈述——当事人；⑤鉴定意见——鉴定人。至于视听资料及电子数据，域外立法中均未将其规定为独立的证据形式，典型的如日本法将其视为书证，德国法则将其视为物证。我国三大诉讼法均将视听资料及电子数据作为独立证据形式之一，这是否合理，有待进一步探究。

（二）证据资料

所谓证据资料，是指法官经由对证据方法的证据调查所得出的结果。证人、鉴定人、当事人、文书及勘验标的物仅是承载案件信息的方法，只有相对应的证人证言、鉴定意见、当事人陈述、文书的内容及物的性质或外观等资料之获取才是法官调查的目的，也才能作为法官认定案件事实的依据。证据方法和证据资料二者之间是外在和内在、形式和内容的关系。证据资料以证据方法为基础和来源，证据资料则是法官调查证据方法的目的和结果。

应明确的是，证据资料必须有助于法官获取心证认定案件事实。因此在具体的案件中，并非所有的证据方法都能为法官提供证据资料，如不知待证事实的证人、无内容的文书或所提供的信息不足的鉴定等，即不能从中获知证据资料。

（三）证据原因

所谓证据原因，是指法官内心确信的原因，即法官对于当事人主张的事实是否属实形成心证的原因。证据原因必须要使法官对于当事人主张的事实具有确信无争议的理由，如无证据价值的证言、伪造的文书及不合格的鉴定人出具的鉴定意见等均不得成为证据原因。①

证据原因乃基于法官本人的经验或他人经验的陈述而获得，所以除了证据资料外，法院调查证据方法过程中所获得的印象（有些国家和地区的证据法理论中将其称为“全部辩论意旨”），如当事人言辞辩论的内容、当事人的语气和神态等，也可能成为形成心证的原因。当然，对于“全部辩论意旨”，一种观点认为其只能起辅助认定作用；另一种观点则认为其可以独立认定案件事实，但限于非主要事实，且必须是非重要的间接事实，但对于哪些间接事实是“重要的”，哪些间接事实是“非重要的”却没有一个判断标准。本书认同第一种观点，即全部辩论意旨必须结合证据资料才能用于认定案件事实。

综上分析可以得知，证据原因和证据资料的范围并不尽一致，证据资料虽然是证据原因最主要的来源，但证据原因除证据资料外还包括全部辩论意旨。

第二节 证据的属性

证据的属性，即证据的基本特征。关于证据的属性，长期以来，在我国证据法学界占据统治地位的观点是证据的“三性说”，即认为证据具有客观性、合法性和关联性三项属性。其中，客观性是指证据所反映的内容必须是客观存在的事实；合法性是指证据必须按照法律的要求和法定程序取得；② 关联性是指证据与案件的待证事实之间有客观的联系。

应该明确的是，证据的属性是证据这一概念内涵的具体化表现或分解，也即证据概念赖以构成的诸要素，同时也是判断某物是否为证据的标准，是证据区别于其他非证据事物的标志。所以，我们应该认识到，脱离证据的内涵对证据属性加以界定无疑会使得出的结论成为无源之水、无本之木，导致脱离证据法的整个体系。而一直在我国证据法理论中占据主导地位的“三性说”则正是忽视了这样一个基点，尤其认为客观性作为证据最基础的属性，更是严重地

---

① 参见陈计男：《民事诉讼法论》（上），台湾三民书局股份有限公司1999年版，第428页。

② 还有一部分人始终坚持认为，合法性不是证据的本质属性之一，证据不需要具备合法性就能发挥证明作用，此即“二性说”。参见陈一云主编：《证据法学》，法律出版社2004年版，第135~136页。

阻碍了证据理论研究的发展和司法实践的进行。①

本书认为，应以第一节所分析的证据的不同层面内涵作为界定证据属性的前提，循此逻辑，可以认为证据能力和证据力乃证据的两个最为基本的属性。

一、证据能力

（一）证据能力的概念

证据能力是与证据方法相联系的一个概念，其又被称为证明能力或证据资格，是指证据方法符合法律的规定可被允许进入诉讼，进而能够作为证明案件事实之用的能力。证据能力是大陆法系证据理论中的基本概念，相当于英美法系证据理论的“可采性（admissibility）”，即凡属可受容许、可被法院接受的证据皆属于适格的证据。

法律对证据能力的规定意味着并非所有与案件事实有关联的证据材料都能进入诉讼作为证据方法使用。某些证据材料即使对案件事实具有一目了然的证明作用，如果其不符合法律规定的条件，也不能被法官作为证据来使用。法律对于证据能力所作的限制既可能是基于政策性考虑的结果，也可能是基于防止某些具有难以克服的弱点的证据给案件事实造成错误的认定。司法实践中，一般对证据能力有三个方面的要求：一是证据方法必须具有合法的形式；二是证据方法的来源必须合法；三是证据方法必须经法定人员依法定程序收集和提取。

（二）两大法系关于证据能力的立法例

由于两大法系诉讼架构和证据体系的不同，主要国家和地区在证据能力的相关规定上也不尽一致。

1. 英美法系

① 认定案件事实的证据客观与否是法官进行证据评价或证据判断所要解决的问题，而绝不是证据本身就当然具有的属性。谁都无法在诉讼程序伊始就可以检验作为过去的片断的证据是否客观和真实。法官也只能是通过对证据（过往事实的片断）的认识来把握过去作为一个整体事实的案件事实；但是，在整体的案件事实被发现之前，其必须把握证据在整体事实中的确切背景。只有在全部意义被认识后，证据才能被确切地判定为真实或虚假。要解决这一问题，必须凭借法官审查判断证据的适当性来保障——法官必须在作为部分的证据与整体之前仔细考察，反复斟酌，才能发现片断的证据与整体事实的关系，才能认识客观的案件事实。在整体案件事实被认识之前，法官无法确切地把握证据和案件事实整体之间的关系，无法对证据的真实与否得出一明确的结论。所以，将客观性纳入证据属性的范畴无疑是违背了认识论的一般规律和解释学的基本规则。

在英美法中，对证据能力是以证据的可采性这一形式加以规定的，但法律上极少有积极的规定，多是从消极的角度就某一证据材料无证据能力或其能力受限制予以规定。所以，不可采纳的证据反而成为英美法中证据可采性问题的重点。英美法重在证据能力，必须具有可采性的证据材料，方有合理的证据价值，才能合理推断待证事实的真伪，故对于证据材料的证据能力，多以法律加以限制。

英美法系国家和地区证据法上关于证据能力的规定非常完备，这是由陪审团在其诉讼中的重要地位所决定的。在英美法系传统诉讼程序中，法律的适用是由作为专业人士的法官来判断，但作为法律适用前提的事实认定程序，则是由业余人士组成的陪审团进行。在陪审团制度中，陪审员是从普通民众中挑选而来而且是一次性地参与案件的审理，由于专业知识的匮乏和审判经验的缺失，他们往往缺少审案所应有的鉴别能力和沉着冷静。他们可能会采纳那些有碍于查明案件真情的事实和材料作为证据，或误用推理的经验规则，或者迷于被告的地位和经历，或惑于被告的巧辩，或泯于偏见或囿于情感等，从而难以理智地对证据作出公允的判断。“鉴于陪审员对于证据之评价，不甚熟悉，自应由经验丰富的裁判官加以说示，而其说示，又不能无一定之标准，乃设有排除规则以限制无关联性之证据、偏颇之证言、虚伪之证言或足致陪审员因本身之感情与同情之偏见、易于发生错误之证据，提出于法庭，使陪审员，仅得凭其合理性且富有安全性证据力之证据而为合理之判断。”① 因此，通过可采性规则（从消极的角度来讲即为排除规则）的确立，法官对拟进入庭审程序的证据进行筛选，将不具备可采性的证据予以排除，然后将适格的证据交由陪审团作为认定案件事实的证据方法，再由陪审团进一步来认定其证据价值。这样不仅有利于节省庭审查证的时间，而且可以大大降低不适格证据对陪审员心证的干扰，一定程度上弥补了非专业人士在事实认定上的不足。

2. 大陆法系

英美法系国家的证据规则主要是为规范当事人及其代理人的举证行为而设定，因而有较为详尽的证据能力规则。大陆法系国家则是从司法机关的角度来研究和制定证据制度，都在法律中明确规定了自由心证主义原则，要求法官自由评判证据，以形成内心确信，从而认定案件事实。因此，对证据能力的判断没有像英美法系国家那样设置非常详尽的证据规则。凡作为证据材料，均具有理论上的证据能力，在承认证据材料一般均具有证据能力的前提下，对于某些

① 陈朴生：《刑事证据法》，台湾三民书局股份有限公司 1979 年版，第 7 页。

个别情况设置无证据能力的特例。而且，大陆法系中的排除并非完全绝对排除，多为相对性地排除。

为追求案件真实的发现、程序正当性的保障以及被调查者利益的保护(如保护其隐私及其他秘密)，大陆法系国家和地区的法律也规定某些事实材料和方法不得作为证据，即不具有证据资格。如《德国民事诉讼法》第 391 条规定，法院考虑证言的重要性，并且为了使证人作出真实的证言，认为有必要命令证人宣誓时，在双方当事人都未舍弃宣誓的情形下，证人应当宣誓。① 《日本民事诉讼法》第 201 条第 1 款规定，证人，除另有规定外，应当使其宣誓。② 同法第 203 条规定，证人不得用文书为陈述。依此规定，如果证人没有进行宣誓，其证言就不适格，或者证人违反规定以文书进行陈述，将不被采纳为证据。我国台湾地区“民事诉讼法”第 312 条也有类似的规定，即审判长于询问前，应命证人个别具结。我国澳门特别行政区民事诉讼法第 435 条从原则上对证据的适格作了总的规定，即不得于审判中采用透过侵犯人之身体或精神之完整性，又或透过侵入私人生活、住所、函件及其他通讯方法而获得之证据。同法第 438 条进一步明确，如未进行证据所针对之当事人之辩论听证，则不得接纳及调查有关证据，但另有规定者除外。

3. 证据能力规则发展的趋势

通过两大法系关于证据能力的主要立法情况可以看出，证据能力规则存在的价值很大程度上是由陪审制决定的，故其发展状况不可避免地维系于陪审制的兴衰。从发展的趋势来看，在陪审制发源地的英美法系国家和地区，使用陪审团审判的案件日益减少。作为陪审制鼻祖的英国，陪审制的衰亡首先发生在刑事诉讼领域。自 19 世纪中期以来，随着刑事案件数量的不断增加和案情的日益复杂，普通人作为陪审员参审的做法越来越难以胜任审判任务急速加重的需要，故法律允许那些轻微刑事案件的被告人选择没有陪审团参加的简易审判方式，由此拉开了由法官单独审判刑事案件的序幕。而在民事诉讼领域，随着法院在选任陪审员时遇到了越来越多的困难，陪审团审判案件的范围也在日趋缩小。进入 20 世纪以后，英国的陪审制已基本名存实亡。同样的原因也使得英美法系的代表国家美国在进入 20 世纪后审判中使用陪审制的案件数量不断

① 参见谢怀栻译：《德意志联邦共和国民事诉讼法》，中国法制出版社 2002 年版。以下对德国民事诉讼法条文的引用，如无特别说明，均以此版本为准。

② 参见白绿铉编译：《日本新民事诉讼法》，中国法制出版社 2000 年版。以下对日本民事诉讼法条文的引用，如无特别说明，均以此版本为准。

减少。截至今日，不论刑事案件还是民事案件，美国采用陪审制审理的数量均不足审理总数的10%。其他英美系国家的情况也大同小异。① 虽然有的大陆法系国家引入了英美法系陪审制的做法，并加以“本土化”改造，形成了所谓的参审制，也由陪审员参与案件的审理，但应明确的是，在该模式下，是由法官与陪审员在法庭上共同负责案件事实的认定，故可以有效地避免英美法上由陪审团单独认定案件事实所存在的弊病。可见，随着普通人作为陪审员参与案件事实认定做法的逐渐式微，证据能力规则日益从严格走向松懈，其存在的依据大为削弱，其功能也从增强作为业余人士的陪审员认证的专业水平转化为纯化搜集证据的手段和限制法官对证据的恣意妄断。

（三）我国现有的法律规范关于证据能力的规定

在我国，长期以来，对诉讼中的证据能力问题采取一种虚无主义的态度，其结果是造成了法院查证范围过宽、期限过长且效率低下。同时，在所谓“实事求是”原则的指导下，法官为获取案件所谓的真实性甚至可以不择手段，极度忽视证据本身是否具有合理的来源，在刑事诉讼领域表现得尤为明显。所以，我国既未像英美法系证据法上那样有较为严密、细致的证据能力规则以及相应的例外；亦不像大陆法系证据法那样，针对法官对证据能力的自由心证作出详细、缜密的程序性规定。我国只是以粗线条的方式制定了若干证据规则，由于条文较少，内容较为粗糙，并事实上赋予了法官极大的自由裁量权，其结果必然是造成法官任意裁决的权力过大。

1. 刑事诉讼领域

《刑事诉讼法》第 52 条对审判人员、检察人员、侦查人员的证据收集行为作出了要求，即“必须依照法定程序，收集能够证实犯罪嫌疑人、被告人有罪或者无罪、犯罪情节轻重的各种证据。严禁刑讯逼供和以威胁、引诱、欺骗以及其他非法的方法收集证据”，不得强迫任何人证实自己有罪。《刑事诉讼法》第 56 条明确规定了违法收集的证据应予排除的规则。同法第 62 条第 2 款从消极的角度对适格的证人范围作了明确的规定，即“生理上、精神上有缺陷或者年幼，不能辨别是非、不能正确表达的人，不能作证人”。第 124 条第 2 款对侦查人员询问证人获取证言的方式做了限制，即“询问证人应当个别进行”。同法第 138 条第 1 款和第 139 条第 1 款则对搜查取证的行为做了要求，即侦查人员“进行搜查，必须向被搜查人出示搜查证”，“在搜查的时候，

① 参见何家弘：《司法证明方式和证据规则的历史沿革——对西方证据法的再认识》，载《外国法译评》1999 年第 4 期。

应当有被搜查人或者他的家属，邻居或者其他见证人在场”。

2. 民事诉讼领域

(1)《民事诉讼法》的相关规定。《民事诉讼法》对于证据能力也有零散的规定。如该法第 70 条对书证和物证的证据能力提出了要求，即书证或物证应当提交原件或原物，确有困难的，可以提交复制品、照片、副本、节录本。提交外文书证，必须附有中文译本。

该法第 72 条规定了证人的适格性，即不能正确表达意思的人，不能作证。

该法第 80 条还规定了勘验具备证据能力的法定条件，即勘验物证或者现场，勘验人必须出示人民法院的证件，并邀请当地基层组织或者当事人所在单位派人参加。当事人或者当事人的成年家属应当到场，拒不到场的，不影响勘验的进行。勘验人应当将勘验情况和结果制作笔录，由勘验人、当事人和被邀参加人签名或者盖章。

(2)《民事证据规定》及《民诉法解释》的相关规定。相对于《民事诉讼法》关于证据能力的零散规定，《民事证据规定》对证据能力的规定则较为详实。如该规定第 10、11 条和第 12 条分别对当事人提供某些证据方法的行为作出要求，即“当事人向人民法院提供证据，应当提供原件或者原物。如需自己保存证据原件、原物或者提供原件、原物确有困难的，可以提供经人民法院核对无异的复制件或者复制品”；“当事人向人民法院提供的证据系在中华人民共和国领域外形成的，该证据应当经所在国公证机关予以证明，并经中华人民共和国驻该国使领馆予以认证，或者履行中华人民共和国与该所在国订立的有关条约中规定的证明手续。当事人向人民法院提供的证据是在香港、澳门、台湾地区形成的，应当履行相关的证明手续”及“当事人向人民法院提供外文书证或者外文说明资料，应当附有中文译本”。

该规定第 20、21 条和第 22 条则分别对书证、物证和视听资料的调取提出要求，即“调查人员调查收集的书证，可以是原件，也可以是经核对无误的副本或者复制件。是副本或者复制件的，应当在调查笔录中说明来源和取证情况”；“调查人员调查收集的物证应当是原物。被调查人提供原物确有困难的，可以提供复制品或者照片。提供复制品或者照片的，应当在调查笔录中说明取证情况”和“调查人员调查收集计算机数据或者录音、录像等视听资料的，应当要求被调查人提供有关资料的原始载体。提供原始载体确有困难的，可以提供复制件。提供复制件的，调查人员应当在调查笔录中说明其来源和制作经过”。该规定第 49 条则进一步对三种证据方法进入质证程序做了限制：“对书证、物证、视听资料进行质证时，当事人有权要求出示证据的原件或者原物。

但有下列情况之一的除外：（一）出示原件或者原物确有困难并经人民法院准许出示复制件或者复制品的；（二）原件或者原物已不存在，但有证据证明复制件、复制品与原件或原物一致的。”

该规定第53条对证人的资格做了限制，即“不能正确表达意志的人，不能作为证人”，但“待证事实与其年龄、智力状况或者精神健康状况相适应的无民事行为能力人和限制民事行为能力人”除外。第55条则进一步对证人的作证行为提出要求，即“（第1款）证人应当出庭作证，接受当事人的质询。（第2款）证人在人民法院组织双方当事人交换证据时出席陈述证言的，可视为出庭作证”。

《民诉法解释》第106条规定：“对以严重侵害他人合法权益、违反法律禁止性规定或者严重违背公序良俗的方法形成或者获取的证据，不能作为认定案件事实的根据。”从而在民事诉讼领域确立起了排除不适格证据的原则性规定。

3. 行政诉讼领域

现行《行政诉讼法》的证据部分十分简单，对行政诉讼中的证据能力未作任何规定，从而使得我国的行政诉讼领域在该问题上一直是无以为据，操作混乱。值得肯定的是，《行政证据规定》对这一问题有了一定的认识，并作出了一些有益于司法实践操作的规定。

（1）举证阶段。《行政证据规定》第7、10、11、12、13、14、15、16条和第17条及《行诉法解释》第34、35、36条针对不同的证据方法，就其证据能力与当事人的举证分别作出了限制性规定：

原告或者第三人应当在开庭审理前或者人民法院指定的交换证据清单之日提供证据。因正当事由申请延期提供证据的，经人民法院准许，可以在法庭调查中提供。逾期提供证据的，人民法院应当责令其说明理由，拒不说明理由或者理由不成立的，视为放弃举证权利。原告或者第三人在第一审程序中无正当事由未提供而在第二审程序中提供的证据，人民法院不予采纳。当事人申请延长举证期限，应当在举证期限届满前向人民法院提出书面申请。申请理由成立的，人民法院应当准许，适当延长举证期限，并通知其他当事人。申请理由不成立的，人民法院不予准许，并通知申请人。被告申请延期提供证据的，应当在收到起诉状副本之日起十五日内以书面方式向人民法院提出。人民法院准许延期提供的，被告应当在正当事由消除后十五日内提供证据。逾期提供的，视为被诉行政行为没有相应的证据。

当事人向人民法院提供书证的，应当符合四项条件：①提供书证的原件，原本、正本和副本均属于书证的原件。提供原件确有困难的，可以提供与原件核对无误的复印件、照片、节录本。②提供由有关部门保管的书证原件的复制件、影印件或者抄录件的，应当注明出处，经该部门核对无异后加盖其印章。③提供报表、图纸、会计账册、专业技术资料、科技文献等书证的，应当附有说明材料。④被告提供的被诉具体行政行为所依据的询问、陈述、谈话类笔录，应当有行政执法人员、被询问人、陈述人、谈话人签名或者盖章。

当事人向人民法院提供物证的，应当符合两项条件：①提供原物。提供原物确有困难的，可以提供与原物核对无误的复制件或者证明该物证的照片、录像等其他证据。②原物为数量较多的种类物的，提供其中的一部分。

当事人向人民法院提供计算机数据或者录音、录像等视听资料的，应当符合三项条件：①提供有关资料的原始载体。提供原始载体确有困难的，可以提供复制件；②注明制作方法、制作时间、制作人和证明对象等；③声音资料应当附有该声音内容的文字记录。

当事人向人民法院提供证人证言的，应当符合四项条件：①写明证人的姓名、年龄、性别、职业、住址等基本情况；②有证人的签名，不能签名的，应当以盖章等方式证明；③注明出具日期；④附有居民身份证复印件等证明证人身份的文件。

被告向人民法院提供的在行政程序中采用的鉴定结论，应当载明委托人和委托鉴定的事项、向鉴定部门提交的相关材料、鉴定的依据和使用的科学技术手段、鉴定部门和鉴定人鉴定资格的说明，并应有鉴定人的签名和鉴定部门的盖章。通过分析获得的鉴定结论，应当说明分析过程。

被告向人民法院提供的现场笔录，应当载明时间、地点和事件等内容，并由执法人员和当事人签名。当事人拒绝签名或者不能签名的，应当注明原因。有其他人在现场的，可由其他人签名。

当事人向人民法院提供的在中华人民共和国领域外形成的证据，应当说明来源，经所在国公证机关证明，并经中华人民共和国驻该国使领馆认证，或者履行中华人民共和国与证据所在国订立的有关条约中规定的证明手续。当事人提供的在中华人民共和国香港特别行政区、澳门特别行政区和台湾地区内形成的证据，应当具有按照有关规定办理的证明手续。

当事人向人民法院提供外文书证或者外国语视听资料的，应当附有由具有翻译资质的机构翻译的或者其他翻译准确的中文译本，由翻译机构盖章或者翻译人员签名。

（2）质证阶段。《行政证据规定》用第 36 条“经合法传唤，因被告无正当理由拒不到庭而需要依法缺席判决的，被告提供的证据不能作为定案的依据”之规定表明了质证阶段仅特定的证据方法才有证据能力之原则，其在第40、41、42条和第47条分别确立了不同证据方法证据能力的判断标准：

对书证、物证和视听资料进行质证时，当事人应当出示证据的原件或者原物。但两种情况下除外：①出示原件或者原物确有困难并经法庭准许可以出示复制件或者复制品；②原件或者原物已不存在，可以出示证明复制件、复制品与原件、原物一致的其他证据。视听资料应当当庭播放或者显示，并由当事人进行质证。

凡是知道案件事实的人，都有出庭作证的义务。不能正确表达意志的人不能作证。但有后述五种情形之一的，经人民法院准许，当事人可以提交书面证言：①当事人在行政程序或者庭前证据交换中对证人证言无异议的；②证人因年迈体弱或者行动不便无法出庭的；③证人因路途遥远、交通不便无法出庭的；④证人因自然灾害等不可抗力或者其他意外事件无法出庭的；⑤证人因其他特殊原因确实无法出庭的。

当事人要求鉴定人出庭接受询问的，鉴定人应当出庭。鉴定人因正当事由（与证人相同）不能出庭的，经法庭准许，可以不出庭，由当事人对其书面鉴定结论进行质证。

（3）认证阶段。在认证阶段，《行政证据规定》第57、58、59、60、61条和第62条及《行诉法解释》第43、45条就证据方法能否进入法官自由心证的视野作了进一步限定：

严重违反法定程序收集的证据材料，以违反法律强制性规定的手段获取且侵害他人合法权益的证据材料，以利诱、欺诈、胁迫、暴力等手段获取的证据材料，当事人无正当事由超出举证期限提供的证据材料，在中华人民共和国领域以外或者在中华人民共和国香港特别行政区、澳门特别行政区和台湾地区形成的未办理法定证明手续的证据材料，当事人无正当理由拒不提供原件、原物，又无其他证据印证，且对方当事人不予认可的证据的复制件或者复制品、被当事人或者他人进行技术处理而无法辨明真伪的证据材料，不能正确表达意志的证人提供的证言及不具备合法性和真实性的其他证据材料等，不能作为定案依据。

被告有证据证明其在行政程序中依照法定程序要求原告或第三人提供证据，原告或第三人依法应当提供而没有提供，在诉讼程序中提供的证据，人民法院一般不予采纳。

被告及其诉讼代理人在作出具体行政行为后或者在诉讼程序中自行收集的

证据，被告在行政程序中非法剥夺公民、法人或者其他组织依法享有的陈述、申辩或者听证权利所采用的证据和原告或者第三人在诉讼程序中提供的、被告在行政程序中未作为具体行政行为依据的证据，不能作为认定被诉具体行政行为合法的依据。

复议机关在复议程序中收集和补充的证据，或者作出原具体行政行为的行政机关在复议程序中未向复议机关提交的证据，不能作为人民法院认定原具体行政行为合法的依据。

对被告在行政程序中采纳的鉴定结论，原告或者第三人提出证据证明鉴定人不具备鉴定资格或鉴定程序严重违法的，人民法院不予采纳。

二、证据力

（一）证据力的概念

证据力是与证据资料相联系的一个概念，其又被称为证明力或证据价值，是指法官通过自由心证判断证据资料在多大程度上可以证明案件事实。证据力是大陆法系证据理论中的基本概念，相当于英美法系证据理论的“关联性（relevance）”，即按照事物发展的一般进程，有关证据资料与案件的特定事实相联系，能在某种程度上证明特定案件事实在过去、现在或将来的存在与否。

（二）证据力规则的历史发展

在证据力的问题上，证据法发展变化的核心是证据的证据力由谁来判断。证据法上先后经历了神示证据制度、法定证据制度和自由心证制度三个发展阶段。

在认识客观世界的能力极度低下的人类社会初期，各个文明普遍认同依靠神的启示确认事实，并在此基础上判定是非曲直：法庭并非为查明案件事实而设立的司法机构，而是为获得神明旨意、请求神灵揭示案件事实的带有强烈宗教色彩的场所；法官也非查明案件事实并在此基础上适用法律的司法人员，而是举行一定招请神意裁断案情仪式的主持人。① 可见，在这种证据制度下，法官只能诉诸神灵而不能依自己对案件证据的主观判断定案，所以其在证据力的判断上是不自由的。

随着人类文明的发展和认识能力的提高，加上国家维护统治秩序的需要，这种颇为荒诞的神示证据制度逐渐被证据裁判主义取代，即诉讼要依靠证据，并运用人的理性发现案件事实的真相。在证据裁判主义原则下，在证据力的判

① 参见何家弘、刘品新：《证据法学》，法律出版社 2004 年版，第 14 页。

断问题上又经历了法定证据制度和自由心证制度两个截然不同的阶段。中世纪的欧洲盛行法定证据制度，其最显著的特征是法律对各种不同证据的证据力都作了具体的规定，甚至达到了量化的程度，换句话来说，证据的证据力并非由审理具体案件的法官结合案情予以判断，而是立法者通过法律来评价，其判断标准不是根据具体的个案，而是通过抽象的规则。

到18世纪末，随着人类认识的进一步深化和资本主义的迅速发展，法定证据制度遭到越来越多的批评和指责，其焦点大多指向法律对证据的证据力加以直接规定这种做法本身的合理性。随着社会关系的日益复杂，其根本无法为抽象的证据规则所完全涵盖，法定证据制度在探求个案真实方面越来越无能为力。尽管法定证据制度对证据力的抽象规定意在减少法官枉法裁判的可能性，但其立论之理仿若刻舟求剑，与事物发展的客观规律明显相悖，与诉讼中寻求真实的目标南辕北辙。最终，从1808年的《法国刑事诉讼法典》开始，欧洲各国相继在诉讼法中以自由心证制度取代了法定证据制度。① 自由心证制度建立在对人类认识规律正确把握的基础之上。这是因为证据力的判断是一个过程，而人的认识能力是先天具有的，每一个精神正常的成年人之间的认识能力相差无几。因此，在某一具体问题的判断上，如果作为判断根据的基础事实一致，不同的人运用其相同或相似的认识能力往往能够作出大体一致的结论。故相对于立法者而言，法官由于直接面对个案，在正确衡量证据证据力方面具有天然的优势，其判断结果的合理性显而易见。

常人在认识能力上的共同性为自由心证制度的建立提供了强有力的理性基础，但是，仅此一点还不足彻底否定法定证据制度存在的合理性，因为法定证据制度最为突出的优点是可以限制法官的恣意判断，减少枉法裁判的可能性，而这一点恰好成为反对自由心证制度的焦点所在。为弥补这一缺陷，各国理论界和实务界经过长期不懈的努力，分别确立了适合各自国情的、相对完备且行之有效的证据力规则体系，对法官判断证据力的权力进行合理的限制。

（三）两大法系关于证据力的立法例

1. 英美法系

在英美法系国家和地区中，对证据力规则设置的集大成者应推《美国联邦证据规则》（*Federal Rules of Evidence*）第四章“相关性及其限制（Relevancy and Its Limits）”。该规则第401条和第402条总括性地对证据力，也就是证据的关联性作了界定，即“相关证据”指“证据具有某种倾向，使决定某项在

① 参见毕玉谦：《民事证据法及其程序功能》，法律出版社1997年版，第93页。

诉讼中待确认的争议事实的存在比没有该项证据时更有可能或更无可能”。①有相关性的证据一般可以采纳；无相关性的证据不能采纳。在该原则指导之下，形成了一些具体的规则，主要有：

第 403 条规定，因偏见、混淆或浪费时间而排除相关证据。

第 404 条规定，有关某人品格或品格特征的证据，不能用以证明该人在某特定场合的行为与其品格或品格特征相一致，但被告人的品格、被害人的品格和证人的品格除外。

第 406 条规定，关于某人的习惯或某组织日常工作的证据，不管是否业经证实，也不管是否有目击证人在场，对于证明该人或该组织在特定场合或时刻的行为与其习惯或日常工作一致，是相关的。

第 407 条规定，当一起事件发生后采取了那些如果事先采取很可能会避免该事件发生的措施时，关于这些事后补救措施的证据不能采纳来证明与该事件相联系的过失或应受处罚的行为。

第 408 条规定，和解中提出或者接受的数额、行为、陈述等不能作为对该诉讼主张无效或其数额附有责任的证据采纳。

第 409 条规定，关于支付、表示或允诺支付因伤害而引起的医疗、住院或类似费用的证据，不能作为证明对伤害负有责任的证据采纳。

第 410 条规定，答辩、答辩讨论和有关陈述不可采纳。

第 411 条规定，关于某人曾经或者未曾进行责任保险的证据，不能采纳来证明该人是否行为有疏忽或其他过失的争议。

第 412 条规定，性犯罪案件，与被害人过去性行为方面的名声或评价的证据，一律不予采纳。同时，在被指控犯有美国法典第 18 编第 109A 章所规定罪行的刑事案件中，关于所谓被害人过去性行为方面的证据，尽管不是涉及名声或评价的证据，除法定情况外，同样也不能采纳。

2. 大陆法系

相对于英美法系证据立法来说，大陆法系国家和地区的立法较少限制法官对证据力的判断，给予法官更大的自由裁量权，但也不排斥一些经过理论论证和长期实践检验的评价证据力的规律性的规则，并在制度层面上确立下来。如补强规则、完全证据规则、最佳证据规则、民事诉讼中的自认规则和刑事诉讼中的口供补强规则等。这些内容将在后面相关章节中详细介绍，在此不予

① 卞建林译：《美国联邦刑事诉讼规则和证据规则》，中国政法大学出版社 1998 年版。以下对美国联邦证据规则条文的引用，如无特别说明，均以此版本为准。

赘述。

（四）我国现有法规范关于证据力的规定

1. 刑事诉讼领域

刑事诉讼领域现有的法规范关于证据力的规定非常少。《刑事诉讼法》第55条“只有被告人供述，没有其他证据的，不能认定被告人有罪和处以刑罚；没有被告人供述，证据确实、充分的，可以认定被告人有罪和处以刑罚”之规定对被告人口供的证据力判断作了限定，从而在我国刑事诉讼领域初步确立了被告人口供补强规则。

2. 民事诉讼领域

《民事诉讼法》对证据力的规定也很少，仅在第65条第2款、第71条和第75条标语式地、泛泛地对某些证据资料之审查判断作了一些要求，体现为“人民法院对有关单位和个人提出的证明文书，应当辨别真伪，审查确定其效力”；“人民法院对视听资料，应当辨别真伪，并结合本案的其他证据，审查确定能否作为认定事实的根据”和“人民法院对当事人的陈述，应当结合本案的其他证据，审查确定能否作为认定事实的根据”。

《民事证据规定》及《民诉法解释》则对法官如何判断证据力提出了一些要求。

（1）公文书的证明力判断。《民诉法解释》第114条规定：“国家机关或者其他依法具有社会管理职能的组织，在其职权范围内制作的文书所记载的事项推定为真实，但有相反证据足以推翻的除外。必要时，人民法院可以要求制作文书的机关或者组织对文书的真实性予以说明。”

（2）补强规则。《民事证据规定》第69条规定：“下列证据不能单独作为认定案件事实的依据：（一）未成年人所作的与其年龄和智力状况不相当的证言；（二）与一方当事人或者其代理人有利害关系的证人出具的证言；（三）存有疑点的视听资料；（四）无法与原件、原物核对的复印件、复制品；（五）无正当理由未出庭作证的证人证言。”

（3）完全证据规则。《民事证据规定》第70条规定：“一方当事人提出的下列证据，对方当事人提出异议但没有足以反驳的相反证据的，人民法院应当确认其证明力：（一）书证原件或者与书证原件核对无误的复印件、照片、副本、节录本；（二）物证原物或者与物证原物核对无误的复制件、照片、录像资料等；（三）有其他证据佐证并以合法手段取得的、无疑点的视听资料或者与视听资料核对无误的复制件；（四）一方当事人申请人民法院依照法定程序制作的对物证或者现场的勘验笔录。”

（4）鉴定结论的证据力。《民事证据规定》第71条规定："人民法院委托鉴定部门作出的鉴定结论，当事人没有足以反驳的相反证据和理由的，可以认定其证明力。"

（5）相反证据和反驳证据的证据力。《民事证据规定》第72条规定："（第1款）一方当事人提出的证据，另一方当事人认可或者提出的相反证据不足以反驳的，人民法院可以确认其证明力。（第2款）一方当事人提出的证据，另一方当事人有异议并提出反驳证据，对方当事人对反驳证据认可的，可以确认反驳证据的证明力。"

（6）证明标准。《民事证据规定》第73条第1款规定："双方当事人对同一事实分别举出相反的证据，但都没有足够的依据否定对方证据的，人民法院应当结合案件情况，判断一方提供证据的证明力是否明显大于另一方提供证据的证明力，并对证明力较大的证据予以确认。"

（7）当事人陈述的证据力。《民事证据规定》第74条规定："诉讼过程中，当事人在起诉状、答辩状、陈述及其委托代理人的代理词中承认的对己方不利的事实和认可的证据，人民法院应当予以确认，但当事人反悔并有相反证据足以推翻的除外。"第76条规定："当事人对自己的主张，只有本人陈述而不能提出其他相关证据的，其主张不予支持。但对方当事人认可的除外。"

（8）证明妨碍的推定。《民事证据规定》第75条规定："有证据证明一方当事人持有证据无正当理由拒不提供，如果对方当事人主张该证据的内容不利于证据持有人，可以推定该主张成立。"《民诉法解释》第112条规定："书证在对方当事人控制之下的……对方当事人无正当理由拒不提交的，人民法院可以认定申请人所主张的书证内容为真实。"

（9）最佳证据规则。《民事证据规定》第77条规定："人民法院就数个证据对同一事实的证明力，可以依照下列原则认定：（一）国家机关、社会团体依职权制作的公文书证的证明力一般大于其他书证；（二）物证、档案、鉴定结论、勘验笔录或者经过公证、登记的书证，其证明力一般大于其他书证、视听资料和证人证言；（三）原始证据的证明力一般大于传来证据；（四）直接证据的证明力一般大于间接证据；（五）证人提供的对与其有亲属或者其他密切关系的当事人有利的证言，其证明力一般小于其他证人证言。"

（10）心证公开。《民事证据规定》第79条第1款规定："人民法院应当在裁判文书中阐明证据是否采纳的理由。"

3. 行政诉讼领域

现行《行政诉讼法》未就法官如何判断证据资料的证据力作出任何规定，

该方面的内容集中体现在《行政证据规定》中。该规定第54条对法官判断行政诉讼中证据资料的证据力提出了总的要求："法庭应当对经过庭审质证的证据和无需质证的证据进行逐一审查和对全部证据综合审查，遵循法官职业道德，运用逻辑推理和生活经验，进行全面、客观和公正地分析判断，确定证据材料与案件事实之间的证明关系，排除不具有关联性的证据材料，准确认定案件事实。"在此基础上，《行政证据规定》设置了以下这些具体规则：

(1) 影响证据力的主要因素。第56条规定："法庭应当根据案件的具体情况，从以下方面审查证据的真实性：(一) 证据形成的原因；(二) 发现证据时的客观环境；(三) 证据是否为原件、原物，复制件、复制品与原件、原物是否相符；(四) 提供证据的人或者证人与当事人是否具有利害关系；(五) 影响证据真实性的其他因素。"

(2) 最佳证据规则。第63条规定："证明同一事实的数个证据，其证明效力一般可以按照下列情形分别认定：(一) 国家机关以及其他职能部门依职权制作的公文文书优于其他书证；(二) 鉴定结论、现场笔录、勘验笔录、档案材料以及经过公证或者登记的书证优于其他书证、视听资料和证人证言；(三) 原件、原物优于复制件、复制品；(四) 法定鉴定部门的鉴定结论优于其他鉴定部门的鉴定结论；(五) 法庭主持勘验所制作的勘验笔录优于其他部门主持勘验所制作的勘验笔录；(六) 原始证据优于传来证据；(七) 其他证人证言优于与当事人有亲属关系或者其他密切关系的证人提供的对该当事人有利的证言；(八) 出庭作证的证人证言优于未出庭作证的证人证言；(九) 数个种类不同、内容一致的证据优于一个孤立的证据。"

(3) 电子证据的证据力。第64条规定："以有形载体固定或者显示的电子数据交换、电子邮件以及其他数据资料，其制作情况和真实性经对方当事人确认，或者以公证等其他有效方式予以证明的，与原件具有同等的证明效力。"

(4) 免证事实。第68条规定："(第1款) 下列事实法庭可以直接认定：(一) 众所周知的事实；(二) 自然规律及定理；(三) 按照法律规定推定的事实；(四) 已经依法证明的事实；(五) 根据日常生活经验法则推定的事实。(第2款) 前款 (一)、(三)、(四)、(五) 项，当事人有相反证据足以推翻的除外。"

(5) 证明妨碍的推定。第69条规定："原告确有证据证明被告持有的证据对原告有利，被告无正当事由拒不提供的，可以推定原告的主张成立。"《行诉法解释》第46条对其作出了更为具体的规定，其内容是：原告或第三人确有证据证明被告持有的证据对原告或第三人有利的，可以在开庭前书面申请人民法院责令行政机关提交。申请理由成立的，人民法院应当责令行政机关提交。因提交证据所产生的费用，由申请人预付行政机关无正当理由拒不提交的，人民法院可以推定原告或第三人基于该证据主张的事实成立。

（6）补强规则。第 71 条规定："下列证据不能单独作为定案依据：（一）未成年人所作的与其年龄和智力状况不相适应的证言；（二）与一方当事人有亲属关系或者其他密切关系的证人所作的对该当事人有利的证言，或者与一方当事人有不利关系的证人所作的对该当事人不利的证言；（三）应当出庭作证而无正当理由不出庭作证的证人证言；（四）难以识别是否经过修改的视听资料；（五）无法与原件、原物核对的复制件或者复制品；（六）经一方当事人或者他人改动，对方当事人不予认可的证据材料；（七）其他不能单独作为定案依据的证据材料。"

（7）心证公开。第 72 条第 2 款规定："人民法院应当在裁判文书中阐明证据是否采纳的理由。"同规定第 73 条进一步明确："法庭发现当庭认定的证据有误，可以按照下列方式纠正：（一）庭审结束前发现错误的，应当重新进行认定；（二）庭审结束后宣判前发现错误的，在裁判文书中予以更正并说明理由，也可以再次开庭予以认定；（三）有新的证据材料可能推翻已认定的证据的，应当再次开庭予以认定。"

三、证据能力和证据力的关系

（一）证据能力和证据力的联系

证据能力与证据力同是证据规则中最基本和最重要的内容。法律上应当明确规定的主要应当是证据的证据能力规则，藉以达到设立证据规则之目的；对于证据力的判断，一般应当由法官根据案件的实际情况进行，属于法官自由心证的范畴，不应由法律预先规定。一定的证据方法必须首先是法律上允许的，然后才能谈及其所载证据资料的证据力问题。也就是说，具备证据能力的证据才具有证据力，前者是后者的前提和基础，反之，不具备证据能力的证据，即使法官认为其内容有可能是真实的，也不得据以作为判决的依据。此即为证据能力对证据力的限制作用，具体体现在积极限制与消极限制两种方式上。积极限制是指法律对证据的来源、方式和程序加以规定，符合这些限制性要求的证据才能成为法官判断证据力的对象。消极限制是指法律从否定的角度排除不能作为法官判断证据力对象的证据。因此，从总体上讲，证据能力规则的设置是为了剔除对证据力判断起消极作用的某些证据，使得对证据力的判断更加迅捷和有效。

证据能力和证据力在某些场合也可能发生转化。比如，某些证据材料由于本身的特点导致其虚假的可能性非常之高，依经验法则判断，其对案件事实所能起到的证明作用要远远小于不采用之所可能带来的弊病，此种情形下，法律便绝对性地否定了其作为证据的能力。这种做法实际上是将证据力的问题转化为证据能力的问题，换句话说，就是以法律的方法来解决证据力的认定这样一个事实问题。最为明显的例子就是英美证据法中的传闻证据排除法则。

（二）证据能力和证据力的区别

虽然关于证据能力和证据力的判断有着极为密切甚至不可分割的联系，但证据能力关乎某项证据材料是否具有证据资格，而证据力则关涉某些证据材料证明效果的大小，二者是截然不同的。

1. 性质不同

证据能力是一个法律问题，属于可能性的范畴，解决的是证据能否在法庭上提出，让事实的认定者看见和听见的问题。某一事实材料能否具有作为证据的资格通常由法律规定，只有具备证据能力的事实材料法官才能对其加以审查判断，才有可能具有作为定案的依据；证据力则是一个事实问题，属于现实性的范畴，其解决的是证据能够在多大程度上对案件事实起证明作用的问题。也即其关涉法官对已经具备证据能力的材料的可信度和关联性进行的审查判断。对在庭审中提出的某个单项证据的证据力的最后判断要在法庭评议中或判决形成的时候由法官根据全案的证据进行。

2. 要求不同

对于证据能力，法律上多加以消极的限制，对它的判断必须依据一定的证据规则。其设定的目的有的乃是基于证据判断本身的需要，如传闻法则；有的则出于诉讼外的基本政策的需要之考量，如特权规则等；而对证据力的判断，法律却不作过多约束，而是由法官视个案具体情况而进行，赋予法官以自由心证。

3. 标准不同

对于证据能力的判断，不同国家基于不同的考量，反映在立法中可能制定不同的判断标准；但对证据力的判断通常均委诸法官自由判断。

4. 规则不同

判断证据能力的有无，主要从证据的搜集主体、搜集程序及形式的完备性等方面是否合法进行判断；而判断证据力的强弱则是在考虑具有证据能力的证据同案件事实的客观、内在联系及其联系的紧密程度的基础上进行。

（三）我国现有体现证据能力和证据力关系的规定

我国目前的法律和司法解释中没有采用证据能力这一概念。在司法实践中，当论及这一问题时一般将其表述为“不得作为定案的根据”、“不能作为证据使用”或“不具有证据效力”等。以《民事证据规定》为例，整个规定中“证明力”出现了18次，而“证据能力”或“证明能力”则从未出现过。“证明力”主要集中在第五部分关于证据的审核认定中，涉及的条文有第64、70、71、72、73、77条。另外，第50条中也有两处使用了“证明力”。考查这些条款，可以发现，《民事证据规定》在证据能力和证据力关系的认识上是相当混乱的。

首先，《民事证据规定》第50条“当事人应当围绕证据的真实性、关联性、合法性，针对证据证明力有无以及证明力大小，进行质疑、说明与辩驳”之规定和第64条“审判人员应当依照法定程序，全面、客观地审核证据，依据法律的规定，遵循法官职业道德，运用逻辑推理和日常生活经验，对证据有无证明力和证明力大小独立进行判断，并公开判断的理由和结果”之规定中的第一个“证明力”实际上是一个证据能力的问题。因为作为事实问题的证据力只存在证明案件事实的程度强弱、大小之别，不存在有无相应资格的判断，只有作为法律问题的证据能力才存在有无之分。

其次，《民事证据规定》第73条第1款规定：“双方当事人对同一事实分别举出相反的证据，但都没有足够的依据否定对方证据的，人民法院应当结合案件情况，判断一方提供证据的证据力是否明显大于另一方提供证据的证据力，并对证据力较大的证据予以确认。”依此规定，如果当事人一方提供证据的证据力明显大于另一方提供证据的证据力，那么证据力较大的证据便可得到确认，从而被作为证明待证事实的证据使用。但不能否认的是，对证据方法的确认实质上是对证据能力的判断，它与证据力的大小是没有关系的，不能说证据力小的证据就不能作为证据方法进入诉讼成为法官认定案件事实的参考因素，只不过是相对于证据力强的证据而言，其证明效果要弱一些罢了。同时，这一规定的主旨显然是为了确立民事诉讼的证明标准，但显而易见的是对证据能力的判断是不会涉及证明标准问题的。

最后，《民事证据规定》第79条规定，人民法院应当在裁判文书中阐明证据是否采纳的理由。通常认为这一规定的意义在于法官在裁判文书中公开其心证。但应明确的是，证据是否采纳，即能否进入诉讼其实上是一个证据的证据能力判断的问题。而心证理由的公开虽不能否认证据能力的判断理由要公开(实际意义不大，毕竟已由法律所明确规定)，但其最重要的内容则是法官公开判断证据力大小的理由。可见，该条规定无论是确定主旨还是规则设计本身均混淆了证据能力和证据力的实质差别。

第三章　证据的学理分类

分类，是一种把握事物共性、辨识事物特性的逻辑手段，目的是将无规律的事物按一定的规律加以细分，使之更加有条理。分类不仅能使人的认识清晰化，还能实现处置上的目的性与有效性。正是基于分类的这些功能，证据的分类向来便是证据法理论中的一个非常重要和突出的问题。

证据的分类，是从理论上对用于诉讼的各种证据材料所作的一种体系化概括和界定。研究证据分类问题，就是要研究对证据进行分类的理由与依据是否合于逻辑，是否具有包容性或囊括性；对证据体系进行类别划分是否准确，是否有利于运用证据认定案件事实的实际操作。

由于用来证明案件事实的各种材料具有不同形态、不同的特点并可能适用不同的证据规则，加之各国理论和实践的具体情况不同，各国证据法上对证据的分类方法自然有所不同。因此，不同国家在证据法理论上，基于不同的标准，对证据可能存在多种划分。比如，在英国，比较普遍的分类方法是将证据分为原始证据与传闻证据、直接证据与间接证据、检查与勘验、言词证据和实物证据及第一手证据与第二手证据等。美国证据法上则主要以证据形式与证据类型的区分为基础，将证据形式分为物证、书证和言词证据；在此基础上，将证据类型更细分为直接证据、情况证据、补强证据和辅助证据。德国证据理论中一般将证据分为证人、鉴定人和实物证据，实物证据又进一步分为书证和物证。日本证据法上主要将证据分为直接证据和间接证据、供述证据和非供述证据及实质证据和辅助证据等。我国证据法学界从不同角度也对证据的分类做过多种尝试。本章将对其中可比性和研究价值较大的证据类别加以解释和说明。

第一节　供述证据与非供述证据

一、供述证据与非供述证据的概念

供述证据与非供述证据作为证据的一种分类，主要是以证据资料是否来自人的言语表达为基准。以人的言语表现用做事实认定基础的乃供述证据；若认定事实过程无需通过言语陈述，则为非供述证据。

二、供述证据与非供述证据的特点

通过对供述证据与非供述证据的对比，可以认识到二者具有不同的特点。

(一) 性质不同

供述证据是以人的陈述为表现形式的，其证明方式是以人的陈述中所包含的内容来证明案件事实。

非供述证据的表现形式是各种实物，而证明方式则是由物的外部形态或物所记载的内容来证明案件事实。

(二) 来源不同

供述证据的形成过程相当复杂，任何一个供述证据，通常要经过感受、判断、记忆、复述四个阶段才能形成：①感受。特定主体看到、听到或者经历了案件中的某些事实或过程，立即反映到大脑里，形成某种“印记”，这是他们事后对案件作证的基础。②判断。任何供述证据中都包含判断的成分。通常情况下，人们对自己感受到的事实要进行分析判断，但是，由于人们的社会经历、生活经验、文化素养、专业知识等各不相同，每个人对于事物的判断能力是大不相同的，即使是对同一事物的判断也会有所不同。③记忆。人的记忆能力同年龄、健康状况、职业习惯等存在密切关系。通常记忆又和时间成正比。人们一般对刚刚发生的事情记忆清晰，随着时间的推移，记忆会逐渐模糊；时隔久远则记忆也许会完全消失。④复述。任何留在人们大脑里的“印记”，待到在诉讼中作证时，都必须通过语言的表达，才能把它们复述出来，最后形成为证据。但是，由于人的生理、性格、文化程度等的差异，每个人的表达能力也是大不相同的。可见，供述证据以人的经验与知识为产生的源泉，要受到人这一主体各方面的影响。从这一意义上说，供述证据所证明的案件事实与事实裁判者（法官或陪审团）之间仅具有间接关系，事实裁判者不可能与待证事实直接接触，必须通过询问证人、被害人、鉴定人或讯问犯罪嫌疑人、被告人等主体来获取。

而对非供述证据则是由司法人员通过勘验、搜查、扣押、查封或冻结等司法手段直接获取，不存在一个同供述证据般的二次认识过程。

(三) 种类不同

供述证据认定事实过程的特征，在于涉及案件事实相关内容的信息，由人的感官知觉留存记忆，并通过叙述表达的方式予以传达，如我国三大诉讼法上规定的证人证言、当事人陈述、被害人陈述、被告人供述和辩解、鉴定结论以及这些言语陈述转化成的书面记录等。鉴定结论之所以属于供述证据，是因为鉴定结论就其实质来说，是鉴定人就鉴定的专门问题发表的个人意见，而且在法庭审理时一般要求鉴定人到庭对鉴定结论作出口头说明，并回答当事人和诉讼代理人等的发问。

而非供述证据则关注有关案件事实的物件或痕迹，即人的感官以外的物质世界，如我国三大诉讼法上规定的书证、物证和视听资料、电子数据等。勘验、检查笔录是办案人员在勘验、检查中对所见客观情况的客观记载，而非办案人员的陈述，所以也属于非供述证据。视听资料、电子数据也属于非供述证据。但在讯问犯罪嫌疑人、被告人以及询问证人、被害人时的录音资料近似于笔录，属于固定证据的方式或方法，不属于法定的证据资料意义上的视听资料，按其陈述主体不同，仍属于犯罪嫌疑人、被告人供述和辩解、证人证言或被害人陈述。

当然，要注意的是，这种区分并非单纯地以人为界，不是说只要涉及人的就是供述证据，反之则为非供述证据。如对醉酒者的酒精检测，即不属于通过供述取得，所以受测者即不能主张供述特有的相关权利而拒绝接受呼气检测，如有的国家规定的沉默权等。

（四）证明案件事实的方式和程度不同

供述证据主要由亲身经历案件的人提供，往往能够从动态上较为形象生动、详细具体地反映案件事实，不仅可以再现案件发生的整个过程和具体情节，还可以说明案件发生的前因后果和来龙去脉。因此，供述证据常被称为“会说话的证据”。

非供述证据虽都是客观的物质实体，但与供述证据相比，其本身只是案件事实的一项或几项构成要素，很难直接说明案件的具体情形，事实裁判者必须结合其他证据，尤其是供述证据来判断非供述证据的证据力。所以，非供述证据往往又被称为“哑巴证据”。

（五）要求不同

在供述证据领域，由于其涉及陈述内容真实性的确保及人的尊严的维护，故在证据能力的要求上相对于非供述证据更高、更严格，法律对供述证据的获取设置有诸多的限制性规定。不少国家或地区的刑事诉讼法领域均对司法人员询问犯罪嫌疑人、被告人获取口供提出严格的前置性程序保障要求。比如，我国台湾地区“刑事诉讼法”第95条即规定，询问被告应先告知下列事项：①犯罪嫌疑及所犯所有罪名。罪名经告知后，认为应变更者，应再告知；②得保持缄默，无须违背自己之意思而为陈述；③得选任辩护人；④得请求调查有利之证据。

同时，因陈述主体对案件事实的把握要受到多种主客观因素的影响，故于陈述时易发生失真现象，因此，事实裁判者在运用言词证据的过程中的审慎度相对较高，法律对供述证据的适用也规定了较为严格的规则和条件，比如传闻排除规则、口供任意性规则和口供补强规则等。

而对作为非供述证据获取手段的搜索和扣押等的制约则相对较少。

三、供述证据与非供述证据的获取方式

因两者存在的上述诸多不同之处，各国立法上所规定的供述证据和非供述证据的收集和获取方式也存在明显的区别。一般来说，对于供述证据，主要通过司法人员的讯问和询问，以及一定情形下特定诉讼参见人的对质诘问等方式获取；对于非供述证据，则主要通过勘查、搜查、扣押、查封或冻结等方式获取。

（一）供述证据的获取方式

1. 询问和讯问

询问，是司法人员向刑事诉讼、民事诉讼和行政诉讼中证人、鉴定人、刑事诉讼中的被害人以及民事诉讼、行政诉讼和刑事附带民事诉讼中的当事人发问，从而查明案件事实的一项措施。讯问，是司法人员向刑事诉讼中的犯罪嫌疑人、被告人发问，从而查明案件事实的一项措施。

一般认为字义上“讯”与“询”都有“问”的意思，但使用“讯”字作为问，有较严肃且含审问之意味；而“询”则较为平和并带有请教意思，故日常生活中皆用询问而少用讯问。讯问在历史上即指称判断案情向犯罪嫌疑人所为之发问，如《唐律》中即有相关表述。①

两种措施虽都是通过司法人员的发问获取一定的供述证据，但还是存在着显著的不同。

（1）适用领域不同。询问适用于刑事诉讼、民事诉讼和行政诉讼三个领域；讯问仅适用于刑事诉讼领域。

（2）适用对象不同。询问的对象相当广泛，包括刑事诉讼、民事诉讼和行政诉讼中证人、鉴定人、刑事诉讼中的被害人以及民事诉讼、行政诉讼和刑

---

① 参见《唐律疏议·断狱》；转引自李交发：《中国诉讼法史》，中国检察出版社2002年版，第142~143页。

事附带民事诉讼中的当事人；讯问的对象则是唯一的，即刑事诉讼中的犯罪嫌疑人、被告人。

（3）限制不同。询问这一措辞折射出询问机关和被询问人之间是一种平等的关系，所以法律对询问的限制性规则较少；讯问则反映出讯问机关在被讯问人面前的明显优势地位，所以为保护处于弱势地位的犯罪嫌疑人、被告人的基本诉讼权利，法律对讯问程序的限制性规定明显多于询问程序。

（4）地位不同。因刑事案件犯罪嫌疑人、被告人在刑事诉讼中所处地位的特殊性，使得其经讯问所做的对案情的陈述，特别是口供，往往是刑事诉讼中非常重要的一种证据资料。特别是在证据收集水平不发达和收集技术匮乏的历史时期，其是获取案件事实的重要、甚至唯一依据，故享有“证据之王”的称号，即使是在各国立法为保护犯罪嫌疑人、被告人权益，通过某些规则的制定（如口供任意性规则、口供补强规则和沉默权制度等）弱化其作用的今天，仍然在诉讼中起着举足轻重的作用。而询问所得的特定主体的陈述虽在不同程度上也对案件真实的发现起着一定作用，但与犯罪嫌疑人、被告人的供述和辩解相比，其地位要弱很多，有时甚至仅起到一种补充和辅助的作用。如在不少国家和地区的民事诉讼法上，当法官依证人证言、书证、勘验结果和鉴定结论等对案件事实不能得到充分的心证时，才可以要求当事人自己作为证人，并在其宣誓后，加以询问，即对当事人的询问仅为一种补充的证据方法，不具有独立性。

以刑事诉讼领域为例，我国刑事诉讼法对询问证人、被害人规定了相应的程序：①侦查人员询问证人或被害人，可以到证人或被害人的所在单位或者住处进行，但是必须出示人民检察院或者公安机关的证明文件。在必要的时候，也可以通知证人或被害人到人民检察院或者公安机关提供证言。②询问证人或被害人应当个别进行。③询问证人或被害人，应当告知他应当如实地提供证据、证言和有意作伪证或者隐匿罪证要负的法律责任。④询问笔录应当交证人或被害人核对，对于没有阅读能力的，应当向他宣读。如果记载有遗漏或者差错，证人或被害人可以提出补充或者改正。证人或被害人承认笔录没有错误后，应当签名或者盖章。侦查人员也应当在笔录上签名。证人或被害人请求自行书写供述的，应当准许。必要的时候，侦查人员也可以要证人或被害人亲笔书写。⑤审判人员可以询问证人、鉴定人。

我国《刑事诉讼法》也规定了讯问犯罪嫌疑人、被告人的程序：①讯问犯罪嫌疑人必须由人民检察院或者公安机关的侦查人员负责进行。讯问的时候，侦查人员不得少于二人。②对于不需要逮捕、拘留的犯罪嫌疑人，可以传唤到犯罪嫌疑人所在市、县内的指定地点或者到他的住处进行讯问，但是应当出示人民检察院或者公安机关的证明文件。③传唤、拘传持续的时间最长不得超过十二小时。不得以连续传唤、拘传的形式变相拘禁犯罪嫌疑人。④侦查人员在讯问犯罪嫌疑人的时候，应当首先讯问犯罪嫌疑人是否有犯罪行为，让他陈述有罪的情节或者无罪的辩解，然后向他提出问题。犯罪嫌疑人对侦查人员的提问，应当如实回答。但是对与本案无关的问题，有拒绝回答的权利。⑤讯问聋、哑的犯罪嫌疑人，应当有通晓聋、哑手势的人参加，并且将这种情况记明笔录。⑥讯问笔录应当交犯罪嫌疑人核对，对于没有阅读能力的，应当向他宣读。如果记载有遗漏或者差错，犯罪嫌疑人可以提出补充或者改正。犯罪嫌疑人承认笔录没有错误后，应当签名或者盖章。侦查人员也应当在笔录上签名。犯罪嫌疑人请求自行书写供述的，应当准许。必要的时候，侦查人员也可以要犯罪嫌疑人亲笔书写供词。⑦公诉人在法庭上宣读起诉书后，被告人、被害人可以就起诉书指控的犯罪进行陈述，公诉人可以讯问被告人。⑧审判人员可以讯问被告人。

2. 对质诘问

除通过司法人员向特定诉讼参与人发问取得供述证据外，通过特定诉讼参与人相互之间的供述对质，也有助于确认认证方向进而厘清案情。所谓对质，乃指证人与证人间、证人与当事人间或当事人与当事人间，对同一事项或相关联事项的供述有不同或相矛盾时，为判断供述的真实性而使前述之人同时在场，分别轮流对疑点加以询问或互相质问解答释疑；诘问，则指主问者询问完毕后，由对方再为询问，以求发现疑点，澄清事实。

对质诘问程序源于英美法。使一方的证人（在英美法系，证人的范围很广，除狭义上的证人外，还包括当事人和鉴定人）与另一方面对面，从经验上来看，欲做虚伪陈述的证人大多不敢直视对方，或做贼心虚，或闪烁其词，而再经由专业人士的诘问，通过检验证人知觉、表达和记忆等多方面的真实性，容易使虚伪的陈述原形毕露，真相大白。这一程序因其内在机理的合理性，很快在世界范围内推广开来。当然，两大法系在这一程序的具体设置上还是存在一些区别。如在英美法系证据法上，传统的当事人主导证据调查程序的模式使得对质诘问也同样由当事人来主导；而在强调法官职权的大陆法系证据法上，尤其是在刑事诉讼领域，普遍认为法官有发现案件真实的义务，因此法官可以自行讯问或询问，对于对质诘问，则视调查的必要与否而定，而非绝对不可的程序。①

要注意的是，在刑事诉讼领域，不少国家和地区的立法规定除审判阶段外，侦查阶段也可以适用对质诘问程序，但两个阶段的对质诘问有所不同，即侦查阶段的对质诘问不需要具结担保其所陈述的内容一定属实，而审判阶段对质诘问之前一定要具结，故后者的真实性要强于前者。

我国《刑事诉讼法》第 194 条第 1 款就对质诘问作了简单的规定：证人作证，审判人员应当告知他要如实地提供证言和有意作伪证或者隐匿罪证要负的法律责任。公诉人、当事人和辩护人、诉讼代理人经审判长许可，可以对证人、鉴定人发问。审判长认为发问的内容与案件无关的时候，应当制止。

关于对质诘问的具体内容，本书将在第九章的质证程序部分详细介绍，此处不予赘述。

（二）非供述证据的获取方式

1. 勘验

勘验，是指司法人员对与案件有关的场所进行查看，以发现和收集相关活动所遗留下来的各种痕迹和物品的一种诉讼活动。任何案件都是在一定时间和空间内进行的活动，所以，特定的主体必然会在某些现场留下一定的痕迹或物品。通过勘验，可以发现和提取由于某些活动而留下的各种痕迹和物品。通过对这些证据材料的分析研究，可以了解特定主体实施特定行为的情况，判断案件的性质，了解案件的真实情况。而这一方法在刑事诉讼中的作用尤为突出，是发现各种犯罪线索，明确侦查方向和范围，彻底查明犯罪事实的重要手段之一。为了保证勘验结果的可靠性，在必要的时候，即对涉及的专门性问题，采用一般的方法难以得出正确结论时，可以指派或者聘请具有专门知识的人采用科学方法和专门技术，运用专门知识进行勘查。

各国证据法上对勘验都有一定的要求，如我国刑事诉讼法规定：①侦查人员对于与犯罪有关的场所、物品、人身、尸体应当进行勘验或者检查。在必要的时候，可以指派或者聘请具有专门知识的人，在侦查人员的主持下进行勘

① 如在秉承大陆法系传统的我国台湾地区，2002 年修改前的“刑事诉讼法”第 184 条第 2 款规定：“因发现真实之必要，得命证人与他证人或被告对质，亦得依被告之声请，命与证人对质。”根据该项规定，是否让当事人对质诘问属于法官自由裁量的范围。但 2002 年修改后的“刑事诉讼法”改变了这一做法，如第 163 条规定：“当事人……得声请调查证据，并得于调查证据时，询问证人，鉴定人或被告，审判长除认为不当者，不得禁止之。”即将对质诘问的决定权交由当事人。在 2003 年对“刑事诉讼法”进行进一步修改时，增订了第 166 条至第 167 条第 7 款，正式全面地引入了英美法上的交互诘问制度。

验、检查。②侦查人员执行勘验、检查，必须持有人民检察院或者公安机关的证明文件。③对于死因不明的尸体，公安机关有权决定解剖，并且通知死者家属到场。④为了确定被害人、犯罪嫌疑人的某些特征、伤害情况或者生理状态，可以对人身进行检查。犯罪嫌疑人如果拒绝检查，侦查人员认为必要的时候，可以强制检查。检查妇女的身体，应当由女工作人员或者医师进行。⑤勘验、检查的情况应当写成笔录，由参加勘验、检查的人和见证人签名或者盖章。⑥人民检察院审查案件的时候，对公安机关的勘验、检查，认为需要复验、复查时，可以要求公安机关复验、复查，并且可以派检察人员参加。⑦为了查明案情，在必要的时候，经公安局长批准，可以进行侦查实验。侦查实验，禁止一切足以造成危险、侮辱人格或者有伤风化的行为。⑧人民法院调查核实证据，可以进行勘验、检查。

2. 搜查

搜查是刑事诉讼领域获取非供述证据的一种方法，是指侦查人员依法对于犯罪嫌疑人以及可能隐藏罪犯或者罪证的人的身体、物品、住处和其他有关地方进行搜寻、检查的事实活动。

由于搜查行为涉及犯罪嫌疑人的隐私、身体等基本权利，故各国对搜查的手段和程序都作了限制性的规定。如我国的刑事诉讼法即规定：①为了收集犯罪证据、查获犯罪人，侦查人员可以对犯罪嫌疑人以及可能隐藏罪犯或者犯罪证据的人的身体、物品、住处和其他有关的地方进行搜查。②任何单位和个人，有义务按照人民检察院和公安机关的要求，交出可以证明犯罪嫌疑人有罪或者无罪的物证、书证、视听资料。③进行搜查，必须向被搜查人出示搜查证。在执行逮捕、拘留的时候，遇有紧急情况，不另用搜查证也可以进行搜查。④在搜查的时候，应当有被搜查人或者他的家属，邻居或者其他见证人在场。⑤搜查妇女的身体，应当由女工作人员进行。⑥搜查的情况应当写成笔录，由侦查人员和被搜查人或者他的家属，邻居或者其他见证人签名或者盖章。如果被搜查人或者他的家属在逃或者拒绝签名、盖章，应当在笔录上注明。

3. 扣押

扣押，是指司法机关依法强行提取特定主体的与案件有关的物品、文件等，并转移到一定的场所，不准特定主体对该物品或文件进行处分的诉讼活动。扣押在三个诉讼领域均有适用，而在刑事诉讼中则较为常见，往往在勘验、搜查的过程中进行，在勘验、搜查过程中发现可以用于证明犯罪嫌疑人有罪或无罪的物品和文件，都应当扣押，同时，扣押又是一种独立的收集证据的行为，可以单独进行。

依据我国《刑事诉讼法》的规定，侦查人员扣押物证、书证的行为应当遵守下列程序：①扣押物证、书证只能由侦查人员进行；侦查人员可以在勘验、检查和搜查中进行，也可以单独进行，则应持有侦查机关的证明文件。②扣押的物证、书证范围仅限于可用以证明犯罪嫌疑人有罪或者无罪的各种物品和文件，对与案件无关的物品、文件不得随意扣押。如果发现是违禁品，无论是否与本案有关，都应先行扣押，然后交有关部门处理。凡应当扣押的物品、文件，持有人拒绝交出或者抗拒的，可以强行扣押。③对于扣押的物品和文件，应当会同在场见证人和被扣押物品的持有人查点清楚，当场开列清单一式两份，写明物品或者文件的名称、编号、规格、数量、质量、特征等，由侦查人员、见证人和持有人签名或者盖章。一份交给持有人，另一份附卷备查。持有人及其家属在逃或者拒绝签名时，不影响扣押的进行，但应当在扣押清单上注明。对于应当扣押又不便提取的物品，应当现场加封，并由专人负责保存。④对于扣押的物品、文件，侦查机关应当妥善保管或者封存，不得使用或者损毁。其中若涉及国家秘密的，应当严格保守秘密。⑤侦查人员认为需要扣押犯罪嫌疑人的邮件、电报时，经公安机关或人民检察院的批准，即可通知邮电机关将有关的邮件、电报检交扣押。不需要继续扣押时，应当立即通知邮电机关。⑥人民法院调查核实证据，可以进行扣押。

4. 查封

查封是指司法机关把特定主体的不易移动的物品贴上封条，禁止特定主体转移或处理，从而保持其形态的证据保全和获取方法。

查封有如下几项明显特征：①查封直接涉及的标的物必须是不易移动的物品本身，而不是与之有关的产权证照和档案资料等；②查封就地进行，不转移物品的存放场所；③查封采用的形式是用封条封存，且封条必须粘附在被查封物上，以防止对其进行转移或隐匿。

我国《民事证据规定》第 24 条规定，人民法院进行证据保全，可以根据具体情况，采取查封的方法，即将查封确立为我国证据法上的一种非供述证据收集和保全的方法。参照民事诉讼法将查封作为执行保障措施的相关具体操作要求，在对作为证据方法的物品进行查封时，也应有所要求：①被查封的物归自然人所有的，应当通知该自然人或其成年家属到场；被查封的物归法人或其他组织所有的，应当通知其法定代表人或者主要负责人到场。拒不到场的，不影响执行，但自然人的工作单位或基层组织应当派人参加。②查封人员对查封物必须造具清单，由在场人签名或者盖章后，交被查封物所有人一份。被查封物所有人为自然人的，也可以交其成年家属一份。③查封人员可以指定被查封物所有人负责保管被查封的财产。因被查封物所有人的过错造成损失的，由被查封物所有人承担。

5. 冻结

冻结，是指司法机关向存有特定主体款项的银行、信用合作社以及其他有储蓄业务的单位，发出协助执行通知书，当特定主体提取和转移该项存款时拒绝给付的诉讼行为。

冻结主要有如下几项特征：①冻结是通过间接方式控制财产的转移。冻结的标的物是财产，但冻结直接涉及的标的物不是财产实物本身，而是与财产有关的账户、档案资料等。②冻结需要银行、信用合作社和其他有储蓄业务的单位协助执行。③冻结的目的是在一定期限内剥夺特定主体的财产处置权。④在冻结期限之内财产的所有权人不发生变化。

我国《刑事诉讼法》也规定了冻结这一证据获取方式：①人民检察院、公安机关根据侦查犯罪的需要，可以依照规定查询、冻结犯罪嫌疑人的存款、汇款。犯罪嫌疑人的存款、汇款已被冻结的，不得重复冻结。侦查机关只要查明该款项是属于犯罪嫌疑人的，不管是以何人名义，何种方式存入、汇出、汇入的款项，都可以依法予以查询和冻结。②对于扣押的物品、文件、邮件、电报或者冻结的存款、汇款，经查明确实与案件无关的，应当在三日以内解除扣押、冻结，退还原主或者原邮电机关。③人民法院调查核实证据，可以进行冻结。

第二节　直接证据与间接证据

一、直接证据与间接证据的概念

以证据与待证事实之间的关系为标准，可以将证据为分为直接证据和间接证据。

直接证据，是指直接可以证明案件主要事实的证据。在刑事诉讼中，案件主要事实指的是犯罪嫌疑人、被告人是否实施了被指控的犯罪行为，即犯罪构成要件事实；在民事诉讼中，其是指争议的民事法律关系产生、变更或消灭的事实；行政诉讼中其则是指行政机关具体行政行为是否存在及是否合法的事实。以刑事诉讼领域为例，直接证据常见的有犯罪嫌疑人、被告人实施某一犯罪行为的供述和否认实施某一犯罪行为的辩解、被害人对犯罪嫌疑人、被告人实施犯罪行为的陈述、证人肯定或否定犯罪嫌疑人、被告人实施犯罪行为的证言以及载明犯罪嫌疑人、被告人实施或者未实施犯罪行为的书证等。

间接证据，又被称为情况证据，是指通过证据证明案件的间接事实或辅助事实，通过推论间接地证明案件主要事实的证据。所谓“间接”，是指任何一个间接证据，都只能从某一侧面证明案件的某一局部事实或个别情节，而不能直接证明案件主要事实。以刑事诉讼领域为例，间接证据常见的有案件现场状况、犯罪工具及其来源和下落、证明刑事案件发生的时间、空间的事实、有关作案人行为特征的事实、被害人死亡或损伤的状况及其鉴定结论等。

如在一起杀人案中，证人甲陈述他曾目睹被告人乙开枪击中丙。甲是凭其视觉和听觉感知到的情况作出上述陈述的，其证言不需要其他事实的介入或者推断就可证明被告人乙开枪杀丙这一讼争事实，故为直接证据；若没有人看到乙开枪杀死丙，只有丁在听到开枪声音后立即看到乙手持手枪从丙的屋里跑出来，丁对这一情况的陈述显然不能直接证明被告人乙是否枪杀丙这一讼争事实，只能作为推断或假设乙是否枪杀丙的一种间接依据，因而是间接证据。

再如，在侵权损害赔偿案件中，甲主张乙造成其人身伤害并请求侵权赔偿，而乙否认对甲造成了损害。乙提供的证人丙的证言表明，其目睹了甲的受伤是由甲自已骑车时不小心摔倒所致，该证言可以直接证明乙并未伤害甲，即为直接证据；乙同时以护照证明甲受伤时其正在国外，护照虽不能直接证明乙未伤害甲的事实，但依护照记载的事实，乙当时并不在国内，依日常经验法则推断乙无法在国内伤害甲，从而可间接证明乙未伤害甲，故护照对于当事人间争执的是否存在侵权行为的事实而言是间接证据。

二、直接证据与间接证据的特点

（一）直接证据的特点

直接证据的主要特点是：①对案件主要事实的证明方法简单，无须经过推理过程。在存在肯定性直接证据时，只要查证属实，就可以认定案件实体法律关系的存在；否定性直接证据与案件实体法律关系的存在是对立或排斥关系，只要存在否定性直接证据并查证属实，就足以排除案件实体法律关系存在的可能性。②肯定性直接证据在一般情况下是供述证据（如刑事诉讼中目睹犯罪活动的证人证言、犯罪嫌疑人、被告人的供述和辩解、与犯罪人有接触的被害人的陈述等）；否定性直接证据则可以是法定证据方法中的任何一种，并不要求证明实体法律关系的各个方面。③在只有一个直接证据的情况下一般不能认定实体法律关系的存在。尤其是在刑事诉讼领域，有所谓“孤证不能定案”：只有犯罪嫌疑人、被告人的供述，没有其他证据；共同犯罪案件中，只有各个犯罪嫌疑人、被告人的供述，没有其他证据的；只有被害人陈述而没有被告人供述，或虽有被告人供述，但不能与被害人陈述相印证，又无其他证据予以证明；只有被告人供述，或只有证人证言的；只有直接书证而没有被告人供述的等一般均不能认定犯罪事实存在。

直接证据的优点在于无须借助于其他证据，就可以直接证明案件的主要事实，证明的过程较为简单，效果也较为明显。但也存在固有的缺点：一方面，直接证据的收集和审查判断较为困难，另一方面，直接证据大多表现为供述证据，易受供述人主观因素的影响而出现虚伪的可能性较大，其客观真实性较难确定，稳定性也较差。

（二）间接证据的特点

间接证据的特点是：①与案件主要事实的关联方式是间接的，一个间接证据只能证明案件的间接事实或辅助事实。任何一个间接证据都必须与其他证据结合才能证明案件主要事实。②间接证据与案件主要事实关联方式的间接性决定了间接证据证明案件主要事实的方法必须经过逻辑推理。在只有间接证据没有直接证据时，推理证明的过程更为复杂。由于间接证据不能直接证明案件的主要事实，所以它在案件的证明过程中往往存在一定的空间，而这些证明空间就需要一定的推理来填充，或者以一定的推理作为桥梁，连接事件的原因与结果、行为与动机、现象与本质。这种推理的前提有两种情况，一是必然真实性前提，如人们抛向空中的物体会在重力作用下落向地面，因此某甲在其家中随手从窗户抛下的空酒瓶会落向地面；另一种是或然真实性前提，如从高楼上抛下的酒瓶有可能砸伤下面的行人，因此要证明某甲从窗户抛出的空酒瓶就是致楼下行人乙头部受伤的原因，还要证明砸伤乙的物体就是甲抛出的酒瓶，或者证明在那段时间内楼上没有其他任何人往楼下抛酒瓶。这些由推理连接起来的间接证据构成一个完整的证明体系，并排除其他可能性结论，才能最终证明案件事实。③各个间接证据的证明效果和方向必须是一致的，不能互相矛盾，必须排除其他的可能性。即每一个间接证据都必须查证属实，每个间接证据的证明作用都有赖于其他证据，相互之间必须协调一致，形成一个完整的证明体系，并足以得出肯定的结论，且这一结论具有排他性。一方面，要判断前提的真实性，即作为推理的前提是否符合客观实际情况；另一方面，要判断形式的正确性，即推理的形式是否符合逻辑推理的有关规则。一般来说，以必然真实性判断为前提的间接证据的证据力大于以或然真实性判断为前提的间接证据的证据力；以或然真实性判断为前提的间接证据中，前提为真的概率与证据的证据力成正比，即前提为真的概率越高，证据的证据力就越大；反之，就越小。

④间接证据的表现形式呈多样化，它可以表现为任何一种证据方法。

三、直接证据与间接证据的区别和联系

（一）直接证据与间接证据的区别

从上述直接证据和间接证据各自的特点可以看出，两者之间存在显著的区别：

1. 直接证据的证明目的单一；间接证据的证明目的较为复杂

直接证据直接用来证明案件的主要事实，证明目的特定、单一；间接证据的证明目的比较广泛、复杂，则既可以用来单独证明案件的某个局部事实，又可用来同其他证据一起推论案件的主要事实。

2. 直接证据量小面窄，获取难度较高；间接证据量大面宽，获取难度较低

直接证据的证明对象作为案件主要事实，不像间接证据的证明对象间接事实或辅助事实那样广泛。在司法实践中，很多案件都是从收集或获取间接证据入手，进而取得直接证据的，即间接证据每案必有。收集直接证据一般比收集间接证据困难得多，一方面，是因为直接证据数量较少，任何时候案件的直接参与人或目击者均是少数；另一方面，即使找到了案件的直接参与人或目击者，出于个人自身的特殊原因或考虑，要他们完全如实地说出案情真相也属不易。

3. 直接证据证据力较强，但伪造或虚假的可能性较大；间接证据证据力较弱，但伪造或虚假的可能性较小

直接证据可提示案件的主要事实，而间接证据则只能提示案件的局部事实，两者的证据力强弱判然有别。直接证据由于多属供述证据，受主客观方面因素的影响较强，故容易发生差错或被伪造、篡改。如刑事诉讼中，犯罪嫌疑人、被告人出于自保的天然的动机，会提供不全或不实的证词，且时供时翻；被害人由于愤恨犯罪分子或出于某种顾虑，可能有意夸大或缩小犯罪嫌疑人、被告人的犯罪事实，有的被害人在被害时由于年龄、智力、精神紧张等因素的影响，对事实感受不准，也可能提供不全或不实的陈述；证人由于和被告人或被害人有利害关系，可能作出不全或不实的陈述，或由于感受、记忆、表达案情时受主客观条件的限制，可能提供不全或不实的陈述。

（二）直接证据与间接证据的联系

直接证据和间接证据虽存在上述区别，但这种区别是相对的，两者之间还存在诸多方面的联系，尤其是在司法实践中，间接证据对直接证据的发现有着

相当重要的意义。一方面，间接证据是发现直接证据的媒介和线索。出于维护己方利益的天然动机的驱动，当事人为了避免法院作出对自己不利的认定，往往把对自己不利的、反映案件真实情况的直接证据隐藏起来，使对方当事人和办案人员不易发现。此时，只能从调取间接证据入手，通过对案件间接事实和辅助事实的认识，逐渐厘清查取直接证据的脉络和线索，进而查明案件的主要事实。因此，间接证据可以作为调查研究整个案情的向导。另一方面，间接证据是鉴别直接证据真伪的手段和工具。由于直接证据主要表现为供述证据，受供述者主观心态的影响，易出现不全或不实的情况，因此，对这些证据必须结合本案其他的证据材料进行甄别，而运用间接证据则是考察直接证据证据力的一种重要手段。根据间接证据，人们凭经验可以在一定程度上认定案件主要事实发生、变更和消灭的可能性。此外，在无法收集到直接证据的情况下，依据大量的间接证据组成的证明体系，也可以认定案件事实。司法实践的经验证明，正确恰当地运用间接证据组合认定案件事实，与依靠直接证据和间接证据的组合一样，同样可以达到确实充分的证明程度。①

当然，在一些国家，尤其是在英美法系国家，直接证据并非认定案件事实的必要条件，只要能够达到法定的证明标准，具有相当的盖然性，甚至不用达到证明标准，只要符合法律规定的一定条件，法官即可定案。最典型的便是美国刑事诉讼中的认罪答辩交易，在被告人认罪的条件下，法官无须再对被告人的定罪问题进行审理，只需要量刑问题上审查双方的内容，并由此作出判决，即不管间接证据起的作用如何，直接证据在该程序上是起不到作用的，从而否定了直接证据证明犯罪事实时要以与间接证据相互印证为必要的规则。

---

① 当然，这种情况下必须慎而又慎，由间接证据组成的证据链必须百无一漏，否则即会功亏一篑，美国的辛普森杀妻案即为适例。1994 年 6 月 13 日，美国前橄榄球明星辛普森的前妻尼科尔和其男友的尸体在尼科尔的公寓外被发现。辛普森家中发现的一只皮手套上的血型与受害者的血型相同，据此，洛杉矶地方检察官指控辛普森犯有谋杀罪。此案属没有直接证据的“旁证案件”。犯罪现场有辛普森的血，这至少可以证明辛普森到过现场，而辛普森家中的血手套和辛普森的脏衣服上都有被害人的血。辛普森的辩护律师拿公诉人的证据保管开刀，提出洛杉矶警察的保管方法不当。另外，血袜子上发现一种人体没有的、名为 EDPA 的化学物质，说明该血不一定是被害人流出的，可能是在保管时染上去的。审理中，辛普森突然要求在法庭上戴上手套，结果，辛普森在众目睽睽下竟然无法戴上手套。虽然控诉律师找到辛普森穿戴类似同一手套的照片，并且有专家佐证说手套溅染血液后会收缩，但仍无足够的证据予以证明。1995 年 10 月 3 日，陪审团在分析了 113 位证人的 1105 份证词后，当庭宣布辛普森无罪。

还需注意的是，某些事实和材料，乍看起来似乎与本案有某种关联，但实际上并无必然联系，这些材料不能作为认定本案的证据。它们既不是直接证据，也不是间接证据。这主要是指两种情况：①特定主体以前有过的类似的行为，又称为品格证据。如在刑事诉讼中，犯罪嫌疑人、被告人以前有过类似的行为，甚至犯过与本案相同的罪行，但一般不能作为认定其在本案中犯罪的证据。但在一些尚未侦破的系列案件中，在对多起罪案的现场勘查中，发现作案的工具和实施犯罪的方法十分相似，则前几种的作案情况和当前的罪案就存在着内在联系，可以作为证实犯罪的间接证据。这就是侦查人员对某些系列案件实行并案侦查的理论依据，同样，有时在一案侦破后随即同时查破若干起积案，道理也在于此。②特定主体在诉讼中的表情或态度，又称为态度证据。如在刑事诉讼中，被告人在接受讯问时慌乱的表情，虽可以使法官内心产生一些疑问，进而去收集一些证据，但该表情本身不能作为判断其是否有罪的证据。被告人在接受讯问时的表情是否正常，可能出于多方面的原因，因此不能把某种“神态异常”当然地认为是证明其有罪的间接证据。当然，有的被告人在受审时表情反常，有可能是“心虚”的表现，容易因此而增大其犯罪嫌疑，但究竟是不是“心虚”，这仅仅属于法官的一种分析判断，毕竟不同于案件真实本身。

第三节　原始证据与传来证据

一、原始证据与传来证据的概念和特点

(一) 原始证据和传来证据的概念

根据证据的来源不同，即证据是否直接来源于案件事实，是否与案件事实之间存在原始的关联性，是否直接反映案件的属性或特征，可以把证据划分为原始证据与传来证据。

原始证据，又称原生证据，是指从直接来源于案件事实或原始出处获得的证明材料。所谓直接来源于案件事实，是指证据是在案件事实的直接作用或影响下形成的；所谓直接来源于原始出处，是指证据直接来源于证据生成的原始环境。如在刑事诉讼中，原始证据主要包括犯罪现场遗留的物品、尸体和痕迹等；侦查人员从搜查、检查中获得的犯罪工具、留有犯罪痕迹的各种衣物、赃款和赃物等；与案件有关的各种账簿、单据、信件和文件等的原件；能够证明当事人身份和历史情况的工作证、户口本、身份证和档案材料等的原件；被害

人的陈述、犯罪嫌疑人、被告人的供述和辩解及现场目击者的证言等。原始证据与案件事实最为接近，是案件中某种行为或活动的直接产物，信息传递的过程较为简单，其所蕴含的与案件事实相关的信息受到的损耗较少。

传来证据，又称派生证据，是指并非直接来源案件事实或原始出处，而是在原始证据的基础上产生的，经过复制、复印、传转或转述等方式生成的证明材料。如在刑事诉讼中，传来证据主要包括各种物证的复制品；犯罪现场的模型、录音和录像等；根据证人和被害人提供犯罪嫌疑人的体貌特征所画的模拟画像；各种书证的抄件和复印件等；证人转述他从别人那里听到的情况等。传来证据是由原始证据所派生出来的证据。由于在转手、传抄、复制、复印的过程中，原始证据的内容和形式都有可能被遗漏或被扭曲，传转的次数越多，信息的损失就越多，变异就越大。所以，一般说来，传来证据的证据力显然不及原始证据。但是，传来证据可以成为保存原始证据的手段，并且通常能够成为发现原始证据的媒介或桥梁。

在判断原始证据与传来证据时要注意以下几个问题：

首先，原始证据与传来证据的划分依据并非在于相关证据是否由司法人员亲自收集。由司法人员亲自收集的证据，即“第一手证据”，并非都是原始证据，如司法人员亲自收集的文书复印件；并非由司法人员亲自收集的证据，即“第二手证据”，有的也属于原始证据，如当事人收集的证人证言。

其次，原始证据与传来证据的划分依据也不在于证据是否经过复制或录制等中间程序，或证据本身是否表现为复制品或录制品等形式。如在贩卖淫秽光盘案件中，母盘固然是原始证据，据以制作并销售的复制盘也是该犯罪行为的直接产物，同样属于原始证据。再如，在侵害名誉权案件中，被告将侮辱诽谤信件复印多份广为散发，这些复印件虽为复制品，但是也属于原始证据，因为其都是被告实施侮辱诽谤行为的原件，直接来源于案件事实。至于录音、录像等司法人员在收集证据过程中采用的方法和手段，是对原始证据的固定和保全，由于技术上和其他一些因素的原因，它可能对证据的真实性产生一定的影响，但并不会因此改变其原始证据的性质。

再次，原始证据与传来证据的划分也不单纯以是否直接来源于案件事实为依据。如交通肇事后，犯罪嫌疑人甲将肇事车辆遗弃在现场潜逃，经其单位负责人乙辨认后承认该车属于本单位且由甲驾驶。该证言虽非直接来源于案件事实，但其是从乙这一原始出处即第一来源直接获得的，所以仍属于原始证据，而非传来证据。

又次，原始证据与传来证据的划分不能仅看是否为正本或原本。对于文书来说，正本或原本固然是原始证据，但绝不能说副本就一定是传来证据。日常生活中，不少文书都有副本，如法律执业资格证副本、车辆行驶证副本和驾驶证副本等，其与原本同时生成，是发证机关为了便于自己管理和持证人携带而制作发放的。副本尽管其效力依赖于原本，但是其并不是在原本作为原始证据这一意义的基础上产生的，其具有与原本同等的证据效力，故也属原始证据之列。

最后，不能将原始证据等同于直接证据、传来证据等同于间接证据。直接证据中既可能有原始证据，也可能存在传来证据；间接证据里也既可能有原始证据，也可能存在传来证据。比如亲眼目睹交通肇事过程的证人丙证明曾目睹被告乙在解放路上开车撞向原告甲，该证言即是直接证据，又是原始证据；而证人丁在法庭上作证说曾看见乙在案发当日快速地从解放路跑向中山路，该证言既是间接证据，也属原始证据。若证人戊在法庭上作证说丙曾经告诉他说曾目睹被告乙在解放路上开车撞向原告甲，该证言即是直接证据，又是传来证据；若证人已在法庭上作证说丁曾经告诉他说曾看见乙在案发当日快速地从解放路跑向中山路，对于证明乙是否是肇事者来说，该证言既是间接证据，又是传来证据。

（二）原始证据和传来证据的特点

1. 原始证据的特点

原始证据与传来证据的划分，提示了不同类别证据的证据力的强弱。原始证据是从第一来源获得的，未经过中间环节的转手、传抄或复制、复印等，因而出现误差的可能性较小。换句话说，其真实性、可靠性较大，对于案件的证明作用较强。因此，司法人员应当尽可能追根溯源，努力去查找、收集原始证据。

对于物证，应尽可能寻找原物，直接了解现场的情况；对于书证，应尽量提取文件的原件，或将抄本、复印件与原件核对；对于人证等，司法人员要亲自询问或讯问，不能仅满足于书面的证词或供词。这样做的目的，是使司法人员尽可能真切地了解案件的经过和具体情节，防止因证据多次转手、传抄而造成失真，避免对案件认定出现失误。

2. 传来证据的特点

由于传来证据经过了中间环节的转手、传抄或转述，同案件事实距离较远，因而出现失真的可能性较大。如文件的抄本如果抄错或丢掉了一两个关键的字，或者证人在转述他所听到的情况时将事情的经过弄混淆，都可能使证据严重失真。因此，一般说来，传来证据的证据力不及原始证据。

但是，传来证据的作用不容忽视。一般来说，传来证据有以下几方面的功用：

第一，传来证据是从原始证据派生而来的，收集到传来证据常常可以成为查找原始证据的向导。司法实践中，原始证据并不是可以唾手可得的，常常是先得到某些传来证据，再进一步追根溯源，顺藤摸瓜地寻找到原始证据。即原始证据是“源”，传来证据是“流”，逆流求源。

第二，传来证据可作为判断原始证据证据力的佐证。如被害人陈述属于原始证据，但是被害人可能由于时隔久远，记忆模糊，或因被人威胁而不敢讲实话。如果被害人在此之前曾将有关案件的情况告诉过其他人，那么，司法人员从其他人那里收集到转述案件事实的传来证据，就可以用以判断被害人陈述的真伪。

第三，传来证据在某些情形下可用来代替某些不能提取的原始证据。司法实践中，某些案件中的证据由于无法搬动或不便于提取，如某些文件的原本已毁灭或遗失，或基于保密等需要不能交到司法机关归入诉讼案卷时，可取得它的复印件作为证据。即在原始证据实在不可能获得时，只要传来证据查证属实，也可用以作为定案的证据。

传来证据的使用决不意味着忽略传来证据因传转导致失真的可能性较高的固有缺陷。必须认识到，日益发展的现代科技一方面使得传来证据出现的频率越来越高，另一方面却也使得其失真的可能性越来越高，如某些借助高科技手段伪造的录音、录像等虚假的证据材料甚至可以达到完全逼真的程度。故在诉讼中收集传来证据时，必须特别谨慎，只有经过严谨细致的审查判断之后，才能将其作为认定案件事实的依据；使用时，应采取转抄、复制等次数最少的材料。对于只有传来证据的案件，定案时必须持慎重态度，不能轻下定论；对于来源不明的传来材料，不能作为证据使用。

此外，在判断原始证据和传来证据的效力上还需注意两方面的问题：第一，对于供述证据和非供述证据证据力的判断要做不同考量。非供述证据一般不包含人的能动性等主观因素，所以原始的非供述证据的证据力一般较为稳定，具有较强的可靠性。而供述证据则受到陈述人主观意念的支配，具有较大的可变性，因而，在某些情形下，原始供述证据不一定能够真实、全面地反映案件情况。第二，原始证据和传来证据证据力的比较应限于具有共同来源的证据，如果两者分别来自于两个不同的证据来源，则根本不具可比性，关于两者效力的所有规则均无法予以适用。如证人甲亲眼目睹了案件发生的全过程，此为原始证据，而证人乙的供述则来源于其看到的案发现场的摄像头拍摄下来的影像，此即为传来证据，此处的原始证据和传来证据显然不是出于同一源头，故无法加以比较两者的证据力。

（三）传来证据和传闻证据

需要注意的是，在英美法系证据理论中有传闻证据这一概念。并且，在通常情况下，他们将传来证据限定为传闻证据。而我国证据法理论中的传来证据与英美法系证据法中的传闻证据有所不同。

1. 标准不同

传闻证据的产生，乃是英美法系国家和地区的审判坚持对质诘问原则的结果。凡在审判前和审判外取得的言词证据，只要未能在审判中以言词方式提出，则无论其内容是否为陈述人亲身感知，均为传闻证据。

而判定证据是否为传来证据的标准乃在于陈述人是否对案件事实直接感知。只要陈述人是对案件事实亲自所为、亲身感受、亲耳所闻，无论其是在审判期日作出，还是审判期日以外作出，也无论证据的表现形式是书面形式还是言词形式，这一证据都是原始证据，而非传来证据。

2. 形式不同

传闻证据仅指传闻陈述，不含物证和书证等。①

传来证据则囊括了由原始材料派生出来的所有证据，包括物证、书证和人证等。

3. 范围不同

传闻证据包括三种：一为直接感知案件事实的人在审判期日以外亲笔所写的陈述及他人制作并经本人同意的陈述笔录；二为没有直接感知案件事实的人在审判期日以外就他人所感知的事实亲笔所写的转述及他人制作并经本人同意的陈述笔录；三为没有直接感知案件事实的人在审判期日就他人所感知的事实向法庭所作的转述。

传来证据只包括前述第二种和第三种情况下的传闻证据。传闻证据中包含的第一种情况的证据在我国证据法中仍属原始证据。

---

① 正因如此，本书认为，把证据划分为原始证据和传闻证据不尽合适。在逻辑学上，划分是明确概念外延的逻辑方法，是依据一定的标准把一个概念所指称的一类对象分成若干个小类，把一个属概念分成几个种概念。逻辑学要求划分时，划分标准要统一、各子项外延之间必须互不相容且子项之和必须穷尽母项。而把证据分为原始证据和传闻证据，就会犯子项之和不能穷尽母项的错误。传闻证据仅是针对供述证据而言的，非供述证据无法被囊括，而实物证据不可能都是原始证据。所以，与其说把证据分为原始证据和传闻证据，还不如说仅是把供述证据分为原始供述证据和传闻供述证据而已。

4. 功能不同

注意到传闻证据具有易于失实的特点，所以英美法证据法上不仅将证据分为原始证据和传闻证据，而且力图通过设置“传闻证据排除法则”等制度来限制传闻证据进入实际的司法诉讼程序，从而避免传闻证据误导法官和缺乏法律知识的平民陪审员。

而原始证据和传来证据的区分仅仅是在学理上的区分，并不涉及在司法实践中证据的证据能力问题，即原始证据和传来证据都可以纳入到司法诉讼程序。区分两者的唯一目的只是提醒司法人员应注意不同来源的证据具有不同的证据力。

对于传闻证据的具体内容，本书将在第八章的证据规则部分展开论述，此处不予赘述。

二、原始证据与传来证据的运用

（一）域外原始证据与传来证据的运用

在处理原始证据与传来证据的关系问题上，除英美法系证据法上的传闻证据排除规则外，最重要的莫过于主要适用于书证领域的最佳证据规则了。从层次上来看，书证有两种，第一位证据是指可以提供的最佳证据，即文书的原件；第二位证据是指文书的次级或者替代证据，即文书的副本或者已经阅读过文书的证人的证言。所谓最佳证据规则，亦称反对第二位证据规则，是指为保障案件事实认定的精确性，当事人应当提供文件的原件。“盖文字或其他符号，如差之毫厘，其意义则可能失之千里；观察时之错误危险甚大，尤以当其在实质上对于视觉有所近似时为然。因此之顾，除提出文书之原本以供检阅外，于证明文书之内容时，诈伪及类似错误之机会自必甚多。”①

美国《联邦证据规则》第1002条即规定，文书、录音或照相，应该提交原件。但是，一味要求提供文书的原件，在一些情况下可能不现实，因此，规定最佳证据规则的国家往往会规定一些例外。美国《联邦证据规则》第1004条规定，在下列情况下，可以不提交文书、录音或照片的原件：①原件遗失或毁坏；②原件无法获得；③原件在对方掌握中；④文件、录音、照片与案件中主要争议问题之间没有密切关系。美国的判例又明确要求，有下列情形之一的，可以提供文书的副本或缮本：①文书原本遗失或灭失；②被第三人持有；

---

① ［美］Edmund M. Morgan：《证据法之基本问题》，李学灯译，台湾世界书局1982年版，第385页。

③对方当事人持有但经通知不予提供；④公务记录。当然，副本或缮本的提出并非没有任何限制，当事人必须证明原件在某个时候曾确实存在、存在过的原件真实及符合法定不能提供原件的理由。

英国证据法也规定，当事人只有在以下例外情形下，才可以就有关书面材料的内容提出第二手证据：①在民事诉讼中，一方当事人未遵照对方出示书面材料的通知行事；②凡正本为第三人所占有而该第三人有理由拒绝出示；③正本遗失或灭失，但须予以充分证明；④凡出示正本事实上不可能或者至少有极大的不便；⑤政府文件，但要由政府官员证明其真实性。①

德国民事诉讼法第 435 条规定："公文书，可以提出原本或提出经认证的缮本，但缮本在认证后须具备公文书的要件；法院也可以命令举证人提出原本，或命其说明不能提出原本的原因并释明之。举证人不服从命令的，法院依自由心证对于该认证缮本具有如何的证明力，作出判断。"

我国台湾地区"民事诉讼法"第 352 条规定，公文书提出其原本或经认证之缮本或影本。私文书应提出其原本，但仅因文书之效力或解释有争执者，得提出缮本或影本。第 353 条规定，法院得命提出文书之原本。若不服从该命令提出原本或不能提出者，法院依其自由心证断定该文书缮本或影本之证据力。

（二）我国原始证据与传来证据的运用

在我国现有的证据立法中，也有与原始证据和传来证据的证据能力和证据力判断相关的规定。

1. 刑事诉讼领域

在刑事诉讼领域，《刑事诉讼法》虽未对原始证据和传来证据的证据能力和证据力的判断规则作出规定。但《人民法院刑事诉讼解释》分别对书证和物证的收集和保存提出了要求，即对其证据能力作出了规定：①收集、调取的书证应当是原件。只有在取得原件确有困难时，才可以是副本或者复制件。②收集、调取的物证应当是原物。只有在原物不便搬运、不易保存或者依法应当返还被害人时，才可以拍摄足以反映原物外形或者内容的照片、录像。③制作书证的副本、复制件，拍摄物证的照片、录像以及对有关证据录音时，制作人不得少于 2 人。提供证据的副本、复制件及照片、音像制品应当附有关于制作过程的文字说明及原件、原物存放何处的说明，并由制作人签名或者盖章。同条第 3 款对书证和物证复印件的证据力提出了要求，即书证的副本、复制件，

① 参见沈晖、王小咪：《书证复制件证据效力刍议》，载《中国律师》2002 年第 7 期。

物证的照片、录像，只有经与原件、原物核实无误或者经鉴定证明真实的，才具有与原件、原物同等的证明力。这里的书证的副本或复制件、物证的照片或录像都属传来证据。但是此处规定比较模糊，比如什么情况下是“取得原件确有困难”规定不是很明确。同时，这一规定并没有完全排除传来证据的证据能力，而是将其纳入证据力的范畴交由法官依自由心证予以判断。

2. 民事诉讼领域

在民事诉讼领域，《民事诉讼法》第 70 条第 1 款规定：“书证应当提交原件。物证应当提交原物。提交原件或者原物确有困难的，可以提交复制品、照片、副本、节录本。”

1992 年最高人民法院颁布的《关于适用〈中华人民共和国民事诉讼法〉若干问题的意见》（以下简称《民诉适用意见》）第 78 条也印证了这一要求：“证据材料为复制件，提供人拒不提供原件或原件线索，没有其他材料可以印证，对方当事人又不予承认的，在诉讼中不得作为认定事实的根据。”对这一规定可以理解为：对复制件是否忠于原件产生疑问的，该复制品将不得采纳，即不具有证据能力。这与《人民法院刑事诉讼解释》第 53 条第 3 款将其归入证据力范畴的规定截然不同，反映出最高院在这一问题上认识的模糊。

1998 年最高人民法院颁布的《关于民事经济审判方式改革问题的若干规定》（以下简称《民事审改规定》）第 26 条第 5 项也对原件或原物的审查提出了要求，即对单一证据，应当注意书证是否系原件，物证是否系原物；复印件或者复制品是否与原件、原物的内容、形式及其他特征相符合。并在第 27 条第 3 项明确规定：“原始证据的证明力大于传来证据。”这条规定虽然在民事诉讼领域改变了《民诉适用意见》）第 78 条将传来证据的取舍纳入证据能力范畴的做法，但其包含着原始证据的证据力一定大于传来证据之意，故有法定证据制度的痕迹。

《民事证据规定》第 77 条第 3 项改变了这一片面、绝对的认识，规定“原始证据的证明力一般大于传来证据”，即比《民事审改规定》第 27 条第 3 项多了“一般”一词，使得对两者的认识有所深化。①《民事证据规定》第 10 条规定：“当事人向人民法院提供证据，应当提供原件或者原物。如需自己保

① 原始证据的证据力强于传来证据只是一般性的原则，并非适用于任何情况。这一原则是通过归纳推理得出的结论，而归纳推理这一从个别到一般的推理方式的缺陷就在于其不能概括全部，总会有例外情况发生。如甲目睹一交通肇事全过程，回家后立即把这一情况告诉其妻子乙。一段时间后，此案告破，此时要求甲和乙作证。而甲在此期间由于疾病导致神志不清，且在短时间内无法恢复，此时，其提供的作为原始证据的证言与其妻子乙提供的作为传来证据的证言相比，显然后者更容易使人相信。

存证据原件、原物或者提供原件、原物确有困难的，可以提供经人民法院核对无异的复制件或者复制品。”第 20 条规定：“调查人员调查收集的书证，可以是原件，也可以是经核对无误的副本或者复制件。是副本或者复制件的，应当在调查笔录中说明来源和取证情况。”第 49 条规定：“对书证、物证、视听资料进行质证时，当事人有权要求出示证据的原件或者原物。但有下列情况之一的除外：（一）出示原件或者原物确有困难并经人民法院准许出示复制件或者复制品的；（二）原件或者原物已不存在，但有证据证明复制件、复制品与原件或原物一致的。”第 65 条第 1 项规定，审判人员对单一证据认定时，应审核是否原件、原物，复印件、复制品与原件、原物是否相符。第 69 条第 4 项规定，无法与原件、原物核对的复印件、复制品不能单独作为认定案件事实的依据。第 70 条规定：“一方当事人提出的下列证据，对方当事人提出异议但没有足以反驳的相反证据的，人民法院应当确认其证明力：（一）书证原件或者与书证原件核对无误的复印件、照片、副本、节录本；（二）物证原物或者与物证原物核对无误的复制件、照片、录像资料等；（三）有其他证据佐证并以合法手段取得的、无疑点的视听资料或者与视听资料核对无误的复制件；（四）一方当事人申请人民法院依照法定程序制作的对物证或者现场的勘验笔录。”《民诉法解释》第 111 条进一步规定：《民事诉讼法》第 70 条规定的提交书证原件确有困难，包括下列情形：（一）书证原件遗失、灭失或者毁损的；（二）原件在对方当事人控制之下，经合法通知提交而拒不提交的；（三）原件在他人控制之下，而其有权不提交的；（四）原件因篇幅或者体积过大而不便提交的；（五）承担举证证明责任的当事人通过申请人民法院调查收集或者其他方式无法获得书证原件的。前款规定情形，人民法院应当结合其他证据和案件具体情况，审查判断书证复制品等能否作为认定案件事实的根据。”

3. 行政诉讼领域

《行政诉讼法》未对原始证据和传来证据的证据能力和证据力的判断规则作出规定，但在《行政证据规定》中则有相关的设置。第 10 条第 1、2 项规定，当事人应向人民法院提供书证的原件，原本、正本和副本均属于书证的原件。提供原件确有困难的，可以提供与原件核对无误的复印件、照片、节录本；提供由有关部门保管的书证原件的复制件、影印件或者抄录件的，应当注明出处，经该部门核对无异后加盖其印章。第 40 条规定：“对书证、物证和视听资料进行质证时，当事人应当出示证据的原件或者原物。但有下列情况之一的除外：（一）出示原件或者原物确有困难并经法庭准许可以出示复制件或者复制品；（二）原件或者原物已不存在，可以出示证明复制件、复制品与原件、原物一致的其他证据。”第56条第3项规定，法庭应当审查证据是否为原件、原物，复制件、复制品与原件、原物是否相符。第57条第6项规定，当事人无正当理由拒不提供原件、原物，又无其他证据印证，且对方当事人不予认可的证据的复制件或者复制品，不能作为定案的依据。第63条第3、6项分别规定，原件、原物一般优于复制件、复制品；原始证据一般优于传来证据。第64条规定：“以有形载体固定或者显示的电子数据交换、电子邮件以及其他数据资料，其制作情况和真实性经对方当事人确认，或者以公证等其他有效方式予以证明的，与原件具有同等的证明效力。”第71条第5项规定，无法与原件、原物核对的复制件或者复制品不能单独作为定案依据。

第四节　本证与反证

一、本证与反证的概念和特点

（一）本证与反证的概念

本证和反证是民事诉讼和行政诉讼中对证据的一种非常重要的分类方式。本证与反证乃是根据证据的提供与证明责任分配之间的关系予以分类的。

证明责任是从当事人的角度来构建案件证据提供和事实认定的规则，即当某一事实处于真伪不明时，通过假定该事实存在或者不存在来作出裁判，进而使一方当事人遭受败诉危险或不利益。证明责任问题与诉讼中证据的调查采用辩论主义或职权探知主义没有联系，同时，其是在自由心证主义穷尽之时，即当某一事实通过法官自由心证仍然真伪不明时，才得以发挥作用。把握证明责任要注意两点：第一，关于某一事实的证明责任，必须且只能由一方当事人来承担，不能从其“存在不存在”正反两个方面就该事实采取分割的形式分配证明责任；第二，证明责任的负担只限于主要事实，对于间接事实、辅助事实则无需适用证明责任规则。证明责任的相关具体内容将在本书第七章详细介绍，此处不予赘述。

我国传统教科书对本证和反证的权威定义为：本证是指对待证事实负有证明责任一方当事人提出的、用于证明待证事实的证据；反证则是指对待证事实不负证明责任的一方当事人，为证明该事实不存在或不真实而提供的证据。①由此界定可知，本证和反证所需证明的事实是完成证明责任所需证明的对象。

① 参见江伟主编：《民事诉讼法》（第三版），高等教育出版社2007年版，第150页。

而在证据法理论中，证明责任的对象并不等同于诉讼中所有的证明对象，其仅指具体的实体法要件事实，即案件的主要事实，并不包括主要事实之外的间接事实和辅助事实。① 循此可进一步推知，只有在对主要事实的证明中才会涉及本证和反证的划分，证明间接事实、辅助事实的证据中不会存在本证和反证。显而易见，作如此推论在逻辑上的缺陷非常明显，本证与反证所指涉的证据范畴仅限于证明案件主要事实的直接证据。应当说，对本证和反证内涵的传统界定明显违背了二分法非此即彼的分类原则，使证明案件间接事实和辅助事实的间接证据和辅助证据游离于该分类之外，因而是不合理的。

本书认为，在对本证和反证的内涵进行界定时，应从证明的过程切入，尤其是应关注该分类在影响法官心证形成上的应用，即应该能够比较清晰地评述对某一争执事实负有证明责任的一方当事人应该将事实的证明达至何种程度，才能解除其证明责任；对方当事人针对这一攻击又该如何作出回应，才能避免对方证明责任的解除。在这一过程中，当事人向法官提出的绝不仅仅是直接证据，而应该是包括间接证据、辅助证据在内的一切对己方有利的证据资料，法官进行证据评价时，也不可能只考虑直接证据，而应该综合、全面地考虑各种证据资料所提供的信息。所以，本证是指当事人对自己应负证明责任的事实提出证据让法官确信该事实存在的证明过程；反证则是指当事人对自己不负证明责任的事实提出证据让法官动摇对该事实的内心确信的证明过程。

（二）本证与反证的特点

通常反证是在本证之后提出，因为当负有证明责任的一方当事人提出本证后，并使事实认定发生不利于对方当事人变化，法官即将或已经形成认定事实的临时心证，对方当事人才有提出反证的必要。但不排除先行提出反证的可能，尤其是当证明责任分配不甚明确之时，提前出示反证可在诉讼中赢得主动。在诉讼中，被告所提出的证据未必均属反证，原告所提出的证据亦未必均属于本证。在本证和反证都已提出的情况下，法官应先调查本证，如果本证的证据力明显很弱，达不到证明标准，就没有必要再对反证进行调查。

负有证明责任的一方当事人，必须以本证使法院对待证事实的存在形成确信，其证明责任才能完成；不负举证责任的一方提出反证，目的在于推翻或者削弱本证的证据力，使法院对待证事实的确信发生动摇，如果反证的提出使得待证事实成为真伪不明之状态，则反证就达到其目的。因为，如果案件事实最

① 主要事实、间接事实和辅助事实的划分及内容参见本书第一章中的证据法上的事实的形态部分。

终仍然处于真伪不明的状态时，法院将根据证明责任分配的原理，判决提供本证的一方当事人败诉。可见，本证必须使法院确信其所主张的待证事实为真实，而反证无须使法官确信待证事实的不存在为真实，只须使法官对待证事实存在的确信发生动摇即可。

反证一词，有时是指提出证据推翻法律所推定的事实之意。在法律推定中，主张法律推定事实的一方当事人，对该推定事实不负证明责任，否定该项推定事实存在的一方当事人，则对其之不存在负证明责任，故此种情形下所称反证，其实应当是本证。如我国台湾地区“民事诉讼法”第 281 条规定，法律上推定之事实，无反证者，毋庸举证。这里的“反证”一词，即是指对方当事人提出相反的证据，其实质应当属于本证，并非证据法理论上的反证。因为对于法律上的推定，当事人欲反驳或攻击，必须提出证据推翻依据法律推定所确立的待证事实，否则，法院将认定推定事实存在，并将其作为裁判的基础。证明推定事实的不存在是独立的证明主题，对方当事人所提之证据仅使推定事实陷于真伪不明的状态尚属不足，必须使法院对相反事实形成内心确信。因此，受不利推定一方当事人就推定事实的不存在，必须负担证明责任。如果在言词辩论终结时，法官斟酌各种证据的效力及全部辩论意旨，仍就对推定事实存在或不存在，无法形成心证而作出判断，即推定事实处于真伪不明的状态，应确认推定事实的存在。

二、本证与反证的运用规则

《民事证据规定》第 72 条规定第 1 款：“一方当事人提出的证据，另一方当事人认可或者提出的相反证据不足以反驳的，人民法院可以确认其证明力。”《民事证据规定》第 72 条第 2 款规定：“一方当事人提出的证据，另一方当事人有异议并提出反驳证据，对方当事人对反驳证据认可的，可以确认反驳证据的证明力。”其中，第 1 款中“一方当事人提出的证据”即为本证，第 1 款中的“相反证据”即为反证。《民诉法解释》第 108 条第 1 款中“负有举证证明责任的当事人提供的证据”为本证，第 2 款提到的“反驳负有举证证明责任的当事人所主张的事实而提供的证据”即为反证。而和第 2 款所提到的“另一方当事人有异议并提出反驳证据”则并非是反证，而是证据反驳，是指通过指出对方当事人所提出的证据本身存在瑕疵，使该证据难以发挥预期的证明效果，从而达到间接否定主张事实的目的。也就是说，本证与反证都是针对案件争议的事实的，只不过作用相反；而证据反驳仅涉及证据本身，只要能证明某证据的确具有难以克服的瑕疵，并且该瑕疵严重地影响了该证据的效力，法院就可以认定该瑕疵证据无相应的证据力，或者其证据力受到削弱。

例如，在原告要求被告偿还借款的诉讼中，原告为证明被告欠其借款的事实，提交的欠条即为本证，若被告向法官表示根本未借钱，因其属于单纯的否认，为此提供的证据是反证；若被告向法官表示的确拿了原告的钱，只不过是原告送的，也即其与被告之间成立的是赠与关系而不是借贷关系，并提出赠与协议作为证据，因被告的主张是附理由的否认，故所提交的赠与协议仍属反证。若被告否认原告提供的欠条为本人所写，则其乃是为了证明欠条这一证据本身存在瑕疵，故应为证据反驳，而非反证。如果被告主张借款已清偿完毕，对方的权利已经消灭，并出示原告出具的收据，则该收据则属于本证，因为对借贷的事实被告已经予以承认，从而免除了原告对该事实的证明责任，在此基础上，被告提出了一个新的主张，即债务已清偿完毕，因为对于债务已消灭的事实应该由否认权利者，也即被告负担证明责任，故被告所出具之收条也为本证。

三、间接反证

根据证据与证明责任的关系和待证事实之间的联系不同，可把证据分为间接本证与间接反证。在证明活动中，有些案件的主要事实难以用直接证据证明，因而，主张待证事实存在的一方当事人可以提出若干间接事实来证明其主张，这些间接证据即为间接本证；而对方当事人则通过提出并证明另一些间接事实，以推翻关于存在待证事实的主张，这些对待证事实的存在不负证明责任的一方当事人所提出的间接证据即为间接反证。换句话说，间接反证并非直接针对另一方当事人举证事实所作之反驳，而是在对于某主要事实负有证明责任的当事人从经验法则出发，对作为推定该主要事实存在的间接事实作出充分证明的情形下，对方当事人为了阻止这种推定的成立，通过对其他能与之相对立的间接事实的证明而使该主要事实陷于真伪不明状态的证明活动。

具体来说，即对某主要事实 A 负举证责任的原告，证明能推定 A 存在的 a、b、c 三个间接事实，若被告直接举证证明 a、b、c 不存在，从而阻碍推定 A 的存在，此时叫做直接反证；若被告通过举证证明 a、b、c 三个间接事实之外的其他三个间接事实 d、e、f 的存在来认定 A 不存在，即叫做间接反证，这是因为从证明方式上来看，被告并非直接而是间接争执原告所证明的主题。在直接反证的情况下，原告欲使法官认定要件事实 A 的存在，需证明 a、b、c 三个间接事实，而被告提供的反证只要能够达到使 a、b、c 陷于真伪不明状态即可；而在间接反证的情况下，被告需证明 d、e、f 三项间接事实确实存在后，才能实现阻却要件事实 A 被认定的效果。

例如，原告到医院打针后皮肤溃烂，诉医院侵权。为证明医院行为与损害后果之间的因果关系，原告提出一系列间接事实：消毒不充分、注射器不卫生及护士怠于检查等，使法官对注射与皮肤溃烂之间的因果关系产生内心确信。被告则提出另外的间接事实：原告皮肤对该药物过敏、原告接受注射前食用了刺激性食物等并证明其存在，从而动摇了法官对注射与皮肤溃烂之间的因果关系的内心确信。这一过程中，被告为证明其主张的间接事实而提出的证据动摇了法官对原告提出的主要事实的内心确信，故属于间接反证。

在法官对事实作出判断形成自由心证的过程中，当法官的心证朝着一方当事人有利的方向形成，即一方当事人的证明活动即将成功时，如果另一方当事人无动于衷、任其发展，不提出为阻止法官形成确信的其他证据，那么会使一方当事人的证明获得成功。在整个诉讼中，这种证明的必要是随着法官心证的变化而随时可能在当事人之间相互转移的，而证明责任的负担则在整个诉讼过程中自始至终相对固定地由一方当事人承担。间接反证是在以法律要件分类说作为证明责任分配基准的前提下，基于实际需要，从法律上使提出证据的负担在双方当事人之间相互转移，以达到公平分担的目的。

第五节 控诉证据与辩护证据

一、控诉证据与辩护证据的概念和特点

在刑事诉讼中，根据证据对案件主要事实的证明作用，可以将证据分为控诉证据和辩护证据。

控诉证据，是指能够证明犯罪事实的发生，犯罪嫌疑人、被告人犯罪，或者是能够从重或加重犯罪嫌疑人、被告人刑事处罚的证据。其一般由控诉人对犯罪嫌疑人、被告人进行指控时提出的。

辩护证据，是指能够证明案件事实没有发生，犯罪嫌疑人、被告人无罪、罪轻，或者能够减轻、免除犯罪嫌疑人、被告人刑事处罚的证据。其一般由犯罪嫌疑人、被告人及其辩护人进行辩护时提出的。

刑事诉讼中存在着控诉和辩护这两种相互对抗的诉讼职能，控诉证据和辩护证据的区分即与之相适应。控诉证据服务于控诉职能，辩护证据服务于辩护职能。二者之区分，有利于指导不同职能的人员各司其职，运用不同类型的证据完成其控诉犯罪的责任或有效地行使其辩护权利。

关于控诉证据与辩护证据之分类，在分类的标准和称谓上都存在一定的争议。

有观点认为，应以证明犯罪嫌疑人、被告人有罪或无罪为标准，将证据分为有罪证据和无罪证据。凡能证明犯罪嫌疑人、被告人实施了犯罪行为的证据，包括其具有从重或从轻、加重或减轻情节的证据，均属有罪证据范畴；凡能够证明犯罪嫌疑人、被告人未实施罪犯行为的证据，即为无罪证据。① 本书认为，这种分类将犯罪嫌疑人、被告人及其辩护人提出的为证明其具有从轻或减轻处罚情节的证据归入有罪证据之列，显然与其行使的辩护职能的意旨不符，混淆了控辩职能。

还有观点认为，应以对犯罪嫌疑人、被告人是否有利为标准，将证据分为有利于犯罪嫌疑人、被告人的证据和不利于犯罪嫌疑人、被告人的证据。能够证明犯罪嫌疑人、被告人无罪及能够从轻或减轻犯罪嫌疑人、被告人刑事处罚的证据为有利于犯罪嫌疑人、被告人的证据；能够证明犯罪嫌疑人、被告人犯罪及能够从重或加重犯罪嫌疑人、被告人刑事处罚的证据为不利于犯罪嫌疑人、被告人的证据。② 本书认为，有利于犯罪嫌疑人、被告人的证据中包含证明犯罪嫌疑人、被告人罪轻的证据，这就已经首先肯定了犯罪嫌疑人、被告人是有罪的，显然与有利于犯罪嫌疑人、被告人的出发点自相矛盾，难以自圆其说。

二、控诉证据与辩护证据的运用规则

在运用控诉证据和辩护证据审理刑事案件时，应注意下列几个问题：

第一，控诉证据和辩护证据的区分显示出两者有不同的使用标准和要求。在“疑罪从无”原则的要求下，为达到控诉之目的，必须使控诉证据达到确实、充分的程度，从而使之成为认定案件事实的充分条件。即控诉证据必须组成一个完整的证明体系，才能起到法定的证明作用。辩护证据则不然。其只需要有一两个关键证据或一组证据能够打破控诉证据的证据锁链，使控诉证据构建的推理与逻辑发生一丝破绽或值得怀疑的地方，辩护证据就达到了法定的证明效果。

第二，对控诉证据的收集应严格予以约束，对辩护证据的收集应强烈予以保障。众所周知，因刑事诉讼的特殊性质和构造，主要以收集控诉证据为

① 参见樊崇义主编：《证据法学》（第三版），法律出版社 2004 年版，第 226 页。

② 参见刘广三主编：《刑事证据法学》，中国人民大学出版社 2007 年版，第 267 页。

职能的侦查机关，在收集技术和手段上均占据着犯罪嫌疑人一方无与伦比的优势地位。凭借强大的国家侦查权，侦查机关可以轻易地收集到犯罪嫌疑人一方很难收集到的证据，更何况实践中不少情形下犯罪嫌疑人还被限制了人身自由，其对辩护证据的收集主要还是靠亲属或律师等其他人予以收集，两者收集证据的效果显而易见。因此，对侦查机关收集控诉证据的行为应严格控制在法律允许的范围和程度内，严格遵守《刑事诉讼法》第52条“严禁刑讯逼供和以威胁、引诱、欺骗以及其他非法的方法收集证据”之规定，对违反法定程序和规则收集的控诉证据一般情况下应一概予以排斥，不赋予其证据能力，不能进入庭审的范畴。而对在证据收集方面处于弱势地位的犯罪嫌疑人一方，应从调查阅卷、走访证人等各方面保障其在辩护证据收集上的法定权利。

第三，在特定情形下，控方和辩方在收集和提供证据的类型上会有所重叠。控诉证据一般是由侦查机关收集，并由控诉人指控时提出，目的是让法官作出有罪判决或加重、从重处罚；辩护证据一般由犯罪嫌疑人、被告人及其辩护人收集并提供，目的是让法官作出无罪判决或减轻、从轻的处罚。但是，并不是说侦查机关收集、控诉人提出的证据都是控诉证据，犯罪嫌疑人、被告人及其辩护人仅能收集并提供辩护证据。如犯罪嫌疑人对自己所犯罪行的供述，不仅是侦查机关收集到的控诉证据，对于其自己一方来说，也同样属于供述证据。对于控方则有明确的法律要求，即《刑事诉讼法》第52条规定，审判人员、检察人员、侦查人员必须依照法定程序，收集能够证实犯罪嫌疑人、被告人有罪或者无罪、犯罪情节轻重的各种证据。即审判人员、检察人员、侦查人员既要收集控诉证据，也要收集辩护证据。司法实践中存在的问题在于，司法机关往往重视控诉证据而轻视辩护证据，甚至不把辩护证据当做证据。如犯罪嫌疑人在接受侦查人员讯问时，对所涉嫌罪行予以否认，作出自己无罪的辩解。此时侦查人员往往将此认为是犯罪嫌疑人态度不好的表现，而忽视了其作为辩护证据的应然属性。

第四，控诉证据和辩护证据的区分并不代表它们之间的划分是绝对的。在某些情况下，控诉证据和辩护证据存在着重叠性，即一个证据可能既包含着控诉证据的信息又包含着辩护证据的信息。如庭审中被告人即承认杀人的事实，又辩解杀人的行为乃出于自卫，这一陈述就同时具有控诉和辩护双重属性，不宜单纯地将其看做控诉证据或辩护证据。又如，犯罪嫌疑人在被询问时对自身罪行拒不承认，但却揭发了其他案件中的他人的犯罪行为。这一证据就包含了犯罪嫌疑人认罪态度恶劣的从重因素，又包含了犯罪嫌疑人立功的从轻因素。

司法人员一旦发现某证据具有双重属性时，应进一步收集其他证据予以调查核实，以期确认其最终的属性。

第五，在一定的条件下，控诉证据和辩护证据存在相互转化的可能。在不同的案件中，此案的控诉证据有可能就是彼案的辩护证据，彼案的辩护证据有可能就是此案的控诉证据。比如能证明被告人过失杀人的证据，相对于被指控故意杀人的案件来说，是一项辩护证据；但如果是在被指控过失杀人的案件中，相对于一项无罪辩护而言，它就是控诉证据。即使在同一案件中，有时随着情况的变化或案件的进展，证据在诉讼中的作用也会发生相应的变化，对证据是控诉证据还是辩护证据的定性也会随之改变。比如犯罪嫌疑人交出一份账本，证明自身未从事经济犯罪，该账本即为辩护证据；但经鉴定人鉴定，发现该账本乃属伪造，则其就转化为指控犯罪嫌疑人做假证的控诉证据。

第四章　证据的法定种类

第一节　证据的种类概述

一、证据的种类的概念

证据的种类，又称证据的法定形式或证据在法律上的划分，是指根据不同证据方法的存在和表现形式，在法律上对其所作的划分。

证据种类不同于证据分类，两者的区别表现在以下几个方面：

首先，性质不同。证据的种类是现行法对证据方法的划分；而证据的分类并非法律对证据方法的划分，而是从理论上对其进行的细分。

其次，效力不同。法律规定的证据种类具有法律上的效力，不具备法定表现形式的证据不得作为定案的根据；而证据的分类仅仅是学理上的解释，不具任何法律上的约束力。

再次，标准不同。证据种类的区分标准是单一的，即证据方法的存在和表现形式；而证据的分类则根据研究的需要可以从不同角度入手，采取多种标准予以划分，如证据的表现形式、调查方式、来源和与案件事实的关系等。

最后，功能不同。证据种类的划分主要是为了针对不同的证据方法在立法上设置不同的证据规则，但由于其划分标准的单一性使得对于不同种类证据方法共性的内容无法很好地反映；而从不同角度对证据进行的不同分类则可以弥补证据种类划分的不足，更清晰地揭示各类证据的规律和运用规则。

二、域外证据种类的立法例

1. 英美法系

在作为英美法系证据法源头的英国，其证据法上将证据分为证人证言、文件证据和实物证据三种。其中证人证言是指作为事件目睹者的证人在法庭上口述的证据，即证人说出他耳闻目睹及身体所感知的事实；文件证据是指书信和证书等书面形式的证据，包括视听资料和证人的书面证言；实物证据则是指可以提供给法院查看的物品。

美国《联邦证据规则》并未从逻辑或理性上划分证据的种类，而是从适用和采信证据的角度，规定了一系列的证明方式，如司法认知、证人证言（包括专家证言）、传闻证据、鉴定或辨认、文书证据（包括录音、照相等）等。此外，在长期形成的判例法中，常将证据的种类和分类的划分混在一起，二者之间并无严格的界限。就证据种类而言，一般认为，在美国民事诉讼中的证据大致分为两种：（1）言词证据。言词证据即证人证言，由证人提供。证人包括非专家证人和专家证人两类，前者是基于对案件事实的了解而作为证人，既包括与案件无利害关系的第三人，也包括当事人本人，其证言称为感知证言；后者是基于专门知识对争点事实作出判断而提出意见的人，其提出的证言称为专家证言或意见证言。（2）实物证据。其是指法官能使用其感官从中得出结论的一切物品，包括书证、物证、展示证据和电子证据。其中展示证据本质上也是有体物，但其与书证和物证的区别在于，其是为了说服事实审理者而提供的，是用做说明或解释的实物材料。而电子证据作为一种最新型的科技证据，是借助电脑等设备以数字形式产生或储存的信息。

2. 大陆法系

大陆法系国家和地区证据法理论上对当事人和鉴定人的性质定位与英美法系有所不同，当事人不能作为证人，鉴定人提出证据时也应当遵循特殊的诉讼规则。因此，大陆法系国家和地区的证据立法一般将证据分为五种：当事人、证人、鉴定人、书证和物证。但涉及各国的具体立法时，其表现形式又存在诸多差异。以下以主要国家和地区的民事诉讼领域为例进行简要介绍。

在德国，其民事诉讼法第 371 条至第 455 条规定了五种证据方法，即勘验、人证、鉴定、书证和询问当事人。勘验是指对物品形态和属性的勘查和检验；人证是对目睹案件发生的、当事人以外的第三人证言的获取；鉴定是由专业人士对案件的技术性问题予以检验；书证是以文书所载内容证明案件的事实；询问当事人则是法官就案件的有关事实询问当事人的感知。

日本的民事诉讼立法乃以德国的民事诉讼法典为蓝本，因此，在证据种类上，日本与德国基本一致，只是德国法中的“人证”，在日本法中称为“询问证人”。在日本，对证人，一般采取以口头进行质问并由证人接受应答的方式进行证据调查（民事诉讼法第 202 条第 1 款）。对鉴定人，也同样以口头进行质问和回答的方式进行证据调查（民事诉讼法第 216 条）。当事人（包括法定代理人、但不含诉讼代理人）作为证据方法时，证据调查的方式与前两者相同（民事诉讼法第207条）。书证是以文书中的内容作为证据的证据方法。勘验是检查物证的形态，并把其结果作为证据的证据方法。同时，立法对于录音磁带和录像磁带以准文书的方式进行了规定（民事诉讼法第231条）。

在法国，关于证据的种类或证明方式等问题规定在法国民法典中。在该法典债法一编中有关债务及清偿的证明部分（法国民法典第1315条至第1369条）详尽规定了书证、人证、推定、当事人自认及宣誓五种证据方式，以及这五种证据方式的证明范围和适用规则。另外，民事诉讼法上还有勘验、咨询和勘验。验证即是对物证的检证（民事诉讼法第249条至第255条）；咨询是当技术性问题不要求很复杂的调查时，法官可进行单纯的询问以获取案情（民事诉讼法第256条至第262条）；勘验是在经过验证或咨询仍不足以查明事实的情况下，法官可指定专业人士进行鉴定（民事诉讼法第263条至第284条）。

苏联《苏联和各加盟共和国民事诉讼纲要》第17条规定，民事诉讼中的证据分为当事人和第三人的说明、证人证言、书证、物证和鉴定人的结论。苏联解体以后，俄罗斯民事诉讼法继承了这一体例，其第49条第2款规定，证据用以下手段予以确定：当事人和第三人的陈述、证人证言、书证、物证和鉴定结论。

我国台湾地区“民事诉讼法”与德国和日本民事诉讼法上对证据种类的划分一致，其第298条至第367条规定了人证、鉴定、书证、勘验和当事人询问五种。其第363条第2款“文书或前项物件，须以科技设备始能呈现其内容或提出原件有事实上之困难者，得仅提出呈现其内容之书面并证明其内容与原件相符”及第366条“勘验，于必要时，应以图书或照片附于笔录；并得以录音、录影或其他有关物件附于卷宗”之规定则将录音、录像等科技手段作为保存书证或物证的方法。

三、我国的证据种类

从《刑事诉讼法》第50条、《民事诉讼法》第63条、《行政诉讼法》第33条关于证据的种类之规范中，我们可以看出，在我国，证据有八种，即书证、物证、证人证言、鉴定结论、视听资料、电子数据、勘验笔录（包括三个诉讼领域的勘验笔录、刑事诉讼中的检查、辨认、侦查实验等笔录和行政诉讼中的现场笔录）和当事人陈述（包括民事诉讼、刑事诉讼中的当事人陈述和刑事诉讼中的被害人陈述、犯罪嫌疑人、被告人供述和辩解）。

本书认为，现行法对证据种类的这种划分并未建立在对各种证据的存在和表现形式深入、透彻地了解的基础之上，无明确、统一的划分标准，带有极大的随意性和片面性，故无法在理论上形成一整套逻辑严密的证据体系，并会对审判实践产生消极影响。总的来说，存在下列几方面突出的问题：

（一）误将视听资料、电子数据界定为一种独立的证据形式

视听资料、电子数据常常被界定为一种采用先进的科学技术，利用图像、音响及电脑贮存反映的数据和资料来证明案件真实情况的证据，包括录像带、录音片、传真资料、电影胶卷、微型胶卷、电话录音、雷达扫描资料和电脑贮存数据和资料等。我国现行《刑事诉讼法》于 1979 年刚颁布时，并未将视听资料作为一种独立的证据形式。这种证据是随着科学技术的发展而进入我国的诉讼证据领域的。最早确立其在证据法上的地位，是在 1982 年颁布的《民事诉讼法（试行）》第 55 条第 1 款中，并在 1989 年颁布的《行政诉讼法》、1991 年颁布的《民事诉讼法》及 1996 年对《刑事诉讼法》的修改中予以延续。2012 年修改后的《刑事诉讼法》、《民事诉讼法》以及 2014 年修改后的《行政诉讼法》均将电子数据确立为独立的证据形式。《民诉法解释》第 116 条第 2 款对电子数据作了进一步的界定，强调电子数据是指通过电子邮件、电子数据交换、网上聊天记录、博客、微博客、手机短信、电子签名、域名等形式或者存储在电子介质中的信息。应当说，随着科技的发展，视听资料及电子数据在诉讼中的功能和地位日渐凸显。人们往往认为与传统的证据相比，仿真性强、直观性强及动态连续性的特点使得其能够较准确地反映案件的真实情况，不仅可以用来检验印证其他证据的真伪，而且在某些特定情况下可以单独、直接地证明案件的全部情况。将视听资料及电子数据规定为一种独立的证据形式可以说是我国证据立法上的一项创举。

但这种认识有一个明显的缺陷，即错误地将视听资料与人证、物证和书证并列。而视听资料对案件事实的反映无非是用声音或图像等方式记载了人说的话及当时的情形、对物的动态展示及将文书内容声音化及图像化罢了，并不存在与后三者并列的独立的特质。所以，视听资料仅为记录和保存人证、物证和书证的手段和工具，不应作为法定的证据形态之一出现在诉讼法典中。这一点在上述诸国和地区的诉讼立法上都有所体现。至于时下盛行的电子证据、数字证据等所谓新兴证据形式，无非也是记录和保存人证、物证和书证的载体，只不过蕴含的科技含量更高而已，同样不应被界定为独立的证据形态。

（二）错误判断物证和勘验的属性，人为将两者分为两种独立的证据形式

我国传统证据理论上，物证是指以物质材料的存在、外形、质量、规格、体积等证明案件事实情况的一切物品和痕迹；勘验（包括检查）是指司法人员对与案件有关的场所、物品、尸体和人身等进行的核查性活动，该过程中对

核查活动情况的文字记录，称为勘验笔录（检查笔录），物证与勘验是两种不同的证据形式，物证是案件发生时就存在的物体；而勘验则是司法人员在案件的审理过程中为查清案件事实的需要亲自对物的考查，相应的笔录中的描述既不是物证本身，也不是物的复制品，只是对物证的一种固定的方式。

本书认为，这种认识完全没有认清物证和勘验的本质属性。物证和勘验对案件事实的证明均是由法官通过五官对特定物的感知进行的，只不过所谓的物证因体积较小便于在庭上展示，而作为勘验对象的勘验物因体积较大或其他原因不便带至法庭当庭展示，故法官必须到该物所在地进行考查、感知罢了。就调查方式而言，二者并无本质差异，故应均属于学理上的物证范畴。因为物证均要经过法官五官的感知才能证明案件事实，故不少国家和地区的立法上均将其规定为勘验，如前面所提到的德国、日本、法国和我国台湾地区。因此，应该把现行法上的物证和勘验统一在勘验中，作为一种证据类型予以设置，从而契合其物之调查之本质。

（三）现场笔录不具备作为独立证据形态的特性

现场笔录亦称当场记录，是行政执法人员在行使行政职权、实施具体行政行为的过程中，对某些事项当场所作的能够证明案件事实的记录。一方面，现场笔录是行政活动的文字记载，为行政主体作出行政决定的重要乃至唯一依据；另一方面，其又是法院对具体行政行为进行司法审查的重要内容，是证明被诉具体行政行为合法性的原始、直接证据，因此历来被认为是行政诉讼中的重要证据形式之一。

但应该明确的是，现场笔录实质上是对执法现场的原貌的描述，虽然从某种意义上讲，与勘验的书面记载勘验笔录有一定区别，① 但法官对现场笔录的

① 第一，两者的制作主体不同。现场笔录是行政主体制作的，具体讲乃是由行政执法人员在相对人的参与下制作完成。而勘验笔录的制作主体是人民法院，具体讲乃是由审判人员或专门的勘验人员在当事人的参与下制作完成。因而，从性质上讲，现场笔录属于行政文书，而勘验笔录属于诉讼文书。第二，两者的制作时间不同。现场笔录只能是行政主体在行政程序中（行政诉讼案件发生前）制作，而勘验笔录则是人民法院在行政诉讼过程中（行政诉讼案件发生后）制作。现场笔录必须现场制作，事后不得重作；而勘验笔录是案发后制作，除了勘验现场以及不能移动之物品的笔录是在案发现场制作之外，大部分勘验笔录（如对物品的勘验、对人身的检查）都是现场之外完成的，若当事人对勘验笔录的内容有异议，还可以申请重新勘验。第三，两者能否单独作为认定案件事实的依据不同。现场笔录是证明被诉具体行政行为的原始、直接证据，故其可以单独作为认定被诉具体行政行为是否合法的证据，在适用简易程序当场作出的行政行为中，其甚至是唯一的证据。而勘验笔录只是勘验人员对勘验物的外部特征、特性等情况进行的认定，此认定本身并不能证明案件事实的任何问题，故其不能单独作为认定案件事实的依据。

审查实际上就是对执法现场这一场所物的感知，只不过与对一般现场的勘验相比，时间提前至案发当时，其本质上还是一种勘验。

第二节 书 证

一、书证的概念和特点

（一）书证的概念

书证，又称文书，是指以文字、符号或图形等记载或表示的内容、含义来证明案件事实的证据。

仅以文书的内容（文义）为证据的被称为证据书类，即证据文书，如诊断证明书、鉴定书及警察讯问笔录等；而以文书的存在或状态及其内容（文义）两方面为证据的被称为证据物书面，即文书证据，如伪造的证件、签单或账本等。对证据文书的调查方法为宣读或叙述大意；对文书证据的调查方法则是提示或展示与宣读或叙述大意相结合。

中国古代的书证制度在西周时已经确立，经过秦汉时期的发展，至唐宋时已达相当成熟的程度。依《周礼 · 地官》之记载，西周时期的官府规定在市场交易中须“大市以质，小市以剂”。大市，指买卖奴隶或牛马，此时要使用“质”这种契卷；小市，指买卖兵器或珍异之物，此时要使用“剂”这种契卷。质、剂均由官府制作。其还规定签订借贷协议采用“傅别”的形式，“傅”指债券，债券一分为二称“别”，债权人执左券，债务人持右券。质、剂及傅别均是诉讼中官府认定的法定证据。两汉时期，出现了名为“券书”的买卖契约，官府明确规定“市买为卷，书以别之，各得其一，讼时案卷正之”。券书的主要作用也是充当将来诉讼的证据。① 进入隋唐，作为书证的契约种类大大增加，而且各种契约也逐步格式化、规范化。唐律中就规定了买卖奴婢，牛、马、驼、骡和驴等必须“用本司，本部分验以立券”，而“令无私契之文，不准私券之限”，即法令没有明确规定可以使用私人契约者，禁止使用私契，违者将受笞刑处罚。官府认定的契书，自然是争讼时的合法证据。发展到宋代时，书证制度已达相当完备的程度，如买卖不动产所订立的“红契”即是已纳税的依据，又是土地所有权凭证，立法明确规定只有依法成立的契约

① 参见周东平主编：《中国法制史》，厦门大学出版社 2007 年版，第 82 页。

才能作为诉讼中争论时的证据。①

从书证的范围来看，各国基于对书证的不同认识规定不一。

1. 英美法系

英美法系国家大多在立法中明确地指明书证的范围，要么对书证的含义作出解释，即从总体上概括书证的范围，如英国；要么用列举的方式指明书证的具体表现形式，如美国。同时，英美法系证据法上并不注重证据的表现形式而更注重证据的内容，只要是记载了一定的信息并以该信息来证明案件事实的都认为是书证，从而将通过录音、录像、摄影或计算机形成的具有一定科技含量的证据也纳入书证的范围。

在英国，书证的范围极为广泛，囊括了以记载内容或描述信息来证明案件事实的所有证据，而无论其表现形式如何或需采取何种技术手段形成或再现，如官方记录、档案、法令和其他公共文件、证明书、调查笔录、由公众权威人士所作的财产的估价或报告书，出生、死亡及结婚登记卡、审判笔录、历史、科技书籍和记录、地图和私人书信文件等。在不少国家一般不被视为书证的法令、历史书籍、科技书籍等，在英国也被纳入书证范围。② 随着科技的进步，司法实践中不断地接纳科技含量越来越高的证据，书证的范围呈日益扩大的趋势，其证据立法明确将书证认为是包括声音、数据或可视图像在内的凡能够被复制的任何事物，如磁带、录像及计算机数据等。

在美国，书据的范围也相当广泛。按美国《联邦证据规则》第1001条的规定，通过手写、打字、印刷、影印、照相、磁脉冲、机械或电子记录或其他形式的数据汇编记录下来的文字、字母、数字或其代替物以及普通摄影、X射线胶片、录像带和电影胶片等都属书证的范畴。即无论存储数据的方式如何，是采用传统方式还是计算机方式、照相方式以及现代发展出来的其他方式，只要是通过其中载明文字或数字所反映的信息来证明案情的，均作为书证对待。③

2. 大陆法系

大陆法系国家的证据法理论中，书证通常有两层含义：一是指查阅文书，以其记载的含义、内容作为证据资料的证据调查程序；二是指用文字及其他符

---

① 参见周东平主编：《中国法制史》，厦门大学出版社2007年版，第302页。

② 参见［英］罗纳德·沃克：《牛津法律大词典》，光明日报出版社1988年版，第267页。

③ 参见何家弘主编：《外国证据法》，法律出版社2003年版，第186页。

号表现思想含义的有形物为标记或识别所制作的物品。其第二层含义跟英美法系书证的意思一致，但其最狭义上的书证指的是第一层含义上的书证，即从证据调查程序的角度使用书证一语，而第二层含义上的书证严格地说应被称为“文书”，只不过在使用中已习惯将书证的适用领域予以拓宽，从而涵盖了文书的内容。

大陆法系国家对书证范围的理解也比较宽泛，一般认为只要是以人的思想来证明案件事实而不是以载体本身来证明案件事实，就是书证。① 但与英美法系国家做法不同的是，大陆法系国家在立法上并未对书证的含义予以解释，也没有列举书证的表现形式。

法国法上对书证及其重视，素来被称为“书证优先主义”的典范。法国民法典第1341条明确界定了书证的优先地位，即除特殊之规定外，一切法律行为须以书面形式成立。凡是超过法令确定数额或价值的物件，即使是自愿的寄托，均应于公证人之前作成证书，或者经各方签署作成私证书。任何推翻或补充文书内容的证言，即使所涉及的数额或价值低于法令规定的标准，都不得被接受。② 第1343条规定，当提出的诉讼请求数额超过第1341条规定的数额时，即使减少诉讼请求的数额也不得以证人证明之。而第1344、1345条则规定，即使诉讼所请求的数额在法令规定的标准之下，如其数额为并无证书证明的一宗较大数额的赊欠、或一部分或者一方当事人在同一诉讼中提出多项债权请求，数宗请求合计超过法令规定的标准数额时，不得以证人证明。法条所规定之法律行为乃是指具有设立或转移、同意或承认、修改或消灭权利义务等意思表示的行为。不依赖于行为人意志而转移的法律事实当然不需要制作相应的书证。但法国法上没有明确规定书证的范围，只是在诉讼程序的相应部分规定了相关文书（如公文书、私文书）如何收集、审查和运用。

德国法院的判例和大部分学者认为视听资料应属于物证而不是书证，因为视听资料不具有文字符号的特征和可读性，且迅速说出的话语与经过考虑写出的文字有质的区别，这点与英美法系国家的认识显著不同。③ 与法国相似，德国诉讼法上虽有关于书证的专门规定，但也只是对书证收集、提交程序的设置，并未明确规定书证的范围。

① 参见卞建林主编：《证据法学》，中国政法大学出版社2002年版，第81页。

② 参见李浩培、吴传颐、孙鸣岗译：《拿破仑法典（法国民法典）》，商务印书馆1979年版。以下对法国民法典条文的引用，如无特别说明，均以此版本为准。

③ 参见卞建林主编：《证据法学》，中国政法大学出版社2002年版，第82页。

作为受美国法影响较深的大陆法系国家，日本对书证的范围则有一定的界定，除文件、票据、证件等通常性的书面形式物品外，图画、照片、录音与录像磁带等视听资料以及其他表达信息的物品也属书证范围。对于通过录音、录像或其他类似的现代科技手段固定的相关案件事实，被界定为准文书，法官可以借助相应的设备，将相应的声音、影像或其他资料播放出来，并要求当事人或其辩护人、诉讼代理人予以辨认或叙述相应内容。①

（二）书证的特点

1. 以一定的记载内容或思想表达来证明案件的事实

书证是一种能被阅读的“可视”证据。阅读是对文字、符号或图形等意思的理解活动。阅读具有两个显著的特点：

（1）阅读的对象多样化和静态化。阅读的对象是表达一定思想的符号，其既可能是最常见的文字，也可能是某种标记或图形，其种类是非常丰富的；同时，不管物品是否运动，表现于物品之上的文字、符号或图画与物品之间保持相对稳定，处于相对静止的状态。

（2）阅读方式多样化。直接阅读自然是获取信息的方法，借助必要的辅助手段或中介媒体来进行的间接阅读也是一种重要的阅读方式，尤其是对于一些具有一定科技含量的载体，其作用更为明显。

2. 以书写的方式形成

物证是以其客观存在的状态、自身具备的物理、化学性能来证明案件事实，这些状态或性能是由自然变化或人的物理行为造成的。人证是以其陈述内容来证明案件事实，陈述的内容是由人的各种感觉器官以感觉方式如倾听、观看或触摸形成。书证虽然也以内容证明案件事实，但其是人通过特定的符号将一定的思想记载、书写于一定的载体上形成的。

3. 借助一定的载体

书证的载体既是书证的构成要素，又是书证的表现形式。书证载体的最一般特性就是表现为某种物品，在外观上具有物证的属性，所以，在英美法系证据法理论上曾将书证纳入广义的实物证据范畴。当然，书证并非以外在的载体本身证明案件事实的，这与物证截然不同。作为书证载体的物品具有两

---

① 对视听资料的这一认识也影响到了我国台湾地区的“立法”，如其“刑事诉讼法”第165条之一即规定：“前条（书证）之规定，于文书外之证物有与文书相同之效用者，准用之，录音、录影电磁记录或其他相类之证物可为证据者，审判长应以适当之设备，显示声音、影像、符号或资料，使当事人、代理人辩护人或辅佐人辨认或告以要旨。”

个特征：

（1）多样性。人类一直追求和寻找更方便、快捷的交流与表达思想的方法，书证的物质载体随着人们思想表达方式及书写方式的更新也在不断发生变化。过去曾经盛行的作为书证载体的物品，如竹简、绢帛等，现今已失去这一作用；现在最常用的记载书证的纸张，在以前也不曾存在，将来也可能失去其作为书证载体的重要地位；随着科技的发展进步所创造的新的物品，可能替代纸张而成为未来书证的主要形式。

（2）可记载性。任何书证都必须借助特定的物质材料而生成和存在，离开了一定的物质材料，书证便丧失了客观存在的必要条件。如果证明案件事实的内容不借助一定的物品加以固定保存，其内容就难以在诉讼中被辨认和审查。因此，作为书证载体的物应当是具有可记载属性和相对稳定特性的有形物。

举例来说，在离婚案件中，常见的书证包括：①证明当事人身份的书证，如原告和被告的身份证明文件和结婚证，因结婚证丢失或损毁等原因无法提交的，应当到登记结婚的民政部门开具结婚证明材料，证实双方确是夫妻；当事人为无行为能力、限制行为能力或精神病人的还应提交监护人的身份证明资料，如身份证或户口本；涉及精神病人的离婚案件，必须有法医学鉴定或医院诊断证明书。②证明财产状况的书证。若涉及给付子女抚养费的，应提交单位财务部门开具的收入证明书；涉及房屋承租权或所有权处分的，应提交租赁契约或产权证；涉及共有财产分配的，应提交财产清单，详细列明财产状况；对共同存款或共同债权、债务分配有争议的，应提交存折、借据等。③证明婚姻关系破裂的书证，如夫妻一方写给第三人的情书、日记等。

又如在继承纠纷案件中，常见的书证包括：①被继承人的死亡证明书。②证明被继承人合法继承身份的书证，如结婚证、户口本、身份证或公安机关、村委会、居委会等有关部门出具的证明。③对于继承的遗产，应提交被继承人的财产清单，详细列明财产状况；对属于被继承人与他人的共同存款或共同债权、债务的，应提交存折、借据等书面证据；遗产中涉及分割股票、债券、投资基金份额等有价证券、未上市股份有限公司股份及在有限责任公司的出资额时，应提交相关确认权利的文书资料证明其系被继承的财产；涉及其他争议财产分割问题的，也应提交相关能证明财产存在的书证。④证明继承关系存在的书面遗嘱，这是遗嘱继承中最核心的证据。

二、书证的分类

依据不同的标准，可以对书证进行不同的分类。

(一) 勘验文书与报告文书

依据文书记载内容的不同，可以将书证分为勘验文书和报告文书。

勘验文书，是指记载的事项为文书制作人或其他陈述者的意思表示的文书。因为法官要自行查看该类文书的内容，从而作为证明待证事实的依据，而其查看行为与勘验行为相类似，故称之为勘验文书。① 勘验文书实质上是以设立一定法律权利义务关系为目的的书证，能够说明当事人之间发生、变更或消灭某种法律关系的事实，如委托书、遗嘱、协议、合同及判决书等。

报告文书，是指文书制作人以其观察的事实的结果为记载内容的文书。其记载的内容包括三种：纯粹事实观察结果的记载、有关意见的记载及关于感想表示的记载。② 这些记载均不以产生特定的法律后果为目的，只是反映某种具有法律意义的事实，如日记、信件、会议记录、商业账簿和新闻稿等。

勘验文书所要证明的事实是否存在需要法官亲自观察、判断才能得出；而报告文书所需证明的事实是否存在仅需法官对结果进行认识，而不需要其亲自进行勘验。

勘验文书往往直接反映当事人的意思表示，在性质上属于直接证据；而报告文书在性质上多属于间接证据，所以前者的证据力一般比后者要强。因此，与报告文书相比，对勘验文书证据力的判断应设置更为严格的措施。如日本民事诉讼法第 134 条专门规定了确认勘验文书真伪的诉讼程序，即“确认之诉，也可以为确认证明法律关系的文书制作真伪而提起”。

要注意的是，在判断某些特殊书证是属于勘验文书还是报告文书时，一定要结合实体法上的相关制度设置予以判断。如在我国，房产证和结婚证具有非常重要的作用，在日常生活的多个领域都是必备的文书，否则相应的活动无法开展，如夫妻买房要携带结婚证、办理房屋抵押贷款要出具房产证等，给人的感觉是这两种文书是特定法律关系变更的依据，应属于勘验文书之列。但应明确的是，在我国，无论是房屋买卖还是婚姻缔结，采取的都是登记主义，即未在法定的登记机构进行登记，房屋买卖不能生效，房屋所有权不得归于买受人；婚姻关系不能缔结，男女双方不得成为合法夫妻。而房产证和结婚证只是对于房屋所有权和婚姻关系的一种反映和证明，其本身并不能导致房屋所有权

① 参见陈计男：《民事诉讼法论》(上)，台湾三民书局股份有限公司 1999 年版，第 486 页。

② 参见陈计男：《民事诉讼法论》(上)，台湾三民书局股份有限公司 1999 年版，第 486 页。

的变更和婚姻关系的产生，故两者均属于报告文书。

（二）公文书与私文书

1. 公文书与私文书的概念

依据书证制作主体、制作权限和制作方法的不同，可将书证分为公文书和私文书。

公文书，是指国家机关及其工作人员在职权范围内，针对特定事项依照法定程序，通过法定方式作出的文书。公文书的判断标准有三个方面：一是制作的主体必须是国家机关及其工作人员；二是制作的范围必须在法定权限内，具有确定的意思表示和用途；三是制作的手段必须依照法定程序，遵循法定的方式，大部分都有特定的格式，并要加盖制作该文书的机关的印章，具有明显的标志。至于其所针对的事项是公法上的关系还是私法上的关系，以及记载的内容是否完全、真实，均在所不问。如各种命令、决议、决定、通知、通告、指示、信函等皆属于公文书的范畴，① 而身份证、户口簿、护照、边境通行证、结婚证、离婚证以及判决书、裁定书、调解书等也应属公文书之列。凡不是依法行使职权而制作的其他文书，都不是公文文书。即使是某一国家机关的工作人员，使用国家机关的公文信纸而制作的书证，如果书写的内容与行使职权无关又没有加盖公章的，就不能认为是公文书。

私文书，则是公文书以外的其他文书，不仅指公民个人制作的各种文书，如日记、信件等，而且也包括国家机关及其工作人员所制作的与其职权无关的其他各种文书，如与建筑公司签订的建筑合同、与供货商签订的买卖合同等。私文书即便经特定机关认证或认可，仍不失为私文书的性质，如依继承法经公证机关公证过的遗嘱等。

2. 书证的证据力

书证是记载人的思想的证据方法，判断其证据力必须经过两个阶段，首先要判断书证所表达的思想是否为某人的思想，即该书证是否为某人亲自制作而非他人伪造，此即书证的形式证据力，也称为书证成立上的真实。在肯定书证未被伪造的情形下，才能进一步判断该书证在何种程度上能够证明案件的事实，即对书证内容的证明价值进行判断，此即书证的实质证据力。而对于其他证据方法的证据力之判断则不讫由对其之形式予以判断这一过程，也即其都是由法官直接调查其在多大程度上能够证明案件的事实，故不存在无形式证

① 参见王甲乙、杨建华、郑健才：《民事诉讼法新论》，台湾三民书局股份有限公司2002年版，第398页。

据力。

任何一项书证，必须是由书证制作者真实作成，并与待证事实存在某种程度上的关联性，如此才可以认为其具有完整的或完全的证据力。有形式证据力的书证，而且其内容可以证明待证事实的真实性，此种书证才有实质证据力；当然，具有形式证据力的书证未必一定具有实质证据力，实质证据力的有无委诸法官依自由心予以证判断。

对于勘验文书，因为其直接记载了文书制作人的意思表示或其他陈述，若其具备形式证据力，则有证明其陈述存在的可能，即有实质证据力。如双方签订商品房买卖合同，若该合同确系双方亲自订立，即具备了形式证据力，若具有了证明买卖关系存在的可能性，即产生了实质证据力。至于一方当事人对合同之订立无效、可撤销或得解除等方面的主张，则属另一层面的问题，与该合同实质证据力的判断无关。

对于报告文书，因其为文书制作人观察事实结果的报告，所以即使其具备形式证据力，对其实质证据力的判断仍须考察文书制作人的身份、职业、性格、观察力、制作的目的、制作的时间、制作的方式及记载事实的性质等诸多事项才能作出正确的判断。

公文书和私文书在证据力的判断上具有显著的不同。

(1) 公文书的证据力。

①公文书的形式证据力。

对公文书证据力的审查应看其制作程序是否完备及文书的意旨是否与制作的国家机关或公职人员的职务有关。若其程序有欠缺或依其意旨与职务无关，即不得认定其为适格的公文书，也即其无形式证据力。

在大陆法系国家和地区的证据法上，一般都这样规定，即对于本国的公文书，若其制作程序完备且其意旨与制作的国家机关或公职人员的职务有关，则无论其为勘验文书抑或报告文书，均直接推定其具有形式证据力，而无须举证者再予举证证明其形式上的真实性。如德国民事诉讼法第 438 条第 1 款规定："从形式和内容两方面都可以认为是由官署或由具有公信权限的人所制作的证书，推定其本身是真实的。"日本民事诉讼法第 228 条第 2 款规定："文书，依制作的方式和目的应认为公务员在职务上做成的，推定为该文书制作是真实的文书。"我国台湾地区"民事诉讼法"第 355 条第 1 款规定："文书，依其程式及意旨得认作公文书者，推定为真正。"《民诉法解释》第 114 条关于公文书的形式证据力作了类似规定。

对于外国的公文书，因其制作程序及意旨非本国法官所能知晓，故在大陆法系证据立法中，往往不直接推定其具有形式证据力，而是规定其由法官斟酌案情判断其是否具有形式证据力，当然，若有外国驻本国外交人员或本国驻该外国外交人员证明其程序及意旨，则可直接推定其具有形式证据力。如德国民事诉讼法第 438 条规定：“（第 1 款）可以认为是由外国官署或外国的具有公信权限的人所制作的证书，是否无需更进一步的证明即视为真实，由法院依具体情况判断之。（第 2 款）这种证书，经联邦的领事或公使证明的，即视为是真实的。”我国台湾地区“民事诉讼法”第 356 条规定，外国之公文书，其真伪由法院审酌情形断定之。但经驻在该国的外交人员证明者，推定为真正。

对适格公文书形式证据力的认定，法官不能依自由心证进行判断，否则即有悖设立公文书制度维护其权威性和严肃性的立法初衷。如果对方当事人对此有争执，认为其不真实，可以提出相反的证据予以推翻。需要注意的是，这里的相反的证据不是指该方当事人仅需提出反证，而是负有提出本证的责任，也即当事人所提出的证据若仅使法官对该公文书是否伪造的认定处于真伪不明的状态，尚未确信该公文书为伪造时，尚属不足，法官仍应认定该公文书具有形式证据力。

②公文书的实质证据力。

虽然具备了法定的程式和意旨的公文书基本上即可直接推定其具备形式证据力，但决不能进一步直接推定其即也当然地具备实质证据力，因为书证内容本身的真实性受多方因素的影响，不能因其记入公文书即不考虑这些因素的存在。故对公文书的实质证据力仍需由法官斟酌证据调查的结果进行判断，在民事诉讼和行政诉讼中其还应结合全辩论意旨，依自由心证予以认定。

（2）私文书的证据力。

①私文书的形式证据力。

与公文书相比，私文书因不是由法定机构经法定程式和意旨作成，故而其欠缺公文书的权威性和严肃性，因此，私文书不能像公文书那样由法律规定直接推定其具备形式证据力。各国立法一般均规定私文书应由举证人证明其为真实。法官对于当事人提出的私文书应让其进行必要的陈述和解释，如果对方当事人承认该文书的真实性，则该私文书即为真，也即具有了形式证据力；若对方当事人对私文书的形式证据力提出疑义，则提出私文书的当事人应对其之真实性负证明责任，而对方当事人仅负有提出反证的责任，即使法官对该文书形式证据力的判断陷入真伪不明即可，无须像否定公文书形式证据力那样承担提供本证的责任。如德国民事诉讼法第 440 条第 1 款规定：“对于未经承认的私文书的真实性，应加以证明。”我国台湾地区“民事诉讼法”第 357 条规定：

“私文书应由举证人证其真正。但他造于其真正无争执者，不在此限。”

私文书可以不由本人亲自制作，但必须由其亲自签名或盖章。故对私文书首先应审查其签名或盖章是否具备。如果有制作人的签名或盖章，则推定该私文书为签名人或盖章人的意思表示，即推定系作成名义人真正作成的文书。从域外证据立法的规定来看，两种情况下该推定可以成立，一是对方当事人对此无异议；二是该私文书经过了特定法定程序认可。如德国民事诉讼法第416条规定：“由制作人署名或者经公证人认证的私文书，完全能证明文书内所为的陈述是由制作人所作出的。”日本民事诉讼法第228条第4款规定：“私文书，有本人或其代理人的签名或盖章时，推定为其制作是真实的。”我国台湾地区“民事诉讼法”第358条第1款规定：“私文书经本人或其代理人签名、盖章或按指印或有法院或公证人之认证者，推定为真正。”若举证人就制作人的签名或盖章作不知道或不记得的陈述的，不应推定其为真，法官应依自由心证予以判断。

若一方当事人否认对方提出的私文书上签名或盖章的真实性，认为并非制作人的签名或盖章，其仅提出反证即可；若当事人承认签名或盖章的真实性，但否认是本人或代理人所为，如签名被他人通过不法手段获取、印章被他人盗用或伪造等，此时仅提出证据使法官对该争执事项陷入真伪不明尚未达到目的，因为其已承认了签名或盖章的真实性。此种情形下，反驳私文书具有形式证据力的当事人应对私文书的签名或盖章非本人或代理人所为承担证明责任，也即提供本证予以证明。

②私文书的实质证据力。

私文书记载的内容是否与待证事实相一致，即是否具有实质证据力，应完全交由法官自由心证判断。当然，在司法实践中，对于勘验文书，若通过举证证明其具备形式证据力，法官依经验法则一般会直接认定其实质证据力；而对于报告文书，依经验法则，若该文书有利于举证人，则一般不能直接推定其具有实质证据力，若其不利于举证人，则通常可认定其具有实质证据力。

第三节　勘　　验

一、勘验的概念和特点

勘验，是指法官基于自己五官的作用直接感知人或物的物理上的状态，并以其认识结果作为证据资料的证据调查行为。

作为勘验对象的人或物即称为勘验标的物（又称勘验物），即我国证据法上所谓的物证。勘验物，通常不能一步到位地直接证明案件中的主要事实，而只能证明案件事实中的某些片段或个别情节，因而在一般情况下，只能作为间接证据加以使用。只有把一系列的片段和情节串联起来，在逐一排除了其他各种可能性之后，才能最终证明案件的主要事实。同时，某一物品或痕迹是否能够作为证据，往往还需要其他的手段加以印证。如现场收集的指纹，要确认是某人到过现场的证据，还须有与该人的指纹作出同一性鉴定的鉴定结论；在犯罪嫌疑人家里搜查中缴获的赃物，也须附有搜查、扣押笔录和失主辨认，才能发挥其完整的证明作用。

我国证据法领域规定了勘验笔录、检查笔录作为一种独立的证据类型，乃指法院于勘验、检查后，为保存勘验、检查结果所制作的书面材料。从本质上讲，其仅为勘验的替代品或保存手段，不具作为独立证据方法的要求。我国现有证据立法的物证也不具备成为一种独立的证据方法的属性，故我国现有的物证、勘验笔录和检查笔录都应统一于勘验这一证据方法之下。

二、我国勘验的历史发展

我国古代在勘验方面的发展水平十分突出。早在西周时期以法医学检查为核心的司法勘验就在审判中得到了较为广泛的应用，如将伤害案件中对被害人的伤势检验，作为正确定罪量刑的必要程序和手段。周朝的“司厉”专门“掌盗贼之任器货贿”，任器，即杀伤人的凶器；货贿，即所盗财物。①

秦汉时期的勘验技术和水平已达相当的高度。在秦朝初期就有“令史”、“隶臣”兼施尸体伤痕检验和现场勘查工作。《睡虎地秦墓竹简·封诊式·治狱》中就有三个文书案例的案件情况和勘验详情的记录：一是杀人，二是吊死，三是掘洞偷窃。事件发生后，当地的官府即派有关人员进行现场勘检，包括场地的勘察，尸体伤迹的检验等。汉朝司法勘验的范围较以前有所发展和扩大，从死因检验、伤痕鉴定，到笔迹检验、弹丸检验等均有出现。如《汉书·薛宣传》中，已经载“疻”、“痏”（殴伤为疻，殴人为痏）等名词，相关解释为“以手杖殴击人，剥其皮肤，肿起青黑而无创瘢者，律为疻痏”。②

发展至唐宋，中国古代勘验制度的发展达到鼎盛时期。《唐律》规定，在

① 参见周东平主编：《中国法制史》，厦门大学出版社2007年版，第101页。

② 参见沈大路：《中国司法鉴定的古代史》，载《上海公安高等专科学校学报》2000年第4期。

人命和伤害案件等案件中，检验的对象主要有三类，即尸体、伤者以及诈病者。同时，对伤害案件中“伤”的标准作了明确界定，即“见血为伤”，并对各种伤害进行分类，如手足伤、地物伤与刃伤等，并根据伤害程度的不同，承担不同的刑事责任。而这些都必须通过司法勘验。① 宋朝在《唐律》有关检验的规定的基础上，颁布了一系列有关检验的法律制度和法规，用以指导和规范检验工作。在南宋时颁布的《庆元条法律类》中，专门列了“验尸”一章，对验尸的程序、验尸报告的格式、负责验尸的官员（州差司理参军、县差县尉）、验尸时的主要事项，以及相关的法律责任等，都作了相应的规定。由于宋代重视勘验，客观上推动了法医学的发展，如相继出现了郑克的《折狱龟鉴》、桂万荣的《棠阴比事》及宋慈的《洗冤集录》等名著和案例，使中国古代的勘检制度在经验的基础上向理论化发展。尤其是宋慈的《洗冤集录》，从法医学的角度，通过大量的勘验实例，对许多容易混淆的伤亡现象和死亡现象的原因作出了比较科学的勘验结论。②

明清时期，勘验制度在唐宋的基础上继续发展。明代的勘验分为命案的检验、盗案的检验及斗殴的检验。对于命案的检验，《大明律》规定三种情形下可以免检：①凡诸人自缢、溺水身死、别无他故，亲属情愿安葬，官司详审明白，准告免检。②若事主被强盗杀死，若主告免检者，官为相视伤损，将尸给亲埋葬。③其狱囚患病责保看治而死者，情无可疑，亦许亲属告免检。如遇较复杂人命尸伤案，有时尚须进行二次以上的勘验，第一次称为初检，由州县官进行；第二次称为复检，由府推官进行。③ 清代审判案件虽重口供，但亦重视勘验物，命案须起获凶器，盗案须起获赃物，方可定案。清朝的勘验分为命案勘验与斗殴案勘验两种。《大清律》第409条附例规定：“（承审官）草率定案，证据无凭，枉坐人罪者亦革职。”④

三、勘验物的分类

从不同的角度，可以对勘验物作不同的分类。

（一）宏观勘验物、常态勘验物和微观勘验物

依勘验物体积大小的不同，可将勘验物分为宏观勘验物、常态勘验物和微

① 参见殷啸虎：《中国古代司法鉴定的运用及其制度化发展》，载《华东政法学院学报》2001年第1期。

② 参见朱勇主编：《中国法制史》，法律出版社1999年版，第261~266页。

③ 参见那思陆：《明代中央司法审判制度》，北京大学出版社2004年版，第104页。

④ 参见那思陆：《清代中央司法审判制度》，北京大学出版社2004年版，第163页。

量勘验物。

1. 宏观勘验物

宏观勘验物是指不能提取、不能随案移交的体积较大的勘验物，如房屋、轮船、火车、汽车和飞机等。对于宏观勘验物，只能采取拍照或者录像的方式予以固定保全，或者暂予以扣押封存，必要时由法官亲自到现场勘查。

2. 常态勘验物

常态勘验物是指能够以常规手段加以提取，可以随案移交的勘验物，如匕首、棍棒、枪支、衣物及毛发等。

3. 微量勘验物

微量勘验物是指不能直接被人的感官所发现，必须借助相应科学设备才能发现、提取和送交的体积微小的勘验物。如微量的物质粉末、肉眼所无法看见的细小痕迹等。

(二) 特征勘验物、属性勘验物和状态勘验物

依勘验物赖以发挥证明作用的角度不同，可把勘验物分为特征勘验物、属性勘验物和状态勘验物。

1. 特征勘验物

特征勘验物是指以其外部特征发挥对案件的证明作用的勘验物，如指纹、足迹、工具痕迹、尸体及失窃了的财物本身等。

2. 属性勘验物

属性勘验物是指以其自身的品质和内部属性发挥证明作用的勘验物。属性勘验物证明案件事实的属性，仅从外部形状一般难以观察出来，如毒品、爆炸物、血液、分泌物及气味等。

3. 状态勘验物

状态勘验物是指以其存在状况发挥证明作用的勘验物。某些案件中，尽管特定物品的外部特征与内部属性均未发生变化，但其在时空中存在状况发生了变化，如位置的移动等，也可能成为揭露犯罪和证实犯罪的证据。如某甲家中丢失一部表征独特的数码相机，而后来却在犯罪嫌疑人乙的住处查获，该赃物的发现在某种程度上便足以成为证明案情事实的确凿证据。

(三) 固体勘验物、液体勘验物和气体勘验物

从勘验物的形态角度上看，可分为固体勘验物、液体勘验物和气态勘验物。

在一般案件中，绝大多数的勘验物表现为固体形态，但也常会遇到一些液体形态的证据，如煤油、汽油、酒精、甲醇、饮料和化学制剂等；有时也会遇

到气体勘验物，如毒气等。此外，还有一些以更为特殊的形态表现出来的勘验物，如声音、光线、热能、磁场及电流等。随着科学技术的迅猛发展，司法机关发现、提取、固定和保全勘验物的能力的日益提高，以特殊形态出现在庭审中的勘验物也必将会大量增加。

此外，依是否为争议的标的物可将勘验物分为是争议的标的物的勘验物和不是争议的标的物的勘验物；依占有主体的不同可将勘验物分为当事人持有的勘验物和非当事人持有的勘验物；依能否当庭出示或存入案卷来区分，可将勘验物分为能拿到法庭出示或存卷的勘验物和不能拿到法庭出示或存卷的勘验物；依是否易于保存可将勘验物分为易保存的勘验物和不易保存的勘验物；依类别不同可分为特定勘验物和同种类勘验物；依出处为标准可分为原始勘验物和复制勘验物等。

第四节 证　　人

一、证人的概念和特点

（一）证人的概念

证人，一般来讲，是指就其过去经历的事实向法院报告的当事人及法定代理人以外的第三人。以证人为证据方法，而其陈述用以证明案件事实的证言，叫做证人证言，亦被称为人证。即人证并非以人为证据，而是以证人陈述的证言为证据的。

在英美法国家，证人概念所涉及的范围十分广泛，通常是指经宣誓后在庭审或其他诉讼程序中对案件有关事实作证的人，除当事人及法定代理人以外的第三人之外，还包括当事人本人和鉴定人，甚至还包括精神病患者和儿童等。如美国证据法将证人分为非专家证人和专家证人两种类型，前者作证的来源是依据其感官获得的关于案件的某种程度上的记忆，其在诉讼中所作的证言便是感知证言；后者作证的来源是基于其具有的特定专门学科的有关学识或经验而就案件有关事实提供的意见，即意见证言。

在大陆法系国家，证人则从狭义上来理解，专指向法庭陈述所知案件情况的当事人及法定代理人以外的第三人。在大陆法系国家证据法理论上，证人是将其亲身所感知的案件事实向法院陈述的，具有不可替代性，原则上将其与鉴定人较为严格地区分开来。当然这并不否认在特殊情形下对“鉴定证人”的认可，即某些证人在具有某种专门学识或经验的条件下，其就感知的案件事实作证时可采用或借助于该种专门学识或经验。如汽车司机就其曾亲眼目睹的交通事故作证，医生就其曾为病人诊治所知情况作证等。德国民事诉讼法第414条规定："如果要证明过去的事实或情况，而对这种事实和情况需要特殊的专门知识时，询问具有这种专门知识的人，适用关于人证的规定。"日本民事诉讼法第217条即规定："对于具有专门学识和经验者就其得知的有关事实的询问，应当根据有关询问证人的规定进行。"我国台湾地区"民事诉讼法"第369条规定："询问依特别知识得知以往事实之人者，适用关于人证之规定。"

（二）证人的资格

证人的资格也被称为证人能力，是指特定主体在诉讼中能够成为证人所需具备的要求和条件。

1. 证人须具有一定的感知能力

所谓感知能力即证人能以自己的感官来观察体验事实之能力。这就有两方面的要求：

（1）证人必须是自然人。

只有自然人才能有凭借感官感知案件事实的能力。法人或其他组织是以某种形式由一定数量的自然人群体组合而成的法律上的拟制体，它对案件事实的感知也必须借助特定自然人的生理本能，从而才能得出具有诉讼意义上的印象和感受，其所为的一切行为都离不开特定的自然人。同时，证人作证应当承担法律赋予的义务，故意提供虚假证言应当承担法律责任，构成犯罪的，要予以刑事处罚，而法人或其他组织并不具备伪证罪的刑事责任能力。虽然刑法上规定了单位犯罪，单位具备刑事诉讼活动中的完全意义上的当事人的主体资格，但是因其不符合证人的自然特性，故不能作为证人出庭作证。但是，我国《民事诉讼法》第72条却规定："凡是知道案件情况的单位和个人，都有义务出庭作证。"这就表明，在我国，除自然人外，作为非自然人的法人或其他组织在民事诉讼中亦可作为证人，这在各国立法例中可能是独一无二的。

司法实践中经常会有一些单位应当事人或法院的申请而出具有关证明，如工商机关出具的某公司成立、变更、歇业或撤销的证明，金融监管部门提供的有关金融政策变动的证明，银行等金融机构提供的特定主体款项变动情况的证明、单位提供的本单位职工基本情况的证明及学校提供的在校学生基本情况的证明等。这些单位之所以出具相关证明，是因为他们承担相关法定的管理职责，并非在诉讼前了解案件情况，不需要亲自去观察、经历案件事实，只需按审判机关的要求和本机关的规章制度及工作范围如实提供他们所掌握的情况就足够。这种单位出具的、加盖公章并有法定代表人签名的证明从性质上看，应该属于书证。当然，实践中也有相关人员代表单位出庭作证的人，其往往是法定代表人或单位授权的人，即较易了解案情的人。此时仍然考虑的是他们作为自然人亲身观察、了解或感知了案情，归根结底还是自然人作证。

（2）证人是能辨别是非、正确表达的人。

如果经历了案件事实的自然人年幼或者精神上有缺陷，以致不能辨别是非、正确表达，就不能向司法机关提供对案件事实有证明力的情况，即不能作证。

早期的英美法系证据法是限制未成年人或精神病人作证的，即只要其在生理上不成熟或精神上不健全，直接影响到其对客观事物的感知和认识，就可以取消其出庭作证的资格。① 而当今英美法系的大部分国家则不倾向于对证人的年龄或精神状况加以硬性限制。在立法者看来，人的智力标准在司法审判当中很难掌握，如加以立法上的限制，势必影响证人资格的普遍性，不如交由陪审团或法官作为证据力评定的一部分更符合实际状况。但在审判过程中，只要事实审理者认为其缺乏对案件事实的必要表达的能力，以及不能够理解如实作证的责任，就对其所作的证言不加采信。

大陆法系国家和地区采取的是基本上对证人的年龄或精神状况不加限制的做法。当然，并非没有任何限制性的规定，一般都不要求其作证之前进行宣誓或具结，即其即使作伪证也不会受到相应的处罚。如德国民事诉讼法第 393 条规定："对于在讯问时尚未满 16 岁的人，或者因智力欠缺或智能薄弱而不能充分理解宣誓的实质和意义的人，都不经宣誓而讯问之。"日本民事诉讼法第 201 条第 2 款规定："未满 16 岁的人或者不能理解宣誓意义的人作为证人询问时，不得使其宣誓。"我国台湾地区"民事诉讼法"第 314 条第 1 款规定："以未满 16 岁或因精神障碍不解具结意义及其效果之人为证人者，不得令其具结。"

与两大法系国家相比，我国的证据法上未对证人作证进行宣誓予以规定，因而使我国证据法中所涉及的证人的年龄或精神状态的规定与证人是否能真实地理解其作证行为及其后果没有任何联系。如我国《民事诉讼法》第 72 条第 2 款仅规定："不能正确表达意思的人，不能作证。"此种规定显然过于绝对。未成年人或精神病人虽然在认识客观事物上一般逊于心智正常的成年人，但是具体到某一特定案件中，由于案情的复杂程度是相对的，因此，就会出现虽不

---

① 参见姚莉、吴丹红：《证人资格问题重述》，载《中国刑事法杂志》2002 年第 5 期。

能正确地表达意志，但仍能在不同程度上辨明某些事物特征的情形。在司法实践中常常以年龄为标准对未成年人的证人资格加以限制，如在刑事领域以是否达到刑事责任能力的年龄为标准，在民事领域则以是否达到民事行为能力或民事诉讼行为能力的年龄为标准，有的干脆把不满一定周岁的未成年人一概排除在证人之外。这种做法混淆了行为能力、责任能力和证人能力的实质。如就民事诉讼而言，当无民事行为能力人的权益受到不法侵害或者侵害他人的合法权益时，其作为当事人的诉讼行为应由其法定代理人代为进行。但若作为证人存在时，应该还是可以的，因为证人陈述的是自己耳闻目睹所感知的案件事实，此种属性乃是由案件本身所决定的，具有不可选择性和不可替代性。

《民事证据规定》第 53 条第 2 款“待证事实与其年龄、智力状况或者精神健康状况相适应的无民事行为能力人和限制民事行为能力人，可以作为证人”之规定虽改变了上述民事诉讼法过于绝对的规定，而将未成年人和精神病人作证能力的认定交由法官结合具体案情予以判断从而存有进步之处。但是，与上述域外立法相比，仍有不足之处，表现为未规定宣誓或具结制度以及将其与证人能力相挂钩，从而使得未成年人和精神病人的作证行为和后果之间缺乏有效的缓冲，不利于对这两类主体利益的维护。

当然，对未成年人和精神病人证言的获取应考虑更多的因素。如未成年人对事物的感知能力、判断能力和语言表达能力相对较弱，其思维方式主要以形象思维为主，故较易受到他人不正当的暗示或诱导，从而产生消极作用；但同时其作证不会或很少会掺入推断和想象等主观因素，且一般情况下不会撒谎，故在某些情形下更加真实、可靠。因此，对未成年人询问时应尽量采用简明、易懂并为其所熟悉的语言，避免其对询问所应表述的内容在理解上似是而非，以至于答非所问或难以回答；同时，对同一问题不应反复进行询问和作出进一步的提示性追问，以避免未成年人过于受到某种程度的诱导或暗示的驱使而作出偏失性回答。偶尔对精神病人询问时特别要注意不要使用某些可能刺激其精神的语言及提出相关的问题，使其能够保持较为清醒的认知和心智。

2. 证人须在案件事实发生的同时就感知案件的情况

与除当事人外的其他诉讼参与人相比，证人是案件发生的同时亲身感知案件事实的人。法官通过对其询问可以了解证人所感知的案件事实。这又包含两方面的要求：

（1）证人所陈述的事实发生于案发当时。

对于案件发生以后所认识的与案件有关的情况，证人不得在接受询问时陈述。否则会对其证言的证据力产生消极的影响。同时，为避免证人受审理过程的影响提供与其亲身感知不相符的证言，各国立法一般均规定证人不得旁听本案的审理过程，只有在其接受询问时才能到庭。

(2) 证人所陈述的必须是其亲身感知的案件事实。

在我国证据法上，作为传来证据的一种，将转述他人陈述的对案件事实的感知也作为可为法官判断的证人证言。这种做法在世界范围来看是非常少见的。从经验法则来看，转述他人对案件的感知自然带有转述人对事实的判断，经过其对案件事实的二次认知，无疑难以保证其陈述内容的真实性。故其证据力一般自然要弱于亲身感知案件事实的证人的证言。同时，因转述中有其他诸多因素对该转述证言的效力产生消极影响，所以各国立法直接从证据能力角度对该问题予以规制。即大陆法系证据法通过直接原则、英美法系证据法通过传闻证据排除规则均将转述他人陈述的对案件事实的感知排除在法官证据调查的范围之外。

3. 证人的身份具有优先性

凡是知道案件情况而又与裁判结果没有直接利害关系的人，应优先以证人的身份出庭作证，而不再以审判人员、书记员、鉴定人及其他诉讼参与人的身份参加诉讼，即证人的身份具有不可替代性。一方面，证人的身份是由于其对案件情况的知悉在客观上与案件事实形成的特定的证明关系所决定的，非他人所能替代，不能由他人任意指定或更换；而审判人员、书记员、鉴定人及其他诉讼参与人的身份则是不特定、可选择的，其更替对诉讼的进行没有不良影响。另一方面，作为在案件发生当时就已经感知案件事实的人，若让其以审判人员、书记员、鉴定人及其他诉讼参与人的身份参与诉讼显然会形成先入为主，不利于案件的公正审理。

二、证人的义务

(一) 证人义务的形态

具体来说，证人的义务包括到场义务、宣誓或具结义务及陈述义务三项。

1. 到场义务

在我国证据法理论和实践中，证人证言有口头和书面两种形式，前者是指证人就所了解的案件事实向法庭进行陈述；后者是指以文字形式向法院陈述已知的案件事实，并以前者为原则，后者为例外。《刑事诉讼法》第 62 条规定，凡是知道案件情况的人，都有作证的义务。第 192 条规定，公诉人、当事人或者辩护人、诉讼代理人对证人证言有异议，且该证人证言对案件定罪量刑有重大影响，人民法院认为证人有必要出庭作证的，证人应当出庭作证，人民警察就其执行职务时目击的犯罪情况作为证人出庭作证，适用前款规定。第193条规定，经人民法院通知，证人没有正当理由不出庭作证的，人民法院可以强制其到庭，但是被告人的配偶、父母、子女除外，证人没有正当理由拒绝出庭或者出庭后拒绝作证的，予以训诫，情节严重的，经院长批准，处以10日以下的拘留。第61条规定，证人证言必须在法庭上经过公诉人、被害人和被告人、辩护人双方讯问、质证，听取各方证人的证言并且经过查实以后，才能作为定案的根据。第195条则规定，公诉人、辩护人对未到庭的证人的证言笔录应当当庭宣读。《民事诉讼法》第72条第1款规定，凡是知道案件情况的单位和个人，都有义务出庭作证。第73条规定，经人民法院通知，证人应当出庭作证。有下列情况之一的，经人民法院许可，可以通过书面证言、视听传输技术或者视听资料等方式作证：（1）因健康原因不能出庭的；（2）因路途遥远，交通不便不能出庭的；（3）因自然灾害等不可抗力不能出庭的；（4）其他有正当理由不能出庭的。不过，从本质上来说，书面或以视听资料方式呈现的证言并不符合证人证言的应有属性。一方面，从实体上来说，口头陈述时，法官可以通过观察证人的神情和语言的连贯性、条理性等判断证言的证据力，对方当事人和诉讼代理人也可以通过诘问揭示证人陈述中的破绽和虚假部分，从而利于案件真相的发现；而书面证言一般是证人经过考虑和文字加工后的结果，容易在某些问题上含糊其辞，用一些笼统、抽象的概念来掩盖具体情节，甚至故意颠倒黑白，造成是非不明、责任难分的状况，而法官和对方当事人又无法当面进行核查，极不利于案件事实的查明。另一方面，从程序上来说，若允许证人自己书写或口录证词，该证言即丧失了直观性和生动性，在庭上出示时就剥夺了对方当事人当面质证的权利，有违平等对抗的诉讼基本原则；同时，书面证言作为第二手的材料，若其能替代证人亲自的口头陈述，实际上也限制了法官接触第一手证据的机会，使审判活动失去了亲历性，从而将公开审判退化为一种间接审和书面审。

（1）原则。从世界各国的立法状况来看，均规定了证人的证言必须在庭上提供，即有到场的义务。所不同的仅在于，英美法系证据法上要求证人必须在法官面前由当事人询问；而大陆法系证据法则规定证人必须在当事人在场时由法官询问。从英美法系的司法体制来看，证人出庭作证是维系陪审团审判和对抗式庭审制度的重要因素，所以在证据法上一般通过传闻法则排除书面证言；在大陆法系，证人出庭作证则是自由心证主义下直接言词原则的集中体现，法官只有在庭上亲自审查主客观因素对证人的影响，才能辨别证言的准确性和真实性，因此庭外制作的书面证言一般也不能作为法庭定案的依据。

因证据调查原则上由受诉法院在公开法庭进行，故证人到场一般是指证人遵循法院的命令在证据调查之日出庭接受询问。如《民诉法解释》第 117 条规定："当事人申请证人出庭作证的，应当在举证期限届满前提出。符合本解释第 96 条第 1 款规定情形的，人民法院可以依职权通知证人出庭作证。未经人民法院通知，证人不得出庭作证，但双方当事人同意并经人民法院准许的除外。"《行政证据规定》第 43 条第 1 款和第 45 条分别规定，当事人申请证人出庭作证的，应当在举证期限届满前提出，并经人民法院许可。人民法院准许证人出庭作证的，应当在开庭审理前通知证人出庭作证。证人出庭作证时，应当出示证明其身份的证件。

（2）例外。证人虽一般性地负到场义务，但因为特殊身份（如为国家元首）或特殊事由的存在（如证人身患重病无法到庭、证人出庭显违费用相当性等），法官应到证人住所等法院之外的地方对其进行讯问，如德国民事诉讼法第 375 条规定，在现场讯问证人为适当时、证人因故不能到受诉法院时或证人远离受诉法院时，受诉法院可命法官到证人住所地讯问或委托当地法院代为讯问。讯问联邦总统，应到其住所。日本民事诉讼法第 195 条规定，下列情形下，法院可以命令法官或委托其他法院在法院之外询问证人：（1）证人在受诉法院没有出庭义务，或者因有正当的理由而不能出庭的；（2）证人在受诉法院出庭需要花费不必要的费用和时间的；（3）就地询问证人对发现事实有必要的；（4）当事人无异议的。我国台湾地区"民事诉讼法"第 305 条第 1 款规定："遇证人不能到场，或有其他必要情形时，得就其所在讯问之。"在特定情形下，证人可以出具书面证言。如日本民事诉讼法第 205 条规定："在法院认为适当的情况下，当事人没有异议时，使当事人以提出书面证言代替询问。"我国台湾地区"民事诉讼法"第 305 条第 2 款和第 3 款规定，证人须依据文书、资料为陈述，或依事件之性质、证人之状况，经法院认为适当者，得命两造会同证人于公证人前作成陈述书状。经两造同意者，证人亦得于法院外以书状为陈述。

从《民事诉讼法》第 73 条的规定可以看出，在我国民事诉讼中，证人在特定情况下也可不出庭作证。经人民法院许可，证人可以提交书面证言或者视听资料或者通过双向视听传输技术手段作证。另外《行政证据规定》第 41 条规定，有下列情形之一的，经人民法院准许，当事人可以提交书面证言：（1）当事人在行政程序或者庭前证据交换中对证人证言无异议的；（2）证人因年迈体弱或者行动不便无法出庭的；（3）证人因路途遥远、交通不便无法出庭的；（4）证人因自然灾害等不可抗力或者其他意外事件无法出庭的；（5）证人因其他特殊原因确实无法出庭的。当然，对于书面证言证据力的判断，司法解释进行了一定的限制。如《行政证据规定》第 63 条第 8 项规定，出庭作证的证人证言一般优于未出庭作证的证人证言。第 71 条第 3 项规定，应当出庭作证而无正当理由不出庭作证的证人证言不能单独作为定案依据。

2. 宣誓或具结义务

宣誓乃以宗教信仰为背景，如德国和日本法即采取宣誓制度。如德国民事诉讼法第 391 条规定，法院考虑证言的重要性，并且为了使证人作出真实的证言，认为有必要命证人宣誓时，在双方当事人都未舍弃宣誓的情形下，证人应该宣誓。第 392 条规定，宣誓应在讯问后为之。多数证人可以同时宣誓。誓词中应表明证人应按照自己的良心为真实的陈述。毫不隐瞒。日本民事诉讼法第 201 条第 1 款规定："证人，除另有规定外，应当使其宣誓。"

我国台湾地区采取具结制度。如其"民事诉讼法"第 312 条第 1 款和第 2 款规定，审判长于讯问前，应命证人各别具结。但其应否具结有疑义者，于讯问后行之。审判长于证人具结前，应告以具结之义务及伪证之处罚。第 313 条规定，证人具结，应于结文内记载当据实陈述，其于讯问后具结者，应于结文内记载系据实陈述，并均记载绝无匿、饰、增、减，如有虚伪陈述，愿受伪证之处罚等语。证人应朗读结文，如不能朗读者，由书记官朗读，并说明其意义。结文应命证人签名，其不能签名者，由书记官代书姓名，并记明其事由，命证人盖章或按指印。第 313 条还规定："证人以书证为陈述者，其具结应于结文内记载系据实陈述并无匿、饰、增、减，如有虚伪陈述，愿受伪证之处罚等语，并签名。"

在我国，基本上也采取证人具结制度，如《民诉法解释》第 119 条规定："人民法院在证人出庭作证前应当告知其如实作证的义务以及作伪证的法律后果，并责令其签署保证书，但无民事行为能力人和限制民事行为能力人除外。"第 120 条规定："证人拒绝签署保证书的，不得作证，并自行承担相关费用。"

3. 陈述义务

在较为注重当事人在诉讼中的对抗性的英美法系国家，证人主要是接受当事人的询问而进行陈述。当事人通过交叉诘问的方式对证人证言进行探知。当然，英美法系也不排除法官对证人的询问，但法官主动传唤证人的做法在审判实务中仅限于极个别的情形。因为此时通常被认为是对对抗式诉讼模式的一种不当干预，仅能为实现法律公正的明确需要时才能采用。

与英美法相比，大陆法的证人只能由法官传唤，并且主要由法官来询问证人，当事人一般不得自行对证人进行询问。在当事人认为有必要询问证人时，必须通过法官来进行，或是在法官准许后才能进行。如德国民事诉讼法第397条规定："（第1款）为了阐明案件或证的各种关系，当事人在认为适当时，有权向证人发问。（第2款）审判长可以准许双方当事人直接向证人发问，在当事人的律师要求时，应准许律师直接向证人发问。（第3款）关于发问的合法性与否有异议时，由法院裁判之。"

在我国，对证人的询问也主要由法官进行，当事人经法庭许可，也可以向证人发问，但发问的内容应当与案件事实有关联，不得采用引诱、威胁、侮辱等语言或者方式。《刑事诉讼法》第194条第1款规定，公诉人、当事人和辩护人、诉讼代理人经审判长许可，可以对证人发问。审判长认为发问的内容与案件无关的时候，应当制止。审判人员可以询问证人。《民事证据规定》第58条规定："审判人员和当事人可以对证人进行询问。证人不得旁听法庭审理；询问证人时，其他证人不得在场。人民法院认为有必要的，可以让证人进行对质。"第60条规定，经法庭许可，当事人可以向证人发问。询问证人不得使用威胁、侮辱及不适当引导证人的言语和方式。《行政证据规定》第39条规定，经法庭准许，当事人及其代理人可以向证人发问。当事人及其代理人向证人发问时，发问的内容应当与案件事实有关联，不得采用引诱、威胁、侮辱等语言或者方式。第45条第2款规定，法庭询问证人时，其他证人不得在场，但组织证人对质的除外。

（二）违反证人义务的后果

证人义务既然是证人对法院所负的法上的义务，则其无正当理由不履行该义务时自应受到公法上的制裁。

依德国民事诉讼法第380条、第390条的规定，证人无正当理由拒绝到庭作证或宣誓，法院可以依职权命证人负担因其拒绝而生之诉讼费用，同时可对证人处以罚款，证人若不能缴纳罚款，始可以处以拘留，证人若再次拒绝作证，法院可依申请对证人处以拘留，法院并不能强制证人到庭。

依日本民事诉讼法第192条的规定，证人无正当理由不出庭，法院可命其负担由此而生的诉讼费用并可处10万日元以下罚款，依同法第193条的规定，证人无正当理由不出庭，情节严重的，法院可以对其处10万日元以下的罚金或拘留。罚金与拘留乃刑事罚的一种，与罚款仅为秩序罚性质不同。法院同时对证人处以罚款与罚金并不违反一事不二罚的精神。依同法第194条的规定，法院可以直接强制证人到庭。依第202条、第205条第5款的规定，证人拒绝陈述或宣誓所受的处罚准用第192条、193条关于证人不到庭所受处罚的规定。

依我国台湾地区“民事诉讼法”第 303 条的规定，证人受合法传唤后，无正当理由不到场，法院可以裁定对其处以 3 万新台币以下之罚款，证人已受前次裁定，经再次通知仍不到场者，法院可再处新台币 6 万元以下之罚款，并可强制其到庭。法院并不能命证人负担因其不到场而生的诉讼费用。依其“民事诉讼法”第 311 条的规定，证人无正当理由拒绝证言，法院可对其处新台币 3 万元以下之罚款，第 315 条规定，证人拒绝具结，准用第 311 条之规定。

与《民事诉讼法》未对证人不履行出庭作证义务的后果予以规范不同的是，《刑事诉讼法》第 193 条明定了证人不履行出庭作证义务应受的制裁。

三、证人的权利

基于社会伦理、公共利益、证人利益的考虑及权利与义务的一致性原则，各国和地区立法在规定证人作证义务的同时，还规定证人享有相应的权利以便对证人的作证行为进行保障，藉以调动证人履行作证义务的积极性，促进案件真实的发现与对证人正当利益的保护。

从各国和地区立法来看，其一般规定证人享有作证合理费用请求权、人身保护请求权和证言特免权。

（一）作证合理费用请求权

1. 作证合理费用请求权的性质

履行作证义务对证人而言实际上是一个各项费用支出的过程。此种费用的支出如不能通过一定途径和程序予以弥补明显有违公平原则的基本要求。因此，有必要在制度层面赋予证人对其作证所支出的合理费用的请求权，从而增进证人履行作证义务的动力，消除证人经济上的后顾之忧。

世界主要国家和地区的证据法上皆对证人的该项权利有所确立。以民事诉讼为例，德国民事诉讼法第 401 条规定：“对证人，按照《关于证人和鉴定人请求补偿的法律》予以费用的补偿。”日本民事诉讼费用法第 8 条第 1 款规定：“证人可领取旅费、津贴及住宿费等费用。”我国台湾地区“民事诉讼法”第 323 条第 1 款规定，证人得请求法定之日费及旅费。

我国民诉法在 2012 年修改前并未对证人作证的合理费用请求权予以明确规定。但国务院 2006 年颁布的《诉讼费交纳办法》第 6 条第 3 项则规定，证人在人民法院指定日期出庭发生的交通费、住宿费、生活费和误工补贴属于当事人向人民法院交纳的诉讼费用范围。可见证人作证合理费用的请求权在我国是得到支持的。《诉讼费交纳办法》第 6 条第 3 项的规定，财产案件中证人在法院决定日期出庭的交通费、住宿费、生活费和误工补贴费等作证合理费用应由当事人先向法院交纳，再由法院根据具体情况交给证人。《民事证据规定》第 54 条第 3 款也规定："证人因出庭作证而支出的合理费用，由提供证人的一方当事人先行支付，由败诉一方当事人承担。" 2012 年修改后的民诉法第 74 条，首次以立法的形式规定了证人作证费用请求权。其内容是："证人因履行出庭作证义务而支出的交通、住宿、就餐等必要费用以及误工损失，由败诉一方当事人负担。当事人申请证人作证的，由该当事人先行垫付；当事人没有申请，人民法院通知证人作证的，由人民法院先行垫付。" 从前述规定中可以看出，在我国的民事诉讼中，提供证人的一方当事人应先向证人支付其因出庭作证而支出的合理费用，再通过法院判决由败诉一方当事人承担，而无须当事人先向法院交纳这些费用，再经由法院支付给证人。上述规定虽然在证人作证费用的交付程序上存有一定差异，但事实上均凸显出我国迄今为止仍未对民事诉讼证人作证合理费用请求权的性质形成清晰而准确的认识。

前面已提到，证人的作证义务乃是证人对法院所负的公法上的义务，故与此相对应，证人对自己出庭作证所支出的合理费用的请求权亦应为一种公法上的请求权，证人对于作证费用仅能向法院请求，而不得直接向当事人请求给付。同时，将此请求权定位为私法性质的请求权还可能导致当事人以支付证人作证费用为名变相收买证人作伪证情形的发生，即当事人以"利诱"的方式左右证人作证，从而使得作证沦为一种赤裸裸的金钱交易，不利于案件事实真相的发现及当事人合法权益的维护；而且，缺少了法院对相关费用合理性的监督，极易导致提供证人的一方当事人与所提供证人串通起来损害另一方当事人的利益，使之承担不合理的费用支出。从域外各国和地区的相关立法来看，其均规定证人仅可向法院提出其出庭相关费用的请求，虽然这些费用一般可由提供证人的一方当事人向法院预先垫付，但绝不能在当事人和证人之间直接给付与接受。如德国民事诉讼法第 379 条规定："法院可以命令举证人就国库因讯问证人而生的费用预先垫付，否则不予传唤证人。如果不在规定期间内预付费用，而以后补行偿付，依法院的自由心证，再传唤证人是以拖延诉讼时，即不予传唤。"

2. 作证合理费用请求权的内容

不少国家和地区将证人作证可以请求的合理费用分为两大类，即日费和旅费：前者相当于证人出庭期间被耽误的每日收入所得；后者则指证人出庭期间耗费的交通费和日常生活费用。如我国台湾地区的"民事诉讼费用法"第 27

条即将日费界定为证人的到庭费和滞留费；将旅费界定为证人在途食宿车舟费和滞留日期内食宿费。

《民事诉讼法》第 74 条及《诉讼费交纳办法》第 6 条第 2 项均将我国证人作证的费用分为交通费、住宿费、生活费和误工补贴四种，实质上与上述国家和地区立法上日费和旅费的范围基本一致，无甚太大争议。问题的关键乃在于如何把握对各项费用补偿之标准，即补偿额为多少方可谓合理。关于这一点，《诉讼费交纳办法》仅是用第 11 条“证人在人民法院指定日期出庭发生的交通费、住宿费、生活费和误工补贴，由人民法院按照国家规定标准代为收取”之规定一笔带过，并无具体、明确的操作细则和标准予以遵循。

《民诉法解释》第 118 条第 1 款对于证人出庭作证费用的给付规定了一个相对明确的标准。根据该款的规定，在我国民事诉讼中，证人因履行出庭作证义务而支出的交通、住宿、就餐等必要费用，按照机关事业单位工作人员差旅费用和补贴标准计算；误工损失按照国家上年度职工日平均工资标准计算。

应引起注意的是，证人作证的合理费用不应包括所谓的证人报酬请求权。因为，证人作证乃其对国家所负公法上的义务，除必要的支出，即“成本”可予请求补偿外，绝无通过作证“获利”之理，否则作证即由一种公法上的诉讼行为沦为一种私法上的经济行为，从而动摇证人作证制度的根基，危及司法的公正性和严肃性。

3. 作证合理费用请求权的行使

我国台湾地区现行“民事诉讼法”对作证合理费用请求权的行使有较为细致的规定，于今后立法完善有较大的参考价值。其第 323 条第 2 款规定，证人请求法定之日费及旅费，应于讯问完毕后 10 日内为之。即一般情况下，该请求权的实现采事后支付方式。其合理性在于，证人未作证之前，其作证所需具体费用的数额不易确定，事前准确支付存在一定困难，易产生支付与实际花费相脱节的情形，与国家和证人的利益皆为不利，故在作证后合理期限内再行支付较符合事件发展的一般规律；同时，应由证人向法院提出补偿请求而非由法院主动发放相关费用，此乃出于顾及程序完备性及司法权威性的考虑，亦与司法被动性的本质相契合；而且，证人提出该项请求应限于合理期限内，不能于作证后无限期为之，这是为维护审判程序进行的紧凑性及司法资源利用的合理性。当然，同条第 4 款“证人所需之旅费，得依其请求预行酌给之”之规定在第二款规定的原则外设定了一项例外，即对于差旅费可以事先预付。这是因为对某些经济较为困难的证人来说，差旅费乃一笔不菲的开支，由其本人先行垫付确实存在很大的困难，故为保证到庭率，对于此类证人依其请求可以酌情预付一定旅费，以此作为对事后支付原则的补充和完善。

另外，我国台湾地区“民事诉讼法”第323条第3款和第485条第1款分别规定，关于就证人请求费用所为之裁定，得为抗告；若该裁定由受命法院或受托法官为之者，不得抗告，仅得声明异议。即为证人对给付其作证费用之裁定不服提供了救济之途径。若该裁定由受诉法院（系指特定的合议庭）作出，证人可向上级法院提出抗告（即对裁定的上诉）；若该裁定乃由受命法官或受托法官作出，证人则应向受诉法院提出异议。

本书认为，在我国现行诉讼法框架内，对证人作证合理费用请求权救济应由法院以决定的形式对证人作证费用之数额予以确定，若证人不服则应以申请复议的方式予以救济。一方面，在我国现有诉讼法框架下，判决和裁定所涉及事项均直接与当事人有关，故对此二者提起上诉的主体亦仅能为当事人，若将对证人作证费用的数额亦以判决或裁定的形式确定并允许证人上诉，与现有诉讼框架显然格格不入；另一方面，鉴于民诉法第118条第2款规定法院以决定的形式处理当事人提出的缓交、减交或免交诉讼费用的申请，则同属诉讼费用范畴的证人作证费用应该也可以通过统一形式予以处理。

（二）证人保护请求权

诉讼中，尤其是在刑事诉讼领域，证人对案件事实的如实陈述，可能会遭至受此陈述不利影响的当事人的报复，使自己或亲属的人身或财产陷于危险之中。因此，国家对证人及其他因其作证行为而面临危险的人负有保护的职责。相应地，对证人而言，其即享有请求国家给予人身财产保护的权利。证人保护请求权一方面在于维系证人作证制度，避免证人对作证产生畏惧心理，防止不予提供证词或提供虚假证词情形的出现；另一方面则是在证人的义务与权利之间达到一种合理的平衡，因为国家没有理由要求其公民放弃自己基本人身或财产安全的权利而单纯去履行作证义务。

1. 域外立法例

发达法治国家和地区的证据法在规定证人义务的同时，也为证人提供了完善的保护机制。英国早在1892年就制定了《证人保护法》，美国在1971年和1984年制定了《证人安全方案》和《证人安全改革法案》，通过建立专门的证人保护机构对证人提供保护。[①] 德国刑事诉讼法第68条规定：“如果告诉住所则证人、其他人员将受危险之虞的，可以许可证人不回答住所问题，而是告诉他的就业、公务地点或者其他一个可以传唤的地址。在审判中，如果公开了

① 参见吴丹红：《证人权利保障论纲》，载《金陵法律评论》2003年第1期。

证人的身份、住所或居所则对证人或其他人员的生命、身体或者自由造成危险之虞时，审判长可以许可证人不对个人情况问题做出回答或者只是告诉以前的身份。可以确定证人身份的文件要存放在检察院保管。只有当危险消除时，才能将他们纳入案件档案。”同时德国也制定了单独的《证人保护法》。

综合来看，这些国家和地区关于证人保护的制度设置有以下几个共同特点：

（1）事前保护和事后保护相结合；

（2）建立专门的证人保护机构；

（3）保护的范围广泛，涵盖了证人可能遭受的人身、名誉和财产三方面的损失；

（4）保护的对象广泛，除证人外还包括证人的家属；

（5）保护的方式多样，根据不同的情况采用不同的保护手段；

（6）注重对重要证人的保护，特别是对所谓“污点证人”的保护。

2. 我国的现有规定

《刑事诉讼法》第63条规定：“（第1款）人民法院、人民检察院和公安机关应当保障证人及其近亲属的安全。（第2款）对证人及其近亲属进行威胁、侮辱、殴打或者打击报复，构成犯罪的，依法追究责任；不构成刑事处罚的，依法给予治安管理处罚。”第64条规定：“对于危害国家安全犯罪、恐怖活动犯罪、黑社会性质的组织犯罪、毒品犯罪等案件，证人、鉴定人、被害人因在诉讼中作证，本人或者其近亲属的人身安全面临危险的，人民法院、人民检察院和公安机关应当采取以下一项或多项保护措施：（一）不公开真实姓名、住址和工作单位等个人信息；（二）采取不暴露外貌、真实声音等出庭作证措施；（三）禁止特定的人员接触证人、鉴定人、被害人及其近亲属；（四）对人身和住宅采取专门性保护措施；（五）其他必要的保护措施。“第71条和第77条规定，被取保候审或监视居住的犯罪嫌疑人、被告人不得以任何形式干扰证人作证。

《治安管理处罚法》第20条第3项规定，对证人打击报复的，从重处罚。第42条第4项规定，对证人及其近亲属进行威胁、侮辱、殴打或者打击报复的，处5日以下拘留或者500元以下罚款；情节较重的，处5日以上10日以下拘留，可以并处500元以下罚款。

《刑法》第307条规定了妨害作证罪：“以暴力、威胁、贿买等方法阻止证人作证或者指使他人作伪证的，处3年以下有期徒刑或者拘役；情节严重的，处3年以上7年以下有期徒刑。”第308条规定了打击报复证人罪：“对证人进行打击报复的，处 3 年以下有期徒刑；情节严重的，处 3 年以上 7 年以下有期徒刑。”

这些规定构成了我国证人保护制度的基本框架。

（1）保护的范围是证人及其近亲属；

（2）保护的机关是人民法院、人民检察院和公安机关；

（3）针对的行为是威胁、侮辱、殴打、打击报复证人及近亲属的行为和以暴力、威胁、贿买等方法阻止证人作证的行为；

（4）保护方法是视危害程度予以批评教育、训诫、治安管理处罚和追究刑事责任等。

但是，我国现有证人保护制度设置的缺陷也非常突出。

（1）保护范围过于具体，且不同法律的制度设置上缺乏统一性。现有规定对于证人之外其他人的保护范围仅限于近亲属。但实际上，证人的精神依托是多方面的，近亲属只是其中之一，对他们的恐吓、报复都会对证人作证产生消极影响。同时，《刑事诉讼法》第 63 条虽明确规定保护的范围是证人及其近亲属，但《刑法》第 307 条和第 308 条的规定却仅限于对证人本人的保护，忽略了证人近亲属的安全，即未能和《刑事诉讼法》的规定统一、衔接起来，这必然会使对那些打击报复证人近亲属的行为无法实以刑罚制裁难以达到惩戒的目的和效果。

（2）保护机构不统一。在现行法框架下，对证人的保护是侦查机关、审查起诉和审判机关各管一段，在侦查阶段由侦查机关保护，在审查起诉阶段由人民检察院保护，在审判阶段由人民法院保护。这种分段保护看似合理，但事实上，保护的效果却不尽理想，三机关在刑事诉讼活动中都有自己各自的职责，在目前侦查、审查起诉和审判力量均不甚充足的情况下，很难在履行自己职责的同时肩负起保护证人的责任，从而导致相互推诿情况的出现。

（3）缺乏事前保护措施。现有规定对证人的保护总体上来看主要是一种事后保护，即在证人或其近亲属受到打击报复后对打击报复者进行惩罚，而这种方式对已遭受侵害的证人来说实际意义已经不大，故无法从根本上解除其作证的顾虑。

（4）保护手段有限。现有规定只是口号性地提出应保护证人及其近亲属的安全，至于具体措施如何则不得而知。所以，实践中，证人难以顺畅地申请得到保护，司法机关也无法采取切实有效的保护措施。

（三）证言特免权

证人义务作为一般性的公法义务，尽管为诉讼制度上的正当性维持所不可或缺，但在立法政策上基于人伦价值、职务上的守秘义务、技术或职业上的秘密等利益保护的必要性，各国证据立法上均规定，证人若为证言将可能使证人及其一定范围内亲属遭受刑事追究或蒙受耻辱，或将违反守秘义务，或将泄露职业及技术秘密时，证人享有证言特免权，亦称为证言拒绝权。证言拒绝权乃证人以证人义务的存在为前提所享有的公法上的抗辩权。

1. 证言特免权存在的理论基础

证言拒绝权的源头可以追溯到古代历史上亲属相“容隐”的传统。在西方，古希腊的宗教和伦理就反对子告父罪，而古罗马法中关于亲属相容隐的规定则更多，甚至亲属之间相互告发都要丧失继承权。但严格来说，这种规定还不是证言拒绝权，因为法律并非赋予了特定人拒绝作证的特权，而是设定了其不能作证或告发的义务。直至近代，西方证据法上确立了亲属或同居人之间享有拒绝作证的特权，并且随着司法实践的发展逐渐扩大其适用范围，从而与证人的作证义务相携而行。在儒家思想的影响下，我国古代法上同样有“亲亲相容隐”的规定，禁止亲属之间互相告诉或者作证，以保护传统的伦理秩序，而且从汉朝到清朝，容隐制的范围呈不断扩大的趋势，乃至民国时期的法律中仍有这种规定。① 这种制度在一定程度上被认为是封建宗法制度的产物，所以在新中国成立以后即被废除。

然而，人为地抛弃一项制度并不等于切断了该制度长期存在的社会基础。从生存角度出发，任何人都不能公然挑战其存在的人情环境和基本社会关系；从伦理道德角度出发，任何人也不可能义无反顾地抛弃包括亲情在内的一切关系，否则可能会付出惨重的名誉代价。这种冲突构成了社会基础关系的矛盾状态，以家庭为核心的社会正是在这种张力中得以维持其总体的稳定。法律虽然可以介入这种关系，但不能无限地扩展其界域，一旦其违背了人最基本的感情利益或社区价值观念，则必会受到抵制和规避，导致法律规定的流于形式。因此，法律不能忽视社会的人情基础，不能苛求任何有感情的人的所谓高尚的觉悟。

对证人基于某些关系或身份的证言拒绝权的设置正是表明了法律在必要的时候也应该向社会基本人情作出让步的意旨。其只是法律对情理的有限妥协，并不能武断地认为与诉讼公平、正义等基本精神不符。所以，证言拒绝权不应为我国证据法所排斥。

2. 证言特免权的适用范围

---

① 参见吴丹红：《透视证人拒证权的价值理念》，载《律师世界》2001年第9期。

从域外各国和地区的立法例来看，证言特免权主要在以下几种情形下可予适用：

（1）维护特定的亲属关系。

特定亲属之间免于相互作证，这是证言特免权最基本的作用领域。所谓“爱亲之谓仁”，亲属之爱乃一切爱的起点，是人类感情联系的基础，在亲属之爱与其他利益相冲突时，法律决不能强迫有感情的人置亲情于不顾，作出所谓“大义灭亲”之举。其中又包括两类：

①基于婚姻关系而确立的证言特免权。

婚姻关系的任何一方均享有拒绝作证权，而另一方也有权要求对方拒绝作证。德国民事诉讼法第383条第1款第（2）项还规定离婚的双方之间也享有拒绝作证权，我国台湾地区“民事诉讼法”第307条第1项甚至规定存在婚约关系的双方也享有该项权利。基于婚姻关系确立的证言拒绝权设置的出发点是保护婚姻家庭正常维系基础的配偶之间的信任与和谐以及夫妻隐私权。

在拒绝作证的事项范围上有两种做法：一种是包括夫妻之间交流的任何事项；另一种是仅限于可能导致对方被追究刑事责任的事项。

②基于其他亲属关系而确立的证言特免权。

在夫妻关系之外的其他亲属关系范围的界定上，英美法系证据法上的规定较为狭窄，多限于仅为父母子女之间；大陆法系证据法上所规定的能享有证言拒绝权的亲属范围则较广，不限于父母子女。如德国民事诉讼法第383条第1款第3项所规定的能享有证言拒绝权的亲属包括现在是或者过去是当事人一方的直系血亲或直系姻亲，或三亲等以内的旁系血亲，或二亲等以内的旁系姻亲。日本民事诉讼法第196条所规定的能享有证言拒绝权的亲属包括现在是或者过去是当事人一方的四亲等内的血亲或三亲等内的姻亲，或彼此之间存在监护人与被监护人的关系。我国台湾地区“民事诉讼法”第307条第1项所规定的能享有证言拒绝权的亲属包括现在是或者过去是当事人一方的四亲等内的血亲或三亲等内的姻亲。

在拒绝作证的事项范围上也有两种做法：一种是双方交流的隐私事项，即没有明确表示可以公开的秘密事项；另一种是限于可能导致使近亲属被追究刑事责任的事项。

同时，德国民事诉讼法第384条和我国台湾地区“民事诉讼法”第307条第2款还规定，对于某些问题的回答，如果将会对证人或对证人有各种亲属关系的人，直接发生财产权上的损害，该证人也享有证言特免权。

（2）巩固特定的职业身份。

此种情形是指为了保护特定职业群体的共同体利益和有关的个人利益及社会公共利益，从事特定职业的人对在从事该职业活动中得知的情况可以依法拒绝作证。

如德国民事诉讼法第383条规定，符合下列情形的，有权拒绝作证：其一是教会的人员关于在教会工作中受人信赖而被告知的事项；其二是由于职业上的原因，现在从事于或过去曾经从事过定期刊物的编辑、出版和发行工作，或广播工作的人，关于文稿和资料的著作人、投稿人或提供材料的人的个人情况，以及关于这些人的活动的内情，但以这些都是涉及编辑工作中的文稿、资料和报道为限；其三是由于职务、身份或职业上的关系，而知悉一定事项的人，关于从事情的性质上或依法律规定应保守秘密的事项。此三种情形下，即使证人不拒绝作证，对于非违反其保密义务就不能明了的事项，也不应讯问。第384条规定，对于某些问题，证人非将其技术上或职业上的秘密公开于众则不能回答的，证人可以拒绝作证。日本民事诉讼法第197条规定，下列两种情形下，证人可以拒绝作证：其一，医师、牙科医师、药剂师、医药品商人，助产士，律师（包括外国律师事务所的律师）、代办人、辩护人、公证人、有职于宗教、祈祷或祭祀的人，或者曾任此等职务的人在职务上所获知的应当保密的事实受到询问的；其二，关于技术或职业上的秘密事项受到询问的。我国台湾地区“民事诉讼法”第307条第4款和第5款规定，证人就其职务上或业务上有秘密义务之事项而接受讯问的，或非泄露其技术上或者职业上之秘密不能为证言的，可以拒绝证言。

（3）保护特定的国家利益。

为了协调发现案件真相与维护安全和秩序等方面的不同国家利益之间的冲突，对经依法确认为属于国家秘密的事项，知晓人有权拒绝作证。当然，与前两种情形不同的是，此种情形下并非绝对的拒绝，而是指在作证前应得到主管机关或部门的许可，不过，除非证人作证有损于公共利益或者明显地有碍于履行公务的情况出现，否则一般主管机关或部门不得拒绝。

如德国民事诉讼法第376条第1款、第2款和第5款规定，以法官、公务员或其他从事公务的人为证人时，询问关于职务上应守秘密的事项，以及许可其作证的问题，适用公务员法中的特别规定。对于联邦政府和州政府的成员，适用有关他们的特别规定。这些人员即使不再从事公务，但如证言涉及他在从事公务时发生的事情或者这些事是他在从事公务期间知悉的，也适用这些规定。而根据德国相关法律规定，现任公务员或者曾任公务员（包括总统、总理，部长）的人，对其职务上的秘密，有保密的义务。如果法院要求其作为证人而陈述这些事项时，应经所属官厅或其最后所属官厅的许可。第 376 条第 4 款还明确规定，联邦总统，如果因他作证对联邦或某一州有所不利时，可以拒绝作证。日本民事诉讼法第 191 条第 1 款规定：“把公务员或曾任公务员的人作为证人询问其职务上的秘密时，法院应得到有关监督官厅（对于众议院或参议院的议员或者曾经任该职的人，是其所属的议院；对内阁总理大臣或其他国务大臣或者曾任该职的人，是内阁）的许可。”我国台湾地区“民事诉讼法”第 306 条第 1 款规定：“以公务员或曾为公务员之人为证人，而就其职务上应守秘密之事项讯问者，应得该监督长官之同意。”

第五节 当事人陈述

一、当事人陈述概述

（一）当事人陈述的概念

现代法治国家的诉讼法上基于言词原则的规制，事实主张的提出，一般只能以当事人陈述的形式展示于法官面前。同时，各国还都将当事人陈述作为支持当事人事实主张的重要凭证，即将其作为诉讼的法定证据种类之一。由此可知，当事人在诉讼中具有双重地位：一是作为诉讼主体；二是作为证据方法。当事人基于诉讼主体地位所为的陈述是对事实的主张；而其基于证据方法地位所为的陈述则是对事实主张加以证明的证据资料。

（二）两种当事人陈述的关系

两类当事人陈述之间存在一定的联系。作为主张的当事人陈述是作为证据资料的当事人陈述提出的前提。在当今对抗制诉讼模式下，当事人必须提供支持自己诉讼请求的事实主张，在此基础上才需作证据资料层面上的陈述。若无事实主张的提出，作为证据资料的当事人陈述即无提供的必要。而作为证据资料的当事人陈述则为作为主张的当事人陈述成立的手段。当事人必须对自己的事实主张提供相应证据予以证明，当事人陈述作为重要的证据资料之一，其提供与否直接影响着法官对当事人事实主张的心证程度，成为其能否被确信之有力保障。

当然，因各自所处的语境之不同，两种当事人陈述之间存在的差异也十分明显，主要有如下两方面：

1. 性质不同

作为主张的当事人陈述应被理解为产生一定的法律效果的意的表示。究其实质，应属准法律行为的范畴，① 具体来讲为一项观念通知，即为表示当事人对特定事实的观念。与以意思表示为法效源泉的法律行为相比，当事人的事实主张虽蕴含当事人的某种特定的意思，但该意图却无法直接落实于法律明文规定。

作为证据资料的当事人陈述从本质上讲，乃为一种事实行为。此种形态的陈述非以当事人的意思表示为要素，而是依法律规定直接发生一定的法律效果，当然，这并非意味着当事人在陈述时无任何内心意思，只是其意思与法律效果发生之间不存在直接的联系，仅会对法官的心证产生一定影响。

2. 诉讼能力不同

作为诉讼主体参与诉讼，必须要求当事人具备诉讼能力，即达到法定年龄或精神状态，否则不能亲自为事实主张或陈述，而应由其法定代理人代为之。而对于作为证据资料的当事人陈述，因其是一种事实行为，故对当事人陈述时的诉讼能力不做要求。

而大陆法系主要国家和地区均规定法院若欲通过询问当事人获得相应陈述时，如当事人无诉讼能力，则可由法定代理人代为陈述。如德国民事诉讼法第455条规定，当事人一方无诉讼能力，除已满16岁的未成年人外，询问其法定代理人。日本民事诉讼法第211条规定，本法中关于询问当事人本人的规定，准用于在诉讼上代表当事人的法定代理人。我国台湾地区“民事诉讼法”第367-1条第6款规定，关于询问当事人之规定，于当事人之法定代理人准用之。本书认为，这种规定令人难以理解。人所共知，对作为证据资料的当事人陈述的获取强调的是当事人对事实真相的亲历性，而无诉讼能力的当事人的法定代理人并未亲自参与纠纷，其自然不了解事实的真相，故其陈述难以具备促成法官形成心证的证据力。同时，如前所述，大陆法系主要国家和地区证据法上均规定在证人证言的获取上只要求证言与证人年龄和精神状态相适应，即将证人的诉讼能力仅作为法官判断证言证据力时考虑的因素之一。而当事人与证人同属人证之列，其自然与证人处于相同的言词提供地位，故在诉讼能力上亦应作与证人同一要求。

---

① 在大陆法系国家和地区的法学理论中，准法律行为乃指表意行为中除法律行为以外的其他行为，其法律效果之产生乃依法律之直接规定而非行为人之意思表示。一般将准法律行为分为意思通知（意思之表现）、观念通知（事实之通知）和感情通知（情感之表露）三类。参见王泽鉴：《民法总则》（增订版），中国政法大学出版社2001年版，第257页。

二、民事诉讼和行政诉讼中的当事人陈述

在民事诉讼和行政诉讼中，作为证据资料的当事人陈述，在大陆法系国家和地区亦被称为当事人询问，属于对人证获取的范畴，为一种当事人知的表示，即当事人将自己所知晓和了解的情况陈述出来，作为支持自己事实主张的依据和武器。当事人作为与案件处理结果有直接利害关系的诉讼主体，其在诉讼中陈述案情的动因乃源于对自身实体和诉讼权利的维护，且作为纠纷的直接参与者，其必然最为知悉事实真相，故承认作为证据方法的当事人陈述存在的必要性有助推动诉讼的顺利进行，保证审理的集中开展，促使纠纷的快速解决。

（一）当事人陈述的地位

考察大陆法系主要国家和地区相关立法可以看出，在对待作为证据方法的当事人陈述的态度上，主要有两种做法：

其一，以德国为代表，将当事人陈述仅作为补充性证据来对待，法官只有在依其他证据无法就案件事实真伪形成内心确信时，始可就待证事实询问当事人。其民事诉讼法第 445 条第 1 款规定："一方当事人，对于应该由他证明的事项，不能通过其他的证据方法得到完全的证明，或者未提出其他证据方法时，可以申请就应证明的事实询问对方当事人。"同法第 448 条也规定："如果言词辩论的结果和已经进行的调查证据的结果，对于应证事实的真实与否不能提供足够的心证时，法院也可以在当事人一方并未提出申请时，不问举证责任的归属，而命令就该事实询问当事人一方或双方。"

其二，以日本和我国台湾地区为代表，对当事人陈述的适用不作限制，法官在证据调查的任何时刻均可自由决定是否对当事人进行讯问。如日本民事诉讼法第 207 条第 1 款规定，法院根据申请或依职权，可以询问当事人本人。我国台湾地区"民事诉讼法"第 367-1 条第 1 款规定："法院认为必要时，得依职权询问当事人。"

之所以存在这样两种不同的处理方式，是因为各国对当事人陈述证据力的看法不同。德国法将当事人陈述定位为补充适用，是认为不应期待与案件事实有直接利害关系的当事人能作客观的陈述，故不应赋予其与其他证据资料相同的证据力，仅应作为弥补他种证据资料证据力不足的辅助性手段。本书认为，此种观点虽有其合理性，但难免有失偏颇。当事人是纠纷的直接参与者，故其供述事实真相的可能性应远比其他人高，若仅将其陈述作为补充性证据，则有违发现真相、促进诉讼的诉讼本旨；同时，对当事人陈述的补

充性适用还对法官的自由心证范围和方式构成了羁束，有悖自由心证主义的应然要求。

同时，从大陆法系主要国家和地区的立法及实践的发展状况来看，也呈现出抛弃补充性适用的趋势。譬如日本，其旧民事诉讼法第 336 条“法院经过调查证据而不能得到心证时，可以依据申请或依职权询问当事人本人”之规定显然是将当事人陈述置于补充性适用的地位。而经过 1996 年修订后，前述现行法第 207 条第 1 款则确立了当事人陈述的独立价值。同时，从法条编排的顺序来看，当事人询问在旧法中被排在证据调查部分的最后一节，而现行法则将其与询问证人一起列于证据调查部分的头两节，此既显示出当事人询问地位的提升，亦是其独立价值的凸显。德国民事诉讼法虽仍严格贯彻当事人讯问的补充性原则，但在德国的审判实务上，其独有的当事人听取制度（德国民事诉讼法第 141 条和第 173 条）在适用上已实际包含有事实证明的功能，从而消减了当事人讯问的补充性所可能产生的负面效应。尽管当事人听取制度在其设计之时并不是作为证明事实的手段，但是，要注意的是，德国是直到 1933 年才引进当事人讯问制度的，在此之前，当事人听取制度即已被当做证明事实的手段来运用。从当事人本人听取所得到的资料往往涉及相关间接事实，而成为全辩论意旨的一部分，与证据调查所得资料一同影响法官心证的形成。因此，言词辩论期日前阶段本人听取有取代或者弥补当事人本人讯问的证明功能。当事人讯问制度的补充性也因此被大大缓和。①

（二）当事人陈述的义务

大陆法系国家和地区的诉讼理论和实践中，为发挥当事人陈述作为证据资料的应有价值往往课当事人以到场、宣誓或具结以及陈述义务，② 即当事人在回复法官询问时必须亲自到法官面前进行口头陈述。若当事人违背该三项义务，则应受到一定惩罚。应明确的是，虽当事人和证人皆属人证，但因证人与本案的处理结果并无直接利害关系，故立法上均对证人不到场或不陈述的行为施以诸如罚款或拘留等公法上的制裁措施；而于当事人，则由法院斟酌案件具

---

① 参见邱联恭：《当事人本人供述之功能——着重于阐论其思想背景之变迁》，载台湾民事诉讼法研究会：《民事诉讼法之研讨》（三），台湾三民书局股份有限公司 1995 年版，第 650 页。转引自姜世明：《当事人询问制度》（上），载台湾《万国法律》2002 年第 4 期。

② 参见吕太郎：《民事诉讼之基本理论》，中国政法大学出版社 2003 年版，第 322 页。

体情况，特别考虑拒绝的理由，认定对方当事人所主张的关于讯问事项的事实为真实。① 如德国民事诉讼法第 446 条规定："对方当事人拒绝对他进行讯问，或者对于法院的要求不作表示，法院应考虑全部案情，特别考虑拒绝的理由，依自由心证，判断当事人所主张的事实可否视为已得到证明。"日本民事诉讼法第 208 条规定："在询问当事人本人的情况下，该当事人无正当的理由不出庭，或者拒绝宣誓或陈述时，法院可以认定对方当事人所主张的有关询问事项为真实。"我国台湾地区"民事诉讼法"第 367-1 条第 3 款规定："当事人无正当理由拒绝陈述或具结者，法院得审酌情形，判断应证事实之真伪。"

之所以课以当事人这一不利后果，是因为此种不利后果的存在将使当事人面临由此而带来败诉结果的风险，对当事人而言，无疑是最直接、最有效的制裁方式。并且，对当事人课以该种不利益也符合"当事人若能为自己有利的陈述，必将出庭陈述证言"这一经验法则。当然，当事人违背受讯问义务时，关于讯问事项是否拟制为真实乃法官自由裁量的事项。即法院基于其他证据调查的结果及言词辩论的全趣旨，依自由心证，反而认定该违背受讯问义务的当事人所主张的事实为真实也并非毫无可能。

当事人虽负有宣誓义务，但是当事人是否宣誓取决于法官自由裁量（德国民事诉讼法第 452 条，日本民事诉讼法第 207 条第 1 款后段）。一般情况下，当事人可以不经宣誓而被讯问，但当事人未经宣誓的证言不能让法官就应证事实的存在或不存在达到确信的心证时，法院可以命令当事人宣誓。在讯问双方当事人时，可以仅命令一方当事人进行宣誓。不仅如此，与证人虚伪陈述可成立伪罪证不同，在德国，当事人即便作虚伪陈述，也不构成刑法上的伪罪证。这是因为，与证人陈述的乃他人事实不同，当事人乃被强制陈述与自己利害相关的事实，作虚伪陈述自然是不得已之举，若由此而成立伪证罪则太过于苛刻。但当事人为虚伪陈述可以被法院处以罚款（日本民事诉讼法第 209 条第 1 款，我国台湾地区"民事诉讼法"第 367 条之二），当事人若于诉讼系属中承认自己做了虚伪陈述，因当事人为真实陈述目的已达到，法院可以撤销对当事

---

① 在言词辩论中，作为诉讼主体，原告违背到场义务，大陆法系主要国家和地区的立法多规定按撤诉处理，视为未主张任何事实；对于被告，则多规定为缺席判决，剥夺其为事实主张的机会。如德国民事诉讼法第 330 条和第 331 条分别规定，言词辩论之日，原告不到场的，驳回其起诉；被告不到场的，原告所为关于事实的言词陈述视为得到被告的自认。作为诉讼主体，若当事人两造违背陈述义务，立法多规定视为其未到场，按其未予主张相关事实来加以处理。如德国民事诉讼法第 333 条规定："当事人于期日虽到场而不进行辩论，视为未到场。"

人罚款的处分（日本民事诉讼法第 209 条第 3 款，我国台湾地区“民事诉讼法”第 367 条之二）。

（三）我国现行规定及评述

《民事诉讼法》第 63 条第（1）项明确规定了当事人陈述的独立证据种类之地位，第 75 条中对当事人陈述的适用方式作了规定：“（第 1 款）人民法院对当事人的陈述，应当结合本案的其他证据，审查确定能否作为认定事实的根据。（第 2 款）当事人拒绝陈述的，不影响人民法院根据证据认定案件事实。”而从第 138 条将当事人陈述作为法庭调查证据首要环节的规定更可得知，现行法一如域外先进立法例，并不将当事人陈述作为补充的证据调查手段。

上述现有关于当事人陈述的规定无疑能对司法实践中法官利用当事人的陈述证明案件事实起到一定的积极作用，但若细加探究，不难发现其尚存在以下四个方面的不足：

1. 当事人出庭义务的缺失

《民事诉讼法》第 62 条规定，离婚案件有诉讼代理人的，本人除不能表达意志的以外，仍应出庭。此自反面可推知，在现行法，离婚案件以外的其他所有民事案件，若当事人为无诉讼行为能力人或虽非无诉讼行为能力人而委托了诉讼代理人的，该当事人无论其为原告或被告便不负出庭义务。同法第 143 条“原告经传票传唤，无正当理由拒不到庭的，或者未经法庭许可中途退庭的，可以按撤诉处理”及第 144 条“被告经传票传唤，无正当理由拒不到庭的，或者未经法庭许可中途退庭的，可以缺席判决”之规定虽明确了当事人不出庭的不利后果，然而无论是撤诉处理还是缺席判决，法院所作的处理均不是针对作为证据方法的当事人不出庭，而是针对作为诉讼主体的当事人不出庭而为。道理很简单，作为证据方法的当事人出庭的目的在于接受法官的讯问，由法官获取证据资料，而按撤诉处理与缺席判决显然均难以达到这一效果。虽然《民事诉讼法》第 109 条明确规定人民法院对必须到庭的被告，经两次传票传唤，无正当理由拒不到庭的，可以拘传方式强制其到庭，但显而易见的是，何谓“必须到庭的被告”不仅在解释上存在困难而使得拘传的适用缺乏可操作性，且拘传仅适用于特定的被告在适用范围上亦过于狭窄。可见，现行法上对作为证据方法的当事人的出庭义务的软化客观上使得作为证据资料的当事人陈述被法官采纳作为认定案件事实基础的可能性大大降低。

2. 当事人陈述义务的缺失

从《民事诉讼法》第 75 条第 2 款“当事人拒绝陈述的，不影响人民法院根据证据认定案件事实”之规定可推断，在现行法上，当事人陈述似被定位为当事人的一项权利而非义务。毋庸讳言，立法作此安排不仅与第 63 条将当事人陈述作为独立证据的一种相抵触，客观上也极大地限制了法官利用当事人陈述进行裁判的机会。当然，依《民诉法解释》第 110 条，《行诉法解释》第 44 条的规定，在我国的民事诉讼及行政诉讼中，当事人的出庭义务及陈述义务借助证明妨碍规则的确立得到了部分的弥补。

3. 当事人陈述无独立的证据价值

作为证据资料的一种，当事人陈述是否可采、具有多大证据价值，应由法官自由判断。而依《民事诉讼法》第 75 条第 1 款“人民法院对当事人的陈述，应当结合本案的其他证据，审查确定能否作为认定事实的根据”之规定，在现行法上，当事人陈述似乎并无独立的证据价值，仅有当事人陈述尚不足以认定案件事实。《民事证据规定》第 76 条“当事人对自己的主张，只有本人陈述而不能提出其他相关证据的，其主张不予支持。但对方认可的除外”的规定更是进一步从正面明定了这一规则。① 显而易见，立法（司法解释）否认当事人陈述具有独立证据价值，将当事人陈述作类似于刑事诉讼中被告人自白的处理（即确立补强规则，否认被告人自白具有独立证据力），不仅有违自由心证的本意，且有将当事人陈述作刑事化处理的倾向，客观上亦使得当事人陈述的价值大打折扣。

4. 当事人陈述与主张的界限不明

如前所述，作为证据方法，当事人向法院陈述案情乃法官证据调查的一个环节，法官讯问当事人不仅成为获取当事人陈述的方法，同时也是检验当事人陈述真伪的不二法门。因此，作为证据资料本身的当事人陈述绝非作为主张的当事人陈述的简单重复。故大陆法系立法例将当事人陈述冠以讯问当事人之名，以示其与主张的区别。对当事人的讯问适用证据调查程序，当事人是作为证据方法；当事人的主张则适用言词辩论程序，当事人是作为诉讼主体。现行民事诉讼法虽然将开庭审理区分为法庭调查与法庭辩论两大环节，但由于缺乏法官讯问当事人的制度，使得作为证据资料的当事人陈述与作为主张的当事人

① 从该项司法解释的规定可以看出，当事人一方若承认对方当事人陈述的事实为真实，法官即可直接采纳该当事人的陈述。如此规范，显见失当。这是因为当事人作为证据方法，其向法院所作的陈述仅为法官可得判断之证据资料一种，同其他人证如证人证言之判断并无二致，即皆须由法官依案情自由斟酌是否真伪，于对造当事人对其之态度无涉。当事人之陈述为对造认可即可被法官采纳乃作为主张的当事人陈述中自认之适用范围，于作为证据资料的当事人陈述并无适用之余地。

陈述界限不甚清晰。此从第 141 条“法庭辩论按照下列顺序进行：（一）原告及其诉讼代理人发言；（二）被告及其诉讼代理人答辩；……”的规定及第 124 条“法庭调查按照下列顺序进行：（一）当事人陈述；……”的规定中可见一斑。其结果必然导致“在司法实务中，当事人的陈述往往不能直接作为一种证据材料来运用，甚至也不作为一种辅助性的证据方式来看待，而往往把当事人的陈述与当事人的事实主张一并作为证明的对象。”①

三、刑事诉讼中的犯罪嫌疑人、被告人供述和辩解

（一）犯罪嫌疑人、被告人供述和辩解概述

在刑事诉讼中，犯罪嫌疑人在侦查阶段或审查起诉阶段，以及被告人在审判阶段所作的说明自己有罪或罪重的陈述被称为供述，又称为自白或口供；犯罪嫌疑人在侦查阶段或审查阶段，以及被告人在审判阶段为否认自己犯罪，或者为依法不受刑事责任追究以及为从轻、减轻或者免除处罚等所做的陈述，则被称为辩解。供述和辩解是两种性质截然对立的证据形式，前者于被追诉人不利，属于控诉证据；后者则相反，属于辩护证据。

现代法治国家和地区，被追诉人均享有不主动承认自己罪行的特权，因此，就供述而言，实际上内在地暗含着一种法律上的限制，即不得以物质或精神上的强迫，强制被追诉人作不利于己的陈述。而被追诉人辩解，与被追诉人行使辩护权的行为密切相关，是被追诉人在证据意义上行使辩护权的自然结果。尊重和保障被追诉人的辩护权，必然要求重视犯罪嫌疑人、被告人辩解的证据价值。所以，与对待供述证据的态度相反，立法对辩护权的强调，实质上包含对辩解的鼓励和支持。

虽然被告人在庭审过程中有多次发言的机会，但并非所有陈述的性质都是证据资料。具体来说，法庭调查阶段的供述和辩解是一种证据资料，是被告人对自己证明案件事实的陈述；而法庭辩论阶段和被告人最后陈述阶段的陈述则是一种主张，是被告人对自己所欲追求的案件裁判结果的一种表达。

由于犯罪嫌疑人、被告人对犯罪行为的有无、轻重最为了解，故其所作之供述和辩解对案件事实的认定有着重要的意义和作用，可以作为认定案件事实的直接证据。尤其是自白，能够直接、全面地反映出犯罪的动机、目的、手段、时间、地点、后果等事实情况和犯罪的形成、分工和具体实施犯罪等全过

① 毕玉谦：《民事证据法及其程序功能》，法律出版社 1999 年版，第 63 页。

程，还可以反映其认罪态度和思想状况。但同时，犯罪嫌疑人、被告人深知其自白与案件的处理结果关系极大，因此，可能为逃避罪责采取避重就轻、隐瞒罪行等供述方式，在特殊的情况下还可能会承认一些并不存在的所谓犯罪事实，以此把审判工作引入歧途，从而掩饰其真正罪行。因此，与其他证据资料相比，需要法官作更多的考察与判断方能认定。

(二) 自白的证据能力

1. 自白任意性规则

(1) 自白任意性规则的概念和理论基础。

特定类型的证据方法要想获得证据能力必须满足一定的条件，犯罪嫌疑人、被告人作为证据方法也不例外。由于犯罪嫌疑人、被告人自白具有较强证据力的优点，其向来被看成“证据之王”，法治国时代之前的诉讼活动都是“罪从供定”、“无供不定案”。办案人员为获取口供经常采取一些非正常甚至是极端的方式对待犯罪嫌疑人、被告人，从而导致刑讯逼供①和冤假错案的频繁发生。

为杜绝这一现象之发生，现代法治国家和地区均在证据法上确立了自白任意性规则，即只有基于犯罪嫌疑人、被告人自由意志所作出的自白才具有证据能力，缺乏自愿性或具有非自愿性怀疑的自白，不论原因是什么，均不具可采性。也即自愿性是犯罪嫌疑人、被告人自白获得证据资格的前提条件，任何违背犯罪嫌疑人、被告人的自愿性所取得的自白，即使对案件事实能起到一定的证明作用，但是由于不具有证据能力也不能作为认定案件事实的依据。

不可否认，真实的、可靠的自白能使案件迅速侦破，并查清案件事实，但如果自白是虚假的，那么它对案件事实的证明作用也无从谈起。而采用刑讯、威胁、引诱、欺骗等违背自白任意性的方法获得自白虚假的可能性较大，“捶楚之下，何求而不得”(《汉书·路温舒传》)，如果把这样的自白加以采纳，自然有碍案件真实的发现。所以，确保自白的任意性是保障自白真实可靠的基础和前提。刑事诉讼的目的不仅是为了最大限度地实现惩罚，更是为了尽可能

① 刑讯逼供，是指使用肉刑或者变相肉刑逼取口供的行为。肉刑是指直接施加于犯罪嫌疑人、被告人肉体的审讯措施与方法，如捆绑、吊悬、鞭笞及非法使用刑具等；变相肉刑，是指上述肉刑之外的使犯罪嫌疑人、被告人肉体或者精神遭受痛苦折磨的方法和手段，如罚站、不准睡觉、辱骂及威胁等。

地保证诉讼证明的严格性和准确性。换言之，发现事实真相的目的是最大限度地保证惩罚的准确性，保证所有被定罪的人都是应当受到惩罚的人。

（2）域外自白任意性规则的主要立法例。

德国刑事诉讼法第 136 条规定：①对被告人决定和确认自己意志和依此采取行动的自由不允许用虐待、疲劳战术、伤害身体、服用药物、折磨、欺骗或者催眠的方法予以侵犯。只允许在刑事诉讼法允许的范围内实施强制。禁止以刑事诉讼法不允许的措施相威胁，或是以法律没有规定的利益相许诺。②妨碍被告人记忆或妨碍其反省能力的方法，禁止使用。③前两项的禁止性规定，不管被告人是否同意采用禁止使用的方法，都必须适用。即使嫌疑人同意使用，也不允许使用以违反这种禁止性规定的方式获取的供述。①

日本刑事诉讼法第 319 条第 1 款规定，出于强制、拷问或胁迫的自白，在经过不适当的长期扣留或者拘禁的自白，或者其他可以怀疑为并非出于自由意志的自白，都不得作为证据。在法律列举之外，仍有许多判例确立了许多更为详尽的事由，如苛酷的审讯所引出的自白、在禁止给被告提供食品的情况下获得的自白，在戴着手铐的状态下进行审讯而得到的自白、向被告约定不起诉而诱出的自白、谎称共犯已经供述而获得的自白等。②

我国台湾地区“刑事诉讼法”第 98 条从事前对自白的获取要求进行了规定：“讯问被告应出于诚恳之态度，不得用强暴、胁迫。利诱、欺诈、疲劳审讯或其他不正之方法。”又第 156 条第 1 款“被告之自白，非出于强迫、胁迫、利诱、欺诈、疲劳审讯，违法羁押或其他不正之方法，且于事实相符者，得为证据”的规定从结果层面对自白的任意性提供保障。2003 年增订第 156 条第 3 款规定：“被告陈述其自白系出于不正之方法者，应先于其他事证而为调查。该自白如系经检察官提出者，法院应命检察官就该自白之出于自由意志，指出证明之方法。”其立法理由认为被告欲证明其自白非出于自愿十分困难，站在保障人权及以当事人进行主义为原则的立场，明确规定检察官应就自白合法性的争议承担举证责任。

（3）我国的有关规定及评述。

《刑事诉讼法》第 52 条规定，审判人员、检察人员、侦查人员严禁刑讯

① 转引自［德］托马斯·魏根特：《德国刑事诉讼程序的改革：趋势和冲突领域》，樊文译，载陈光中主编：《21 世纪域外刑事诉讼立法最新发展》，中国政法大学出版社 2004 年版，第 240~250 页。

② 参见彭勃：《日本刑事诉讼法通论》，中国政法大学出版社 2002 年版，第 286~288 页。

逼供和以威胁、引诱、欺骗以及其他非法的方法收集的证据。该规定从事前的角度对自白的合法获取予以保障。第56条第1款规定："采用刑讯逼供等非法方法收集的犯罪嫌疑人、被告人供述和采用暴力、威胁等非法方法收集的证人证言、被害人陈述，应当予以排除。"从而否认了非法获得的被告人自白的证据能力。

现有规定存在的缺陷也十分明显。首先，关于非法获取口供的方法采取列举式的规定并不周全。域外发达法治国家和地区关于非法方法的列举式规定是建立在自白任意性这一抽象标准之上的，列举未尽的事项，仍可由法官根据任意性的要求加以裁量。但在我国现有的刑事证据法理论和立法上，尚未明确引入自白任意性规则，因而单靠列举式规定，无法穷尽非法方法的范围，更无法适应纷繁复杂、千变万化的司法实践。其次，列举的事由也不甚明确。对何为刑讯逼供或者威胁、引诱、欺骗等非法的方法，立法尚无进一步的界定，这就直接致使实践中无法有效地操作。再次，询问的时间和地点不利于保障自白的自由提供。从我国司法实践来看，讯问机关往往于自己选定的时间在羁押场所讯问犯罪嫌疑人、被告人。相对于讯问人员的强大的"主场"优势，犯罪嫌疑人、被告人的气势自然均居下风，同时，基于心理学的规律，犯罪嫌疑人、被告人因与自身的日常生活相脱离，身心状态实难维持稳定，往往为能逃避眼前被讯问的痛苦而逐渐丧失对于未来刑罚可能的具体感受力，以致身陷虚伪自白的情境。

2. 沉默权规则

(1) 沉默权规则的概念。

为保障自白任意性规则的有效实施，先进法治国家和地区均规定了所谓沉默权规则。所谓沉默权，又称缄默权，是指犯罪嫌疑人、被告人对追诉者（警察、检察官、法官）的讯问有拒绝回答的权利。沉默权是口供任意性获得的前提，如果犯罪嫌疑人、被告人无论什么情况下都得开口说话，任意性便无从保障。这项制度确立的目的，就是通过赋予犯罪嫌疑人、被告人沉默权这种防御性的手段来对抗有强大后盾支持的国家控诉机关，在一定程度上平衡控辩双方的力量来保护人权，是权利对权力的制衡。

沉默权具体有三层含义：犯罪嫌疑人、被告人不被强迫承认自己的罪行；有权拒绝陈述和不因拒绝陈述而被作出不利于己的法律推定。沉默权最先在庭审程序中得到确认，后来随着人权保障观念的不断发展，逐渐延伸至审前程序。该制度源于17世纪英国的里尔本案，里尔本以"自己不能控告自己"为由，对司法人员的讯问保持沉默，得到了最高立法机构的认可，① 被告人的沉默权遂成为英国刑事法律原则之一，并在1898年的《刑事证据法》中得以明确。美国最早移植了这一制度，其在1789年宪法修正案第5条中规定："任何人不得被迫自证其罪"，此即"反对强迫自证其罪"原则。此后又通过判例从程序上对被追诉人的沉默权提供了切实的保障，将告知被追诉人有权保持沉默纳入著名的"米兰达规则"，② 规定凡违反被追诉人沉默权所取得的证据均为无效证据。此后，世界各国也纷纷将其纳入法律当中，成为一种发展的趋势和潮流，如法国刑事诉讼法第116条③、德国刑事诉讼法第136条、日本刑事诉讼法第311条和我国台湾地区"刑事诉讼法"第95条之一等都规定了沉默权规则。

（2）两大法系沉默权规则的区别。

虽然在当今两大法系证据法上都确立了被告人在庭审阶段享有保持沉默的权利，但是其在建构基础和表现形式上却存在很大的差异，从而导致被告人对在庭审时是否真正行使沉默权有着截然不同的态度。

第一，建构基础不同。英美法系的刑事审判严格区分定罪程序和量刑程序。在定罪程序中，由陪审团来对被告人的罪责加以认定，法官只是从事维持法庭秩序等一些程序性的活动。法官在指示陪审团裁决案件时，原则上不得因被告人在法庭审理时保持沉默的行为作出任何不利于被告人的推论；而被告人

---

① 1639年，英国书商约翰·里尔本被控"贩运禁书"及"煽动反政府邪说"的罪名，在伦敦被审讯。庭审中，里尔本以"自己不能控告自己"为由反对星座法院（也称星宫法院）法官要求的纠问宣誓，并拒绝回答"无礼的"提问，被星座法院以藐视法庭罪判处鞭刑。1640年英国资产阶级革命后，该判决被英国议会裁决撤销，认为法庭对里尔本一案的审判是不公正的，不合法的，面对不公正的审讯，英国人有权保持沉默，并规定禁止在刑事案件中使用这种誓言。参见余定宇：《寻找法律的印迹》，法律出版社2004年版。

② "米兰达规则"由美国联邦最高法院在1966年作出的"米兰达诉亚利桑那州"一案的判决中确立。该原则要求侦查人员讯问嫌疑人前必须要告诉被讯问人：（1）有权保持沉默；（2）如果选择回答，那么所说的一切都可能作为对其不利的证据；（3）有权在审讯时要求律师在场；（4）如果没有钱请律师，法庭有义务为其指定律师，否则，被讯问人的供述一律不得作为证据使用。"米兰达规则"的确立标志着美国沉默权制度从"审判沉默权"发展到"审讯沉默权"。参见何家弘：《沉默权制度及刑事司法的价值取向》，载《国家检察官学院学报》2000年第4期。

③ 参见方蔼如译：《法国刑事诉讼法典》，法律出版社1987年版。以下对法国刑事诉讼法条文的引用，如无特别说明，均以此版本为准。

一旦放弃沉默权，选择作为辩方的证人开口说话，那么就可能被精于诘问的控方律师的反诘问行为被盘问出破绽。所以，英美法系的被告人有保持沉默的利益驱动。而大陆法系的刑事庭审则由法官主导，其包揽了事实认定和法律适用两项职能，不仅要确定被告人的罪责，还要明确被告人应处的刑罚，定罪程序和量刑程序合二为一。法庭审理的过程是法官依职权查明案件事实真相的过程，所以被告人在法庭中的所有表现，包括是否回答法官或控诉人的提问，都将成为法官在最终定罪量刑时的心证依据。这样，实际上存在着促使被告人放弃沉默权的潜在威胁，所以，与英美法系不同的是，大陆法系国家和地区的刑事庭审中的被告人虽然拥有沉默权，但是真正保持沉默的比例却不高。

第二，表现方式不同。英美法系的刑事庭审中，被告人在整个刑事审判过程中可以始终保持沉默。但是，被告人并非法庭审理中的一方当事人，其如果想说话，只能以辩方证人的身份参与，即在说话前必须进行同其他证人一样的宣誓，在接受了辩护律师的主诘问后，还要受到检察官或控方律师激烈的反诘问。更关键的是，被告人一旦以证人身份说话，他就不能拒绝回答或虚假陈述，否则就可能会受到藐视法庭罪或伪证罪的处罚。可见，被告人要么一言不发，要么就必须滔滔不绝。大陆法系的刑事庭审中，被告人在整个刑事庭审中也可以拒绝回答法官和控诉方提出的任何问题，始终保持沉默。由于被告人具有当事人的地位，而不是作为辩方证人，所以他可以针对控诉方的诘问作出虚伪陈述且不会因此而受到伪证罪的处罚，而且，即使其回答了法官或控诉方的某一提问，其仍然有权对其他提问保持沉默。可见，与英美法系相比，大陆法系的被告人从形式到内容上均享有极大的陈述自由。

（3）沉默权与不自证其罪权。

大陆法系国家和地区的立法上多有关于不自证其罪权的规定。所谓不自证其罪权，是指任何人不得被强制要求不利于己的陈述。此种权利不仅适用于刑事诉讼程序，还适用于民事诉讼和行政诉讼程序，甚至包括听证程序。这种权利反映在刑事诉讼中，对于犯罪嫌疑人、被告人称为沉默权，对于证人才称为不自证其罪权。沉默权与不自证其罪权存在显著的区别：

第一，适用主体不同。沉默权所保障的主体是犯罪嫌疑人、被告人；不自证其罪权则适用于证人。如我国台湾地区“刑事诉讼法”第 95 条第 2 款规定，讯问被告应先告知其得保持缄默，无须违背自己之意思而为陈述。第 156 条第 4 款规定，被告未经自白，又无证据，不得仅因其拒绝陈述或保持缄默，而推断其罪行。第 181 条规定：“证人恐因陈述致自己或与其有前条第一项关系之人（配偶、直系血亲、三等内之旁系血亲、二亲等内之姻亲或家长、家属）受刑事追诉或处罚者，得拒绝证言。”

第二，内容不同。沉默权分为积极与消极两个层面的内容，即犯罪嫌疑人、被告人有陈述与不陈述的自由，不仅包括沉默的自由，还包括其愿意陈述犯罪事实的自由；证人的不自证其罪权则仅包括消极不陈述的自由，若其放弃该权利而愿意陈述，则必须履行据实陈述的义务。

第三，告知义务和后果不同。司法机关在讯问犯罪嫌疑人、被告人之前，必须告知其享有沉默权，否则除极个别情况外，获取的自白应被排除，不具有证据能力；而对于证人的不自证其罪权，司法机关虽也应告知，但违反该义务而获取的证人证言是否应排除，法律却没有明确规定。如我国台湾地区“刑事诉讼法”第158条之二第2款规定，有司询问受拘提、逮捕之被告或犯罪嫌疑人时，违反沉默权告知之规定者，所取得被告或犯罪嫌疑人之自白及其他不利之陈述，不得作为证据。但经证明其违背非出于恶意，且该自白或陈述系出于自由意志者，不在此限。第186条第2款规定，证人有第181条之情形者，应告以得拒绝证言。第158条之四规定，除法律另有规定外，实施刑事诉讼程序之公务员因违背法定程序取得之证据（包括证人证言），其有无证据能力之认定，应审酌人权保障及公共利益之均衡维护。

第四，主张方式不同。犯罪嫌疑人、被告人主张沉默权不需要有任何方式；而证人若主张不自证其罪权则必须说明原因。如我国台湾地区“刑事诉讼法”第183条第1款规定，证人因不自证其罪而拒绝证言者，得命其具结以代释明。第193条第1款规定，证人若无自证其罪之虞而主张不自证其罪权而为具结，则处3万元以下罚款。

第五，主张时间不同。犯罪嫌疑人、被告人可于任何时期主张其沉默权；而证人的不自证其罪权一旦放弃，即不可再请求回复。

第六，处罚不同。犯罪嫌疑人、被告人并非证人，无须具结，所以即便其作出虚假陈述，也不可能触犯伪证罪；而证人若放弃不自证其罪权，必须具结后方能陈述，且必须据实陈述，否则会受到伪证罪的处罚。

（4）我国的相关规定及评述。

我国目前没有在刑事诉讼领域确立犯罪嫌疑人、被告人享有沉默权。仅《刑事诉讼法》第52条规定了不强迫自证其罪权。《刑事诉讼法》第120条规定，犯罪嫌疑人对侦查机关的讯问必须回答，而且要如实回答。理论和实践上将这一要求当然地推广适用于审查起诉机关和审判机关对被追诉人的讯问。

课予犯罪嫌疑人、被告人如实回答的义务，在正常的程序中并不能帮助破案率及定罪率的提高。道理很简单，对犯罪嫌疑人、被告人而言，其对待供述的态度一般有两种情况，一是自愿如实陈述；二是不作供述。对于前者而言，在排除了法律推定和以刑讯等非法手段进行讯问的正常程序中，课予如实回答义务的程序与赋予沉默权的程序相比，在利用自愿如实陈述破获案件方面并无长处；对于后者而言，在犯罪嫌疑人、被告人不愿回答而沉默的情况下，除有法律推定的情形外，即使课予如实回答义务，也不能因其沉默而认定有罪。而赋予沉默权并不妨碍设立特别情况下的推定。

同时，课予犯罪嫌疑人、被告人如实回答的义务，还会对司法实践产生极大的负面影响，突出地表现在证据的收集过分依赖犯罪嫌疑人、被告人的自白。实践中，司法人员为了破案，采取刑讯逼供等非法手段逼取自白的现象时有发生。这一方面容易造成冤假错案，侵害公民的合法权利；另一方面，在审判阶段频频发生的被告人当庭翻供的情形也严重影响了诉讼的顺利进行和审判效率的提高。当然，沉默权的设置与刑讯逼供等非法取证行为屡禁不止之间并无必然的联系，但不可否认的是，立法没有确立沉默权反而要求被追诉人如实回答，恰恰为非法取证提供了借口和便利条件。

虽然从理论上说，保障沉默权可以促使侦查机关改变侦查方式，去努力获取其他证据方法，但实践中自白在不少情形下也许是不可或缺的，而且侦查机关侦查方式的改变还要受到包括自身条件等各种因素的制约。因此，在沉默权规则的设立过程中，必须综合考虑各方面的影响，对其立法模式和操作方式进行合理的选择。

（三）自白的证据力

在自白的证据能力上，通过法律规定严格的取得程序，以保证其任意性，一有违法，即排除其证据资格，不得进入审判程序，更不得将其作为裁判的依据。在进入证据力判断程序时，尚有进一步的规则对自白加以规制。

1. 自白补强规则

虽然现代各国证据法上基于自由心证主义原则，对证据的证据力判断的限制已极少，但不少国家和地区的立法上确立了自白补强规则。自白补强规则，是指被告人的自白不能作为定其有罪的唯一依据时，必须有其他证据加以佐证，否则不能作出有罪的判决。从立法意旨上来说，自白补强规则是立法者出于自白取得方式的担忧而对口供的证据价值所作的一种限制，目的是为防止司法人员定案过分依赖自白而忽视其他证据资料，进而可以有效避免司法人员为获取自白而实施非法取证行为的发生，藉以尽可能地保证自白的真实性和保障被告人的合法权益。

日本刑事诉讼法第 319 条第 2 款规定，被告人在其自白是对自己不利的唯一证据时，不论该自白是否是在公审庭上的自白，不得被认定为有罪。我国台湾地区“刑事诉讼法”第156条第2项规定：“被告之自白，不得作为有罪判决之唯一证据，仍应调查其他必要之证据，以察是否与事实相符。”2003年修订时，又增加了第161条第3款的规定：“法院对于得为证据之被告自白，除有特别规定外，非于有关于犯罪事实之其他证据调查完毕后，不得调查。”这是为了防止法官过分依赖被告自白而形成擅断，而对被告自白的调查顺序所作的限制。

我国《刑事诉讼法》第55条第1款“对一切案件的判处都要重证据，重调查研究，不轻信口供。只有被告人供述，没有其他证据的，不能认定被告人有罪和处以刑罚；没有被告人供述，证据充分确实的，可以认定被告人有罪和处以刑罚”的规定从本质上讲虽然也属于自白补强规则，但是该条仅仅规定了数量规则，而没有对证据补强的具体规则作进一步细化。

（1）被补强之自白的范围。

从数量上看，只有单独可以定罪的自白才具有补强的必要；从内容上看，需要补强的自白是对全部或主要犯罪事实的承认。如果被告人仅是对犯罪事实的部分承认，要依此作出有罪的判决，本身就需要其他证据资料的支持才能达到认定有罪的目的，不属补强的范畴。

同时，需要补强的自白除被告人在庭审中的自白外，还应当扩展至犯罪嫌疑人对侦查人员、审查起诉人员所作的供述，以及被告人在庭审外的供述。我国目前自白补强的范围仅限于被告人在庭审中的供述，将犯罪嫌疑人的供述以及被告人在庭审外的供述排除在需要补强的范围之外，显然有违自白补强规则设置的初衷。

（2）补强证据的范围。

作为自白佐证的证据需要具备两方面的基本要求：第一，必须具备一般意义上作为证据方法的证据能力；第二，必须独立于被佐证的自白。犯罪嫌疑人、被告人先前对自己罪行的供述，不能用来佐证其日后作出的同样供述，但可以作为证明被告人供述前后一致的证据予以采纳。

（3）补强的程度。

补强证据和自白之间如何补强，即在怎样的情况下，补强证据才算达到补强的目的，才可以基于自白和补强证据而认定被告人有罪，这是自白补强规则的核心问题。一般说来，对补强证据不要求其达到单独使法官确信犯罪事实的程度，但也不是仅仅要求对口供稍有支撑。目前在世界范围内主要存在两种不同的做法：一种是要求补强证据大体上能独立证明犯罪事实的存在，这是较高的要求；另一种是要求补强证据达到与供述一致，并能保证有罪供认的真实性，这是低限度要求。①

2. 共同被告人自白的证据力

共同被告人对同一共同犯罪事实的供述，不能互为证人证言。共同犯罪案件的同案共犯在主观上一般有共同故意，客观上有共同行为，都与其所作陈述的案件的处理结果有直接的利害关系。共同被告人的供述也是一种自白，如果以他们的统一供述来定罪，即是以自白证明自白，这无异于以一个不确定的因素去证实另一个不确定的因素，其结论仍旧是不确定的，互证的一致性并不等于可对其证据力直接予以认定。

另外，对于共同犯罪案件，如果某一被告人本人否认，而其他共同被告人自白，共同被告人的自白也不能单独用来确定否认自己罪行的被告人有罪，否则势必会驱使一些被告人盲目地自白而嫁祸于他人。

四、刑事诉讼中的被害人陈述

"被害人"一词最原始的意思是古代宗教仪式奉献给神的祭祀品。现在证据法意义上的被害人陈述，是指直接遭受犯罪行为侵害的人，就其遭受侵害的情况及其他案情事实向司法机关所作的叙述。

被害人陈述作为刑事诉讼中特有的证据形式，具有相当重要的证据价值。被害人往往同犯罪分子曾经有过正面接触，其所提供的证词一般较为具体、真切，能够直接指认出犯罪分子，并提供遭受侵害的详细经过和具体情节，具有极强的证据力。即使由于案发时特殊的情形导致其不能直接指认出犯罪分子，但被害人也能够提供案发时的某些情节等具有重要价值的线索，有助于侦查机关确定侦查范围、提高效率。

被害人的身份是由犯罪行为造成的，具有不可替代性。如果被害人死亡或者致残后神志不清不能作证，也不能由亲属或者其他人代替被害人陈述遭受犯罪行为侵害的情况。其法定代理人或其他近亲属如果知悉案件中的某些情况，应当以证人的身份提供证言，不能作为被害人陈述。

多数被害人对于揭露犯罪和惩罚犯罪都持积极的态度，由于同案件的处理有利害关系或受复杂的心理因素支配，其陈述可能掺杂某些不完全真实的情况，存在有意夸大或者隐瞒某些关键情节的可能。因此，对于被害人陈述的证据力应当慎重判断，一般来说，也需要其他种类的证据资料加以佐证，不得将

---

① 参见徐静村：《刑事诉讼法学》（修订版），法律出版社 1999 年版，第 188 页。

其单独作为定案的依据。

第六节 鉴 定

一、鉴定的概念和特点

(一) 鉴定的概念

鉴定是诉讼中较为特殊的证据形式，是现代科学技术运用于诉讼的产物，乃是指具有专业知识的人员运用自己的专门知识，对诉讼中某些专门性问题进行分析研究并得出的专业结论性意见的活动。鉴定活动最终给出的判断结果，称为鉴定意见。如在我国刑事诉讼领域中，所谓专门性问题，依据公安部《公安机关办理刑事案件程序规定》第 234、235 条的规定，包括刑事技术鉴定、人身伤害的医学鉴定、精神病的医学鉴定、扣押物品的价格鉴定、文物鉴定、珍稀动植物及其制品鉴定、违禁品和危险品鉴定、电子数据鉴定等；且必须是与查明案情有关的物品、文件、电子数据、痕迹、人身、尸体等。

在我国，鉴定意见中应当明确记载送鉴材料的品类、数量；送鉴的时间；要求鉴定的机关；鉴定所依据的原理；使用的仪器、设备，检测的方法；检测所获得的数据及经鉴定后得出的结论。鉴定意见最后还应当载明鉴定人的姓名、专业技术职称和作出鉴定的具体日期，并加盖鉴定机构的鉴定专用章。

(二) 鉴定的特点

鉴定的主要特点有以下几方面：

1. 鉴定的主体是专家

鉴定是具有专业知识的人员运用自己的专门知识，借助于必要的仪器设备，对涉及案件中的专门性问题，进行检验测定的活动。

2. 鉴定的对象是特定物

被聘请进行鉴定的专家只能对被鉴定物发表检测与判断意见，而不能就案件中的法律问题提供咨询意见。解决案件中的法律问题是司法机关的职责，不得以任何理由要求鉴定人回答案件中涉及的法律问题；鉴定人也不得超越鉴定权限，对本案中的法律问题发表意见。

3. 鉴定的内容是提供结论性意见

鉴定是由鉴定人对于案件中的专门性问题进行检测，并给出其个人判断性的、结论性的意见。

鉴定对解决案件中的专门性问题发挥着关键的作用，对于正确认定案件事实具有重要的意义，随着现代科学技术的发展和广泛应用，其重要性将越来越显著。但要明确的是，鉴定的作用和意义应被充分肯定，但不应被无限夸大，由于种种原因，鉴定意见也有不准确、不可靠的时候，因此，不能唯鉴定意见是从，某一鉴定意见能否成为定案的依据仍须由法官审查判断。

（三）鉴定的分类

依据不同的标准，可以对鉴定进行划分。

1. 指定鉴定和自行鉴定

依提起鉴定的主体不同，可将鉴定分为指定鉴定和自行鉴定。

指定鉴定，是指司法机关依据法律规定，指派、聘请或委托专家对专门性问题进行的鉴定。自行委托，是指当事人对案件的专门性问题自行向有关专家征求意见，请求其对有关的专门性问题进行鉴别、判断、分析以明确专门性问题的一种行为。

我国《刑事诉讼法》第146条规定，为了查明案情，需要解决案件中某些专门性问题的时候，应当指派、聘请有专门知识的人进行鉴定。《民事诉讼法》第76条规定当事人可以就查明事实的专门性问题向人民法院申请鉴定。当事人申请鉴定的，由双方当事人协商确定具备资格的鉴定人；协商不成的，由人民法院指定。当事人未申请鉴定，人民法院对专门性问题认为需要鉴定的，应当委托具备资格的鉴定人进行鉴定。可见，在我国现行法框架下，当事人自行委托鉴定的结论不属于法定的证据种类，不具备法律意义上鉴定的要件，因此，接受当事人委托的专家所提供的智力服务称为咨询更为适当。

但《民事证据规定》对此有所突破。其第28条规定："一方当事人自行委托有关部门作出的鉴定结论，另一方当事人有证据足以反驳并申请重新鉴定的，人民法院应予准许。"该条规定实际上赋予了自行鉴定法律地位，弥补了现行法的不足。当然，自行鉴定会受到来自委托方也即当事人的极大影响，鉴定机构往往只对当事人提供的材料进行检验、分析和判断，并不审查送检材料的来源、真实性和合法性。因此，与司法机关指定鉴定相比，对自行鉴定的审查更为必要，要更加严谨。

2. 初始鉴定、补充鉴定和重新鉴定

依鉴定的目的不同，分为初始鉴定、补充鉴定和重新鉴定。

初始鉴定是指由鉴定人进行的第一次或首次鉴定，是鉴定的常态。

补充鉴定，是在初始鉴定基础上，为了完备初始鉴定意见而对其中的个别问题进行复查、修改、补充，以使初始鉴定意见更加完备的鉴定程序。补充鉴定可由原鉴定人进行，也可以另请他人进行。补充鉴定不具独立性，其与初始鉴定一起，共同构成对诉讼中涉及的专门性问题的认定与判断，两者的结合是一个完整的证据。如《民事证据规定》第 27 条第 2 款规定："对有缺陷的鉴定结论，可以通过补充鉴定、重新质证或者补充质证等方法解决的，不予重新鉴定。"

重新鉴定，是指经过鉴定的专门性问题，由于鉴定程序、方法、结果的某种缺陷或争议，诉讼当事人或司法机关有充足理由按规定程序请求再次鉴定，而产生的一系列活动过程。重新鉴定与补充鉴定不同，其是一个独立的程序，不受初始鉴定的任何影响。如《民事证据规定》第 27 条第 1 款规定："当事人对人民法院委托的鉴定部门作出的鉴定结论有异议申请重新鉴定，提出证据证明存在下列情形之一的，人民法院应予准许：（一）鉴定机构或者鉴定人员不具备相关的鉴定资格的；（二）鉴定程序严重违法的；（三）鉴定结论明显依据不足的；（四）经过质证认定不能作为证据使用的其他情形。"

（四）鉴定的种类

依据相关法律的规定，现有的鉴定主要有下列几种：①

1. 法医鉴定

法医鉴定是指运用法医临床学的理论和技术，对涉及与法律有关的医学问题进行鉴定和评定。其主要包括人身损伤程度鉴定、损伤与疾病关系评定、道路交通事故受伤人员伤残程度评定、职工工伤与职业病致残程度评定、劳动能力评定、活体年龄鉴定、性功能鉴定、诈病（伤）及造作病（伤）鉴定、致伤物和致伤方式推断等。

2. 司法精神病鉴定

司法精神病鉴定是指运用司法精神病学的理论和方法，对涉及与法律有关的精神状态、法定能力（如刑事责任能力、受审能力、服刑能力、民事行为能力、监护能力、被害人自我防卫能力、作证能力等）、精神损伤程度、智能障碍等问题进行鉴定。

3. 痕迹鉴定

痕迹鉴定是指运用痕迹学的原理和技术，对有关人体、物体形成痕迹的同一性及分离痕迹与原整体相关性等问题进行鉴定。

4. 微量鉴定

微量鉴定是指运用物理学、化学和仪器分析等方法，通过对有关物质材料

① 参见北京市司法行政网所载"司法鉴定业务分类"，http：//www.bjsf.gov.cn/sfjd/sfjdyefl/。

的成分及其结构进行定性、定量分析，对检材的种类、检材和嫌疑样本的同类性和同一性进行鉴定。

5. 文书鉴定

文书鉴定是指运用文件检验学的原理和技术，对文书的笔迹、印章、印文、文书的制作及工具、文书形成时间等问题进行鉴定。

6. 物品鉴定

物品鉴定是指除了上述法医鉴定、痕迹鉴定、微量鉴定和文书鉴定以外，对于案件中涉及的其他各式各样的物品，运用物理、化学、生物学等学科的专门知识和相应的仪器设备进行检验测定，以确定某种物品的质地、性能以及内含成分和化学结构等的鉴定。

7. 声像资料鉴定

声像资料鉴定包括对录音带、录像带、磁盘、光盘、图片等载体上记录的声音、图像信息的真实性、完整性及其所反映的情况过程进行的鉴定和对记录的声音、图像中的语言、人体、物体作出种类或者同一认定。

8. 司法会计鉴定

司法会计鉴定是指运用会计学的原理和专门知识，对有关财务、账目等依法进行的审核鉴定。

9. 知识产权司法鉴定

知识产权司法鉴定是指依法取得有关知识产权司法鉴定资格的鉴定机构和鉴定人受司法机关或当事人委托，根据技术专家对本领域公知技术及相关专业技术的了解，并运用必要的检测、化验、分析手段，对被侵权的技术和相关技术的特征是否相同或者等同进行认定；对技术转让合同标的是否成熟、实用，是否符合合同约定标准进行认定；对技术开发合同履行失败是否属于风险责任进行认定；对技术咨询、技术服务以及其他各种技术合同履行结果是否符合合同约定，或者有关法定标准进行认定；对技术秘密是否构成法定技术条件进行认定；对其他知识产权诉讼中的技术争议进行鉴定并提供鉴定意见的活动。

10. 建设工程司法鉴定

建设工程司法鉴定是指依法取得有关建设工程司法鉴定资格的鉴定机构和鉴定人受司法机关或当事人委托，运用建筑学理论和技术，对与建筑工程相关的问题进行鉴定并提供鉴定意见的活动，其主要内容包括：建筑工程质量评定、工程质量事故鉴定、工程造价纠纷鉴定等。

此外，鉴定还有众多的门类，在此不再一一列举。随着现代科学技术的迅速发展，今后在诉讼中涉及的专门性问题将会愈来愈多，鉴定所涉及的范围也必将会进一步扩展。

二、鉴定人

（一）鉴定人与相关主体的区别

鉴定人，是指由司法机关指派、聘请或由当事人委托，运用专门知识，对案件中的专门性问题进行鉴别和判断的人。鉴定人必须具有某方面的专门知识，且其知识水平足以达到能够对某一特定事物作出科学鉴定；与之相适应，还须掌握使用必要的仪器、设备，能够满足从事鉴定工作的需要。在理解鉴定人时，要注意其与相关主体的区别。

1. 鉴定人与证人

鉴定人和证人都是作为当事人之外的第三人在法庭上就特定案件事实进行陈述的人，所以规制证人的某些法则对鉴定人也是适用的。但应明确的是，鉴定人和证人毕竟是两类性质不同的证据方法，存在诸多不同之处：

（1）内容不同。

证人是对其所感知的案件事实进行陈述，其作证时不需要具备任何专门性的知识和技能，只需要了解案件的事实情况，能够辨别是非、正确表达即可。

鉴定人必须是由具有专门知识和技能的人员，其鉴定的内容则并非对案件事实的陈述，而是对案件中某些专门性问题进行分析研究，并从科学的角度提出判断性的意见。

（2）感知案件事实的时间不同。

证人是在案件发生时就对案件事实有所了解。

鉴定人之所以能成为鉴定人，是在案件发生时并不了解案件事实。如果其在案件发生时就对案件事实有所了解，那么他就应当作证人，而不能作鉴定人。

（3）是否适用回避不同。

证人必须由了解案情的人员担当，只要了解案件的事实情况就有作证义务，不存在回避问题，是不可选择和不可替代的。

对鉴定人适用回避制度。如果他与案件或案件当事人有利害关系或存在其他法定情况，那他就不能成为案件的鉴定人，必须回避，因为其是可更换和替代的。

（4）要求不同。

为了保证作证的真实客观性，证人在案后不能要求了解案情；并且法律明确规定询问证人应当个别进行，证人之间不能互相讨论，以免相互影响，导致证言失实。

鉴定人虽然在案件发生时不了解案件的事实情况，但为了作出科学的鉴定结论，他可以在案件发生后查阅相关卷宗材料；有几个鉴定人的时候，他们还可以相互讨论，共同书写鉴定意见。

(5) 范围不同。

证人只能是亲身感知案件事实的自然人。法人或其他组织不具备感知案件事实的能力，故不能作为证人。

鉴定人原则上也应为具备专业知识的自然人，但在特殊情形下，可以是符合法定条件的机构。如日本和我国台湾地区民事诉讼中的委托鉴定或嘱托鉴定即是由鉴定机构完成。依据日本民事诉讼法第 218 条第 1 款和我国台湾地区“民事诉讼法”第 340 条第 1 款前半段的规定，法院认为必要时，除可以以自然人为鉴定人外，还可以委托或嘱托国内外的相关机构或团体陈述鉴定意见或审查自然人鉴定人出具的鉴定意见。此时，除陈述鉴定意见的方法、鉴定的职权和鉴定的费用及报酬请求权外，适用于自然人鉴定人的讯问、具结及处罚等规定均不适用于机构鉴定人。当然，按照日本民事诉讼法第 218 条第 2 款和我国台湾地区“民事诉讼法”第 340 条第 1 款后半段的规定，必要时，接受委托的机构或团体可以指派人员向法庭说明鉴定意见的内容。应注意的是，该被指定人是受托机构或团体的代表，并非为鉴定人。

2. 鉴定人与专家证人

专家证人是英美法系证据法上的概念，是指具有相应专业知识和实践经验、接受一方当事人委托就某些专门性问题在法庭上运用专业知识发表意见作出推论或结论的证人。① 其虽也运用专业知识参加诉讼，但与包括我国在内的大陆法系国家和地区证据法上的鉴定人相比，仍存在明显的不同。

(1) 性质不同。

大陆法系国家和地区证据法上的鉴定人是一类独立于证人的证据方法。在鉴定人的资格上采用固定资格原则，有关法律或权力机关明确规定哪些人或哪些机构具有鉴定人的资格，或将鉴定权固定地授予特定的人或机构。一般来说，只有具备鉴定资格的人或机构才能向司法机关提供鉴定结论。

英美法系国家和地区的鉴定人与证人没有区分，法律把鉴定人界定为一种特殊的证人，即专家证人。在专家证人的资格上采用无固定资格的原则，有关

---

① 参见［美］乔恩·R. 华尔兹：《刑事证据大全》，何家弘等译，中国人民公安大学出版社 1993 年版，第 344 页。

法律或权力机关并不明确规定哪些人或哪些机构具有鉴定人的资格，也并不将鉴定权固定地授予特定的人或机构。只要是凭借实际经验或是通过认真学习能够就某一领域的某一具体事项有资格提出明确意见的人，无论资历深浅，无论是否出名，都可以作专家证人，甚至包括汽车修理工、电器修理工、砖瓦工、木工和电工等。

（2）产生方式不同。

大陆法系国家和地区，通常由法院决定是否实施鉴定，并指定鉴定人，在特定情形下法官还可以指挥鉴定。

而在英美法系国家和地区，是否聘请专家证人，以及具体聘请哪位专家证人都由各方当事人自行决定，受聘专家作为聘任方当事人的证人出庭作证，法院职权的影响被降到最低限度。

（3）证据力不同。

尽管鉴定意见在大陆法系国家和地区仍被视为证据的一种，且鉴定人仍有到庭陈述的义务，但由于法官在鉴定中的参与度相当高，某种程度上甚至是法官亲自主持，这种与生俱来的优越条件，自然不免使得法官在认定事实时对其另眼相看。

而英美法系国家的专家证人则显然带有对抗制的鲜明特点。其产生之初即与律师一样，受当事人聘请或委托而提供服务。虽说专家证人所提供的证言不见得就是当事人的授意，但由于其受当事人邀请，并接受其报酬，经常无意识、甚至有意识地提供倾向于委托方的证词，其公正性难以得到保障；同时，当事人双方就同一问题所提供的专家证言可能相冲突，这时就需要双方对专家证人进行诘问，法官的判断自然要比大陆法系国家和地区要慎重得多，其证据力也就要多经受检验。

3. 鉴定人和鉴定证人

在大陆法系国家和地区的证据法上，还有一类所谓鉴定证人的主体。鉴定证人是指就其自己对案件发生当时的感知结果，结合自己具备的专业知识和经验予以陈述的人。①与证人相同的是，鉴定证人对案件的感知也发生的案发当时；与鉴定人类似的是，其在陈述时会加上自己基于专业知识对案情的判断。但从实质上来看，鉴定证人仍属于证人范畴，而非鉴定人。如目睹一起交通事故的其他车辆的司机对交通事故发生时肇事车的情况的描述、治疗原告的医生

① 参见陈计男：《民事诉讼法论》（上），台湾三民书局股份有限公司1999年版，第484页。

对其就医时状况以及治疗经过的陈述等均属于鉴定证人的证言，而非鉴定人的鉴定意见。

由于鉴定证人仍属证人之一种，故法官应将其作为证人予以询问。如德国民事诉讼法第414条规定："如果要证明过去的事实或情况，而对这种事实和情况的认识需要特殊的专门知识时，讯问具有这种专门知识的人，适用关于人证的规定。"日本民事诉讼法第217条规定："对于具有专门学识和经验者就其得知的有关事实的询问，应当根据有关询问证人的规定进行。"我国台湾地区"民事诉讼法"第339条规定："讯问依特别知识得知已往事实之人者，适用关于人证之规定。"

4. 鉴定人和鉴定人兼证人

在特定情形下，还可能出现鉴定人兼证人的情况，其是指法官就关于一事项为证人而询问的人同时就另一事项为鉴定人而予以询问。① 此时既适用关于证人的规定，也适用关于鉴定人的规定。如在侵权损害赔偿案件中，对受害人即原告进行治疗的医生作为证人，乃对于原告就医时的状况以及治疗经过进行陈述；其作为鉴定人，则可以对伤残程度及劳动能力提出意见。

5. 鉴定人和专家辅助人

《民事诉讼法》第79条、《民事证据规定》第61条、《行政证据规定》第48条分别确立了我国民事诉讼领域、行政诉讼领域中的专家辅助人制度。其中，《民事诉讼法》第79条规定："当事人可以申请人民法院通知有专门知识的人出庭，就鉴定人作出的鉴定意见或者专业问题提出意见。"《民诉法解释》第122条、第123条对于专家辅助人参与诉讼的程序作了具体的规定。其中第122条规定："当事人可以依照民事诉讼法第79条的规定，在举证期限届满前申请一至二名具有专门知识的人出庭，代表当事人对鉴定意见进行质证，或者对案件事实所涉及的专业问题提出意见。具有专门知识的人在法庭上就专业问题提出的意见，视为当事人的陈述。人民法院准许当事人申请的，相关费用由提出申请的当事人负担。"第123条规定："人民法院可以对出庭的具有专门知识的人进行询问。经法庭准许，当事人可以对出庭的具有专门知识的人进行询问，当事人各自申请的具有专门知识的人可以就案件中的有关问题进行对质。具有专门知识的人不得参与专业问题之外的法庭审理活动。"《行政证据规定》第48条规定："（第1款）对被诉具体行政行为涉及的专门性问题，当

① 参见陈计男：《民事诉讼法论》（上），台湾三民书局股份有限公司1999年版，第485页。

事人可以向法庭申请由专业人员出庭进行说明，法庭也可以通知专业人员出庭说明。必要时，法庭可以组织专业人员进行对质。（第 2 款）当事人对出庭的专业人员是否具备相应专业知识、学历、资历等专业资格等有异议的，可以进行询问。由法庭决定其是否可以作为专业人员出庭。（第 3 款）专业人员可以对鉴定人进行询问。”

专家辅助人，是指在某些专业方面具有特殊的专门知识或经验、根据当事人的委托并经法院准许，出庭辅助当事人对讼争的案件事实所涉及的专门性问题进行说明或发表专业意见和评论的人。① 首先，从其所从事的职业来理解，专家辅助人是某些专业领域（除法律外）具有专门知识或经验的人；其次，专家辅助人乃依其对专门性问题的判断辅助当事人进行诉讼的人，其陈述的意见仅是协助委托方对案件涉及的专业问题的说明；最后，专家辅助人发表的意见具有专业性和独立性，要尊重科学和自然的规律以及经验法则，而非委托方的授意。

专家辅助人与证人不同，其对案情的认知并非在案发当时亲身感知，而是在接受当事人委托后从当事人提供的材料中了解。

专家辅助人与鉴定人也不同。一方面，专家辅助人并非一定是具备法定鉴定资格的鉴定主体，可以是法定鉴定主体以外的人；另一方面，专家辅助人均是基于当事人委托参与诉讼，非由法院指派或聘请。

所以，从某种程度上来说，我国的专家辅助人有些类似于英美法系证据法上的专家证人，但范围要比专家证人小得多。

（二）鉴定人的义务和权利

1. 鉴定人的义务

同证人一样，鉴定人也属于人的证据方法，所以证据法上关于证人的规范也多适用于鉴定人，如德国民事诉讼法第 402 条、日本民事诉讼法第 216 条和我国台湾地区“民事诉讼法”第 324 条均有类此之规定。

凡具有鉴定所需特别学识经验的人即负鉴定义务。如证人义务一样，鉴定义务也属于第三人为协助法院进行证据调查所尽的公法上的义务，具体包括到场义务、宣誓或具结义务和鉴定意见报告义务，如德国民事诉讼法第 407 条、日本民事诉讼法第 212 条和我国台湾地区“民事诉讼法”第 328 条均有类此之规定。我国《民事诉讼法》第 78 条规定：“当事人对鉴定意见有异议或者

① 参见江伟主编：《民事诉讼法》（第三版），高等教育出版社 2007 年版，第 161 页。

人民法院认为鉴定人有必要出庭的，鉴定人应当出庭作证。经人民法院通知，鉴定人拒不出庭作证的，鉴定意见不得作为认定事实的根据；支付鉴定费用的当事人可以要求返还鉴定费用。”由于鉴定意见通常涉及专门领域知识，为确保准确客观，鉴定人陈述鉴定意见时不限口头方式，书面方式亦可。

鉴定人违反鉴定义务所受的处罚基本上与证人违背证人义务所受的处罚相同。但与证人乃基于其对过去所经历的事实的记忆向法官陈述因而具有不可替代性不同的是，鉴定人仅乃就鉴定事项向法官报告其事实判断结果，只要具备与鉴定事项有关的必要的学识经验的人无论为谁均能被法院指定为鉴定人而达鉴定目的，故鉴定人具有可替代性。正因如此，鉴定人拒绝到庭时，法院并无强制传唤其到庭的必要，如日本民事诉讼法第 216 条和我国台湾地区“民事诉讼法”第 329 条的规定。此外，依德国民事诉讼法第 409 条的规定，鉴定人违反鉴定义务时，法院不能对其处以拘留，这也是基于鉴定人具有可替代性这一特质所作的规范。

2. 鉴定人的权利

与证人不同的是，鉴定人除合理费用请求权外，还享有报酬请求权，因为其鉴定行为完全是提供的一种劳动或服务，并非一种单纯的义务，这也是鉴定制度得以存在和延续的基础条件。如德国民事诉讼法第 413 条规定，对鉴定人应予以费用补偿。我国台湾地区“民事诉讼法”第 338 条第 1 款规定：“鉴定人于法定之日费、旅费外，得请求相当之报酬。”

对于证人所享有的司法保护请求权，鉴定人自然可以享有。

第五章　证明对象

第一节　证明对象概述

一、证明对象的概念和特点

原告(人)或公诉机关起诉时应提出一定的证据,被告(人)进行答辩、辩护或者反诉时也会提出一定的证据。这些证据的提出乃是为了通过证明特定案件事实的存在使得其相应的主张得到法院的支持,从而实现诉讼的目的。其中,证明主体运用证据予以证明的对审理案件有重要意义的事实便被称为证明对象。

证明对象,又称证明客体或待证事实,其决定着案件调查的范围,即决定着司法机关和当事人应搜集和调取哪些证据。一般来说,证明对象有三方面的主要特点:

(一) 证明对象的确定一般有赖于当事人或公诉机关提出的请求

在诉讼过程中,当事人或公诉机关依其诉讼地位会提出各自的请求,也即实体法上的权利主张,而这种实体法上的权利主张是否能得到法院支持,必须以实体法所规定的要件事实为依据,因此,作为证明主体的当事人或公诉机关必须以一定的方法证明该案件事实的存在,其请求才能获得认可。需要证明的事实在当事人或公诉机关的主张下,便构成证明对象,任何与请求无直接关系的事实都不能成为证明对象。只有当事人或公诉机关通过诉讼的形式提出的,并能由特定的证据予以证明的作为普遍属性的抽象事实才能成为本案的证明对象。当然,在特定情形下,尤其是在采取职权探知主义的刑事诉讼领域,法官在审理案件的过程中可以主动提示具体的证明对象并要求当事人或公诉机关提出证据加以证明。

(二) 证明对象必须以证据加以证明

证明对象是有待证明主体加以证明的客体,是诉讼主体之间存在争议的待证事实。对于那些无需证明的事实,如众所周知的事实、司法认知的事实等,不构成诉讼中的证明对象。

（三）证明对象与证明责任之间存在紧密的联系

在具体诉讼中，证明对象一旦确立，证明责任便相应产生。明确证明对象，才能确定证明责任承担的范围，才能在诉讼证明中目标明确。有证明对象必有证明责任，谈到证明责任必定指涉特定的证明对象。

二、证明对象的范围

一般来说，证明对象包括以下几个方面：

（一）事实

当事人或公诉机关的主张若要得到法院的认可，取得胜诉的裁判，必须以特定案件事实的存在为唯一依据。而案件事实的成立无疑须有相应的具备证据能力和一定程度证据力的证据为依托，也即案件事实之所以能被法官所认定乃因为其有特定证据方法作为支撑。因此，事实是证明对象最主要的组成部分。

诉讼中的大部分事实应由提出相应主张的当事人或公诉机关举证予以证明，法官仅处于接受证据并对其进行认定的地位，无主动调查的义务。但在特殊情形下，法院有必要对特定的事实主动进行查明，这些事实即属于法院应依职权调查的事项。法院依职权调查的事项，在实体上主要是涉及公共利益的事项，在程序上则主要是法院作出本案判决所必须具备的诉讼要件事实，如涉及当事人能力、诉讼能力及管辖等方面的事实法院应当依职权进行调查，以确定这些事项是否成立或存在。如我国台湾地区“民事诉讼法”第 77 条之一第 3 款规定：“法院因核定诉讼标的之价额，得依职权调查。”第 177 条第 1 款规定：“承受诉讼之声明有无理由，法院应依职权调查之。”其“刑事诉讼法”第 163 条第 2 款规定：“为发现真实，得依职权调查证据。但于公平正义之维护或对被告之利益有重大关系事项，法院应依职权调查之。”第 393 条规定，第三审法院之调查，以上诉理由所指摘之事项为限。但下列事项，得依职权调查之：（一）第 379 条①各款所列之情形；（二）免诉事由之有无；（三）对于

① 其第 379 条规定，有下列情形之一者，其判决当然违背法令：（一）法院之组织不合法者；（二）依法律或裁判应回避之法官参与审判者；（三）禁止审判公开非依法律之规定者；（四）法院所任管辖之有无系不当者；（五）法院受理诉讼或不受理诉讼系不当者；（六）除有特别规定外，被告未于审判期日到庭而径行审判者；（七）依本法应用辩护人之案件或已经指定辩护人之案件，辩护人未经到庭辩护而径行审判者；（八）除有特别规定外，未经检察官或自诉人到庭陈述而为审判者；（九）依本法应停止或更新审判而未经停止或更新者；（十）依本法应于审判期日调查之证据而未予调查者；（十一）未与被告以最后陈述之机会者；（十二）除本法有特别规定外，已受请求之事项未予判决，或未受请求之事项予以判决者；（十三）未经参与审理之法官参与判决者；（十四）判决不载理由或所载理由矛盾者。

确定事实援用法令之当否；（四）原审判决后刑罚之废止、变更或免除；（五）原审判决后之赦免或被告死亡。

（二）习惯、地方规范性法律文件和外国法

证据法上的习惯，又称习俗，是指历代相习、积久而成的具有较强稳定性的风尚、礼节和惯制的总和。法官作为社会的一分子，应当然地知悉所处社会具有的习惯，故一般来说习惯并非属于证明对象的范畴。但不应否认的是，由于时间和地域等方面的限制，不能要求法官对所有的习惯都能知晓。因此，在当事人的主张据以成立的习惯不为法官所知的情形下，当事人也应举证证明该习惯的存在，即此时习惯也成为证明的对象。

地方规范性法律文件，是指地方有权机关依据宪法和法律制定的在本辖区内适用的规范性法律文件。对于法律的有无及解释等问题，作为裁判者的法官基于职业要求应有知悉的义务，当事人对此不负证明责任。当事人在庭上对法律的陈述意见应仅供法官参考。但是，如果当事人就以某地的地方规范性法律文件为依据生成的法律关系产生争议，而在特殊情形中地域管辖规范的规制下，当事人诉至异地法院时，异地的法官因地域所限，自然无从知晓该地的地方规范性法律文件，更谈不上据以定案了。此时，地方规范性法律文件即应被归入证明对象之列。在我国，能够成为法官判案依据的地方规范性法律文件有两种，一是由省级人大及其常委会和国务院批准的较大的市人大及其常委会依照法定职权和程序制定的地方法规和民族自治地方人大依照法定职权和程序制定的自治条例和单行条例；二是由省级和国务院批准的较大的市人民政府根据法律、行政法规和地方法规制定的地方规章。该两者均为证明的对象。

作为外国的规范性法律文件，外国法自然不属于本国法官当然应予知悉的法律范畴。所以，一国法院根据本国冲突规范的指定或当事人的选择而适用外国法时，或者在起诉与答辩中当事人援用一外国法作为自己权利的依据时，法官应先运用特定的手段证明或调查该外国法的现行有效性及其具体内容，从而也将其纳入证明对象的范畴。由于外国法的证明是一国法院在审理涉外案件时经常会碰到并直接关系到案件审理结果的重要问题，因此，在各种跨国活动和对外交流日益频繁的今天，外国法的证明问题已成为各国涉外诉讼制度中的重要内容。

（三）经验法则

经验法则，是指根据经验归纳总结得出的关于事物因果关系或属性状态的知识和经验，包括日常生活中的法则、自然法则以及专门科学上的法则。从证据制度和审判模式的运行来看，经验法则的运用体现了自由心证的基本要求，在法官针对个案作出判断时，可以成为三段论推论中的大前提，具有类似于法律规范的机能。所以，经验法则并非具体的案件事实。

但是，因知识结构和认识水平的局限，并非所有的经验法则均当然地为法官所掌握。特别是涉及专业领域的专门知识时，只有通过当事人予以证明，法官方能了解相关专业经验法则的内容和适用规则。故此时经验法则也成为证明的对象。也即在审判实践中，一般性的经验法则无须证明，但若运用专门性知识，且为一般人和法官所不知的经验法则则需加证明。

此外，有观点还认为证据本身也属于证明对象，也需要得到证明。本书认为，这种认识实际上是将对证据的审查判断与对案件事实的证明混为一谈，证据本身并非证明对象。证明对象的确定应有一个较为明确的标准，即应当以诉讼的目的或最终所要解决的问题为衡量尺度。证据本身归根到底乃是证明手段。不能因证据需查证属实，就认为证据事实既是证明对象，又是证明手段，具有双重属性。尽管证据之间需要相互印证，但这种印证与被印证仍然是证明手段之间的关系。将证据本身也看成证明对象，会使证明对象变得不确定，难以发挥其对司法实践所起的规范作用。

第二节 证明对象的范围

一、民事诉讼中的证明对象

民事诉讼中的证明对象除习惯、地方规范性法律文件、外国法和经验法则外，主要有法律要件事实和诉讼要件事实两类。

（一）法律要件事实

1. 法律要件事实的概念和分类

法律要件事实，即案件的主要事实，是指能够直接引起法律关系发生、变更和消灭的事实。将法律要件事实确定为民事诉讼的证明对象是以民事诉讼中指导证明责任分配的法律要件分类说为依据的。法律要件分类说着眼于法律事实在实体法上的效果，根据民事实体法规定的法律要件的不同类别分配证明责任。该类事实完全应由当事人举证予以证明，法院不负主动查明的义务。

以实体法律规范的性质不同，可将法律要件事实分为四种：

（1）权利发生事实，又称权利根据事实，是指法律关系的特别成立或生效要件事实，即以权利发生规范为基础，导致民事法律关系成立的事实，如合同的订立。

（2）权利障碍事实，又称权利妨害事实，是指法律关系一般成立或生效要件欠缺的事实，即以权利妨害规范为基础，导致民事法律关系不能成立的事实，如民事行为能力的欠缺。

（3）权利消灭事实，又称权利灭失事实，是指以权利消灭规范为基础，导致民事法律关系消灭的事实，如债的履行、清偿、免除、混同和抵销等。

（4）权利拒绝事实，又称权利排除事实或权利受制事实，是指以权利拒绝规范为基础，限制或排除特定权利实现的事实，如消灭时效的抗辩、同时履行的抗辩、合同的解除条件、合同的可撤销条件和合同的解除或终止等。

2. 不同诉讼类型中的证明对象

（1）合同诉讼。

因合同纠纷引起的诉讼的证明对象是民事诉讼中最为复杂的一类，涉及合同成立、有效、生效、履行、变更、转让、终止、撤销、解除及违约等多项具体内容。总的来说，可分为六部分：

①与合同订立有关的证明对象。主要是与要约和承诺有关的事实，如要约的发出、生效、撤回、撤销和失效；承诺的发出、生效、撤回；缔约过失责任等。

②与合同效力有关的证明对象。主要是与合同产生效力的各项条件有关的事实，如缔约人的民事行为能力和意思表示的真实性等。

③与合同履行有关的证明对象。主要包括与合同担保、抗辩权行使、合同的保全等有关的事实。

④与合同的变更和转让有关的证明对象。主要包括与合同变更要件、变更效力和转让要件有关的事实。

⑤与合同终止有关的证明对象。主要包括与合同解除、抵销、提存、混同和免除等有关的事实。

⑥与违约责任有关的证明对象。主要包括与违约责任形态、形式和免责事由等有关的事实。

（2）侵权诉讼。

在一般侵权诉讼中，证明对象包括损害存在的事实、行为违法的事实、行为人存在过错的事实和侵权行为与损害之间存在因果关系的事实四项。

在特殊侵权诉讼中，证明对象是特定情形下法律规定的特殊侵权构成要件的事实。如在无过错责任下，证明对象包括损害存在的事实、行为违法的事实和侵权行为与损害之间存在因果关系的事实三项，而不包括行为人存在过错的事实。

（3）其他诉讼。

在继承诉讼中，证明对象主要有继承权存在的事实、遗嘱存在及有效的事实、遗产数额确定的事实等。

在离婚诉讼中，证明对象主要有感情破裂的事实、一方存在过错的事实、子女身份有关事实和财产状况有关事实等。

在不当得利诉讼中，证明对象主要包括一方获利的事实、他方受损的事实及获利与受损存在因果关系的事实等。

在无因管理中，证明对象主要包括管理人管理他人事务的事实、管理人存在管理意思的事实和无法定或约定管理义务的事实等。

（二）诉讼要件事实

1. 诉讼要件事实的概念和特点

民事诉讼中的证明对象除实体法上的法律要件事实之外，另一重要的组成部分是程序法上的民事诉讼要件事实。诉讼要件事实，又称程序法律事实，是指对解决诉讼程序问题具有法律意义的事实，即引起民事诉讼法律关系产生、变更和消灭的事实。这些事实虽不直接涉及民事实体问题，但在具体案件中，如不加以确定，就会影响民事诉讼活动的顺利进行，影响实体问题的正确解决，因而也属于证明对象。

与法律要件事实相比，诉讼要件事实有两个显著的特点：

（1）法律要件事实完全应由当事人举证予以证明，法院不负主动查明的义务；而诉讼要件事实即使对方当事人无异议，法院仍应主动查明，法院有依法主动审查的义务。

（2）对于法律要件事实的证明，必须使法官形成完全的确信；而对于诉讼要件事实，当事人提出的证据若未能使法官形成内心确信，仅产生薄弱的心证，即相信其大致如此，便达到目的。即对诉讼要件事实的证明要求低于对法律要件事实的证明要求。

2. 诉讼要件事实的范围

诉讼要件事实应由民事诉讼法明确规定。一般来说，民事诉讼要件事实主要有下列几种：

（1）回避的事实；

（2）有关当事人条件的事实；

（3）有关主管和管辖的事实；

（4）有关审判组织形式的事实；

（5）有关审判方式的事实；

(6) 适用强制措施条件的事实；
(7) 有关诉讼期间的事实；
(8) 证据保全的事实；
(9) 财产保全和先予执行的事实；
(10) 不到庭理由的事实；
(11) 违反法定程序引起二审或再审的事实等。

二、刑事诉讼中的证明对象

刑事诉讼中的证明对象除习惯、地方规范性法律文件、外国法和经验法则外，主要包括下列几类：

(一) 犯罪构成要件事实

犯罪构成要件是刑法所规定的，符合犯罪概念基本特征构成犯罪所必需的客观和主观要件，即刑法所规定的、决定某一具体行为的社会危害性及其严重程度而为该行为构成犯罪所必需的一切客观和主观要件的总和。犯罪构成是犯罪客体、犯罪客观方面、犯罪主体、犯罪主观方面四大类要件的总和。其中，具有核心意义的是主观罪过与客观危害性相一致。关于犯罪构成要件的事实是刑事诉讼中首先应运用证据加以证明的对象，是证明的关键和核心。

(二) 刑罚的适用事实

刑罚的适用事实，又称有关量刑情节的事实，是在定罪的基础上进一步产生的问题，也是刑事证明的重要组成部分。具体又分为两种：①法定情节事实。包括从重处罚的事实、从轻处罚的事实、减轻处罚的事实和免除处罚的事实等。②酌定情节事实。包括有关犯罪手段的事实、犯罪对象的事实、犯罪环境的事实、犯罪条件的事实、犯罪结果的事实和犯罪动机的事实等。

(三) 阻却违法性的事实

某些行为虽已具备法定的犯罪构成要件，但由于客观条件或支配这些行为的目的、动机等主观因素具有正当性，故刑法明确排除该类行为的犯罪性质，相关事实即为阻却违法性的事实，如正当防卫、紧急避险、意外事件和依法行使职权等。

(四) 阻却可罚性的事实

虽然某些行为的发生已构成犯罪，但由于阻却可罚性事实的发生使得并不对其进行刑事处罚，如已过追诉时效、特赦及犯罪嫌疑人、被告人死亡等情形。

（五）阻却刑事责任的事实

这类事实主要指行为人无刑事责任能力或正处于依法不负刑事责任的时期。前者是指行为人未达到法定刑事责任年龄，即不满 14 周岁，后者是指精神病人在不能辨认或不能控制自己行为时实施危害社会的行为。

（六）诉讼要件事实

指对于解决刑事案件的诉讼程序问题具有法律意义的事实。在刑事诉讼中视案件的具体情况需要加以证明的程序法事实主要有：①审理和管辖的事实；②回避的事实；③对嫌疑人和被告人采取强制措施的事实；④采取搜查、扣押等强制性侦查措施的事实；⑤其他取证程序的事实；⑥诉讼期限的事实；⑦违反法定程序引起二审或再审的事实等。

三、行政诉讼中的证明对象

行政诉讼的中心任务是审查具体行政行为的合法性，行政诉讼的全过程都要紧紧围绕具体行政行为的合法性来进行。因此，对被诉具体行政行为合法性的证明是行政诉讼活动的基础和主要内容。

行政诉讼的证明对象主要是与被诉具体行政行为合法性有关的事实。这是行政诉讼证据区别于其他诉讼证据的最重要特征。与被诉具体行政行为合法性有关的事实，既包括与被诉具体行政行为合法性有关的实体法事实，也包括与被诉具体行政行为合法性有关的程序法事实。因为，具体行政行为的合法，既要求其实体上合法，也要求其在程序上必须合法。

同时，与行政诉讼程序有关的事实也属于行政诉讼证明对象范围之列，如当事人资格的事实、回避的事实、诉讼期限的事实、违反法定程序的事实和证据保全的事实等。

第六章　免证事实

第一节　免证事实概述

一、免证事实的概念

在证据法上，免证事实又称不要证事实，是指在诉讼中，无须经由当事人或公诉机关提供证据予以证明，而可直接由受诉法院裁判确认的事实。如前所述，现代诉讼都采取证据裁判主义，受诉法院认定案件事实必须以证据为基础，所以免证事实乃证据裁判主义的例外；又因为在诉讼中，当事人或公诉机关负有举证的任务，所以免证事实同时构成证明责任的例外。由于免证事实攸关当事人或公诉机关证明责任的范围，对当事人或公诉机关的影响非常大，故各国和地区立法上均对免证事实的范围予以明确界定，从而防止受诉法院滥用自由裁量权。

二、免证事实的范围

免证事实之所以在诉讼中成为必要，乃在于以人的认识活动为基础的证明活动总是建立在特定的人类常识性认识基础之上，无须重复证明一些显而易见、不应有合理争议的事实，这样才能把主要精力集中于关键的争点上，使论证更有针对性，从而提高证明活动的效率，降低诉讼成本。正是鉴于免证事实的重要性，域外各国和地区证据立法均对其有所规定，并有明确的适用范围，一般来说，主要有以下几类：

（一）诉讼上自认的事实

诉讼上的自认，是指在诉讼中当事人一方就对方所主张的事实以明示或默示的方式表示承认。其中，当事人所承认的事实即为自认的事实。自认的事实不须举证。

如德国民事诉讼法第 288 条规定：“（第 1 款）当事人一方所主张的事实，

在诉讼进行中经对方当事人于言词辩论中自认，或者在受命法官或受托法官前自认而作成记录的，无须再要证据。（第 2 款）审判上的自认的效力，不以（对方当事人）承认为必要。”第 291 条规定：“于法院已经显著的事实，不需要证据。”日本民事诉讼法第 179 条规定，当事人在法院自认的事实，无需进行证明。我国台湾地区“民事诉讼法”第 279 条规定：“（第 1 款）当事人主张之事实，经他造于准备书状内或言词辩论时或在受命法官、受托法官前自认者，无庸举证。（第 2 款）当事人于自自认有所附加或限制者，应否视有自认，由法院审酌情形断定之。（第 3 款）自认之撤销，除别有规定外，以自认人能证明与事实不符或经他造同意者，始得为之。”第 280 条规定：“（第 1 款）当事人对于他造主张之事实，于言词辩论时不争执者，视同自认。但因他项陈述可认为争执者，不在此限。（第 2 款）当事人对于他造主张之事实，为不知或不记忆之陈述者，应否视同自认，由法院审酌情形断定之。（第 3 款）当事人对于他造主张之事实，已于相当时期受合法之通知，而于言词辩论期日不到场，亦未提出准备书状争执者，准用第一项之规定。但不到场之当事人系依公示送达通知者，不在此限。”

（二）公知的事实

公知的事实，又称众所周知的事实，是指具有一般知识与经验之不特定的普通人都相信，且会在毫无怀疑的程度上予以相信的事实。法官以此作为裁判基础时，由于其具有公知的客观性，无须经由当事人举证证明，即会在内心达到对该事实确信的状态。

如德国民事诉讼法第 291 条规定：“于法院已经显著的事实，不需要证据。”日本民事诉讼法第 179 条规定，显著的事实，无需进行证明。我国台湾地区“民事诉讼法”第 278 条第 1 款规定，事实于法院已显著者，无庸举证。

（三）司法认知的事实

司法认知的事实，也称审判上的认知或审判上的知悉，是指在审理案件的过程中，无须当事人举证，法官依申请或依职权直接确认其真实性而予以采信的事实。

如美国联邦证据规则第 201 条规定：“（a）适用范围。本条规则仅适用于关于裁判事实的司法认知。（b）事实种类。适用司法认知的事实必须不属于合理争议的范畴，即：（1）在审判法院管辖范围内众所周知的事实；或（2）能够被准确地确认和随时可借助某种手段加以确认，该手段的准确性不容被合理质疑。（c）任意采用。无论被请求与否，法庭可以采用司法认知。（d）强制采用。如果当事人提出请求并辅之以必要的资料，法庭应当采用司法认知。

(e) 被听证的机会。对于采用司法认知是否妥当和关于认知的要旨，当事人有权及时请求给予听证的机会。在未事先通知的情况下，可以在司法认知作出后提出这样的请求。(f) 采用司法认知的时间。在诉讼的任何阶段都可以采用司法认知。(g) 指示陪审团。在民事诉讼中，法庭应指示陪审团将业经认知的事实作为结论性事实采纳。在刑事诉讼中，法庭应指示陪审团可以（但不要求这样做）将业经司法认知的事实作为结论性事实采纳。”我国台湾地区“民事诉讼法”第 278 条第 1 款规定，事实于法院已为其职务上所已知者，无庸举证。

(四) 推定的事实

推定是指由法律规定或由法院按照经验法则，从已知的前提事实推断未知的结果事实存在，并允许当事人举证推翻的一种证据法则。其中据以作出推断的事实，即已知的前提事实，为基础事实；根据基础事实而推定存在的事实，即结果事实，为推定的事实。

如美国联邦证据规则第 302 条规定：“在所有民事诉讼中，除国会制定法或本证据规则另有规定外，一项推定赋予其针对的当事人举证反驳或满足该推定的责任，但未向该当事人转移未履行说服责任即需承担风险意义上的证明责任。该证明责任仍由在审判过程中原先承担的当事人承担。”德国民事诉讼法第 292 条规定，对于一定事实的存在，法律准许推定时，如无其他规定，许可提出反证。我国台湾地区“民事诉讼法”第 281 条规定：“法律上推定之事实无反证者，无庸举证。”第 282 条规定：“法院得依已明了之事实，推定应证事实之真伪。”

三、我国现有规定及评述

(一) 现有规定概况

我国三大诉讼法虽未明定免证事实及其范围，但相关司法解释对其均作了规定。

1. 刑事诉讼领域

《人民检察院刑事诉讼规则》第 437 条规定：“在法庭审理中，下列事实不必提出证据进行证明：(一) 为一般人共同知晓的常识性事实；(二) 人民法院生效裁判所确认的并且未依审判监督程序重新审理的事实；(三) 法律、法规的内容以及适用等属于审判人员履行职务所应当知晓的事实；(四) 在法庭审理中不存在异议的程序事实；(五) 法律规定的推定事实；(六) 自然规律或者定律。”该规定的某些内容虽契合免证事实的意旨，但因其出于最高人民检察院，由公诉机关来界定刑事诉讼中法院判断事实的范围，其不合理性显而易见，所以不具有可操作性。

2. 民事诉讼领域

《民事证据规定》第 8 条第 1、2 款规定："（第 1 款）诉讼过程中，一方当事人对另一方当事人陈述的案件事实明确表示承认的，另一方当事人无需举证。但涉及身份关系的案件除外。（第 2 款）对一方当事人陈述的事实，另一方当事人既未表示承认也未否认，经审判人员充分说明并询问后，其仍不明确表示肯定或者否定的，视为对该项事实的承认。"《民事证据规定》第 9 条规定："（第 1 款）下列事实，当事人无须举证证明：（一）众所周知的事实；（二）自然规律及定理；（三）根据法律规定或者已知事实和日常生活经验法则，能推定出的另一事实；（四）已为人民法院发生法律效力的裁判所确认的事实；（五）已为仲裁机构的生效裁决所确认的事实；（六）已为有效公证文书所证明的事实。（第 2 款）前款（一）、（三）、（四）、（五）、（六）项，当事人有相反证据足以推翻的除外。"

《民诉法解释》第 92 条规定："（第 1 款）一方当事人在法庭审理中，或者在起诉状答辩状、代理词等书面材料中，对于已不利的事实明确表示承认的，另一方当事人无须举证证明。（第 2 款）对于涉及身份关系、国家利益、社会公共利益等应当由人民法院依职权调查的事实，不适用前款自认的规定。（第 3 款）自认的事实与查明的事实不符的，人民法院不予确定。"《民诉法解释》第 93 条规定："（第 1 款）下列事实，当事人无须举证证明：（一）自然规律以及定理、定律；（二）众所周知的事实；（三）根据法律规定推定的事实；（四）根据已知的事实和日常生活经验法则推定出的另一事实；（五）已为人民法院发生法律效力的裁判所确认的事实；（六）已为仲裁机构生效裁决所确定的事实；（七）已为有效公证文书所证明的事实。（第 2 款）前款第二项至第四项规定的事实，当事人有相反证据足以反驳的除外；第五项至第七项规定的事实，当事人有相反证据足以推翻的除外。"

3. 行政诉讼领域

《行政证据规定》第 65 条规定："在庭审中一方当事人或者其代理人在代理权限范围内对另一方当事人陈述的案件事实明确表示认可的，人民法院可以对该事实予以认定。但有相反证据足以推翻的除外。"第 68 条规定："（第 1 款）下列事实法庭可以直接认定：（一）众所周知的事实；（二）自然规律及定理；（三）按照法律规定推定的事实；（四）已经依法证明的事实；（五）根据日常生活经验法则推定的事实。（第 2 款）前款（一）、（三）、（四）、

(五) 项，当事人有相反证据足以推翻的除外。”第70条规定：“生效的人民法院裁判文书或者仲裁机构裁决文书确认的事实，可以作为定案依据。但是如果发现裁判文书或者裁决文书认定的事实有重大问题的，应当中止诉讼，通过法定程序予以纠正后恢复诉讼。”

(二) 评述

从上述规定的具体内容上来看，三个诉讼领域对免证事实范围的界定基本相同，以下评述以民事诉讼为示例。

《民事证据规定》与《民诉法解释》在免证事实范围的界定上，从整体上看几乎同一，这充分表明法律适用者对于免证事实应有之义的认识并未有实质性的改变，《民事证据规定》所存在的错误仍为《民诉法解释》所沿袭。本书认为，其根本缘由在于法律适用者对现行民事诉讼的运作样式及相关诉讼理论缺乏基本认识。在我国现今民事诉讼架构内，自认的事实并不能称为民事诉讼中的免证事实。而依据相关诉讼理论，自然规律及定理，生效裁判所确认的事实，仲裁裁决所确认的事实及有效公证文书所确认的事实亦不能当然地作为民事诉讼中的免证事实。在现行民事诉讼法的框架下，只有众所周知的事实与推定的事实方称得上民事诉讼中的免证事实。

(1) 诉讼上自认的事实不能作为我国民事诉讼中的免证事实。

自认的事实之所以不能作为我国民事诉讼中的免证事实，其根本原因在于自认乃辩论主义的产物，在采职权探知主义的我国决无适用余地。现代各国民事诉讼，就当事人对证据资料的提供与受诉法院认定案件事实的关系而言，有两种运作样式：一是辩论主义，二是职权探知主义。辩论主义包括三层要义：其一，受诉法院不能将当事人双方未主张的事实作为判决的基础；其二，对于当事人双方之间无争执的事实（自认、拟制自认），受诉法院无须调查证据，可直接采纳作为判决的基础；其三，受诉法院对于当事人双方争执的事实，应依当事人所声明的证据予以调查。① 而职权探知主义在内涵上与辩论主义截然相反，表现为：其一，对于当事人双方未主张的事实，受诉法院仍可依证据予以调查；其二，对于当事人双方之间无争执的事实，受诉法院仍需调查其真伪，而不能直接采纳作为判决的基础；其三，受诉法院对事实的调查不受当事人所声明的证据范围的限制。比较辩论主义与职权探知主义内涵可得知，自认乃为充分尊重当事人双方意思表示的辩论主义所独有，而职权探知主义以发现

① 关于民事诉讼采纳辩论主义的根据，参见骆永家：《既判力之研究》，“辩论主义与处分权主义”，台湾三民书局股份有限公司1999年版，第207页。

案件事实真相为第一要义，对当事人双方意思表示的尊重则退居其次，故其无自认的适用基础。

纵观我国现行民诉法，仍然采取的是职权探知主义，具体理由有三：其一，当事人主张的事实并无拘束受诉法院裁判基础资料范围的功能，民事诉讼法第 75 条第 2 款“当事人拒绝陈述的，不影响人民法院根据证据认定案件事实”之规定即为依据，其二，如前所述，现行立法将当事人看做一种独立的证据方法，而未明确赋予其诉讼资料提供主体的地位。① 所以当事人的陈述并不具有辩论主义民事诉讼当事人主张的应有功能，故即便在当事人陈述中，当事人之间不存在争执的事实，受诉法院也应调查其真伪而不能直接采用，《民事诉讼法》第 75 条第 1 款“人民法院对当事人陈述，应当结合本案的其他证据，审查确定能否作为认定事实的根据”的规定即表明了该意思。其三，依《民事诉讼法》第 64 条第 2 款“当事人及其诉讼代理人因客观原因不能自行收集的证据，或者人民法院认为审理案件需要的证据，人民法院应当调查收集”的规定可知，我国受诉法院认定案件事实不受当事人所声明的证据方法的限制，在当事人声明的证据以外，为审理案件的需要，受诉法院自可依职权主动调查证据。正是由于现行立法仍采职权探知主义，故自认制度并无立足之本。

或许有观点会认为，即便现行立法未采取辩论主义而无法适用自认，司法解释未尝不能对立法予以突破，规定自认制度，并将自认的事实作为免证事实之一种予以规范。对此，本书认为，即便承认司法解释能够突破现行立法，创制某一立法上未规定的制度，但就技术规范层面来看，司法解释实在难以单独创设自认制度。作为辩论主义核心要义之一的自认，其与辩论主义的其他要义相互呼应，不可能割裂出来单独予以规范。因此，只有在全方位承受辩论主义的前提下，自认才具有确立的合理性。

（2）自然规律及定理是法院认定事实的前提，并非免证事实。

---

① 与我国将当事人作为人的证据方法不同的是，在采辩论主义的德国、日本及我国台湾地区，当事人乃诉讼资料之主体，并非一独立之证据方法，受诉法院对当事人的询问仅为证据调查之辅助手段，也即受诉法院只有在对其他证据进行调查后仍不能获得对案件事实之心证始可为之。参见《德国民事诉讼法》第 445 条、《日本民事诉讼法》第 217 条及我国台湾地区“民事诉讼法”第 367 条。虽然近来德、日及我国台湾地区为促进案件审理之集中化，加大了法官询问当事人之力度，惟依学者之解释，法官询问当事人仍应在无法通过其他证据调查获得心证时始可适用，以免动摇辩论主义之根基。参见陈计男：《民事诉讼法论》（上），台湾三民书局股份有限公司 1999 年版，第 427 页。

严格讲来，“自然规律”及“定理”并非纯粹法学术语。依《现代汉语词典》的解释，“自然规律”是指“存在于自然界的客观事物内部的规律”；“定理”指的是“已经证明具有正确性，可以作为原则或规律的命题或公式”。从内涵上讲，无论是自然规律还是定理，均是人们从生活行为经验中获得的关于事物间因果关系或性质状态的知识或法则。① 从外延上讲，自然规律及定理为经验法则的一部分，诚如学者所言：“经验法则……就内容而言，包括一切以自然科学的方法检验或观察自然现象归纳之自然法则；支配人类思考作用之伦理法则、数学上之原理、社会生活之道义、伦理及惯例、交易上之习惯；以及有关学术、艺术、技术、商业及工业等一切生活活动之一切法则。”② 显而易见，自然规律和定理均为脱离具体事实的抽象知识法则，应属于法律三段论推论中的大前提，是受诉法院判断事实时所应遵循的基准。而免证事实就其本质而言，乃为某一具体事实，是法律三段论推论的小前提，因此，司法解释将自然规律和定理定位为免证事实，其不当之处甚为显然。

（三）生效裁判所确认的事实、生效仲裁裁决所确认的事实及有效公证文书所证明的事实属于特殊公文书所载明的事实，并非免证事实

《民事证据规定》与《民诉法解释》均将生效裁判所确认的事实作为免证事实予以规范，这是有悖免证事实本质属性的。一方面，从逻辑上讲，生效裁判所确认的事实实际上是生效裁判文书所载明的事实，也即该事实以生效裁判文书为其载体。故该事实就其本质而言仍为证据资料，并以生效裁判文书为其证据方法。而免证事实从本质上讲，乃无须通过证据调查即可由受诉法院确认的事实，该事实的认定与受诉法院的证据调查活动无关。因此，将生效裁判所确认的事实作为免证事实在逻辑上显然难以立足。另一方面，即便认为现行司法解释将生效裁判所确认的事实作为免证事实，蕴含直接赋予生效裁判文书具有实质证据力的考虑也不能成立，其不仅与现行立法的精神相违背，也与证据法理论不相契合。依民事诉讼法第 67 条第 2 款“人民法院对有关单位和个人提出的证明文书，应当辨别真伪，审查确定其效力”之规定可以得知，在我国，无论是公文书，还是私文书，均不当然具有实质的证据力。是否具有证据效力需要受诉法院在双方当事人言词辩论的基础上加以判断。而在证据法理论上，如前所述，公文书与私文书的区别主要表现在形式证据力的认定这一层面。如果为私文书，应由举证人证明其为真正；

① 参见骆永家：《民事举证责任论》，台湾商务印书馆 1987 年版，第 7 页。

② 雷万来：《民事证据法论》，台湾瑞兴图书股份有限公司 1997 年版，第 33 页。

并且若私文书经本人或其代理人签名、盖章或按指印推定其为真正；若为公文书，法律直接推定其具有形式证据力，法官无自由心证的余地。① 至于实质证据力，不论公文书还是私文书均需要法官依自由心证予以判断，公文书绝无当然具有实质证据力的道理。无论该公文书为法院的刑事裁判书还是民事裁判书均是如此。可见，“民事法院不可径以刑事判决为据即认有证明力，仍因就刑事判决认定事实之凭据辩论调查，以决定该判决书有无证明力，至若它案之民事判决亦同，并非当然有证明力”。②《民诉法解释》将生效裁判书所确认的事实确定为免证事实，也即直接赋予生效裁判文书以实质证据力，无异于剥夺了受诉法院对该特殊书证内容的自由判断（从某种意义上讲，该项规定显有法定证据主义的色彩），妨碍了法官对案件事实心证的形成，对当事人不甚公平。至于在制作程序的保障上远较裁判书为弱的仲裁裁决书以及公证文书更不应赋予其实质证据力，因此，《民诉法解释》将生效仲裁裁决所确认的事实及公证文书所证明的事实作为免证事实的不妥当之处更是明显。

第二节 诉讼上的自认

一、诉讼上的自认概述

（一）诉讼上的自认的概念和特点

自认，是指当事人一方就对方所主张的事实以明示的或默示的方式表示承认。自认通常可分为诉讼上的自认和诉讼外的自认，前者是指一方当事人在诉讼中承认对方当事人主张的不利于己的事实为真实的陈述；后者是指在诉讼之外所作的自认。诉讼外的自认并非证据法意义上的自认，其实质上是一种可以在法庭上出示、为法院依自由心证认定事实的证据资料，其证据力如何，由法官结合本案其他证据资料，斟酌情形加以衡量。只有诉讼上的自认才是证明案件事实为法律真实的证据法则。其中，当事人自认的事实即为举证人无须举证对其予以证明的免证事实。

诉讼上的自认制度是以辩论主义、处分权主义和诉讼经济原则为理论基础

① 参见王甲乙、杨建华、郑健才：《民事诉讼法新论》，台湾三民书局股份有限公司2002年版，第398页。

② 吴光陆：《判决是否当然有证据力》，载台湾《月旦法学杂志》第32期。

的现代法治国家和地区的民事诉讼中一项不可或缺的诉讼制度。应明确的是，该制度不能适用于刑事诉讼领域。如前所述，在刑事诉讼中，为维护被告人的合法权益，各国和地区均对被告人的陈述作为证明案件事实的依据有所限制。其中最明显的便是自白补强规则，即在刑事诉讼中，被告人对罪行的供述不能作为定案的唯一依据。而诉讼上的自认制度正好与自白补强规则的意旨相悖，故难以在刑事诉讼中发挥实效。

（二）诉讼上的自认的特点

一般来说，诉讼上的自认的特点有以下五个方面：

（1）从对象上来看，诉讼上的自认的对象是案件的具体事实，即主要事实。

（2）从内容上来看，在诉讼上的自认，自认的当事人承认的是对己方不利的事实，且往往由对方当事人承担证明责任。

（3）从时间上来看，诉讼上的自认发生在诉讼过程中，具体来讲是在审前准备阶段或言词辩论阶段。

（4）从形式上来看，诉讼上的自认表现为双方当事人对某一事实有一致的陈述。

（5）从效果上来看，诉讼上的自认会免除自认人的相对方对该事实的证明责任。

（三）诉讼上的自认的性质

对于诉讼上的自认的性质的认识，主要有两种观点：

1. 意思表示说

意思表示说，亦称为效果意思说。该学说强调当事人的意思要素，认为自认的一方当事人，因欲发生法律上的效果，所以才为自认的意思表示。在辩论主义下，只要自认就排除法院的认定，法院不仅不必审查其真实性，而且也不允许作出与此相反的事实认定。① 效果意思说从彻底贯彻辩论原则的立场出发，认为当事人的自认即使与一般都知道的事实不相符合也应该予以承认。

该学说又可分为两种观点，即权利放弃说和确认意思说。前者认为自认是一方当事人为免除对方的举证责任，放弃自己的防御；后者则认为一方当事人的自认是向法院表示对方当事人所作的不利于自己的事实的主张为真实，且要

① 参见［日］兼子一、竹下守夫：《民事诉讼法》，白绿铉译，法律出版社1995年版，第103页。

求以该事实作为裁判基础的意思表示。①

2. 观念表示说

观念表示说，又可称为事实报告说。该学说将自认的重点置于对方当事人主张的事实与自己主张的事实一致这一点上，不考虑当事人的意思要素。②

两种学说的分歧十分明显：一方面，两者的依据不同。意思表示说认为自认具有免证效果完全基于当事人的处分权；观念表示说的依据则在于依经验法则，任何理智正常的人都不会作出对自己不利的陈述，除非该事实是真实的，当事人对不利于己的事实作出自认乃是其对自认事实真实性的确信。另一方面，两者的效力不同。意思表示说认为只要自认是当事人根据自己的自由意志作出的，无论其内容如何，当然地产生约束法院的效力；而观念表示说则要排除对非真实的事实的自认，如果当事人明知事实非属于真实而仍为自认，则不产生免除对方证明责任的法律效力。

本书赞同观念表示说。通常情况下，当事人所作的于己不利的陈述，乃是其出于利己的权衡后作出的理性选择，法院以之作为裁判的基础，无疑契合诉讼公正和效率的内在要求。但是，不能排除自认人因对方当事人或其他法律主体的恶意误导或欺诈而作出于己不利陈述情形的出现。此时，虽该意思表示存在严重的瑕疵，若肯定其自认的效果显然与诉讼公正的意旨相悖。因此，只有以建立在真实义务基础之上的观念表示说为依据，才能使自认制度真正符合民事诉讼的应有意旨。因此，当事人一方作出自认的，对方当事人无权强求法院必须作出视该自认的事实为真实的认定，法院仍有自由裁量的余地。

（四）诉讼上的自认与认诺的区别

认诺，是指诉讼中被告对原告诉讼请求的承认。其与诉讼上的自认属于两类完全不同的承认。两者之区别主要有：

1. 主体不同

诉讼上的自认的主体可以是双方当事人；而认诺则只能是被告向提出诉讼请求的原告作出。

2. 内容不同

诉讼上的自认是对对方提出的于己不利的事实的承认，并未涉及对诉讼请求的承认；认诺则是被告对原告诉讼请求的承认，不一定就认可对方所主张的

① 参见［日］兼子一、竹下守夫：《民事诉讼法》，白绿铉译，法律出版社 1995 年版，第 107 页。

② 参见李学灯：《证据法比较研究》，台湾五南图书出版社 1992 年版，第 102 页。

所有案件事实。

3. 效果不同

诉讼上的自认的效果是免除对方当事人对自认事实的证明责任，并不当然导致自认人败诉结果的发生和诉讼程序的终结；而认诺则必然导致被告败诉结果的发生和诉讼程序的终结。

从相关立法例上来看，自认和认诺也都是分别规定的。如我国台湾地区“民事诉讼法”第279条第1款规定：“当事人主张之事实，经他造于准备书状内或言词辩论时或在受命法官、受托法官前自认者，无庸举证。”第384条规定：“当事人于言词辩论时为诉讼标的之舍弃或认诺者，应本于其舍弃或认诺为当事人败诉之判决。”

二、诉讼上的自认的种类

依不同的标准，可以对诉讼上的自认进行不同种类的划分。

（一）明示自认和默示自认

以表示方式不同，可将诉讼上的自认分为明示自认和默示自认。

明示自认，又称为正式自认或狭义上的自认，是指一方当事人针对另一方当事人主张的不利于自己的事实用口头或书面的形式明确作出该事实为真实的表示。明示的自认是双方当事人的陈述相一致的积极陈述。

默示自认又称准自认或拟制自认，是指一方当事人对对方当事人所主张的不利于己的事实，在言词辩论时不明确争执，且此种不争执一直持续到法庭辩论结束时，依法律规定可推论其有承认的意思，而视为对于他方当事人主张为默示同意。如日本民事诉讼法第159条第1款规定，当事人在口头辩论之中，对于对方当事人所主张的事实不明确地进行争执时，视为对该事实已经自认。我国台湾地区“民事诉讼法”第280条第1款也规定，当事人对于他造主张之事实，于言词辩论时不争执者，视同自认。由于默示的自认可能会对自认人的权益造成消极影响，故各国对默示的自认又都加以严格的限制。如日本民事诉讼法第159条第1、2款规定，在法庭上因其他事项又争执该事实的，不能视同自认；对于对方当事人所主张的事实，已作出不知的陈述的，则推定为争执了该事实。我国台湾地区“民事诉讼法”第280条第1、2款也规定，因他项陈述可认为争执者，不能视同自认；当事人对于他造主张之事实，为不知或不记忆之陈述者，应否视同自认，由法院审酌情形断定之。我国《民事证据规定》第8条第2款也规定了默示的自认，其内容是：“对一方当事人陈述的事实，另一方当事人既未表示承认也未否认，经审判人员充分说明并询问后，其仍不明确表示肯定或者否定的，视为对该项事实的承认。”

默示自认同明示自认一样产生免除对方当事人证明责任的法律效力，所不同的是对于默示自认当事人不享有撤销权，而只享有追复权，因为在法庭言词辩论终结前允许当事人随时提出异议，再赋予其撤销权已无必要。

（二）当事人自认和诉讼代理人自认

以主体为标准，可将诉讼上的自认分为当事人自认与诉讼代理人自认。

当事人自认，是当事人本人在诉讼中对对方当事人主张不利于己的事实亲自作出承认的表示。当事人一旦在法庭上或诉讼中作出自认，没有例外情况，不允许自己推翻，以防止案件审理的混乱和迟延。

如果对对方当事人主张不利于己方的事实所为承认的表示并非由当事人作出，而是由其诉讼代理人作出的，就是诉讼代理人的自认。诉讼代理人在诉讼中并非当事人的代言人，其虽在代理权限内独立为意思表示，并且均由当事人承担法律后果。但当诉讼代理人在诉讼中对事实作出不利己的自认时，如认为该项自认与自己的意思相违背、相抵触，其有权在法庭辩论终结前撤销代理人的自认，使之归于无效。《民事证据规定》第 8 条第 3 款也规定了代理人的自认：“当事人委托代理人参加诉讼的，代理人的承认视为当事人的承认。但未经特别授权的代理人对事实的承认直接导致承认对方诉讼请求的除外；当事人在场但对其代理人的承认不作否认表示的，视为当事人的承认。”

（三）完全自认和限制自认

以是否附加条件为标准，可将诉讼上的自认分为完全自认和限制自认。

当事人对他方当事人主张的不利于己的事实，完全无条件地表示为真实，即为完全自认。如我国台湾地区“民事诉讼法”第 279 条第 1 款“当事人主张之事实，经他造于准备书状内或言词辩论时或在受命法官、受托法官前自认者，无庸举证”的规定蕴含了完全自认之意旨。

而当事人对于不利己之事实，附加了条件或限制而作出承认的表示，因此种自认之结果使得当事人双方主张的事实部分一致而部分又相矛盾，此种自认就称为限制自认。如德国民事诉讼法第 289 条第 2 款规定：“在法院所作让步的陈述，即使有其他附加或者限制的主张，应该在何种程度上视为自认，（由法院）按照具体情况决定。”我国台湾地区“民事诉讼法”第 279 条第 2 款规定：“当事人于自认有所附加或限制者，应否视有自认，由法院审酌情形断定之。”

三、诉讼上的自认的效力

符合条件的诉讼上的自认一经作出即产生一定的法律效力，具体来说有以下两个方面：

其一，对当事人具有约束力。一方当事人对对方当事人主张的不利于己的事实作出承认的意思表示，对己方来说，会产生不利的后果，表现为免除了对方当事人对该事实主张的证明责任，也即对方当事人对其无庸举证证明其真实性。对于对方当事人主张的事实，当事人根据实际情况，可以全部承认，也可以承认其中的一部分，而对另一部分予以否认。如果是全部自认，则全部免除对方当事人关于该事实的证明责任；如果是部分自认，则证明责任的免除仅限于被自认部分，未被自认部分则仍应由对方当事人负证明责任。

其二，对法院具有约束力。法院可以并且必须直接依据当事人自认的案件事实进行裁判，无需也不能再另行调查其是否真实。自认对法院的约束力并非来源于该事实的真实性，而是源于辩论主义下双方当事人对有关事实的共同确认。因此，即使自认的事实与通常人理解的事实不相符，法院一般也应予以认定，除非作出自认的当事人反悔并提供充分的证据证明自认的瑕疵及自认事实的虚假性，法院才可以对其重新认定，当然，当事人予以自认的事实则不影响法院对案件整体事实的认定。同时，当事人在第一审程序中作出的自认，其效力及于上诉审，即自认的效力不仅约束一审法院，还对其上级法院构成约束。法院基于当事人的自认所作出的裁判，如果处于确定的状态，在这种情形，受不利判决的当事人不得提出上诉。即便按审判监督程序提出申诉，也不得提出与自认事实相反的主张。

自认虽然对当事人和受诉法院均有约束力，但这种效力并非绝对性的。鉴于某些案件的特殊性和自认作为证明方式的局限性，各国和地区证据法上均对自认的法律效力进行了必要的限制。主要有以下几个方面：

第一，自认不适用于涉及身份关系的案件。由于涉及身份关系的案件与社会公益有直接的关系，并且身份权作为自然人的专属权利，不能由于当事人的承认而随意变更，所以不能在该类案件中赋予自认相应的效力。因此，在诸如婚姻、亲子、收养等涉及身份关系的案件的诉讼中，应排除自认的适用。

第二，必要共同诉讼中，其中一部分人的自认行为只有经其他人的认可，该自认行为方能对其他人发生效力，若其他共同诉讼人并未认可，则该自认行为对其他人并无效力可言；普通共同诉讼中，其中部分共同诉讼人的自认对其他人不产生任何效力。

第三，调解过程中当事人为达成调解所作的让步不能视为自认。当事人以达成调解为目的作出的让步不能视为自认，不发生自认的法律效果，调解不成继续进行诉讼时，法院对案件事实的认定不能以之为基础；法官也不能将当事人的让步视为默示自认或诉讼外的自认。

第四，应由法院依职权调查的事项不适用自认。对于法律规定的法院应依职权调查的事项，即使当事人不表示异议，法院也应根据案件其他事实考虑查证。如《民诉法解释》第96条即规定，当某一事实可能有损国家利益、社会公共利益或者他人合法权益或属于程序性事项以及涉及身份关系或关涉公益诉讼时，法院应当依职权调查相关证据，查证事实真相，而不论当事人对该事实是否作出承认的表示。

四、诉讼上的自认之撤销和追复

根据诉讼中的诚实信用原则，当事人在诉讼中实施一定的诉讼行为后，没有正当的理由不得随意实施否定前一行为或与前一行为相矛盾的诉讼行为。诉讼上的自认一经作出，即具有免除当事人证明责任和约束法院的效力，如果允许当事人随意撤回自认，势必会给法院的审判造成混乱，对诉讼效果也会造成消极的影响。因此，只有在特殊的情况下，才能允许作出承认的当事人撤回自认。

从各国或地区立法例来看，一般仅在以下两种情形下允许撤回自认。

其一，对方当事人同意。自认具有免除对方当事人证明责任的效力，这必然会使对方当事人获得一定的利益，如若对方放弃这种利益，因这属于其对诉讼权利的处分，故应当允许。另外，对方当事人同意自认人撤回自认，还可能是对方当事人认为自认人自认的事实确属不真实，为了还事实的本来面目，对自认的事实作否认的表示，可视为对方当事人对“自认的事实是不真实”的再承认。但考虑不至于因此而拖延诉讼，故通常将自认撤回的期限限制在辩论终结前。

其二，当事人作出自认时存在意思瑕疵。追求客观真实，保障诉讼公正，保护当事人的合法权益乃民事诉讼之理想与目的。当事人在诉讼上所作的自认虽通常符合案件的真实情况，但若当事人的自认是在违反了自认人的意思的情况下作出，则该自认事实很可能并非真实，以之为裁判基础有悖民事诉讼目的之达成，因此，如果当事人能够证明其自认行为是在受胁迫或重大误解情况下作出的，并且能够证明其自认的事实不真实，与案情不符的，应当允许当事人撤回对于不真实事实的自认。当然，如果当事人是在法庭辩论终结之后才发现了证明自认与事实不符的新证据，其仍不能主张撤回自认，这是为了维护程序的安定性所作之考量。

自认的撤回是针对明示自认而言，而自认的追复则是针对默示自认而言的。如前所述，对于默示自认，当事人可以在庭审辩论终结前随时提出争执，作出否定的陈述，从而使默示自认的法律效力归于消灭。

自认被当事人撤回或追复后，其即失去了免除对方当事人证明责任的效力，对方当事人应针对争议事实继续举证。而自认被撤回之前当事人自认的意思表示并不影响法官对案件事实的认定。

第三节 公知事实

一、公知事实的概念和特点

所谓公知事实，又称众所周知的事实或显著的事实，是指具有一般知识与经验的不特定的普通人都相信，且会在毫无怀疑的程度上予以相信的事实。法官以此作为裁判基础时，由于其具有公知的客观性，无须经由当事人举证证明，即会在内心达到对该事实确信的状态。

公知事实之所以无须由当事人举证证明，是由于其本身固有的显著性与客观真实性使然，故将其明定为免证事实，乃各国和地区立法上的通例，无论其采取辩论主义还是职权探知主义。如德国民事诉讼法第 291 条规定："于法院已经显著的事实，不需要证据。"日本民事诉讼法第 179 条规定，显著的事实，无需进行证明。我国台湾地区"民事诉讼法"第 278 条第 1 款规定，事实于法院已显著者，无庸举证。

二、公知事实的条件

一般而言，某一项事实作为公知事实必须同时具备两个条件：

其一，诉讼发生时，该事实为社会上一般成员所知晓。故某一事实若仅为具有特定职业、地位的人所知悉，而非一般人所知晓，即不属于公知事实的范围。全国范围内一般成员所知晓的事实固然是公知事实，受诉法院辖区内多数人所周知的事实也应被理解为公知事实。

其二，该事实同时也为受诉法院的法官所知晓。在独任制审判方式下，因只有一名法官进行审判，该事实自然需该独任法官知晓；在合议制审判方式下，通说认为只需合议庭多数法官知悉即可，而不必要求合议庭所有成员均对该事实有所知晓。因为合议庭成员受教育程度及生活经验不尽相同，若某一事实因少数法官不知而认定其为非公知事实，则必然大大增加当事人的举证负担，同时也与合议庭多数决议的原则相违背。至于第二审法院对于第一审法院认定的公知事实的审查自然也应以其是否为第一审法院管辖区域内一般社会成员所周知为判断标准，而不得以第二审法院管辖区域内社会成员是否知悉为确认依据。

三、公知事实的效力

如果某事实并非显著，或当事人之间对其存有争执，自然不属于公知事实的范畴。在辩论主义诉讼模式下，对于公知事实是否也必须经由当事人主张，存在两种学说：一为“积极说”；另一为“消极说”。前者认为某一事实即使为公知事实，也必须经由当事人主张，受诉法院方可以采纳。也即，受诉法院对于公知事实的认定仍应受到主张责任的限制；而后者则认为对于公知事实，受诉法院可依职权直接予以认定而无须当事人主张。①

由于我国民事诉讼不采取辩论主义，受诉法院自然可依职权直接认定公知事实。当然，为维护当事人的程序利益，受诉法院认定该公知事实时，应赋予因该事实被认定而处于不利地位的一方当事人在法庭辩论时阐述不同意见、提出相反证据的机会。《民诉法解释》第93条第2款即表明了这一态度。

第四节 司法认知

一、司法认知的概念和特点

司法认知，亦称审判上的知悉或审判上的认知，是指在案件审理过程中，法官基于职业身份，对于某些特定的待证事实，无须当事人举证证明即应认可其真实性，并把它作为裁判的依据。司法认知本质上是法官的一种职务行为，是法官运用审判权直接对事实予以认知的行为。该类事实为法官于职务上所为的行为或系由其职务上所观察或经历的事实。至于法官知悉此事实的原因则在所不同。也即不管其是在本诉讼中所知悉，还是在其他诉讼以及非讼事件中所知悉均不影响司法认知之特质。

司法认知事实与公知事实不同。一方面，二者的认知主体不同。公知事实的认知主体是具有一般知识与经验的不特定的普通人；司法认知事实的认知主

① 参见骆永家：《民事举证责任论》，台湾“商务印书馆”1987年版，第35页。

体则是审理案件的法官。另一方面，二者的认知基础也不同。公知事实的认知基础是该类事实对具有一般知识与经验的不特定的普通人均具有显著性；司法认知事实的认知基础则是其属于审理案件的法官于职务上所为的行为或基于职务所观察的事实。如某法官在审理某一案件时，得悉甲事实，而在另一案件的审理中，涉及甲事实时，其即成为司法认知的事实，而并非该法官之外的其他人所当然知晓的公知事实。

二、司法认知的效力

我国现有规定并未确立司法认知，从其他国家和地区的立法上看，司法认知的效力表现为对当事人和法院两方面：一方面，司法认知是当事人之间证明责任的一种再分配，一方当事人证明责任的免除，必然导致另一方当事人证明责任的加重。由于司法认知一般情况下具有证据法上的绝对效力，法官针对某些事实一旦采取司法认知，当事人的举证反驳即不易被采纳。另一方面，对符合法律所规定的司法认知范围和条件的事实，若由法官采取司法认知之方式对其真实性予以确信，则对该项事实即无须进一步查证。

三、司法认知的程序

不论哪一审法院，都应当直接确认司法认知事实的真实性，但若当事人提出足以推翻司法认知事实的证据时，法院应当重新审查认定。法官在进行司法认知以前，必须将要认知的事项告知当事人及其诉讼代理人，并给予当事人及其代理人提供资料进行反驳的机会，这样做既可以防止司法认知出现错误，又能增加当事人对司法认知的认可程度。法官在作出司法认知后，应当将认知的事项告知当事人，当事人对已作出的司法认知可以提出异议。对此异议，法院应当作出裁定。当事人不服法院作出的驳回异议的裁定的，可依此作为行使上诉权的理由，请求上一级法院予以纠正。如我国台湾地区“民事诉讼法”第278条第2款规定，法院依职务已知之事实，虽非当事人提出者，亦得斟酌之。但裁判前应令当事人就其事实有辩论之机会。

第五节 推 定

一、推定概述

（一）推定的概念

推定，即经推测而断定。推，指推算、推知、推断或推求；定，指断定、决定或确定。推、定二字，推是前提和基础；定是结果和目的。

在非法律专业领域使用“推定”一词时，一般指在没有十足把握的情况下作出某种判断。这种判断隐含了三层意思：一是没有十足的把握；二是作出了某种判断；三是有必要作出这种判断，即使知道对其尚无十足的把握。

推定作为法律概念，是指法官依照法律规定或者经验法则，从已知的某一事实推断未知的另一事实存在，并允许当事人提出相反的证据予以推翻的一种证据法则。推定属于法官对事实的认定，是一种寻求正当性证明的推理，是一种实践理性。前一事实称为前提事实，后一事实称为推定事实。推定以严密的逻辑推理和人们日常生活经验为基础，一旦前提事实得到证明，法院即径直根据前提事实认定推定的事实，而无需再要求当事人对推定事实加以证明。

推定在法律上的运用由来已久，罗马法理论上就有“一切主张在被证明前推定其不存在”的认知。① 而1804年法国民法典第1349条“推定为法律或审判员依已知的事实推论未知的事实所得的结果”的规定则第一次在成文法中对推定下了定义。推定可以被界定为一种证据规则，按照该规则，除非特定的具体的条件能够满足，否则基础事实一旦被证实就要求法官确认推定事实的存在。基础事实与推定事实之间的联系，大陆法系证据法上将其称为经验法则，英美法系证据法上则将其称为盖然率。正是因为因果关系的确定性，才要求法官根据基础事实推导出推定事实，免除主张推定事实存在的当事人的提供证据的责任和证明责任。同时由于因果关系的不确定性，自然也应允许对方当事人提供相反的证据推翻推定。

推定在两大法系的适用上存在一定的差异。在英美法系传统诉讼体制下，法官与陪审团在案件的审理过程中各司其职，陪审团负责事实认定，法官负责法律的适用。为保证陪审团能够正确地认定事实，法官要就案件中的法律问题和证据规则，包括推定及其结果、证明责任、证明标准等向陪审团告知。而大陆法系不采陪审制，法官不仅负责法律的适用，同时负责事实的认定，因此不存在法官对推定的告知问题。

（二）推定的逻辑规则

推定是一种对事实的推理判断，具有逻辑学上推理的一般特征。其构成要件包括大前提、小前提和结论三要素：其中前提事实和推定事实之间的常态联系是大前提，前提事实真实为小前提，推定事实真实则为结论。

① 参见李惊涛：《试论民事诉讼中的推定》，载中外民商裁判网，http://www.zwmscp.com/list.asp? unid=5944。

依逻辑学的一般规则，事物之间主要存在三种逻辑关系：①等值关系。是指两事物必须同时存在或同时不存在。当A事物存在时，B事物也一定会存在；当A事物不存在时，B事物也一定不会存在；反之亦然。②矛盾关系。是指当A事物存在时，B事物一定不存在；当B事物存在时，A事物一定不存在。③或然关系。是指当A事物存在时，B事物可能存在，也可能不存在。

这三种逻辑关系中，前两种是必然关系，其中第一种属于肯定型必然关系，即当A事物存在时，B事物一定存在；第二种属于否定型必然关系，即当A事物存在时，B事物一定不存在。而第三种则是或然关系，即当A事物存在时，B事物可能存在，也可能不存在。根据B事物存在的概率，又可以分为三种情况：①常态关系。分为肯定型和否定型两种，前者是指当A事物存在时，B事物极有可能存在；后者则是指当A事物存在时，B事物极有可能不存在。②例外关系。相对于常态关系而言，当常态关系是肯定型时，例外关系就是指当A事物存在时，B事物有可能不存在；当常态关系是否定型时，例外关系就是指当A事物存在时，B事物有可能存在。③中立关系。即当A事物存在时B事物存在和不存在的可能性一样大。①

从逻辑的角度来看，或然关系中的常态关系不能被用来作为推理前提，因为A与B之间的关系并不是一种必然关系，是人为假定的，并不是对科学原理的客观反映，利用这种前提得出的结论并不必然为真。当前提A为真时，推理结论是否为真的概率就取决于A与B之间关系真实性的概率。如果其为真的概率越高，结论为真的概率也就越高。因此，在诉讼中能否利用推理来转换证明对象，减轻证明困难就取决于能否认定A与B之间的逻辑关系，即能否认定A是B的充分条件。由于逻辑学只解决推理形式问题，不解决具体内容问题，故A与B之间的具体逻辑关系只能由各学科领域自行解决。在诉讼证明中，哪些事实之间的逻辑关系可以固定下来需由法律或法官来确定。从这一点来说，哪些纠纷事实之间的逻辑关系能够被事先固定下来，是诉讼中最有特色的地方，也是最值得研究的地方。

由于纠纷事实之间的逻辑关系存在多种可能性，这种确定往往是在一般和个别、常规和例外之间进行选择。为了提高结论正确性的概率，根据择优原则，只能选择一般或常规，即只能视两个事物之间的常规关系为充分条件关系。因此，根据择优规则，将两个事实之间经常发生的某种关系作为二者的充

---

①　参见王学棉：《论推定的逻辑学基础——兼论推定与拟制的关系》，载《政法论坛》2004年第1期。

分条件确定下来，就是推定。推定与选择是紧密相连的。当事物之间的关系不存在例外情况时，也就不存在选择，也就没有推定。当事物之间的关系既有常规情形，又有例外情形时，且常规情形的出现绝对较例外情形出现的概率大，此时就可以进行推定，把两事物之间的常规情形人为规定为充分条件关系。

（三）推定的特点

推定在诉讼中的适用，对立法者而言，是根据对事实之间逻辑关系的认识，将其规定于法律之中；对司法者而言，则是法官在诉讼中对法律规定的推定条款的适用，或是对客观存在的事物间联系的分析判断和对经验法则的运用。一般来说，推定主要有以下几方面的特点：

1. 推定的目的是确定两个事实之间的逻辑关系

这两个事实中，一个为基础事实，另一个为推定事实，两者缺一不可。缺少前提事实的推定属于直接认定，缺少推定事实的推定则是法定证据，两者均非真正的推定。基础事实与推定事实之间的常态是进行逻辑推理过程的大前提，缺少其中之一，就无法进行推理过程，也就不存在推定。作为推定的起点和开始，基础事实决定了推定的最终结果。因此，为了达到推定的客观可靠，必须确保基础事实的真实性。作为推断根据的基础事实，除了众所周知的事实和司法认知的事实可由法院直接进行认定外，都应由主张存在事实的当事人举证证明。

2. 推定的基础是基础事实与推定事实之间的关系存在一般和个别、常规和例外两种情形

即有时候基础事实是推定事实的充分条件，有时候又不是，当然，两者之间的必然联系是常态，具有高度的盖然性，其产生符合日常生活中的通常概率。

3. 推定应当允许反驳，应尽量给予因推定而遭受不利影响的当事人以反驳的机会

由于推定是人为地忽略了事物之间的例外、偶然联系，因此根据这种人为建立起来的事物之间的联系进行推理得出的结论有可能与客观实际不相吻合，不能保证证明结果必定正确。为了使诉讼证明的结论尽可能与客观实际相符，应赋予受到不利影响的一方当事人反驳该推定的机会。也就是说，任何推定都是可以反驳的，不可反驳的并不是推定。当事人进行反驳，可以针对基础事实，也可以针对推定事实。基础事实未得到完全证实以前，尚处于为适用推定创造条件的阶段，当事人只需提出基础事实不存在的证据，使其存在与否处于真伪不明的状态，就可以有效地阻碍推定的进行；当然，当事人也可用间接证

据来证明推定事实本身的不成立。

（四）推定的功能

推定作为一项重要的证据法则，其主要有以下几方面的功能：

1. 缓解证明上的困难

在诉讼实践中，某些案件事实属于争论焦点，对案件审理结果有重大影响，但对其调查举证却十分困难。调查这类案件事实需要花费巨大，而且往往也不易查清。在此情况下，通过运用推定来认定案件事实，可避免诉讼陷入僵局，缓解当事人举证及法院调查证据的困难。

2. 合理分配当事人的证明责任

查明案件事实依赖于证据，但在特殊情况下，有关案件事实的直接证据难以获得，此时当事人可以利用的只有间接证据。允许当事人以推定方式从间接证据出发证明案件事实，可以避免当事人碍于客观原因举证不能而招致不公平的败诉结果。当然，如上所述，推定法则适用的同时，应给予对方当事人提出适当反证推翻推定的机会，从而进一步平衡双方当事人的证明责任。

3. 推进案件审理的进程

发现或最大限度地接近案件的客观真实，无疑是案件审理最理想的境界，但有时会耗费大量的司法资源和诉讼成本。审判实践还证明，有些案件所依赖的证据由于各种主客观的原因，甚至可能处于永远都不能获取的状态。倘若因此而拒绝或延迟作出裁判，既不符合创设诉讼制度的宗旨，又不能消解实体法律关系悬而不决的状态，难以达到息诉的目的。从诉讼的结果看，推定事实往往与事实真相相符，具有较高的盖然性。因此，从维护诉讼秩序和实体法律关系稳定的角度出发，以推定的方式确定某种实体法律关系的存在或不存在，为摆脱因证据难以获取而导致的裁判困境提供了较好的解决方式。

4. 达到一定的立法效果

推定常常被用来表达立法者所倡导的某种价值取向，或促进实施立法者提出的某项社会政策。如在大陆法系国家和地区的民事立法上，多有推定长期占有不动产的人享有所有权的规定，其目的即是为了维护社会经济秩序的稳定性和保持所有权关系的有序性。再如关于婚姻关系存续期间所出生的子女是婚生子女的推定，除符合婚姻关系存续时出生的子女依常理应为婚生子女这一优势盖然性标准外，还表达了立法者希望减少和消除非婚生子女的意图，体现了国家促进婚姻关系稳定、家庭协调发展的社会目标。

当然，推定并非没有任何的局限性。从上述推定的特点可知，通过推定而认定的事实和得出的结论与案件真实之间并非不存在任何的距离。推定尽管是根据事物间的常态联系或生活中的经验规则所作出的，但它仍然具有相对性和不确定性，在反映客观真实的程度上，只能达到盖然性标准，还不能达到排除一切合理怀疑从而达到绝对确信的程度。同时，这种盖然性的大小还受到案情、法官素质、前提事实的真实程度以及特定事物之间包含在常态联系内部的必然性与偶然性之间的相互关系的稳定程度等诸多因素的影响。所以，在适用推定规则时一定要慎之又慎。

(五) 推定与相关概念的关系

1. 推定与法律拟制

法律拟制，是根据实际需要，立法上把某种事实看做另一种事实，使其与另一种事实发生同一的法律效果。因其不能用反证来否定，因而不涉及证明责任的负担问题。立法者往往用“视为”一语，来表达法律拟制。如《民法通则》第15条规定，公民经常居住地与住所地不一致的，经常居住地视为住所。第66条规定，本人知道他人以本人名义实施民事行为而不作否认表示的，视为同意。《合同法》第15条规定，商业广告的内容符合要约规定的，视为要约。继承法第25条规定，受遗赠人应当在知道受遗赠后两个月内，作出接受或放弃的受遗赠的表示，到期没有表示的，视为放弃受遗赠。《民事诉讼法》第172条规定，第二审人民法院审理上诉案件，可以进行调解。调解达成协议，应当制作调解书，由审判人员、书记员署名，加盖人民法院印章。调解书送达后，原审人民法院的判决即视为撤销。当然，拟制也并非一定要通过“视为”这一方式表达出来。如《刑法》第67条规定，犯罪以后自动投案，如实供述自己的罪行的，是自首。被采取强制措施的犯罪嫌疑人、被告人和正在服刑的罪犯，如实供述司法机关还未掌握的本人其他罪行的，以自首论。”该款规定的被采取强制措施的犯罪嫌疑人、被告人和正在服刑的罪犯均已经处于国家司法机关的控制之中，根据第1款关于自首的规定，其即便如实供述自己的罪行，也不符合成立自首的条件，因为其已经不可能自动投案了。但国家出于鼓励犯罪嫌疑人、被告人和正在服刑的罪犯如实供述自己的罪行、降低司法成本等考虑，将本不符合自首条件的人以自首论。

法律拟制与推定在形式上有相似之处，都涉及两个事实，且只要一事实的存在得到证明，法律就使它产生与另一事实相同的法律效果。但推定与法律拟制实质上是两个不同的概念，两者存在根本的区别。

(1) 性质不同。推定包含着推论过程，是依据一定规则从前提事实推论出推定事实，其成立以前提事实和推定事实之间存在常态的联系为基础。法律拟制将两种相异的事实规定为具有同样的效果，不是由于事实之间稳定的必然的联系，而是基于社会政策和价值取向的考虑，有时则是一种纯粹的立法技术，是立法者为了避免法律条文用语重复而采用的一种表述方式，并非由一事实的存在推论出与之相关的另一事实的存在。在法律拟制下，虽然两事实之间可能存在一定的联系，但这种联系并非是常态的，有时甚至是虚假的。如《民事诉讼法》第 92 条规定，对于下落不明的受送达人，自发出公告之日起，经过 60 日，即视为送达。在这里，经过了 60 日公告期的事实与受送达人实际收到诉讼文书的事实之间并无实际联系。当然，立法者在规定拟制时不考虑概率，也是经过价值、利弊衡量后才作出的，并非率性而为的结果。

（2）对证明责任的影响不同。在依法律规定发生的推定中（此时不包括法官依经验法则所作的推定），需要证明的主要是推定事实，主张推定事实存在的一方当事人证明前提事实后，法律便假定推定事实存在，这样，就把证明推定事实不存在的证明责任转移给了对方当事人，即有转移推定事实的证明责任的作用。而在法律拟制中，尽管一方当事人主张的是后一事实的法律后果，但双方发生争议且需要证明的始终是前一项事实，而不允许对后一项事实进行争议，所以不发生将后一事实的证明责任转移于对方当事人的问题，即不影响证明责任的分担。

（3）反驳方式不同。推定作为一种建立在盖然性基础之上的证明规则，并非具有绝对的真实效力，因此法律允许当事人提出相反的证据推翻推定事实，即对推定进行反驳时，既可以反驳前提事实，也可以反驳推定事实。而法律拟制则是关于事实或某种关系的决断性虚构，这种虚构不仅不受事实检验，也不受逻辑的检验，故一事实的存在得到证明后，自然不允许对方当事人再提出证据来推翻另一事实，即对法律拟制则只能反驳前提事实，不能反驳法律效果。

2. 推定与认定

认定是指确定地认为，而推定仅仅是估计，尽管这种估计有很高的准确性。不过，在法律领域，推定是帮助形成认定的手段，对案件的认定过程中，有时会用到推定这一方法。认定的根据是证据，而推定的根据是经验法则，在证据证明无法达到的情况下，推定成为一种可供选择的途径：如果法律上承认证明的标准可以降低，则推定的结论可以作为最终认定的结论；如果法律上不允许降低证明标准，则须排除推定的结论，从否定的角度，即从反面作出认定。

3. 推定和假定

所谓假定，是指对过去没有、现在也不存在的某种事实进行猜测的一种思维形式，即有姑且认定、假设之意。假定是不需要任何前提条件的假设，因而不具有任何法律效力，法院应当绝对避免借助假定处理案件。而推定则是法律允许的认定案件事实的一种特殊规则，只要在法律规定的条件和范围内，就能产生一定的法律后果。推定只有经反证才能被推翻，而假定必须以证据证明才能被认为是真实。

4. 推定和推论

推论与推定都属于逻辑推理的范畴，并且都须具备一定的前提事实作为推断的基础和依据。但与推定相比，推论是一个更为广泛的概念，是另一种从已有判断推出新判断的思维形式。推论所得出的结果并非唯一，依据某一已知事实，往往可以推论出多种不同的结果。虽然推论结果中的某一推断事实可能符合客观真实，但由于结果的不确定性和多样性，法官不能直接以推论所得的事实作为裁判依据，必须以其他证据对推论结果加以佐证，从而筛选出正确结论。而推定所得结果是唯一的，除非有反证加以推翻，否则即被认定为真实，可作为裁判依据。

二、推定的分类

依成立依据的不同，可将推定分为法律推定和事实推定。

（一）法律推定

1. 法律推定的概念

法律推定，是指立法者根据事实之间的常态联系，以法律形式规定若一事实存在，则推定另一事实存在。具体来说，当某法律规定的甲事实有待证明时，立法者为避免举证困难或举证不能的现象发生，明文规定只须就较易证明的乙事实获得证明时，如无相反的证据证明甲事实不存在，则认为甲事实因其他法律规范的规定而获得证明。法律推定的本质在于，通过证明前提事实的存在，使得推定事实获得证明。

2. 法律推定的分类

以是否需要前提事实为标准，法律推定可分为推论推定和直接推定：

（1）推论推定。又称真正的法律上推定，是法律推定中最典型、最标准的推定，① 是依据法律从已知事实推论未知事实、从前提事实推论推定事实的结果。适用这种推定，可以减轻主张推定事实的一方当事人的证明责任，并且可以将举证责任从一方转移给另一方。

---

① 参见刁荣华：《比较刑事证据法各论》，台湾汉林出版社 1984 年版，第 309 页。

（2）直接推定。直接推定在本质上并非根据一事实与另一事实之间的逻辑关系作出的结论，而是以推定形式表现出来的确定证明责任由谁负担的实体法规范。即法院在适用该推定时不要求因推定而处于有利地位的一方当事人证明任何事实，其作用仅在于确定推定事实不存在的证明责任由哪一方当事人来承担。因此，直接推定并非真正的推定，以下的讨论仅涉及推论推定。

3. 法律推定的适用

法律推定实际上是强制法院认定推定事实的存在，与刑事诉讼领域所采纳的证据裁判主义的精神不相符合，所以，刑事诉讼领域很少有法律上推定的规定。①

各国和地区的民事立法上普遍有关于法律推定的明确规定。如法国民法典第 1350 条规定，法律上的推定，为特别法所加于一定的行为或一定的事实的推定。德国民事诉讼法第 292 条规定，对于一定事实的存在，法律准许推定时，如无其他规定，许可提出反证。我国台湾地区“民事诉讼法”第 281 条规定：“法律上推定之事实无反证者，无庸举证。”在这些规定中，尽管有“反证”的用语，但证明推定事实的不存在，就其性质而言并非反证，而是本证，这里的“反证”应当是指相反的证据。因为对于法律推定，由于推定事实乃法律规范预先创设，故前提事实一旦被予以证明，法官即必须按照该法律上的规范认定推定事实的存在。因此，对于法律上推定事实的认定，法官并无自由斟酌判断的余地。就此而言，法律上的推定改变了证明的主题，对方当事人欲反驳推定事实仅使法院对推定事实陷于真伪不明的状态，尚属不足，必须让法官对该推定事实的不存在达到内心确信的程度始为成功。因此，受不利推定一方当事人就推定事实的不存在，必须负担证明责任。如果在言词辩论终结时，法官仍就对推定事实存在或不存在无法形成心证而作出判断，即推定事实处于真伪不明的状态，则应确认推定事实的存在。

当然，作为推断根据的前提事实，除众所周知的事实和司法认知的事实可由法院径行认定外，都应由主张存在该事实的当事人举证证明。如果负证明责任的当事人没有提供证据或提供的证据不足以证明前提事实，推定法则就无法

① 当然，刑事诉讼领域并非绝对没有法律推定的存在。如最高人民法院《关于依法查处盗窃、抢劫机动车案件的规定》第 17 条规定，有下列情形之一的，可以认定为“明知”：1. 在非法的机动车交易场所和销售单位购买的；2. 机动车证件手续不全或者明显违反规定的；3. 机动车发动机号或者车架号有更改痕迹，没有合法证明的；4. 以明显低于市场价格购买机动车的。

适用。所以，法律推定仅免除了于其有利的一方当事人对推定事实的证明责任，并未免除对前提事实的证明责任。对于未履行证明责任的当事人，法院可责令其提供证据，否则，不能认定前提事实，也就不能确认推定事实存在。对法律推定的反驳也并不限于针对推定事实提出本证，为阻碍法院适用有利于对方的推定，当事人一方还可就前提事实提出争议，并提供证据证明前提事实不存在。此时，只要当事人提出反证使前提事实的存否处于真伪不明状态，就能有效地排除适用法律推定的可能。

（二）事实推定

1. 事实推定的概念

事实推定，又称为诉讼上的推定、司法推定或逻辑推定，是指法院根据经验法则，从已知事实出发，推定应证明的事实的真伪。从演变过程来看，事实推定在先，法律推定在后。法律推定是事实推定的法律化，事实推定是法律推定的基础，有待于被立法机关认可并上升为法律推定。事实推定能否上升为法律推定，取决于立法者对某一类推定的预见程度，以及对司法者的信任程度。在性质上，凡法律推定，法院必须适用，而事实推定则由法院酌情决定是否适用。

2. 事实推定的基础

法律推定的依据是法律的明文规定，而事实推定的依据则是经验法则。如前所述，经验法则，是指人们在长期生产、生活中对客观现象与通常规律的一种理性认识，是人类对事物属性以及事物之间常态联系归纳抽象后获得的一般性知识或法则。经验法则不是具体的事实，但在法官针对个案作出判断时，可以成为三段论推论中的大前提。在这一点上，经验法则具有类似于法规的机能。经验法则作为诉讼证明过程中事实认定之逻辑推理的大前提在实质意义上决定了司法人员运用证据进行推理的逻辑结论，并且，经验法则作为证据发挥作用的背景性因素又进一步强化了推理结论的内在说服力，从而使之具有更加合理的可接受性。

作为事实推定基础的经验法则与司法者的自由裁量权有着内在的联系。法官在进行事实推定时，不以法律法规为依据而以经验法则为准则，但经验法则的运用往往取决于法官主观上的思维模式和业务素质，有着某种随意性和偶然性。在缺乏具体指导原则的情况下，如果仅凭经验法则作出裁判，也即法官仅凭个人主观的经验法则而为裁判，就难免导致错误。因此，针对经验法则的运用应规定合理必要的指导原则。经验法则的要素主要有三项：其一，所依据的生活经验必须是日常生活中反复发生的常态现象；其二，这种生活经验必须为社会中普遍常人所能体察和感受；其三，这种经验法则所依据的生活经验可随时以特定的具体方式还原为一般常人的亲身感受。

3. 事实推定的适用

法国民法典第 1354 条规定，非法律上的推定由审判员根据学识与智虑定之，但审判员只得为真诚的、正确的而且前后一致的推定，并且只于法律许可用人证的情形始得为之，但在以诈欺为原因而提起取消证书之诉的情形，不在此限。我国台湾地区“民事诉讼法”第 282 条规定：“法院得依已明了之事实，推定应证事实之真伪。”

事实推定的适用，必须同时具备下列条件：①无法直接证明待证事实的存否，只能借助间接事实推断待证事实。②前提事实必须已经得到法律上的确认。③前提事实与推定事实之间须有必然的联系。④赋予对方当事人提出反证推翻推定的机会。对方当事人既可以就前提事实提出反证，亦可就推定事实提出反证。

法院以事实推定来认定待证事实的真伪，其心证的形成可分为两个阶段，首先必须对作为推定基础的前提事实形成确信，即对其真实性形成高度盖然性的心证，然后，运用自由心证及经验法则，推论出待证事实的真实性。当事人欲使法院进行事实推定以证明其主张的待证事实，必须证明推定的前提事实为真实。至于法院如何适用经验法则进行推定，是否妥当，属于法官自由心证的范畴，不受当事人意思的限制。事实推定尽管是根据事物之间的常态联系作出的，但是法官在行使这项职权时，受个人素质，主客观条件的影响，容易导致认定事实上的错误，内容上具有相对性和不确定性，结论的或然性和不周延性更大。因此，在证明效果上要弱于法律推定。对方当事人要推翻推定事实，只需提供反证，使推定事实再度处于真伪不明的状态即可，较易推翻。质言之，事实推定使主张推定事实的当事人卸除提供证据的责任。但在这种情况下，对推定事实存在的证明责任仍然属于原当事人。对方当事人可行使三种举证攻击手段：其一，举证反驳推定的前提事实，使前提事实陷于真伪不明的状态，其结果导致法官不能适用经验法则，因而无法进行事实推定；其二，直接提出证据使推定事实陷入真伪不明的状态；其三，提出证据攻击法官适用经验法则的推论过程，即举出某特殊事实的存在，使得法官不能根据一般的经验规则对该案件的待证事实进行事实推定。

我国《民诉法解释》第 93 条第 1 款第 3 项和第 4 项规定，根据法律规定或者已知事实和日常生活经验法则能推定出的另一事实，当事人无须举证证明。即将推定的事实纳入免证事实的范畴。但此规定不区分法律推定和事实推定，将两种性质完全不同的推定法则笼统规定，明显缺乏科学性和合理性。同时，从第93条第2款的规定来看，不管是对法律上推定的事实还是对事实上推定的事实的反驳，均要求当事人提出“足以反驳”的证据，根本未注意到反驳这两种推定事实在证明要求上并非同一，其结果，在受诉法院适用事实推定时必然会加重反驳推定事实存在的当事人的举证负担，对当事人双方诉讼权利的平等保护极为不利。

4. 事实推定与表见证明

表见证明是由德国法官采用判例及学者采用解释的方法创设的一种证明制度，是指法院利用一般生活经验法则，就一再重复出现的典型的事项，由一定客观存在的事实，以推断某一待证事实的证据提出过程。[①] 表见证明的适用范围与证明推定的方法都与一般事实推定有相异之处，它是事实推定的一种特殊类型。表见证明并不改变证明责任的分配，只是因为有表见证明的存在，所以负担证明责任的当事人不必立即负提供证据的责任，而可以等待对方当事人提出反证。只有当反证达到致使案件事实真伪不明的程度时，负担证明责任的当事人才需提供证据。关于表见证明的详细内容，本书将在证明责任章中予以介绍。

① 参见毕玉谦：《试论表见证明的基本属性与应用功能之界定》，载《证据科学》2007年第1期。

第七章　证 明 责 任

第一节　证明责任的基本理论

一、证明责任的概念

在采取证据裁判主义的现代法治国家，案件的审理一般必须以证据为基础。在审判实践中，当事人经过举证和质证之后，争议事实可能存在三种情形：第一种为法官确信争议事实存在；第二种为法官确信争议事实不存在；第三种情形则是争议事实仍然处于真伪不明的状态。在第一种情形下，法官自然应该对争议事实予以认定；在第二种情形下，法官不能认定该事实存在。在第三种情形下，因事实仍然真伪不明，故一方面，按照事实认定的标准，法官不能当然地认定其为真实，另一方面，依据不得拒绝裁判的理论，法官亦不得回避对事实之认定。此种情况下，须依据证明责任之分配规则对该事实作出最后的认定。因在诉讼中当事人之间争议的事实于言词辩论结束后仍处于真伪不明的情形并不鲜见，因此可以说根据证明责任确定事实是法官经常遇到的问题。

从历史上来看，“证明责任”一词在古巴比伦的《汉谟拉比法典》中即已出现，其后古罗马学者针对诉讼中证明责任的运用概括出诸如“原告不举证证明，被告即获胜诉”、“为主张之人有证明义务，为否定之人则无之”、“事物之性质上，否定之人无须证明”、“原告对于其诉，以及以其诉请求之权利，须举证证明之”及“若提出抗辩，则就其抗辩有举证之必要”等基本规则。但是，直到德国普通法时代，证明责任在内涵上仍仅指当事人提出主张后必须向法院提供证据的义务，即提出证据的责任。而当所争执事实于最后仍真伪不明时，其判决或依当事人的人格优劣以定胜负，或对不提出证据的当事人为不利判决，甚至出现回避裁判的情况。①

① 参见罗玉珍、高委主编:《民事证明制度与理论》,法律出版社 2003 年版,第 123 页。

在证明责任理论发展的前期，学者们也都是从提供证据责任的角度来把握证明责任的内涵，对证明责任的解释就一直为证据提出责任（或称为主观证明责任、行为责任及形式上的证明责任）。对这种传统观念最先提出挑战的是德国法学家尤理乌斯·格拉查（Julius Glaser）。他在1883年率先提出了证明责任（Beweislast）概念的分层理论。他认为，真伪不明是案件审理过程中客观存在的一种状态，它与当事人提供证据的活动没有必然联系，是由案件事实本身的客观情况决定的。在事实真伪不明的情况下，法官仍然要作出裁判，此时必须确定由哪一方当事人负担事实真伪不明的不利后果。所以，在承认证据提出责任（Beweisfü hrungslast），即当事人在具体的诉讼过程中，为避免承担败诉的危险而向法院提供证据的必要性的同时，证明责任还应包括在口头辩论结束之后，当事人因主要事实没有得到证明，法院不认可发生以该事实为要件的法律效力而承担的诉讼上的不利的意思。由于第二层含义与诉讼的结果有关，所以把它称为结果责任、客观证明责任、实质上的证明责任或确定责任（Festsellungslast）。继格拉查提出证明责任的双层概念之后，罗森贝克和莱昂哈德两位德国学者相继著书立说，进一步发展和完善了这一理论，使之很快成为德国证据理论界的通说，并逐渐在大陆法系其他国家和地区的证据法上得以确立。①

英美法系证据法理论上对证明责任（the burden of proof）也作两层理解。一为提供证据的责任或举证负担（the burden of producing evidence 或 production burden），是指当事人向法官提供足以使案件交予陪审团评议的证据的行为责任，未履行提供证据责任的案件不得交予陪审团评议，由法官通过指示评议进行判决。具体来说，不管是哪一方对争执的事实负担证明责任，双方当事人在诉讼过程中均应当根据诉讼进行的状态，就其主张或者反驳的事实提供证据加以证明。如果主张的事实提出后，主张者不提供证据加以证明，法官则拒绝将该事实提交陪审团审理，对方当事人也没有反驳的义务，此时法官便将该事实作为法律问题加以处理，决定主张者负担败诉后果；如果主张者就事实主张提供证据加以证明，对方当事人就产生了提供证据加以反驳的义务，若对方不提供证据，就表明他对所争执的事实没有争议，此时法官把这种没有争议的事实作为法律问题，可以对不提供证据一方当事人作出败诉的判决。二为说服责任或说服负担（the burden of persuasion 或 persuasion burden），是指当事人若能提供证据加以证明的结果，能够说服事实认定者（陪审团或没有陪审团审判时

① 参见骆永家：《民事举证责任论》，台湾“商务印书馆”1987年版，第46页。

的法官)，法官即应对该责任的负担者作出有利的认定；如果需加以证明的事实处于真伪不明的状态，对该事实具有说服负担的当事人则承担由此而生的败诉后果。①

两大法系的证明责任理论虽存在形式上的差异，但本质上是一致的。两者都承认在证明责任的双层含义中，客观证明责任或说服负担为其本质，其存在意义在于防止法官拒绝裁判现象的发生，在具体的诉讼过程中不发生转换或转移；而提供证据责任则是证明责任的派生或非本质性方面，可以在诉讼过程中发生转换或转移。从实践来看，除美国联邦证据规则第 301 条“在所有民事诉讼中，除国会制定法或本证据规则另有规定外，一项推定赋予其针对的当事人举证反驳或满足该推定的责任，但未向该当事人转移未履行说服责任即需承担风险意义上的证明责任。该证明责任仍由在审判过程中原先承担的当事人承担”的规定以制定法的形式将上述两层含义作了概念上的区别外，其他各国和地区均未从立法对此作出明确划分。大陆法系国家和地区通常是在法的解释和判例中阐释两者的区别。

总体上来说，在现代证据法理论上，从狭义上讲，证明责任仅指结果责任，即在案件口头辩论结束以后，当事人因要件事实没有得到证明，法院不认可相当于该事实的构成要件的法律发生效力而承担的诉讼上的不利益；从广义上讲，除结果责任外，证明责任还包括提供证据的责任，即当事人在具体的诉讼过程中，为避免承担败诉的危险而向法院提供证据的必要性。本书在以下叙述时均在狭义上使用“证明责任”，与之相对应的提供证据的必要性则使用“提供证据责任”。

二、证明责任的本质

事实与法律构成了法官裁判的两大基础。对于法律问题，“法官知法”是一个基本的预设，但对于事实问题却无法作出这样的预设。事实问题作为法律适用的前提往往更会成为问题的关键和争议的焦点所在。前面已提到，司法裁判中的事实作为法官在裁判中的认知对象，根据被法官认知的最终结果，在逻辑上可分为“真”、“假”和“真伪不明”三种状态。如果作为推理小前提的要件事实真伪不明，推理就不能进行。但不能否认的是，受人类认识能力及诉讼制度的双重制约，要件事实真伪不明永远不可能被完全排除。事实真伪不明是对司法裁判的一个挑战，其意味着从理论上来说由该事实引起的法律后果是

① 参见樊崇义主编：《证据法学》(第三版)，法律出版社 2004 年版，第 279 页。

否发生也处于不明的状态。其结果是使法官陷入既不应该判决适用该条法律，也不应该判决不适用该条法律的窘境。

但基于自然公正的理念，纠纷的解决作为诉讼的唯一目的是无条件的，有纠纷就必须予以解决，司法机关不得以法律之外的任何理由拒绝作出裁判。为解决该状态对诉讼造成的消极影响，理论和实践上曾出现过两种做法：①强制自由心证。这种方法要求法官依据自由心证强制性地认定事实，并辅之以当事人宣誓作为保障。显然，这一强制无疑忽视了自由心证的本质，对法官的感知能力提出了过高的要求，极大地损害了法官判决的可信度和说服力。②作出驳回起诉的判决。这种方法要求法官作出驳回原告起诉的判决。这种判决从形式上看是结束了纷争，但由于其驳回的理由只是法官对原告的事实主张不能形成心证，并不意味着原告的事实依据的反面是成立的，故不可能在双方当事人之间产生实质既判力，即不能阻止当事人以同样的理由另行起诉，从而难以使纠纷得以真正解决。①

可见，在事实真伪不明条件下，试图不借助辅助手段予以克服是不可能成功的。因此，学界逐渐提出应当借助于一定的工具来解决真伪不明时的裁判方法论问题，这种辅助手段就是证明责任规范。这种规范不是纯粹的证明责任分配规范，而是一种具有一般意义的基本规则，一种共同的克服真伪不明的法律适用规范。

法律适用不是一个真与假的事实判断问题，而是一个合理与否的价值判断问题。对事实问题真假不明并不意味着对法律问题也真假不明。证明责任规范的本质在于，它对于事实真伪不明进行的是一种法律上的普遍性的、理性的拟制。对于真相的无法查明，最合适的做法是依据能够被普遍接受或认可的规则进行判决（虽然并不能总是保证其实质正确），即人类在不断完善认知手段仍无法完全发现事实真相的情形下所采取的一种克服有限理性的制度性保障措施。其意义在于为法官提供将不利益的诉讼后果判决给某一当事人承担的法律依据，从而显示在真伪不明情况下法官并不是任意的将不利后果施加给一方当事人。

当然，不得不承认，依证明责任规范作出的裁判毕竟是建立在事实并未查清基础之上的，这与诉讼须查清事实的理想状态相距甚远，即可能存在有理的当事人反而输掉诉讼的危险，但这无损于证明责任的正面功能。依证明责任裁

① 参见李浩：《事实真伪不明处置办法之比较》，载《法商研究》2005年第3期。

判是对本身即存在错误风险的自由心证的补充，其所存在的事实认定错误的风险是为使裁判在事实真伪不明时仍为可能必须付出的代价。同时，从证明责任分配的角度来看，法律在对证明责任进行分配时决不是任意的，而是充分考虑了影响案件真实发现的诸多因素，因此依据证明责任作出的判决在大体上与案件事实的真相是相符的。证明责任非但没有因为其具有一定的或然性而降低判决的预见性和确定性，相反，其通过理性的制度克服事实真伪不明这一不确定状态作出判决，从而尽可能地保证了裁判的可预见性。

三、证明责任的属性

对证明责任的属性向来众说纷纭，概括起来主要有以下三种观点：

（一）权利说

该观点认为证明责任是当事人的一项权利，而举证不力致使要件事实真伪不明被判决承担的不利后果只不过是当事人行使权利所承受的一定负担而已。① 显而易见，这种认识是因对证明责任概念界定错误或本质认识不清所致。权利的一大基本特性就是可由权利所有人自由选择行使或放弃，而证明责任显然是法律对诉讼程序中的当事人设定的一种负担，要求当事人只能被动承担，不可主动选择。

（二）义务说

该观点认为证明责任是当事人的一项义务，不提供证据证明致使要件事实真伪不明而被法院判决承担不利后果就是违反此义务的法律后果。② 此观点错误地将“义务”和“责任”予以等同。违反法定义务会招致法律制裁，而不负法定责任却并非一定会招致惩罚，只是会对责任人产生不利影响。依证明责任分配原则裁判显然不能视为一种制裁，而是为防止法官拒绝裁判，求得相对正义公平的判决结果而采取的一种裁判方式。

（三）败诉危险负担说

该观点认为证明责任的属性为负担败诉风险。③ 其虽已与证明责任的本质有所接近，但仍存在不妥之处。因为风险仅是一种可能性，避免败诉风险是当事人提供证据对案件事实加以证明的目的，而证明责任负担的则是败诉这一不

---

① 参见樊崇义主编：《证据法学》（第三版），法律出版社 2004 年版，第 280 页。

② 参见毕玉谦：《民事证明责任研究》，法律出版社 2007 年版，第 20 页。

③ 参见张永泉：《民事诉讼证据原理研究》，厦门大学出版社 2005 年版，第 167 页。

利后果，该负担已绝非仅停留在风险这一层面上，而是一种实实在在的不利后果。

可见，权利说、义务说和败诉危险负担说均存在不足之处，证明责任的根本属性在于其是一种现实的负担，即当事实在案件审理最终仍真伪不明时，一方当事人所负担的不利后果。

四、证明责任的特点

证明责任的特点主要有以下几个方面：

第一，证明责任并非一种应进行证明活动所附带的责任，而是在事实没有得到证明时所承担的责任，即其不是关于证明的规定，而是关于没有证明的规定。如果事实真伪是明确的，即使当事人不举证，也不会因此而承担败诉的后果。

第二，事实是否真伪不明只有在审理完结时才能表现出来，故在诉讼开始或进行中，不会发生证明责任的适用问题。

第三，证明责任表现为成文法中抽象的规范，不会因具体诉讼的不同而存在差异。

第四，对某一事实真伪不明的不利后果只可能影响当事人一方，故证明责任只能由一方当事人承担。

第五，证明责任在主要事实（即要件事实）存在与否不明确的情况下才会发生其作用，对间接事实和辅助事实一般不发生作用。

第六，证明责任不因当事人双方的意思表示而改变。

五、证明责任和相关概念的关系

（一）证明责任和提供证据责任

提供证据责任与证明责任之间存在密切的联系。对负担证明责任的当事人来说，承担提供证据责任是为了避免证明责任在诉讼终结时实际发生，同时，在案件事实发生争议时，负担证明责任的一方当事人在诉讼中首先负担提供证据责任。

但是，二者之间存在本质的差别。

1. 性质不同

证明责任为实体法所预设，与程序法无关，与诉讼证明也无关。当然，证明责任并非直接写在实体法条文中，而是需要通过法官对法律的解释去发现和确定；而提供证据责任则并非预设，是在具体诉讼中随着案件审理的需要而产生。①

2. 基础不同

证明责任在当事人之间发生实体法律关系时就已产生；而提供证据责任则是在当事人之间产生诉讼法律关系时才产生。

3. 负担主体不同

证明责任只能根据请求权由一方当事人承担；提供证据责任却可以随法官的心证情况由双方当事人承担。

4. 能否转换不同

证明责任为实体法所预设，一旦分配就始终固定于一方当事人，不会随着证据的提出转移于对方当事人；提供证据责任与败诉危险的暂时转换具有对应关系，它随着败诉危险的转移而转移。

5. 能否由他人承担不同

证明责任只能由当事人本人承担，不能委托代理人承担；提供证据责任则既可以由当事人本人承担，也可以由委托代理人承担。

6. 功能不同

提供证据责任具有推动诉讼程序进行的功能，证明责任则不具备此项功能。

7. 适用不同

证明责任反映诉讼的共同规律，即凡是以事实为根据作出裁判的国家和地区，在案件真实处于真伪不明状态时，总是要依据证明责任的归属对案件作出裁判；而提供证据责任则不能反映诉讼共同规律，不同的国家和地区基于不同考虑会存在显著的区别。

---

① 当然，对于提供证据责任也并非没有任何法律规定。如德国民事诉讼法第 445 条第 1 款规定："一方当事人对于应该由他证明的事项，不能通过其他的证据方法得到完全的证明，或者未提出其他证据方法时，可以申请就应证明的事实询问对方当事人。"该条文表明，只有负担提供证据责任的当事人才可以申请询问对方当事人，而此时的询问，显然是履行提供证据责任的行为。第 597 条第 2 款关于在书证程序中，原告必须用法定的证明手段对其主张进行有效的证明，否则将驳回起诉的规定，更凸显提供证据责任的独立存在。因为这里法律严格要求以（未履行）提供证据责任来判决，即使案件事实尚未出现真伪不明的状态。此外，德国民事诉讼法第 139 条、日本民事诉讼法第 149 条第 4 款和我国台湾地区"民事诉讼法"第 199 条第 2 款关于法院行使阐明权促使当事人举证的规定，以及在相关条款中关于当事人双方应以准备书状记载攻击或防御方法的规定，均从立法上承认了提供证据责任的存在。

8. 后果不同

在事实处于真伪不明时，法官是判负有证明责任的一方当事人败诉，而不是判负有提供证据责任的一方败诉。

（二）证明责任和举证责任

我国证据法理论上一直并无“证明责任”这一术语，与之相关的是“举证责任”这一提法。“举证责任”这一术语最初引入我国时指的是提供证据的责任，并非包含证明责任的意思。这可以用当时曾参与起草《大清民事诉讼律草案》的日本学者松冈义正的观点予以佐证。他在其代表性专著《民事证据论》中将“举证责任”定义为“举证责任者，简言之，即当事人为避免败诉之结果，而有证明特定事实之必要也”。① 该观点成为当时中国证据法学界关于“举证责任”含义的支配性学说。②

中华人民共和国成立后的相当长一段时期内，证明责任被视作证据法理论研究的禁区。改革开放后，尤其是以1982年颁布《民事诉讼法（试行）》为契机，证明责任理论才开始日益受到法学界的关注。但此时的证据法理论乃是以苏联的证据法理论为蓝本，而苏联的证明责任理论则是以德国旧举证责任概念（即将证明责任界定为提供证据责任）为核心建立起来的。所以此时我国关于证明责任的权威观点仍然是将证明责任表述为“举证责任”，并将其理解为“当事人在诉讼中，对自己提出的主张，有责任提出证据，加以证明”。③《民事诉讼法（试行）》第56条“当事人对自己提出的主张，有责任提供证据”的规定也表明了这一认识，并为1991年颁布的现行《民事诉讼法》第64条第1款所完全继承。

随着20世纪90年代中后期至今对证明责任研究的不断深入，我国证据法学界开始认识到以往对举证责任认识的局限性和片面性，逐渐将结果意义上即真正意义上的证明责任引入我国证据领域。所以，在当今证据法理论中，举证责任和证明责任是同一意思，是作为与提供证据责任内容相异的形态出现的。

① ［日］松冈义正：《民事证据论》，张知本译，中国政法大学出版社2004年版，第30页。

② 虽然在20世纪上半叶也有学者将德国学者提出的证明责任双层含义说介绍到日本（如1917年雉本朗造发表的《举证责任的分配》），但直到20世纪60年代之前，日本关于证明责任的主流观点仍然是将其解释为提供证据的责任。参见李可：《举证责任：从狭义向广义的嬗变》，载法律教育网，http://www.chinalawedu.com/news/2004_6/22/1319134702.htm。

③ 柴发邦主编：《民事诉讼法教程》，法律出版社1983年版，第213页。

如《民事证据规定》第 2 条即规定：“（第 1 款）当事人对自己提出的诉讼请求所依据的事实或者反驳对方诉讼请求所依据的事实有责任提供证据加以证明。（第 2 款）没有证据或者证据不足以证明当事人的事实主张的，由负有举证责任的当事人承担不利后果。”而《民诉法解释》第 90 条中则使用了“举证证明责任”的提法，即（第 1 款）当事人对自己提出的诉讼请求所依据的事实或者反驳对方诉讼请求所依据的事实，应当提供证据加以证明，但法律另有规定的除外。（第 2 款）在作出判决前，当事人未能提供证据或者证据不足以证明其事实主张的，由负有举证证明责任的当事人承担不利的后果。”此处举证证明责任与通用的举证责任和证明责任含义一致。

（三）证明责任和主张责任

主张责任，是指当事人为了获得对自己有利的裁判，需要向法院主张对自己有利的案件事实。实际上，主张责任也是一种后果，是指当事人如果没有向法院提出对自己有利的事实将可能承担的不利后果。

我国向来是以《民事诉讼法》第 64 条第 1 款“当事人对自己提出的主张，有责任提供证据”的规定来界定主张责任和证明责任之间的关系的，“谁主张，谁举证”，即证明责任是由诉讼当事人的主张确定的，是先主张事实，然后对该事实负举证责任。这实际上是颠倒了两者之间的逻辑关系。从表面上看，确实是先主张，后证明，但实际上是证明责任决定主张责任而非主张责任决定证明责任。因为证明责任是按一定的标准预先由实体法规范设置好的，而具体诉讼中当事人双方的主张责任分配是按照分配证明责任的同一标准进行的，即双方对其各自负有证明责任的事实同时也均负有主张责任。

证明责任和主张责任之间的关系，按在诉讼过程中是否推行辩论主义来划分，是不一样的。在辩论主义诉讼模式下，为了保证程序公正与法官的中立，法院一般不主动调查当事人未主张的案件事实，也不能以当事人未主张的事实作为裁判的依据，即证明责任受主张责任的约束。由于证明责任的作用，双方当事人对各自负证明责任的事实同时也负有主张责任。主张自己负证明责任的事实无疑是对自己有利的事实，当事人若不主张该事实，就要承担主张责任。若该事实在裁判时仍处于真伪不明状态，不可避免地就要承担证明责任。当然，对于当事人所主张的其他不属于其负证明责任的有利事实，若当事人未予主张，也要承担主张责任，这种责任可能对当事人产生一些不利影响，但不一定要承担证明责任，也不一定就要承担败诉后果。同时，法院在审查案件的过程中，可能会涉及当事人没有主张的事实，如果法院提出这些事实，是不能让当事人承担证明责任的。如在借款合同中，原告提出要求被告归还本金，实际上依借贷的性质可能还涉及利息，但如果原告没有提出相应的主张，法院就不应将这方面的事实纳入审理范围，也就无所谓相应的败诉风险的承担。

第二节 证明责任的分配

一、证明责任分配的基本理论

证明责任是指事实真伪不明时，法官因不得拒绝裁判而采用的处理案件方法。如果仅让一方当事人负担所有的证明责任显然有悖于当事人诉讼地位的平等和程序的公正，因此，有必要将证明责任在双方当事人之间进行分配。证明责任分配是指按照一定的标准，将事实真伪不明的风险，在双方当事人之间进行分配，使原告、被告各自负担一些事实真伪不明的风险。

证明责任的核心问题在于证明责任的分配，而证明责任分配的关键问题则是应当按照什么样的标准来进行分配，如何分配才能既符合公平和正义的要求，又能使诉讼高效地得以解决。证明责任分配和证明责任分配标准是两个内容不同的概念，前者是指法官在裁判依据的事实处于真伪不明时，依据证明责任法将不利益的诉讼后果裁判给一方当事人承担；后者则是指法官或立法者将不利益的后果分配给当事人一方承担所基于的具体理由。

关于证明责任分配的标准众说纷纭，概括来说，主要有以下几种代表性的观点：

（一）待证事实分类说

待证事实分类说是根据待证事实的性质和内容来决定证明责任的分配，即将待证事实按某种标准进行分类，明确哪些需要承担证明责任，哪些不需要承担证明责任。依划分的标准不同，可分为消极事实说、推定说和外界事实说。

1. 消极事实说

该学说将待证事实划分为积极事实和消极事实，认为主张积极事实的人应承担证明责任，主张消极事实的人则不承担证明责任。此说源自罗马法上否定者无须举证原则，由于一些罗马法学者将该原则中的“否定”解释为“消极”，以致变成了在诉讼中主张消极事实的当事人无须举证。该学说认为，一方面，积极事实容易证明，也能够证明，消极事实则不容易证明，也难以证明，所以凡主张消极事实者均不负证明责任；另一方面，积极事实可以发生某种结果，而消极事实则不发生，所以未发生的消极事实不能成为发生某种结果的原因。①

从该学说成立的依据来看，其确有存在的合理性。一般而言，消极事实的证明都采用排除可能性的方法，即通过大量间接证据的提供来排除某段时间各个时间点均未发生某种事实。然而，这一学说的缺陷也十分明显。一方面，该学说的运用建立在将待证事实划分为消极事实与积极事实的基础之上，故能否正确划分决定了该学说的运用效果。而实践中往往会因当事人对同一事实主张的方式不同，导致两者的界线难以辨别。就正反相对的两个事实而言，倘若仅否定其中一个事实，就是肯定另一事实，从主张或陈述的方式上来分辨积极事实和消极事实之间的区别非常困难。同时，当事人还可通过将其主张或陈述由肯定变为否定，由积极变为消极的方式来规避证明责任，从而使其难以发挥应有的作用。另一方面，消极事实说的出发点是根据证明的难易程度来决定证明责任的分配，但消极事实并非绝对不能被证明，而且在某些情况下，对消极事实进行证明比对积极事实进行证明还容易些。而不考虑具体情形，均规定消极事实不负证明责任，显然有失公允。

2. 推定说

推定说实际上是消极事实说的进一步补充，该学说主张，不能只按照消极事实与积极事实的划分来确定证明责任，作为证明责任分配的例外，应当以经验为根据，即应以是否可以对待证事实进行推定为根据来确定证明责任分配的标准。因为由不断变化着的状态转变成一种个别状态的可能性，远比持续不变的状态要发生变化的可能性大，其中不断发生着的变化状态属于积极事实，而持续不变的状态属于消极事实。主张前者的人须举证，而主张后者的人无须举证。② 就一般情况而言，根据日常生活经验推定为存在的事实基本上是正确的，即该学说具有存在上的合理性，但其与消极事实说一样，存在着因人而异的因素，从而很难保证证明责任分配规则的确定性，难以形成稳定的证明责任分配秩序。

3. 外界事实说

该说依据事物能否从外部加以观察，把待证事实分为外界事实与内界事实。外界事实，是指那些可以借助人的五官感知到的事实，如物的大小、味道、体积、色彩和运动方式等。内界事实，是指人的心理状态，如知与不知、故意与否和善恶与否等。主张外界事实的人应承担证明责任，主张内界事实的

① 参见骆永家：《民事举证责任论》，台湾“商务印书馆”1987 年版，第 72 页。

② 参见张永泉：《民事诉讼证据原理研究》，厦门大学出版社 2005 年版，第 182 页。

人不承担证明责任。① 该学说实质上考虑的是举证的难易。由于五官难以体察到内心的状态，故当然地应免去对内界事实的证明责任。该学说的不足也相当明显。一方面，外界事实与内界事实之间并无严格的区分标准，从而使得证明责任分配的确定性无从体现；另一方面，对一些不能体察到的内界事实，如果当事人均予以主张，证明责任如何分担则并未为其回答。

（二）法律要件分类说

法律要件分类说是在德国学者韦贝尔、贝特曼和赫尔维格等人对待证事实说进行彻底批判后建立起来的。其仍然源于罗马法注释法学家和德国普通法时代所承认的“原告应对诉的原因举证，被告应对抗辩事实举证”这一基本法则。待证事实说是以事实本身的内容与性质作为分配证明责任的标准，而法律要件分类说则着眼于事实与实体法的关系，以事实与实体法要件的关系及其在实体法上引起的不同效果作为分配证明责任的标准。法律要件分类说又有多数说和少数说之分，在多数说中，被誉为通说的是德国学者罗森贝克的规范说，少数说是德国学者莱昂哈德的全备说。

1. 罗森贝克的规范说②

罗森贝克的规范说的总的指导思想是，如果没有一定的法规可以适用，则无法获得诉讼上请求效果的当事人，应该就该法规要件在实际上已经存在的事实予以主张和举证，即各当事人应对其有利自己的规范要件加以主张和举证。具体来说，包括五方面的内容：

第一，要件事实处于真伪不明状态时，法官将不适用当事人请求适用的对其有利的法律规范。法官在诉讼中的任务是将法律适用于具体的案件，证明责任则是适用法律中产生的问题。然而案件事实却有可能真伪不明，但即便在这种情况下，法官也不得拒绝裁判，同要件事实不存在形成的心证一样，要件事实真伪不明同样不会适用对该方当事人有利的法律规范。

第二，当事人对有利于其的法律规范所规定的要件事实负证明责任。即当事人在于己有利的法律要件事实处于真伪不明时，将要承受不适用该法律所产生的不利后果。

---

① 参见骆永家：《民事举证责任论》，台湾“商务印书馆”1987年版，第73页。

② 参见骆永家：《民事举证责任论》，台湾“商务印书馆”1987年版，第74页；毕玉谦：《民事证明责任研究》，法律出版社2007年版，第78页；张永泉：《民事诉讼证据原理研究》，厦门大学出版社2005年版，第185页；［德］罗森贝克：《证明责任论》，庄敬华译，中国法制出版社2002年版，第1～3页。

第三，通过对法律规范进行分类来区分有利还是不利。从性质出发，实体法律可以被分为作为权利发生根据的权利根据规范（权利产生规范）、妨碍根据规定法律效果发生的权利障碍规范以及一旦形成就会使权利消灭的权利消灭规范三个种类。① 对于作为基础性规范的权利根据规范予以主张的人就是权利人；而主张性质相反的权利障碍规范与权利消灭规范的人就是义务人，两者分别对各自主张的实体规范的要件事实负担证明责任，因为对于权利人和义务人而言，这两种性质相反的规范分别是于其有利的规范。

第四，通过实体法形式上的结构、条文上的关系识别不同实体法规范。实体法本身便包含着识别不同规范的机制。从权利的产生与变动的时间顺序看，总是产生权利在先，障碍或消灭权利在后，因而可以从时间发生的先后区分权利发生规范与权利消灭规范。对于几乎在同一时刻发生作用的权利产生规范与权利妨碍规范，可以用原则与例外的关系来予以说明。

第五，证明责任分配应由立法予以规定。应排除每个法官的实质性考虑，否则容易造成不同法官作出不同的证明责任分配的结果。

从对实体法律规范的分析上去寻找证明责任分配的原则，就方法论上来讲并非罗森贝克的首创，但从法律规范相互之间的关系中去发现分配的原则，应当说是罗森贝克的独创。规范说的内容具有高度的内在逻辑性，具有很强的说理性，更重要的是其符合法的安定性和形式正义的要求。

规范说尽管在证明责任分配领域影响巨大，但也并非尽善尽美，从其诞生之日起，该学说固有的缺陷便遭到来自各方的批判，主要集中在两个方面：第一，对当事人之间的实质正义以及诉讼效率关注不够。规范说过于注重法律规定的形式构成，完全不考虑现实的举证难易，使得证明责任制度的适用走入教条，从而影响证明责任分配的实质公平与公正。如当待证事实为消极事实时，主张消极事实的一方往往难以提供证据证明其关于事实不存在或未发生的主张，或者当主张事实的全部证据材料均在对方的控制和支配之下时，如果按照规范说分配证明责任，则当事人很难有效地维护自己的合法权益。第二，证明责任分配标准在某些方面并不明确。规范说的前提是所有的实体规范都能进行划分，但实际上，如果对于权利发生规范与权利消灭规范根据“权利是发生还是消灭”这一标准还能在实体法上予以区分的话，对于权利发生规范和权

① 除此三类实体法规定外，罗森贝克还设置了一种权利受制规范，即赋予被请求方以形成权的规定，如消灭时效的抗辩、解除权和抵销权等，但后来罗森贝克又将权利受制规范并入权利妨碍规范。

利妨碍规范却难以找出明确的区分标准。如关于行为能力，按照规范说的观点，有行为能力为权利发生事实，无行为能力为权利妨碍事实，但显然有行为能力者对自己的行为负责与无行为能力者不对自己的行为负责是同一意思。

2. 莱昂哈德的全备说（完全说）

莱昂哈德的全备说也是从对实体法律规范的分析上去寻找证明责任分配的原则。与规范说不同的是，全备说认为引起权利发生的一切法律要件事实都是权利产生所必须的，人为地将它们分为一般要件事实与特别要件事实是错误的。权利规范仅分为权利发生规范与权利消灭规范两类，规范说下的权利妨碍规范应归入权利发生规范，权利受制规范应归入权利消灭规范。主张法律效果成立的当事人就发生该法律效果所必须的一切有关事实负证明责任；对方就该法律效果变化或消灭所必须的一切有关事实负证明责任。①

全备说最大的特点是将权利妨碍规范归入到权利发生规范，从而克服了在规范说中权利发生规范与权利妨碍规范难以区分的不利局面。但是，该学说也存在明显的不足，即如果在诉讼中要求主张权利的一方对产生权利的全部法律要件事实主张并证明，诉讼将变得异常复杂，诉讼效率也会大为降低；而且，原、被告双方作为平等的诉讼主体理应承担对等的义务，但在这里负担的天平却严重向原告倾斜，其胜诉的希望会大大降低，有悖公平和正义的要求。

（三）危险领域说

危险领域说是一种区别于法律要件分类说的新理论，由德国学者普霍斯首倡。该学说认为，应依据待证事实属于哪一方当事人控制的危险领域为标准，决定证明责任的分配，即当事人应当对其所能控制的危险领域中的事实负证明责任。② 危险领域说不是主张在整个诉讼领域全部适用新的证明责任分配标准，而是主张在特定领域，应当以危险领域作为证明责任分配的标准，以修正法律要件分类说的不足。如在损害赔偿的场合，根据法律要件分类说的证明责任分配原则，损害赔偿请求权能够成立，受害人必须证明以下法律要件事实：①存在损害事实；②加害人有过错；③加害行为与损害事实有因果关系；④加害行为是侵权行为。而对加害行为与损害事实的因果关系的证明，对于被害人来讲往往相当困难，特别是在现代化工业和技术领域中，因果关系常常不能以

---

① 参见骆永家：《民事举证责任论》，台湾“商务印书馆”1987年版，第76页；毕玉谦：《民事证明责任研究》，法律出版社2007年版，第78~79页。

② 参见毕玉谦：《民事证明责任研究》，法律出版社2007年版，第89页；肖建华主编：《民事证据法理念与实践》，法律出版社2005年版，第48页。

人们一般所具备的知识去判断和识别，这就给受害人的权利救济设置了障碍。此时必须考量举证难易和损害救济预防等因素，而不能局限于法律要件分类说的教条。

法律要件分类说注重的是形式上的分配方法，作为对其进行修正的学说，危险领域说更多地体现了对实质性分配的考量。首先，被害人难以知晓处于加害人控制之下的危险领域里所发生的事件过程，故难于提出证据；相反，由于该危险领域在加害人的控制之下，加害人更容易了解有关案件的情况，故容易提出证据加以证明。其次，该学说能更好地预防损害的发生。证明责任分配给谁，就是将其置于不利地位，由加害方对危险领域内的事实负证明责任无异于一种惩罚，而对被害人而言，其权益便相应地获得了更好的保护。因此，加害人或潜在的加害人必定会更为自觉地预防、控制自己的损害行为，从而使既定的社会秩序更少地遭到破坏。

然而，该学说的欠缺之处也相当明显，即何谓危险领域并不明确，如几乎债务人的所有行为都被囊括在其中；同时，让加害方就因果关系负证明责任未必总是公平，让债权人总是证明损害原因处于债务人的危险领域未必总是合理。所以不能将衡量证明责任分配的所有因素都笼统地用危险领域说来代替。

（四）盖然性说

盖然性说为德国学者莱纳克和瓦亨道夫所倡导。与危险领域说不同，盖然性说并非是对法律要件分类说的修正，而是对其的彻底否定。

该学说认为，如果法官对一个要件事实真伪不明不能确认时，应当由某个要件事实成立的可能性较小，因而对其不利的一方当事人承担不利后果。而这里的要件事实成立的可能性，就是指根据人们生活经验统计出该要件事实发生的概率，即事实发生率高的，主张该事实的人不需要举证加以证明，反之则需要。①

该学说最大的缺陷在于寻找盖然性以及确定盖然性的整体价值方面的困难会损害法的可预测性，从而给诉讼带来极大的不安定性，最终会导致作为法定风险分配的证明责任误入歧途，并进一步导致证明评价有名无实。所以抽象盖然性充其量不过是立法者的动机之一，而不可能成为法定的证明责任分配规则。

① 参见毕玉谦：《民事证明责任研究》，法律出版社 2007 年版，第 89 页；肖建华主编：《民事证据法理念与实践》，法律出版社 2005 年版，第 47~48 页。

二、民事诉讼中的证明责任分配

（一）民事诉讼中的证明责任分配概述

1. 民事诉讼中的证明责任分配原则

（1）概述。

在注重理论体系精密化和严整化的大陆法系，以规范说为核心的法律要件分类说仍在证明责任分配诸学说里占据着统治地位。尽管有不少新的学说①诞生，且也有一定的生命力，但与法律要件分类说相比，毕竟缺乏系统性且操作性不强，故顶多只是在部分领域对法律要件分类说进行的补充，未能完全取而代之。法律要件分类说以其严密的逻辑性、体系性以及便于操作的优点仍然占据着大陆法系证明责任分配标准的通说地位，也是实践中法官分配证明责任的主要方法。在可以预见到的未来，对法律要件分类说予以修正仍然是证明责任分配标准发展的基本趋势。

（2）我国现有相关规定及评述。

在我国民事诉讼领域，长期占据证明责任分配主导地位的观点是所谓的"谁主张，谁举证"原则。1982 年颁布的《民事诉讼法（试行）》第 56 条"当事人对自己提出的主张，有责任提供证据"的规定体现了这一原则，1991 年颁布的现行《民事诉讼法》第 64 条第 1 款将其完全继承。此原则貌似合理，但若对其深入进行推理，便可发现其乃非逻辑性思维的产物。因为依此原则，在对同一事实存在与否发生争议时，一方当事人应就其关于该事实存在之主张负证明责任，而对方当事人则应对其关于该事实不存在之主张负证明责任，此时就出现了当事人双方必须同时对该事实承担举证责任的情况。若双方均未能通过有效的举证达到证明标准的要求，就出现了事实存否不明的情况，此时依逻辑推理双方都应承担证明责任，因而法官无法判定到底哪一方败诉。如甲请求法院确认其与乙之间存在买卖合同关系，乙予以否认。依"谁主张，谁举证"的原则，甲要就合同成立承担证明责任；而乙则应就合同不成立承担证明责任。当合同成立之事实真伪不明时，法院既可以基于合同成立之事实

① 以上各学说均为大陆法系学者所创，而当代英美法系的通说认为，证明责任分配不存在一般性的标准，只能在综合若干要素的基础上就具体案件进行具体性分配。在对具体案件分配时要考虑政策、公平、证据所持、方便、盖然性和经验规则等诸多因素。其中最重要的要素是政策、公平和盖然性。由于英美法系实际上是综合各种诉讼利益，以实证方式分配证明责任，所以这种分配理论被称为"利益衡量说"。

真伪不明而作出对甲不利的驳回诉讼请求的判决，也可以因合同不成立之事实真伪不明而作出对被告不利的承认请求判决，这显然与诉讼制度的基本原理是相悖的。可以说，“谁主张，谁举证”的证明责任分配原则等于未就诉讼中双方当事人的证明责任分配作出实质性的规定，因为任何一种证明责任分配原则都不能让当事人就同一事实从正、反两方面对其承担证明责任，这是一项最基本的证明常识。

《民事证据规定》首次在我国民事诉讼领域确立了现代意义上的证明责任制度。其第 2 条规定：“（第 1 款）当事人对自己提出的诉讼请求所依据的事实或者反驳对方诉讼请求所依据的事实有责任提供证据加以证明。（第 2 款）没有证据或者证据不足以证明当事人的事实主张的，由负有举证责任的当事人承担不利后果。”可见，我国在证明责任分配原则问题上基本采纳了法律要件分类说的理论。这主要是由于该学说在理论上已较为成熟，在我国已为学界所广泛认同，并且也具有广泛的实践基础。但不能否认的是，因对证明责任分配本质的认识不清，该规定存在着明显的缺陷。一方面，错误地界定了证明责任适用的前提条件。如上所述，在法律要件分类说下，证明责任得以发生的前提条件是作为当事人主张的法律构成要件的法律事实处于真伪不明的状态。而本条第 2 款却对该已达成共识的结论置若罔闻，将“没有证据或证据不足以证明当事人的事实主张”作为证明责任发生的前提条件。虽然在整个案件没有证据或证据不足以证明争议事实时，由负有证明责任的当事人承担不利后果在表述上好像顺理成章，但是经不起逻辑检验的。我国《民事诉讼法》第 119 条第 3 项规定，起诉时必须有事实和理由，此即意味着没有任何证据不可能开启诉讼程序，故不存在“没有证据证明当事人的事实主张”的案件；而“证据不足以证明当事人的事实主张”也不等于争议事实真伪不明，因为其本身无法排除证据可以证明争议事实为虚伪这一可能性。另一方面，错误地界定了证明责任的客体。证明责任源于对当事人法律主张的否定，尽管这种否定以对作为当事人主张的构成要件的法律事实的否定为中介，但这不表明这些法律事实即为证明责任的客体，二者之间没有合乎逻辑的对应关系。对一项法律事实的否定本身也没有“有利”与“不利”的区分。所以，将“负举证责任的当事人承担的不利后果”界定在“当事人的事实主张”之上，在逻辑上犯了将间接关系简约为直接关系的错误。

还值得注意的是，《民事证据规定》第 7 条“在法律没有具体规定，依本规定及其他司法解释无法确定举证责任承担时，人民法院可以根据公平原则和诚实信用原则，综合当事人举证能力等因素确定举证责任的承担”的规定还赋予了法官在一定条件下的证明责任分配的自由裁量权。从表面上看来，赋予法官自由裁量权似乎能够有效地对法律要件分类说予以补充，但不得不承认的是，若依此规定操作能有可能使证明责任在诉讼终结前即被适用。即于诉讼终结之前就已确定了败诉者，从而使得其后继的程序流于形式；同时，还可能会在实践中造成对提供证据责任和证明责任的再次混淆。

2015 年 1 月颁布的《民诉法解释》第一次从正面在我国民事诉讼领域将法律要件分类说确立为一般性证明责任分配规则。其第 91 条规定："人民法院应当依照下列原则确定举证证明责任的承担，但法律另有约定的除外：(一) 主张法律关系存在的当事人，应当对产生该法律关系的基本事实承担举证证明责任；(二) 主张法律关系变更、消灭或者权利受到妨害的当事人，应当对该法律关系变更、消灭或者权利受到妨害的基本事实承担举证证明责任。"

2. 民事诉讼中的证明责任分配原则的例外

(1) 概述。

民事诉讼中证明责任分配原则的例外，在我国常被冠以"证明责任倒置"(或"举证责任倒置") 之名。证明责任倒置首先由德国学者于 20 世纪 50 年代提出，并随之由德国在判例解释中予以确立，使之具有法律效力。其后，这种做法在大陆法系国家普遍得以确认，成为修正法律要件分类说的重要方法。

一般认为，只有在成文法至上的大陆法系国家和地区才存在"证明责任倒置"的概念；而对证明责任分配实行个案决定的英美法系国家和地区则无证明责任分配规则的一般与例外之分。即大陆法系采取的是一般加例外的证明责任分配方式；英美法系则采用价值衡量的分配方式。这种认识显然失之偏颇。因为，作为大陆法系国家证明责任倒置前提和基础的法律要件分类说是建立在对民事实体法律规范进行分析基础之上的，而实体法乃是从无数个案中得出的共同点的集合，是无数次具体价值衡量上升到法律层面的结晶。可见，实体法本身就蕴含有一定的价值，故以此为基础所进行的证明责任分配无疑也理所当然地体现有价值衡量的理念。

近代民法所要求体现的核心价值理念便是追求法的安定性，即对于同一法律事实类型适用同一法律规则，得出同样的判决结果；同时由于此时民事主体的平等性和互换性,① 这就对民法提出了定型化的要求，使得作为民法理念的

① 参见梁慧星：《从现代民法到近代民法》，载梁慧星主编：《民商法论丛》（第 7 卷），法律出版社 1997 年版，第 234 页。

社会正义体现为着重强调形式正义，人格抽象、契约绝对自由和过失责任等均为其表现。分析法律要件分类说的实质，可发现其显然是近代民法的产物：其一，以成文法为基础，用法律条文的形式对证明责任分配的标准分类加以确定；其二，认为一切案件均可按成文法确定的标准进行证明责任分配，无须法官发挥主观能动性；其三，注重形式正义，从形式上进行分配，充分考虑体系上的完整性和逻辑上的严密性。随着资本主义进入垄断阶段，近代民法也发展成为现代民法。科技的突飞猛进，物质文明的高度发展，也导致了两极分化严重、交通事故频发、环境污染层出、缺陷产品致损及商业秘密盗用等各种社会问题的出现。此时民事主体的平等性和互换性在很大程度上已丧失。这些都导致民法的价值观念由追求法的安定性转向侧重于追求法的社会妥当性，这既是维持社会稳定的需要，也是民法自身保持其生命力的需要。民法的理念也由强调形式正义转为着重实质正义，① 在民法模式上就表现为人格的具体化、对契约绝对自由的限制和严格责任等。这种民法理念的变化使得证明责任的分配也随之作出相应的调整，即对法律要件分类说予以修正。在某些特定类型的案件，如污染侵权诉讼、产品缺陷损害诉讼、医疗事故诉讼及专利侵权诉讼等中，民事主体双方的平等性和互换性基本上丧失，侵权和被侵权的主体在社会结构层次上固定下来，原、被告的角色几乎没有互换的可能，而且这种互换性的丧失在诉讼中则常常表现为当事人实质地位和掌握武器的不对等。② 由于诸多在近代民法时期不可想象的原因使原告的举证能力大大弱于被告，如果仍按严格意义上的法律要件分类说进行证明责任分配，则原告就会常常陷入举证困难或举证不能的境地，从而导致败诉的不利后果，这是与现代意义上民法的基本价值理念相悖的。价值衡量的结果要求法律在进行规定时应向受害者倾斜，从而使他们有更大的把握获得赔偿。

在以法律要件分类说为基础、对证明责任进行分配的做法不作根本性改变的前提之下，寻求减轻当事人证明责任负担的途径有两条：一是从立法上免除某些侵权案件过错法律要件的证明责任，实行无过错责任；二是把部分侵权案件的过错及因果关系的证明负担倒置于对方，即将法律要件的一部分从权利发生规范的要件事实中排除，而从反面归入到权利妨害规范、权利受制规范和权

① 参见梁慧星：《从现代民法到近代民法》，载梁慧星主编：《民商法论丛》（第7卷），法律出版社1997年版，第242页。

② 参见王亚新：《对抗与判定——日本民事诉讼的基本结构》，清华大学出版社2002年版，第229~230页。

利消灭规范的要件事实中去，产生所谓证明责任的倒置。由此可见，所谓证明责任倒置并非指本来由一方当事人承担的举证责任转换给另一方承担，而是指应由“此方当事人承担的证明责任被免除，由彼方当事人对本来的证明对象从相反的方向承担证明责任”。[①] 所以，证明责任倒置仅是对以法律要件分类说进行举证明责任分配此一般情况下“正置”的补充，也是由法律预先设置好的，并不随具体诉讼的进行而发生改动，因而从实质意义上的证明责任分配角度来讲，并未发生所谓的倒置。

（2）我国现有相关规定及评述。

就我国立法来看，最早对证明责任倒置加以规定的是1984年颁布的《专利法》。该法第60条第2款规定：“在发生侵权责任纠纷的时候，如果发明专利是一项新产品的制造方法，制造同样产品的单位或个人应当提供其产品制造方法的证明。”这便是产品制造方法发明专利引起的专利侵权诉讼中有关证明责任倒置的规定。尔后1986年通过的《民法通则》又规定了几种倒置的情况。

1992年的《民诉适用意见》第74条规定了几种特殊侵权诉讼实行证明责任倒置，其内容是：“下列侵权诉讼中，对原告提出的侵权事实，被告否认的，由被告负责举证：（1）因产品制造方法发明专利引起的专利侵权诉讼；（2）高度危险作业致人损害的侵权诉讼；（3）因环境污染引起的损害赔偿诉讼；（4）建筑物或者其他设施以及建筑物上的搁置物、悬挂物发生倒塌、脱落、坠落致人损害的侵权诉讼；（5）饲养动物致人损害的侵权诉讼；（6）有关法律规定由被告承担举证责任的。”

最新关于证明责任倒置的有关规定是《民事证据规定》中的第4条第1款，其内容是：“下列侵权诉讼，按照以下规定承担举证责任：（一）因新产品制造方法发明专利引起的专利侵权诉讼，由制造同样产品的单位或者个人对其产品制造方法不同于专利方法承担举证责任；（二）高度危险作业致人损害的侵权诉讼，由加害人就受害人故意造成损害的事实承担举证责任；（三）因环境污染引起的损害赔偿诉讼，由加害人就法律规定的免责事由及其行为与损害结果之间不存在因果关系承担举证责任；（四）建筑物或者其他设施以及建筑物上的搁置物、悬挂物发生倒塌、脱落、坠落致人损害的侵权诉讼，由所有人或者管理人对其无过错承担举证责任；（五）饲养动物致人损害的侵权诉讼，由动物饲养人或者管理人就受害人有过错或者第三人有过错承担举证责

① 陈刚：《证明责任法研究》，中国人民大学出版社2000年版，第247页。

任；（六）因缺陷产品致人损害的侵权诉讼，由产品的生产者就法律规定的免责事由承担举证责任；（七）因共同危险行为致人损害的侵权诉讼，由实施危险行为的人就其行为与损害结果之间不存在因果关系承担举证责任；（八）因医疗行为引起的侵权诉讼，由医疗机构就医疗行为与损害结果之间不存在因果关系及不存在医疗过错承担举证责任。”

与《民诉适用意见》第 74 条相比，《民事证据规定》第 4 条不仅弥补了前者规范的一些缺失，在内容上也更为丰富。其一，《民诉适用意见》第 74 条对倒置的对象规定得不够明确，究竟应将侵权责任构成要件中的哪些要件倒置给被告，未予以具体规定，只是笼统地规定“对原告提出的侵权事实，被告否认的，由被告负责举证”，这就产生一种被告对不存在侵权责任的全部构成要件事实均应负证明责任的错觉。《民事证据规定》第 4 条只对过错要件和因果关系要件实行证明责任倒置，并针对各类侵权诉讼逐一具体规定。其二，就《民事证据规定》第 4 条规定来看，新增了产品缺陷、共同危险及医疗事故三种侵权诉讼的证明责任负担规则，使这三种特殊侵权诉讼的举证有法可依。

但《民事证据规定》第 4 条仍然存在明显的缺陷。一方面，该条本意是规定证明责任倒置，但八类案件中，竟有三类（高度危险作业致人损害、饲养动物致人损害及产品缺陷致人损害）并非是证明责任的倒置，而是完全意义上的证明责任一般分配。此三类均属特殊侵权责任中的无过错责任，受害人欲实现损害赔偿，须对损害事实、违法行为及因果关系进行证明；而被告若欲免责，就应对免责事由（即受害人的故意或法律规定的免责事由）加以证明——即否认受害人权利主张的被告，应就其主张的阻碍受害人权利发生的要件事实进行证明——这恰是在按照法律要件分类说正常分配证明责任，无任何倒置之意。另一方面，将实体法已明文规定实行证明责任倒置的情况又做规定，似乎有法条重复之虞。从大陆法系国家和地区关于证明责任的立法模式来看，其主要有两种：（1）德国模式。该模式在民事程序法中不设如何分配证明责任的规定，而是在民事实体法中对其加以规定。（2）法国模式。该模式在民事程序法中对证明责任分配作原则性规定，而在民事实体法中对证明责任分配的特殊形式作出规定。如法国民事诉讼法典第 9 条规定：“应当由每一当事人对其诉讼请求之胜局所必要的事实依法证明之。”① 就我国民事诉讼而言，

① 罗结珍译：《法国新民事诉讼法》，中国法制出版社 1999 年版。以下对法国民事诉讼法条文的引用，如无特别说明，均以此版本为准。

虽然《民事诉讼法》第64条确立的“谁主张，谁举证”的证明责任分配原则存在诸多缺陷，但从立法体例来看，其乃是将证明责任分配的一般原则规定于民事程序法中；同时在《民法通则》、《专利法》等民事实体法中规定证明责任分配的特殊情况，故采取的是法国模式。可见，在民事程序法的司法解释中又对证明责任的特殊形式重复加以规定，并无太大的必要性。

还应引起注意的是，由于“证明责任倒置”这一提法的片面性和模糊性，很容易对理论研究的深入和司法实践的发展产生误导；且从大陆法系各国和地区的相关立法，包括我国的立法来看，也从未出现过“倒置”的字眼。因此，在日后的理论研讨中，应逐渐淡化“倒置”的概念，抹去“倒置”的字眼，而以较为科学的“证明责任分配的特殊情况”这一提法取而代之。这样既可保证证明责任分配体系的完整性，又能兼顾证明责任分配的时代性。

（二）合同诉讼中的证明责任分配

按照法律要件分类说，合同法规范可以分为合同权利义务设立规范、合同权利义务变更规范和合同权利义务终止规范。合同法上的证明责任分配就是以这三类合同规范为基础展开的。合同权利设立的事实，由主张合同权利的人负责证明；就他人所主张的合同权利存在有变更或消灭的事实，由主张权利的相对方负责证明；如有争议，有关事实应视为合同权利设立的事实。《民事证据规定》第5条规定：“（第1款）合同纠纷案件中，主张合同关系成立并生效的一方当事人对合同订立和生效的事实承担举证责任；主张合同关系变更、解除、终止、撤销的一方当事人对引起合同关系变动的事实承担举证责任。（第2款）对合同是否履行发生争议的，由负有履行义务的当事人承担举证责任。（第3款）对代理权发生争议的，由主张有代理权一方当事人承担举证责任。”负有证明责任的当事人不能证明自己主张的，应承担不利后果。

如在借贷返还纠纷中，债权人应就借贷合同成立的特别要件即金钱给付和借贷合意有关事实承担证明责任；至于合同成立的一般要件，如订立合同之人具有行为能力及意思表示真实等事实，则应由主张合同关系不成立的债务人就无行为能力及意思表示不真实等事实负证明责任。再如，借贷合同成立后，债务人若主张其已因变更为赠与或已经由债权人免除使得债务消灭，其应对该特别要件事实负证明责任；债权人则应对该债务消灭的一般要件事实的欠缺如存在被欺诈或被胁迫等事实承担证明责任。

《民事证据规定》第6条规定：“在劳动争议纠纷案件中，因用人单位作出开除、除名、辞退、解除劳动合同、减少劳动报酬、计算劳动者工作年限等决定而发生劳动争议的，由用人单位负举证责任。”此条对劳动争议纠纷案件中的证明责任分配作了规定。有观点认为在此类案件中实行的是证明责任倒置，即将本应由劳动者承担的证明责任倒置给用人单位承担，并将此类案件定性为“劳动者不服用人单位决定而产生的劳动争议案件”。① 该结论的得出是建立在认为劳动者和用人单位的诉讼地位固定，即劳动者总是原告，用人单位总是被告的基础上的。但实际情形并非总是如此。当遇到因用人单位作出开除、除名、辞退、解除劳动合同、减少劳动报酬、计算劳动者工作年限等决定而发生劳动争议时，多数情况下的确是劳动者诉至法院，但也不排除用人单位诉至法院的情形。此时，用人单位必然要对其主张赖以成立的法律要件事实予以举证，此时便不存在证明责任倒置之趋势。因此，单纯认为因用人单位作出开除、除名、辞退、解除劳动合同、减少劳动报酬、计算劳动者工作年限等决定而发生劳动争议的案件由用人单位承担证明责任为证明责任倒置是欠妥的。

（三）侵权诉讼中的证明责任分配

构成一般民事侵权行为，必须同时具备四个要件：①损害事实；②侵权行为与损害事实之间存在因果关系；③行为具有违法性；④行为人有过错。按照法律要件分类说，原告主张侵权行为成立时应对该四项要件事实的存在负证明责任。但如前所述，在某些特定类型的案件，如污染侵权诉讼、产品缺陷损害诉讼、医疗事故诉讼及专利侵权诉讼等中，民事主体双方的平等性和互换性基本上完全丧失，侵权和被侵权的主体在社会结构层次上固定下来，原、被告的角色几乎没有互换的可能，而且这种互换性的丧失在诉讼中则常常表现为当事人实质地位和掌握武器的不对等，这均导致原告的举证能力大大弱于被告，如果仍按严格意义上的法律要件分类说进行证明责任分配，则原告就会常常陷入举证困难或举证不能的境地，从而导致败诉的不利后果，这是与民法的基本价值理念是相悖的。前面已对我国民法通则、《民诉适用意见》以及《民事证据规定》关于某些特殊类型侵权案件证明责任分配的规则进行了介绍，下面就我国现有法律框架下侵权领域另外两个值得注意的问题予以分析。

1. 产品缺陷致人损害案件

如前所述，依《民事证据规定》第 4 条第 1 款第 6 项的规定，产品缺陷致人损害案件属于无过错责任案件，但案件的证明责任分配仍按照的是法律要件分类说的一般分配方式进行，即受害人欲实现损害赔偿，须对损害事实、违法行为及因果关系进行证明；而被告若欲免责，就应对免责事由（即受害人的

① 李国光主编：《最高人民法院〈关于民事诉讼证据的若干规定〉的理解与适用》，中国法制出版社 2002 年版，第 97 页。

故意或法律规定的免责事由）加以证明，即否认受害人权利主张的被告，应就其主张的阻碍受害人权利发生的要件事实进行证明。要注意的是，该规定并不能覆盖销售者的证明责任。该规定中生产者的“免责事由”是指由2000年修改后的《产品质量法》第41条第2款所规定的未将产品投入流通、投入流通时引起损害的缺陷尚不存在及投入流通时的科学技术水平尚不能发现缺陷存在三种情况。此三项免责事由只适用于狭义上的生产者，即制造者，对销售者不能予以适用。因此《产品质量法》第42条第1款规定：“由于销售者的过错使产品存在缺陷，造成人身、他人财产损害的，销售者应当承担赔偿责任。”由此可知，《产品质量法》对销售者的侵权行为采取的是过错责任而非像针对制造者的侵权行为那样实行无过错责任。因此，在目前尚未有具体规定的情况下，只能按照法律要件分类说的一般要求，由受害者来负担销售者有过错的证明责任，但这明显不利于保护受害者（消费者）的利益。因为由居于弱势地位的受害者（消费者）来证明居于强势地位的销售者存在过错，从证据距离的远近、证明实力的大小及证明手段的多寡多个方面来讲均是明显不公的，也有悖于现代民法的常态价值取向。因此，对于销售者过错之证明责任显然应采取倒置的证明责任分配方法，由销售者对其侵权行为不存在过失这一法律要件事实承担证明责任。

2. 道路交通事故损害赔偿案件

道路交通事故损害赔偿分为机动车与机动车之间的事故损害赔偿和机动车与非机动车、行人之间发生的事故损害赔偿两类。从证明责任分配角度观察，机动车与机动车之间的事故损害赔偿与其他普通侵权赔偿并无太多不同，而机动车与非机动车、行人之间发生的事故损害赔偿的证明责任分配则值得关注。

由于机动车自身所固有的特殊危险，世界各国大多将机动车与非机动车人、行人之间发生交通事故的归责原则规定为无过错责任原则，即机动车一方是否承担责任与其是否存在过错没有关联，只要是造成了损害结果，其就应当承担赔偿责任。我国《民法通则》第123条“从事高空、高压、易燃、易爆、剧毒、放射性、高速运输工具等对周围环境有高度危险作业造成他人损害的，应当承担民事责任”的规定也确定了我国机动车与非机动车人、行人之间交通事故损害赔偿的无过错归责原则。机动车驾驶方，由于一般不会在事故中造成自身伤亡，对于事故现场有能力保护，对有关证据有能力进行收集和保存，由其承担较多的证明责任，一方面可以促使机动车一方谨慎驾驶，另一方面也能避免机动车一方为逃避责任对事故现场和有关证据的破坏。《民事证据规定》第4条第1款第2项“高度危险作业致人损害的侵权诉讼，由加害人就受害人故意造成损害的事实承担举证责任”的规定重申了这一原则。而《道路交通安全法》第76条规定“机动车与非机动车、行人之间发生交通事故造成人身伤亡、财产损失的，由保险公司在机动车第三者责任强制保险的责任限度内予以赔偿。超过责任限度的部分，由机动车一方承担责任。但是，有证据证明非机动车驾驶人、行人违反道路交通安全法律、法规，机动车驾驶人已经采取必要处理措施的，减轻机动车一方的责任。交通事故的损失由非机动车驾驶人、行人故意造成的，机动车一方不承担责任”的规定则对机动车与非机动车人、行人之间发生交通事故赔偿的具体举证规则作了详细设置。

对归责事实及损害结果，作为原告方的非机动车、行人应对其承担全部的证明责任，从提供证据责任角度来讲，原告必须积极向法院提交相关证据以证明损害结果的存在，从证明责任角度来看，如果最终损害是否存在无法确认，原告则要承担对其不利的法律后果。作为被告的机动车在法律上对归责事实不承担任何证明责任。当然，为了降低原告所举证据的证明力，影响法官的事实判断，被告可以主动向法院提交证明原告请求不当的相关证据，但并不以其为必要。

至于减责和免责事实的证明责任分配则有所不同。由于原告诉请适用的法律规范结构中的法定事实构成部分为客观损害结果，而《道路交通安全法》所规定的作为机动车驾驶人减责和免责事由的非机动车驾驶人、行人是否违反道路交通法规以及是否对事故损失存在故意均与事故损害结果无关，既不能用来否定或是认可损害结果，也不能影响事故损害结果的大小。因而，这些法律事实不符合原告诉请适用的法律规范对事实的要求，很显然，当事人提出这些事实的目的是为了引入一个新的法律规范，从而达到对自己有利的法律适用结果，这就产生了机动车驾驶方的证明责任，即在减责和免责事由这一法律规范之下，机动车驾驶方应当对该事实负证明责任。而非机动车驾驶人、行人针对不适用这一法律规范的反驳并未引入新的法律规范，故不承担证明责任。

（四）证明妨碍

1. 证明妨碍的概念

民事诉讼以解决当事人之间私权争执为目的，这一目的的实现乃基于法院对事实的正确认定。由于民事诉讼采取辩论主义的运作方式，当事人须对于己有利之事实主张负证明责任，故双方当事人为使案件的审理朝有利于自己的方向发展并最终促成己方胜诉判决的作出，均是极尽举证之能事。不过，在某些案件中，一方当事人往往试图通过非正当手段障碍或不协助他方当事人为举证行为以期法院作出于其有利的裁判。此种旨在妨碍他方正常举证、扰乱诉讼秩序常态的行为，即通常所谓的证明妨碍。

2. 证明妨碍的构成要件

对上述定义加以解析，可知证明妨碍行为主要有如下几项构成要件：

（1）行为的实施者必须为当事人。广义上讲证明妨碍还包括当事人以外的其他人对举证活动的阻却行为。但案外人和当事人的证明妨碍行为从本质上讲存有本质区别：禁止案外人的此类行为乃基于其对案件审理应尽的公法上的义务，此基本上与证人的作证义务具有同一属性，而并非如当事人那般以证明责任的分担为基础直接攸关自身实体权益和诉讼利益。

（2）行为的对象为对方当事人的正常举证活动。证明妨碍行为阻却对方当事人的正常举证活动，是指对待证事实不负证明责任的一方当事人的行为使负证明责任的当事人陷入举证困难或举证不能的境地：前者是指负证明责任的当事人因对方的妨碍行为不得不付出比正常情况下较多的努力，才能举证证明某项对其有利的事实，例如，销售商坚决不说明其所卖的某类伪劣产品的生产商，为消费者的举证增加困难；后者则是指相关证据已被完全毁灭，再无提出之可能，如特定信件被烧掉等。当然，此二者虽在理论上似有可分，但实践中的界限确实难以厘清，故在效果及相应处治上并不予以区别。

（3）行为人虽有提供相关证据的义务，却以作为或不作为的方式不予提供。如前面章节所述，为维护当事人之间的实质公平，亦为司法资源之有效利用，在大陆法系国家和地区的民事诉讼理论中，通常课以当事人证据上的协力义务。此处的协助即是指一方当事人在提供相关证据的名称和内容等方面有困难时，依其申请，持有该证据的对方当事人应在该证据的提出、相应信息的陈明及其他方式上给予必要的协助。而作为证明妨碍行为的构成要件之一，便是当事人在负有该义务时却以作为或不作为的方式不予履行，从而对他方当事人权益的顺利实现及诉讼程序的正常进行产生消极影响。

（4）行为人在主观上具有故意或过失的心理状态。行为人为妨碍行为时的心理状态即是该行为的主观构成要件。行为人故意妨碍对方当事人举证的行为，可以认为是违反了上述证据上的协力义务，侵害了对方当事人的正当权益，自然应属心理状态之一种情形；而当事人过失的证明妨碍行为亦然，不应被排除于主观构成要件之外。易言之，基于当事人所负的证据上的协力义务，无论当事人实施此类行为时的主观心态是故意亦或过失，其在造成对方未能适时利用该证据以利案件真实的迅速发现此结果上并无二致。

（5）行为人的妨碍行为与对方的举证不能之间存有因果关系。不负证明责任的当事人的证明妨碍行为须与待证事实的难以或不能查清之间具有因果关系，否则即难认定该妨碍行为能够实际产生效果。区别于一般侵权行为，证明妨碍行为在因果关系的认定上有其特殊性。一般侵权行为指向的对象是实体法赋予他人的权利，而证明妨碍行为则指向诉讼法所规定的当事人正常收集、提供证据的权利。从推进诉讼、发现真实的视角来说，当事人对自己所主张的事实应提供相应证据予以证明是诉讼法施以当事人的一种义务；而对维护当事人诉讼地位的平等性、保障当事人正当权益之考虑而言，其无疑又是诉讼法赋予当事人的一项权利。

（6）行为之时间不限于诉讼系属中，诉讼系属前也成立。所谓诉讼系属，是指因诉之提起而发生特定事件成为应该由特定法院依审判程序予以审理裁判的状态。诉讼系属发生效力的时间点为当事人起诉之时，即原告向法院递交起诉状的时刻。当事人在诉讼系属中所为的妨碍他方正常举证的行为自然应属证明妨碍之列，这将直接使他方当事人在证据调查程序中处于不利地位，从而使其在后继的法庭辩论程序中不能够充分地发挥，进而对案件裁判结果的形成构成消极影响；而当事人在诉讼系属前所为的毁灭、隐匿证据的行为也会对进入诉讼系属后他方当事人收集和提供证据的行为造成阻却，使之成为影响案件审理正常化的负面因素，故该类行为也应被纳入证明妨碍的范畴。

3. 证明妨碍的形态

以大陆法系主要国家和地区现行立法及判例为基础，并依不同之标准，证明妨碍行为之形态似主要可作如下两种分类：

（1）作为妨碍和不作为妨碍。作为妨碍行为是指当事人在诉讼中和诉讼外对各种证据所实施的灭失、损毁和隐匿等行为。此类行为需当事人通过一定的积极作为予以表现，故通常情况下当事人的主观心态应为故意。此种形态之妨碍行为主要又可细分为以下几种具体形式：①妨碍书证的使用。德国民事诉讼法第 444 条和日本民事诉讼法第 224 条第 2 款均对此有所规定。[①] ②妨碍物证的使用。1955 年 4 月 16 日，德国联邦最高法院的判例将医师第一次开刀把

① 德国民事诉讼法第 444 条规定："一方当事人意图妨害对方当事人使用书证或者致使书证不堪使用时，对方当事人关于证书的性质和内容的主张，视为已得到证明。"日本民事诉讼法第 224 条第 2 款规定："当事人以妨碍对方当事人使用为目的，毁灭有提出义务的文书或致使该文书不能使用时，与前款规定相同（即法院可认定对方当事人所主张的关于该文书的记载为真实）。"

棉花纱布遗留在病人体内而于第二次将其取出并弃失之行为认定为证明妨碍行为。① ③妨碍证人作证。德国联邦最高法院在判例中将负证明责任的当事人申请的证人被妨碍出庭或被隐藏及负证明责任的当事人的相对方明知目击者住所或姓名但故意隐瞒等行为归入此类。②

不作为妨碍行为是指当事人在诉讼中持有证据无正当理由拒不提供的行为。此类行为乃以当事人消极的不作为表现出来，当事人的主观心态既可以是故意，也可以是过失。其主要以下列几种形式表现出来：①拒不提供书证。德国民事诉讼法第 427 条和日本民事诉讼法第 224 条第 1 款均为适例。③ ②拒绝核对笔迹。德国民事诉讼法第 441 条第 3 款和日本民事诉讼法第 229 条第 4 款即对此作出规定。④ ③拒绝接受讯问。此行为的规定可见诸德国民事诉讼法第 446 条和日本民事诉讼法第 208 条。⑤

（2）诉前妨碍和诉中妨碍。在诉讼系属中，基于证据法上的协力义务，

---

① 参见陈荣宗：《举证责任分配与民事程序法》，台湾三民书局股份有限公司 1984 年版，第 67~68 页。

② 参见［韩］李时润、金玄卿：《论民事诉讼中的举证妨害行为》，载何家弘主编：《证据学论坛》（第三卷），中国检察出版社 2001 年版，第 471 页。

③ 德国民事诉讼法第 427 条规定：“如果对方当事人不服从提出证书的命令，或者在第 426 条的情形（即进行了关于书证的讯问后，法院相信书证被对方当事人占有），法院相信对方当事人并未细心追究证书的所在时，就可以把举证人提供的证书缮本视为正确的证书。如果举证人未提供证书缮本时，举证人关于证书的形式和内容的主张，视为已得到证明。”日本民事诉讼法第 224 条第 1 款规定：“当事人不服从提出文书命令时，法院可以认定对方当事人所主张的关于该文书的记载为真实。”

④ 德国民事诉讼法第 441 条第 3 款规定：“适于核对的笔迹在对方当事人手中时，对方当事人依举证人的申请有提出的义务。对方当事人不服从提出适于核对的笔迹命令，或者在第 426 条的情形（即进行了关于书证的讯问后，法院相信书证被对方当事人占有），法院相信对方当事人并未细心追究该项笔迹的所在时，就可以把该项证书视为真实。”日本民事诉讼法第 229 条第 4 款规定，若当事人无正当理由拒不服从法官命令其核对笔迹或印迹的裁定时，法院对于文书制作的真伪，可以认定举证人的主张为真实。如果伪造笔记体书写时，亦同。

⑤ 德国民事诉讼法第 446 条规定：“对方当事人拒绝对他进行讯问，或者对于法院的要求不作表示，法院应考虑全部案情，特别考虑拒绝的理由，依自由心证，判断当事人所主张的事实可否视为已得到证明。”日本民事诉讼法第 208 条规定：“在询问当事人本人的情况下，该当事人无正当的理由不出庭，或者拒绝宣誓或陈述时，法院可以认定对方当事人所主张的有关询问事项为真实。”

当事人负有证据保存或提供义务，若其违反该义务，致使对方当事人难以使用相关证据时，即构成诉中证明妨碍，应承担相应的法律责任。而此项诉讼法上的证据协力义务不仅发生于诉讼系属中，于诉讼系属前也会出现。① 在纠纷已经发生或诉讼将至的情况下，即使尚未进入诉讼系属，该义务亦应得到履行，否则即构成诉前证明妨碍，此时妨碍人在主观心态上可能为故意或过失。至于依法律规定、双方约定或交易习惯，当事人就特定证据负有保存的义务时，② 即使这些证据未必与将来的诉讼有关，但若因可归责于该当事人的事由而未予保存，从而导致在后来的诉讼中对方当事人无法提供该类证据，则就该义务违反行为所致不能查清事实、阻却推进诉讼的状态而言，其仍应承担相应的法律责任。同时，本书认为，实体法上的诚实信用原则与诉讼法上的诚实信用原则具有连续性，对诉讼系属前、后有一定的连接作用，故当事人在民事实体法律活动中，即使无法定、约定或俗定的保存相关证据的义务，但因其与双方之间的民事法律关系紧密相关，则依诚实信用原则，其仍应对该证据予以保存。③

4. 证明妨碍处治的法理基础

从诉讼法理上讲，证明妨碍制度的确立乃基于下列几方面的原理：

（1）攻防手段平衡原则。民事诉讼乃当事人为保护私权利益，请求国家司法机关确定其权利存否的法定程序，故相应的民事法律关系即是一种平权型的权利义务关系。法院和民事纠纷主体，也即双方当事人在该关系中呈等腰三角形的形态：法院作为裁判者居于等腰三角形的顶点，当事人双方分居等腰三

① 如我国台湾地区现行“民事诉讼法”第368条规定：“（第1款）证据有灭失或碍难使用之虞，或经他造同意者，得向法院声请保全；就确定事、物之现状有法律上利益并有必要时，亦得声请为鉴定、勘验或保全书证。（第2款）前项证据保全，应适用本节有关调查证据方法之规定。”即明示起诉前当事人亦有保全书证、协助鉴定、勘验的义务。

② 此种义务显然是一种实体法上的义务，如我国《公司法》第109条规定：“股东大会应当对所议事项的决定作成会议记录，由出席会议的董事签名。会议记录应当与出席股东的签名册及代理出席的委托书一并保存。”同法第169条第1款规定：“公司发行公司债券应当置备公司债券存根簿。”

③ 但此时相应的问题又随之而来：当事人保存证据的范围究竟为何，即一方面其保存行为应从何时开始、至何时结束；另一方面其保存的证据在数量和种类上又作何要求。如对于某生产商，不可能因日后可能出现的产品侵权诉讼而要求其永久地保存与所有产品研发、生产及销售等整个环节有关的一切资料，这是一笔任何生产商都无法轻易承担的巨大成本；而同时，也不能因此就忽略其保存的必要性和重要性，否则极易导致证明妨碍现象的出现。此矛盾的解决、取舍的平衡，仍需作进一步探讨。

角形的边和两腰的两个交点上——法院和双方当事人保持相等的距离，且当事人双方处于平等的对抗状态。无论是职权主义诉讼模式，还是当事人主义诉讼模式都十分强调双方当事人的平等对抗，将双方置于平等的地位，使双方的攻防手段得以平衡。攻防手段平衡原则，即是指在民事诉讼中，在保证双方当事人诉讼地位平等的基础上，使双方拥有平等的攻击和防御手段，从形式和实质上维护双方诉讼权利的平等。在此原则的指导下，法律必须赋予当事人双方平等的诉讼权利以进行攻击和防御，同时，作为裁判者的法官也应该保证双方能够得以平等地行使诸项诉讼权利①。具体到证据的提供上，该原则不仅要求当事人对各自的主张应予提出相应证据加以佐证，而且要具体考虑各项证据在获取上的难易度。若一方证据的难以或不能提供是因另一方的妨碍、阻却行为所致，就不能径行裁判由其承担因此造成的不利益，而应反过来权衡是否应对阻碍方加以制裁，从而真正使攻防手段平衡原则得以切实的体现。

(2) 真实义务。是指当事人在民事诉讼中负有真实陈述的义务，不得主张已知的不真实事实或自己认为不真实的事实，并且不得在明知对方提出的主张与事实相符或认为与事实相符时，仍然进行争执。一般来讲，在大陆法系国家和地区，法律不将不利于自身的事实的提出作为义务或责任强加给该事实的主张者，否则辩论主义便有完全被摒弃的嫌疑，同时，要求当事人对于己不利的事实作出完全真实的陈述也实在强人所难、不近人情，因为真实义务虽说是对国家所为，但更主要是为对方当事人利益以谋求双方攻防手段的平等。因此，真实义务并不要求当事人积极主动地陈述所有客观真实事实，而是仅限于消极地禁止其陈述其明知是虚伪的事实，即不得故意作违背主观真实的主张及陈述。同时，为了探究当事人是否违背真实义务，往往需要对其行为是否背离主观真实予以证明，而此种证明往往难以得到确切的结果，从而极易招致诉讼的迟延。实际上，进行此种证明不如直接对案件的真实加以证明来得直接和迅速，故在大陆法系国家和地区，无论是理论学说还是立法实践，对于当事人违背真实义务的行为，均无直接加以制裁的论述和规范。不过，当事人不真实陈述的行为事实上影响着法官的心证，法官一般不会采信当事人违背真实义务所作的陈述或争执，同时，此种违背真实义务的行为也成为法官对该方当事人施以负面评价的基础，进而对审判的结果产生一定影响。当然，从常理上来讲，

① 法律赋予双方当事人平等的攻防手段，可称为静态的平等；在具体的诉讼中，法官对双方当事人的诉讼权利予以平等地保障，可称为动态的平等。两者结合，才能保证案件诉讼进程和审理结果的公正性。

真实揭露不利于自己的事实所产生的不利益往往会高于仅因违反真实义务而对法官心证造成的负面影响，因此，基于对诉讼效益这一简单的预测和权衡，一个“理性”的当事人很容易选择风险较小的方式，即违反真实义务，实施证明妨碍行为，使不利于自身的证据难以出现在诉讼中。可见，为使真实义务得以真正落实，推进诉讼的顺利进行，极有必要对证明妨碍行为施以一定的制裁。

（3）诉讼促进义务。是指大陆法系国家和地区为确保案件的集中审理，推进诉讼的高效进行，最终使民事纠纷得以迅速地解决而课以当事人的相应义务。该义务有两种理解：一是狭义的诉讼促进义务，即指当事人在时间上负有迅速推进诉讼的义务，不可任意延滞程序的进行。如德国民事诉讼法第 282 条规定：“（第 1 款）当事人各方都应该在言词辩论中，按照诉讼的程度和程序上的要求，在为进行诉讼所必要与适当的时候，提出他的攻击和防御方法，特别是各种主张、否认、异议、抗辩、证据方法和证据抗辩。（第 2 款）声明以及攻击和防御方法，如果对方当事人不预先了解就无从对之有所陈述时，应该在言词辩论前，以准备书状通知对方当事人，使对方当事人能得到必要的了解。”若当事人违反狭义的诉讼促进义务，逾期提出攻击或防御方法，法院有权予以驳回。可见，之所以将此种诉讼促进义务冠之以“狭义”，乃是因其仅从时间上对当事人的行为作了要求。二是广义的诉讼促进义务，即协力解明事案义务。这是指除时间上的要求外，当事人还应携手在其他各项诉讼指标上为案件真实的发现共同努力。在德国传统民事诉讼理论中，有否定广义诉讼促进义务、仅取其狭义的见解，认为民事诉讼中无论权利的主张还是证明责任的分配均系依据民事实体法的规范，而且针对当事人双方拥有证据资料不对等的状况，民事实体法已有不少关于一方可向持有相关资料的另一方请求开示的规定，① 故无须另外承认诉讼法上的协力解明事案义务。但笔者认为，民事诉讼法和实体法在原理和操作上虽有共通或交叉的情况，但二者在创制目的和规范结构上均存在一定的差异：民事实体法规定的是民事关系的应然状态，不以双方之间存有纠纷为前提，具有一定的封闭性；而民事诉讼法却以定纷止争为出发点，因无法预见具体程序进行的结果，故在规范上较具开放性。因而民事实体法上关于开示请求的规定并不排斥民事诉讼法上另就当事人之间的协力义务予以明确，此乃民事诉讼攻防手段平衡之原则使然。无论从狭义上推敲，还是从广义上理解，一方当事人妨碍对方举证的行为都与诉讼促进义务之内涵不

---

① 如《德国民法典》第 260 条、第 402 条、第 444 条、第 713 条、第 716 条及第 799 条等诸多规定。

符，从而与现代诉讼最精髓的公正、高效的要求相悖，理应有相应的理论和立法对其加以纠正。

5. 证明妨碍处治的域外立法例及相关学理

以德国为代表的立法上，当一方当事人的行为符合法律规定的证明妨碍行为构成要件时，系属法院可以（或应当）认定另一方当事人关于被妨碍提出的证据的主张为正当和真实。前述德国民事诉讼法第 441 条第 3 款、第 444 条及第 446 条等均为适例。以日本为代表的立法上，当一方当事人为证明妨碍行为时，法院不仅可以认定他方当事人关于相关证据本身的主张为真实，于一定情形还可对该证据所能证明的事实的真实性加以认定。如日本民事诉讼法第 224 条第 3 款规定："在本条前两款规定的情况下（即当事人不服从文书提出命令和毁灭有提出义务的文书或致使该文书不能使用），对方当事人对于该文书的记载提出具体的主张并以其他的证据证明用该文书应证明的事实非常困难时，法院可以认定对方当事人对于该事实的主张为真实。"我国台湾地区与日本在该问题之处理方式上大体同一，譬如其"民事诉讼法"第 282 条之一第 1 款规定："当事人因妨碍他造使用，故意将证据灭失、隐匿或致碍难使用者，法院得审酌情形认他造关于该证据之主张或依该证据应证之事实为真实。"可见，在德国，当出现证明妨碍情形时，法院只能认定另一方当事人关于相关证据的性质、内容及其成立等涉及该证据本身的主张为真实；而日本和我国台湾地区则规定法院在此基础上尚可进一步认定另一方当事人所主张依该证据所能证明的事实为真实。但无论何种方式，大陆法系主要国家和地区的立法在规定证明妨碍的法律后果时，均贯彻了一条基本的经验法则，即若该主张（德国的主张仅指证据本身，日本和我国台湾地区还包括证据所能证明的事实）不真实，则当事人理应不会妨碍对方对该证据的使用。

一般认为，在对待证明妨碍法律后果之态度上，大陆法系国家和地区在理论上主要有两种主张：证明责任转换说和自由心证说。前者认为，当出现证明妨碍的情形时，法院应当将举证人所主张的事实的证明责任转换于妨碍人，从而使之陷于有败诉危险的境地，以此防止证明妨碍行为的发生；后者则认为，证明妨碍行为发生时，法院可以直接认定举证人的主张为真实，是否予以认定由法院综合考虑各项因素后予以自由裁量。① 而究竟应采何种学说作为相应制度确立的理论根基，学者间存有相当大的争议，而恰因这一理论上之分歧，导致了各国在司法实践中的不一致。从总体上讲，德国采取的是证明责任转换与

① 参见骆永家：《证明妨碍》，载台湾《月旦法学杂志》第 76 期。

自由心证相结合的做法；日本是以自由心证为指导，但不尽彻底；而我国台湾地区则运用的是完全、彻底的自由心证。

本书认为，在对待证明妨碍制裁的态度上，以采取自由心证说较为妥当。采取证明责任转换说的学者看到了证明责任转换直接、简便及可操作性较强等特点，但同时却忽视了转换之后的后果。而这正是比较而言采自由心证的优势所在。因为在证明责任转换情形下，败诉的风险虽应由妨碍人来承担，但此时妨碍人仍有提供相反证据（此时为本证）进行反击的机会。一般来讲，被妨碍人在举证活动中往往处于相对弱势的地位，而一旦给予妨碍人反驳的机会，其就极有可能利用自身所处的提供证据的相对优势地位使被妨碍人再次陷于举证不能的境地，进而影响法官心证的形成。即证明责任转换的效果与法官心证的最终形成之间仍存在一个再次举证的过程，若采取证明责任转换说，即不能对妨碍人产生直接的制裁效果，因为败诉风险并不能直接等同于败诉结果本身。而完全的自由心证说则可避免证明责任转换在制裁上的相对乏力，法官一旦依自由心证对证明妨碍行为予以认定，即能确定举证人关于证据本身的主张或其所能证明的事实为真实，而基于此即可直接导致妨碍人败诉，此时妨碍人则无任何反驳机会，因为法官心证已告形成，妨碍人为二次妨碍的可能性即被完全杜绝。此一方面有利于保护在举证上处于相对弱势地位的举证人，另一方面也有利于纠纷的迅速解决，从而使无谓的循环举证得以避免。

即便将自由心证确立为对证明妨碍处治的方式，但在如何立论上却存有分歧，进而衍生出不同的学说，其中尤以德国为典型。如有观点认为，应该采取可推翻的不利拟制说，即若不负证明责任的当事人实施证明妨碍行为，即应将负证明责任当事人的主张视为被自认或视为已被证明，仅于法官对相应事实获得确信，或在实施较轻微妨碍行为的当事人能获得优越性的确认时，主要事实的拟制方被推翻。也有观点认为，对于故意妨碍应进行证据评价，对于过失妨碍则应依《德国民法典》第 242 条诚实信用原则的规定，将证明度降低，从而减轻负证明责任当事人的负担。还有观点主张证明度分层理论，认为自由心证难免会赋予法官必要的裁量空间，从而在不同的个案中作适当的选择，但为增强可预测性，仍应寻找若干标准以定其分界。这可从可归责性出发，对于故意妨碍，法官可径行将负证明责任当事人的主张视为真实；对于轻微的过失妨碍，法官对负证明责任当事人所主张事实的认定应建立在达到优越盖然性的证明度的基础上；若属于重大过失，则仅要求低度盖然性即可。

本书认为，这些观点只能对法官的心证起到参考作用，而不宜直接规定于成文法中，否则自由心证的特质即有被抹杀之虞。因为在对证明妨碍各项构成要件予以考察时，行为人的主观心态乃其中一项重要组成部分，该内容应由法官针对不同的个案具体加以把握，不便直接由成文法用两分法或三分法的方式加以一刀切，防止对法官心证的形成产生不必要的羁束。不过，在采取完全、彻底的自由心证的同时，也应对相关配套措施的完备予以重视：其一，应提高法官的专业素质和职业道德，因为在此问题上赋予法官的自由裁量权越大，对其各方面的要求自然就越高；其二，法官在裁判前必须给予当事人充分辩论的机会，① 从而防止突袭性裁判，确保当事人之辩论权和证明权。

从大陆法系主要国家和地区相关立法和实践的发展趋势来看，也有向完全自由心证的做法靠拢的倾向。如日本，在其 1996 年修改民事诉讼法之前，若当事人不服从文书提出命令或妨碍对方当事人正常使用书证，法院仅可认定对方当事人（举证人）关于该证据本身的主张为真实，不能在此基础上进一步对该证据所能证明的事实的真实性予以认定。而 1996 年修订之后，现行日本民事诉讼法第 224 条第 3 款将对证据所能证明的事实的真实性的认定也纳入法官自由裁量范畴，从而使得法官在此问题上心证的界限有所扩张。而我国台湾地区的变动则更为显著。其“民事诉讼法”在 2000 年修改前，仅规定当事人无正当理由不服从提供文书或协助勘验的命令时，法院可以认定对方当事人关于该文书或该勘验的主张为正当。经 2000 年修订，一方面规定当事人无正当理由不服从提供文书或协助勘验的命令，法院不仅可以认定对方关于该文书或该勘验的主张为真实，进而还可认定依该文书或该勘验所能证明的事实为真实；另一方面，当相关规定以第 282 条之一第 1 款（其处于“证据”节“通则”目）的面目出现时，法院可作前述认定的对象也由仅限于书证和勘验扩展至所有证据类型。

同时应引起注意的是，对证明妨碍的认定，虽属法官内心裁量范畴，但其并非通常意义上的自由心证，两者之间存有一定差异。通常意义上的自由心证乃针对作为认定讼争事实依据的证据，其彰显的是法官评价证据的直接性，即法官直接从证据本身认定讼争事实；而对证明妨碍的认定针对的则是妨碍他方

---

① 如我国台湾地区“民事诉讼法”第 282 条之一第 2 款规定：“若出现当事人因妨碍他造使用，故意将证据灭失、隐匿或致碍难使用之情况，法院在审酌情形做出他造关于该证据之主张或依该证据应证之事实为真实之裁判前，应令当事人有辩论之机会。”第 345 条第 2 款规定：“前项情形（当事人无正当理由不服从提出文书之命者，法院得审酌情形认他造关于该证据之主张或依该证据应证之事实为真实），于裁判前应令当事人有辩论之机会。”

正常举证的行为，其乃表明裁判者评价证据的间接性，即在因妨碍人的证明妨碍行为使得裁判者无法直接对作为认定讼争事实依据的相关证据加以认定的情形下，通过对证明妨碍行为本身加以判断，从而达到评价讼争事实的目的。

6. 我国现有证明妨碍制度评析

我国现行《民事诉讼法》第 111 条对两类明显的证明妨碍行为及相应的制裁措施作了规定，即对于“伪造、毁灭重要证据，妨碍人民法院审理案件”和“以暴力、威胁、贿买方法阻止证人作证”的诉讼参加人或其他人，“人民法院可以根据情节轻重予以罚款、拘留；构成犯罪的，依法追究刑事责任”。从责任承担的方式上不难看出，民事诉讼法对妨碍人设置了一些司法上的强制制裁措施和刑事上的制裁手段，期冀通过公法上的惩戒来消弭此类妨碍行为的发生。而更具必要性的则是让妨碍人承担与实体权益紧密相关的诉讼上的不利益，即对其施以私法上的不利后果。《民事审改规定》第 30 条中规定：“有证据证明持有证据的一方当事人无正当理由拒不提供，如果对方当事人主张该证据的内容不利于证据持有人，可以推定该主张成立。”《民事证据规定》第 75 条中重申了此项做法。这便是将妨碍行为与裁判结果相挂钩，对妨碍人实施妨碍行为所欲获得的诉讼上的利益予以消减，以此达到从根本上遏制证明妨碍行为发生的目的。《民事审改规定》第 30 条和《民事证据规定》第 75 条虽从规范层面上对证明妨碍行为私法上的处治方式作了一定布设，但其中的缺陷与不足相当明显，有作进一步完善的必要。

（1）对证明妨碍行为的适用主体和前提应予以明确界定。

从《民事审改规定》第 30 条和《民事证据规定》第 75 条的规定来看，证明妨碍排除制度适用的主体乃持有证据无正当理由拒不提供的“一方当事人”。但“一方当事人”究竟应为哪一方，两司法解释均未作出界定。本书认为，根据民事诉讼证明责任分配上的一般理论，该“一方当事人”应为对所持证据不负证明责任的一方，也即对被妨碍提出的证据负证明责任的当事人的相对方。若该“一方当事人”为对被妨碍提出的证据负证明责任本人，则其拒不提出所持证据行为只会直接导致其自身遭受败诉风险，显然与诉讼常理相悖。

至于证明妨碍排除制度的适用前提，《民事审改规定》第 30 条和《民事证据规定》第 75 条均将其界定为“一方当事人持有证据无正当理由拒不提供”这一情形。但对于作为此种妨碍行为成立前提要件的“正当理由”究竟为何，该两司法解释并未作进一步厘清，从而为当事人滥用该条款提供口实。本书认为，何谓当事人拒绝提出证据的正当理由，的确不易作出准确界定。唯一可行的办法，即是由法官在整体上作综合考量的基础上，对个案中是否存在正当理由加以判断。一般来讲，证据事关当事人的隐私或秘密应属于不被提出的正当理由之列，但并非绝对，应从攻防手段平衡、事实真相发现、审理集中化及诉讼促进与隐私或秘密的保护之间寻求最佳的平衡点。此过程中应对隐私、秘密、证据及其所能证明的案件事实的重要性加以仔细斟酌、慎重考量，从而确定孰轻孰重。只有当隐私和秘密的重要性大于证据及其所能证明的案件事实的重要性时，法官才能同意证据持有人拒绝提供，承认其隐匿相关证据的合理性。此种利益权衡必定因案件类型及诉讼过程中具体情况不同而有所差异，这可能危及程序的安定性，与此同时会使当事人不予提供相应证据的权利丧失确定性，从而因可预测性的降低影响其应有作用的发挥。但随着审判实际经验的不断增加及案件类型的大致固定化，法官会逐渐积累起关于不同类型案件如何把握衡量尺度的特定的判断标准，届时该问题应会迎刃而解。当然，对于涉及持有人隐私及秘密的相关证据的提供与否，仍应由法官予以认定，即法官仍要接触这些证据，对相应内容加以审阅后才能决定是否进入诉讼程序。而对于经审查不应提出、即不得作为裁判基础的证据，对方当事人虽未得见，但法官已对其内容有所了解，尔后的心证不免会受此影响，为此，对法官于此类证据加以审查的权力应适当限制，只有在具备显著必要性的情形下才能为之。当根据证据持有者所提出的证据能够证明其拒绝提出的证据符合正当理由的要求时，法官即应对其不予提供的行为予以认定，此时即无再对涉及隐私及秘密的证据加以审查的必要；反之，若根据证据持有者提出的相关证据，法官的心证未能达到确信涉及隐私及秘密的证据可归入正当理由的程度时，则可以对该证据进行审阅。

在对“正当理由”予以界定时应明确，有关证人拒绝作证之事项不应被纳入“正当理由”之范畴。如前所述，基于保护证人合法权益的需要，大陆法系国家和地区民事诉讼法一般均规定了证人的证言豁免权。而民事案件的处理结果直接攸关双方当事人的实体权益，故若关于证言豁免权的事由对其也能予以适用，则对双方争端的解决实属无益。而且，我国现行《民事诉讼法》第 134 条规定，涉及国家秘密和个人隐私的案件，受诉法院应当不公开审理；离婚案件和涉及商业秘密的案件，若当事人申请不公开审理，则法院应当不公开审理。据此可知，凡涉及“证言豁免权”相关事由的案件，在我国均采不公开审理方式，故双方当事人在提供相关证据时即毋须有过多顾虑。退一步讲，在此基础之上，即使当事人仍旧担心因证据的提出会使对方当事人和法院知悉相关国家秘密、商业秘密及个人隐私，基于民事诉讼当事人私权自治原理，其通过权衡相关秘密的暴露与诉讼利益的取得两者孰轻孰重，大可借和解或调解等手段来求得两者的平衡，而毋须由法律将诸类情形纳入当事人可不予提供证据的“正当理由”之列。

（2）对可适用证明妨碍排除制度的行为种类加以扩充。

《民事审改规定》第 30 条和《民事证据规定》第 75 条仅规定了一方当事人实施“持有证据无正当理由拒不提供”此种妨碍行为时，法院可以认定其所持有的证据能够证明对方当事人的主张，即只有在当事人消极不作为的情况下可适用此项制度的规定，尚未将种类更多的作为行为包纳于内，而仅是在《民事诉讼法》第 111 条中对某些作为性质的妨碍行为（伪造、毁灭重要证据和以暴力、威胁、贿买方法阻止证人作证）设置了相关公法上的惩罚手段。

如前所述，在一定程度上，现行《民事诉讼法》第 111 条对证明妨碍行为施以司法强制措施及刑事制裁手段的设置在我国现行民事诉讼框架之下无疑具有存在的必要性及合理性，但当妨碍人通过实施妨碍行为可能获得的裁判利益远大于因公法惩戒所遭受的损失时，此种制裁的威慑力即会显著降低。此时，私法上的制裁措施若不紧跟而上，不对其欲通过实施妨碍行为所可能获得的裁判利益予以消减，这些作为性质的妨碍行为便难以得到彻底的遏制，对方当事人合法权益的有效维护即沦为空谈。同时，《民事诉讼法》第 111 条也仅对两种作为性质的妨碍行为作了规定，① 而在司法实践中，仍存有诸多既不受《民事诉讼法》第 111 条、亦不受《民事审改规定》第 30 条和《民事证据规定》第 75 条规制的作为性质的妨碍行为，一方当事人实施这些行为时，必会对他方当事人的举证活动的正常开展产生实质性的负面影响。因此，应将可适用《民事审改规定》第 30 条和《民事证据规定》第 75 条规定的证明妨碍行为种类加以扩充为诸如灭失、损毁、隐匿、无正当理由拒不提供所持有的证据及其他妨碍对方举证的行为等。

① 而已有的规定也不尽完善，其与刑法的相关规定不完全配套，即二者在行为陈述及相应制裁上存有疏漏。因为对于伪造、毁灭证据的行为，刑法第 306 条和第 307 条虽然分别规定了辩护人、诉讼代理人毁灭、伪造证据罪和帮助毁灭、伪造证据罪，但这两个罪名适用的范围仅为刑事诉讼，其针对的犯罪主体也仅是辩护人、诉讼代理人和其他帮助当事人毁灭、伪造证据的人，对于当事人本身实施的此类行为仅是作为量刑的酌定情节。而依“法无明文规定不为罪”的刑罚基本原则，这两个罪名对于民事诉讼中当事人毁灭、伪造证据的行为显然无从适用，而现行刑法又未有别的相应罪名予以规制，故民事诉讼法第 111 条所谓的对当事人的该类行为施以刑事制裁徒有具文。

（3）对待证明妨碍制裁应采取彻底的自由心证。

从《民事审改规定》第 30 条和《民事证据规定》第 75 条本身并不能看出该两项司法解释对证明妨碍制裁采何种态度。但《民事证据规定》出台之后，从司法解释制定者的相关阐释性论述中可看出，其关于此项规定的出发点乃欲以推定的方式对证明妨碍后果加以规制，即认定其实质为“根据已经被证明的一方当事人有证据拒不出示的事实，推定其持有的证据能够证明对方当事人的主张”，① 并认为“本条推定在客观效果上构成了举证责任倒置，……利用推定实现了举证责任倒置”。② 而如前所述，依推定的一般原理，可将对证明妨碍的推定归入法律推定范畴。但从条文本身来看，并不能当然地认为其采用的即为推定。《民事审改规定》第 30 条和《民事证据规定》第 75 条中使用的乃为“可以推定”，其中，“推定”是以有司法解释的明确规定为出发点的；而“可以”则是赋予法官自由裁量权的显著标志。将法律推定与法官自由心证并用，显然是疏于对两者各自内涵的准确把握所致。所以，就近期来讲，似可将《民事审改规定》第 30 条和《民事证据规定》第 75 条中的“可以推定”更改为“可以认定”。从表征上看，使得自由裁量与法律推定之间的关系得以厘清，而实质上则体现出自由心证取代举证责任转换的深层蕴意。

但仅作如此改动并不完全契合自由心证之本旨，因为依《民事审改规定》第 30 条和《民事证据规定》第 75 条的现有规定，当出现证明妨碍情形时，法官仅可认定举证人关于该证据内容的主张为真实，即仅能作关于该证据本身是否为真实的认定，不能直接判断证据所能证明之事实是否为真，此并非完整意义上彻底的自由心证。故在今后对其予以修订时，也应对法官所能认定的对象加以区分，即当举证人参与证据作成时，可以认定其对该证据本身的主张为真实；在其未能参与的情形下，法官就不仅可以认定举证人对该证据本身的主张为真实，还可对其所能证明的事实之真实性予以认定。

应提起注意的是，法官心证的重要内容之一，即要对证据的重要性加以考量。不能一出现妨碍证明情形即认定举证人对证据本身的主张或其所能证明的事实为真实，此显然忽视了其他证据的存在并割裂了证据之间及证据与待证事实之间的内在联系。若完全仅凭证明妨碍此单一事实即对当事人关于该证据的

---

① 最高人民法院民事审判第一庭著，黄松有主编：《民事诉讼证据司法解释的理解与适用》，中国法制出版社 2002 年版，第 360 页。

② 李国光主编：《最高人民法院〈关于民事诉讼证据的若干规定〉的理解与适用》，中国法制出版社 2002 年版，第 471 页。

主张及讼争事实的真实性加以认定,① 则其他详尽的认证规则存在的必要性即丧失殆尽，而整个民事诉讼证据体系也有被抽空的危险。同时，私法上证明妨碍的制裁效果，原则上使诉讼恢复至无此妨碍状态即告成功，绝不能使当事人在受妨碍情形下比无此情形时居于更为有利的诉讼地位，否则即僭越了该制度设置的初衷。②

2015 年 1 月颁布的《民诉法解释》第 112 条“(第 1 款）书证在对方当事人控制之下的，承担举证证明责任的当事人可以在举证期限届满前书面申请人民法院责令对方当事人提交。(第 2 款）申请理由成立的，人民法律应当责令对方当事人提交，因提交书证所产生的费用，由申请人负担。对方当事人无正当理由拒不提交的，人民法院可以认定申请人所主张的书证内容为真实”之规定专门针对妨碍书证提出的行为延续了《民事证据规定》第 75 条的做法，并在其基础上有所完善；其一，明确了当事人申请人民法院责令对方当事人提交特定书证的时间为举证期限届满之前；其二，明确了提出申请的主体为对特定书证所证明事项应承担证明责任的一方当事人；其三，明确了提交书证所产生的费用由申请人负担；其四，明确了将对待证明妨碍的制裁设定为彻底的自由心证，将《民事证据规定》第 75 条中的“可以推定”更改为“可以认定”。同时，《民诉法解释》还进一步明确了从公法角度对妨碍书证提供行为的制裁。其第 113 条规定：“持有书证的当事人以妨碍对方当事人使用为目的，毁灭有关书证或者实施其他致使书证不能使用行为的，人民法院可以依照民事诉讼法第 111 条规定，对其处以罚款、拘留。”此外，《民诉法解释》第 110 条及《行诉法解释》第 44 条为规制当事人出庭陈述，也设定了证明妨碍规则。根据该两项司法解释的规定，负证明责任的当事人无正当理由拒绝到庭，拒绝陈述的，待证事实又欠缺其他证据证明的，人民法院可以对其主张的事实不予

① 这也正是证明责任转换说的显著缺陷之一。因为若采举证责任转换说，法院即无法依据具体案件中证明妨碍在方式及程度上的差异来灵活地作出不同的处置。参见［日］高桥宏志：《民事诉讼法——制度与理论的深层分析》，林剑峰译，法律出版社 2003 年版，第 466 页。

② 当然，本书在此处仍有另一种考虑，即在对证明妨碍行为予以处治时，有一因素不应被忽略，即处治应能有效地预防该类行为的再次发生，故在制裁的力度上应比其不为妨碍行为、诚实提供相应证据所遭到的不利后果要严重一些，这样方可达到预防或制裁的效果，否则，当事人在考虑到为妨碍行为决不会导致比提出证据更不利、且有可能逃脱制裁的侥幸心理的诱惑下，大肆从事毁灭、隐匿或不予提供相关证据的行为，使证据调查陷入困境。

认定。

（五）表见证明

1. 表见证明的概念

表见证明是由德国法官通过判例及学者采用解释的方法创设的一种制度,① 在日本被称为显而易见的推定，是指法院利用一般生活经验法则，就一再重复出现的典型的事项，从一定客观存在的事实，推断某一待证事实的证据提出过程。也即这种显而易见的推定事实以高度盖然性的经验法则为基础，从侵权行为等客观事实的过程中，直接推定具有符合法规所规定的如过失或因果关系等构成要件，无须主张具体事实和证明。② 表见证明是法院采用类推的方法根据经验法则就某一待证事实所进行的情态复制，是一种经验推定，并非事实推定。

2. 表见证明的本质

关于表见证明的本质，主要有证明责任说和自由心证说两种。③

证明责任说认为，表见证明属于证明责任的组成部分，采用经验法则不仅可以克服证明事实真伪不明状态这一难题，而且还有助于借助表见证明来克服证明责任分配规则所造成的不公平现象。如德国联邦最高法院即认为在特定情形下不应采用表见证明时，应以业经选择识别的经验法则难以确定为由，对法官就证据进行自由评价的权力进行限制。

自由心证说认为，表见证明是根据一般生活经验即使在对待证事实无法详细加以解明的条件下，仍可以就该事实的存在加以认定的一种证明。故基于表见证明对事实所作的认定与其他经由法官确信所作之事实认定在本质上并无不同。表见证明为法官自由心证的一种表现形式，或者至少是构成法官自由心证的必要组成部分。鉴于采用表见证明已足以使法官就有关主要事实的存在获得充分的心证，因此，无顾及证明责任问题的必要。

本书认为自由心证说较为合理。当事人的某一事实主张如被确认为诉讼中的要件事实，而该方当事人无法通过提供直接证据予以证明，以至于遭受证明危机时，如果根据经验法则主张采用表见证明，以便有助于法官对某一特定的

---

① 参见陈荣宗：《举证责任分配与民事程序法》，台湾三民书局 1984 年版，第 61 页。

② 参见［日］兼子一、竹下守夫：《民事诉讼法》，白绿铉译，法律出版社 1995 年版，第 114 页。

③ 参见毕玉谦：《试论表见证明的基本属性与应用功能之界定》，载《证据科学》2007 年第 1 期。

生活事实作出认定的，则取决于该种经验法则是否能够排除法官形成心证过程中可能会萌发的疑点，凡不能就此排除其中疑点的，其中的一个必然结果就是导致产生证明责任。当诉讼终结时遇有要件事实真伪不明状态而根据证明责任作出判决与将表见证明作为判决的基础这两种情形并行不悖，这就决定了表见证明并非能与证明责任相混淆。同时，因表见证明是以采用事实的推演来显示同样过程的经验法则的存在为前提，如果作为原有被推演的事实还有其他与此相异的可能性存在时，则不再适用该经验法则，即如发现有其他合理的足以产生怀疑的特别情形存在时，就不得适用表见证明，此时对方当事人借助反证使之发生动摇即足以推翻表见证明。证明责任说显然不能解释针对表见证明为何只要单纯提出反证，而不必顾及所提证据效果的充分性就可推翻表见证明这一核心问题。

3. 表见证明的适用范围

按照德国和日本通常的理论，表见证明主要适用于特定类型的侵权损害赔偿案件中，行为过错或因果关系的认定，且在具体适用中，无须详细特定其具体内容，就能认定过错及因果关系的存在。如在司机将机动车开上人行道撞伤行人的案件中，侵权主体、侵权行为的发生、损害事实及侵权行为与损害事实之间的因果关系都已明了或较容易查明，关键的要件事实涉及侵权人的主观心理状态，而人的主观心理状态属于侵权行为人的内心世界，难以采用像对待其他侵权要件事实那样，通过一些客观外在化的证据特征依此加以判明。但按照行人和机动车应当各行其道的一般生活经验，人行道是专供行人安全行走的通道，除非另有其他特殊原因或事由，司机将车开上人行道这一事实通常即可推断该司机存在主观上的过错。

当然，随着研究的深入和实践的发展，表见证明也不限于侵权行为领域，而逐渐适用于合同纠纷领域，当事人之间无论是在对合同内容的解释上发生冲突还是在合同义务之履行上发生争执，法官均可援用行业惯例或交易习惯为经验法则并在此基础上对事实作出认定。如在即时清结的买卖合同引发的纠纷中，原告出卖人要求被告买受人支付价款，买受人抗辩称价款已当场结清。在即时清结的买卖合同中，如果在法律上并未将出卖人必须开具相应的凭据作为合同生效的要件时，买受人在证明价款已交付这一事实的真实性时即遇到客观上的障碍，因为即使买受人向出卖人支付相应的价款，出卖人在法律上也并无义务向买受人开具收据，除非买受人提出特别要求。但此时存在一种经验法则，即在即时清结的买卖中，通常以价款与货物的同时相互交付为正常情形，先提货后付款的情形在合同实践上极为少见。在双方当事人客观上均难以提供证据直接证明各自主张事实的情况下，买受人提供的这一经验事实具有高度的盖然性，其以广为流行的交易方式为基础，可以提请法院进行认定。

三、刑事诉讼中的证明责任分配

（一）公诉案件中的证明责任分配

证明责任理论是从民事诉讼领域发展起来的，在采取职权探知主义的刑事诉讼领域尚无较为完善的证明责任理论予以参考。在数量和影响占据绝对优势地位的公诉案件中，主要的诉讼主体是被告人、公安机关、检察机关和审判机关。若证明责任由被告人承担，无疑蕴含了有罪推定之意旨，显然与现代法治理念相悖。若证明责任由审判机关承担，则法官会身兼审判和控诉两项目标完全不同的职能于一身，与其在审判中的中立地位有着根本性的冲突。因而，证明责任只能由作为公诉方的检察机关承担。《刑事诉讼法》第 51 条规定，公诉案件中被告人有罪的举证责任由人民检察院承担。检察机关提起公诉的案件又分自侦案件和公安机关侦查的案件两类。在公安机关侦查的公诉案件中，公安机关在侦查阶段的主要职责是收集证据，查明犯罪事实的有无和犯罪情节的轻重。侦查终结后，公安机关便将案卷及材料移送检察机关审查起诉。从诉讼意义来看，侦查机关的侦查活动是为检察机关提起公诉作控诉准备，是检察机关举证的前奏；同时，事实真伪不明时，败诉的不利后果是由检察机关而非公安机关承担，故公安机关并非刑事诉讼中证明责任的主体。依据我国《刑事诉讼法》第 200 条第 3 项的规定，认定被告人有罪必须事实清楚，证据确实充分，否则，人民法院将作出证据不足、指控的犯罪不能成立的无罪判决，即由控方承担败诉的后果。

当然，由公诉机关承担证明责任并不意味着其相对方被告人不承担任何的证明责任。对公诉机关而言，其在诉讼中所处的优势地位是一种宏观上的概括体现，具体到每个案件中也许并非如此，尤其是在某些特定情形下，这种优势会因种种因素而弱化，这时适当调整证明责任分配机制是符合刑事诉讼价值目标的。对被告人而言，法律在一定原则和经验的基础上审慎地确定其承担证明责任的范围，也可以避免公权力机关在无法律明定的情况下利用优势地位公然或潜在的给被告人增加不必要证明负担的危险。

因此，公诉方承担证明责任是公诉案件中证明责任分配的基本原则，同时也不能否认，被告人在特定情形下也应承担一定的证明责任：第一，对于某些程序事实应承担证明责任。如我国实行的是有因回避制度，故被告人针对有关司法人员申请回避，其即应当就回避的事实依据提出证据加以证明。第二，特殊类型的案件中针对某些法律要件事实承担证明责任。如在《刑法》第128条第1款规定的“非法持有、私藏枪支、弹药罪”中，被告人应对合法持有枪支、弹药的事实承担证明责任。《刑法》第282条第2款规定的“非法持有国家绝密、机密文件、资料、物品罪”中，被告人应对合法持有国家绝密、机密文件、资料、物品的事实承担证明责任。在《刑法》第348条规定的“非法持有毒品罪”中，被告人应对合法持有毒品的事实承担证明责任。在《刑法》第395条第1款规定的“巨额财产来源不明罪”中，被告人应对差额财产来源合法的事实承担证明责任。

(二) 自诉案件中的证明责任分配

在被害人或其法定代理人提起的自诉案件中，公安机关和检察机关不参与该程序，被害人取得当事人地位，成为自诉人。自诉人类似于公诉案件中检察机关的地位，因此，其应当对被告人的罪行存在之要件事实承担证明责任。我国《刑事诉讼法》第211条第1款即规定，人民法院对自诉案件进行审查后，若犯罪事实清楚、有足够证据的案件，决定开庭审理；对于缺乏罪证的自诉案件，若自诉人提不出补充证据应当说服自诉人撤回自诉，或者裁定驳回。当然，自诉人证明责任的范围是明确的，自诉人只需证明对被告人定罪量刑有影响的事实，也即控诉事实，除此之外的事实自诉人无需证明。《刑事诉讼法》第51条规定，自诉案件中被告人有罪的举证责任由自诉人承担。

严格讲来，自诉案件中自诉人的证明责任与公诉案件中检察机关的证明责任在性质上存在根本的区别。对公诉案件中的检察机关而言，证明责任既是一种负担，也是一种职责，即其承担证明责任不仅基于诉讼上的必要性，而且出于法定职责的要求。自诉案件中的自诉人证明责任的承担则仅是基于一种诉讼上的必要性。

至于被告人承担的证明责任，基本与公诉案件中相同，特殊之处在于自诉被告人在诉讼过程中可以对自诉人提起反诉，在反诉中，其居于原告之地位，自然应承担相应的证明责任。从本质上来说，自诉被告人提起反诉时所承担的证明责任，与本诉原告人提起自诉时所承担的证明责任范围相同。

(三) 刑事附带民事诉讼中的证明责任分配

刑事附带民事诉讼是在刑事诉讼中针对被告人的被控罪行（包括特定种类的其他相关主体）造成的物质损失所进行的要求其予以赔偿的诉讼程序。

该程序虽在刑事诉讼程序中进行，但实质上解决的是民事纠纷，属于民事侵权损害赔偿诉讼范围。所以该类诉讼中的证明责任分配与侵权损害赔偿案件中的证明责任分配规则完全一致。

四、行政诉讼中的证明责任分配

（一）行政诉讼中的证明责任概述

行政诉讼作为一种诉讼类型起步较晚，故很多理论直接脱胎于民事诉讼领域，尽管如此，在证明责任分配制度上其则有别于民事诉讼，具有自己独特的体系。行政诉讼中，原、被告的身份已经固定，原告是行政行为中的行政相对人，被告则是作出行政行为的行政主体，争议的焦点是行政行为的合法性及特殊情形下的合理性问题。行政主体作出行政行为必须依据一定的行政程序，应当首先向相对人出示履行职务的证明并告示相关事项，表明其有权作出特定的行政行为；接着，应当查明事实、收集证据，使用诸如询问证人、鉴定、勘验等各种方法，必要时还应当听取相对人的意见；在向相对人说明事实根据和法律依据之后，行政主体才能最终作出行政行为。这种先取证后裁决的行政程序规则决定了被告在作出行政行为之前已取得了充分的事实和法律依据，否则必然是违反法定程序或滥用职权。当原告因行政行为与被告发生争议而提起行政诉讼后，由被告提交其作出行政行为时所依据的事实和法律依据，以证明其所作出的行政行为不仅是合法的，也是合理的。如果没有证据证明被诉的行政行为的合法性，则从法律上就可以推断该行政行为的不合法性。

因此，在行政诉讼领域，证明责任分配的一般规则是由作为被告的行政主体承担被诉行政行为合法与否的证明责任。具体来说，被诉行政主体主要对下列事实承担证明责任：①行政行为合法的事实。具体有两方面的内容，一是实体合法，即证明行政行为认定的事实正确、处理结果合法；二是程序合法，即证明行政行为是依照法定的程序作出的。②行政处罚合理的事实。即在行政处罚合法的基础上证明行政处罚的自由裁量结果是否必要、适当、公平和公正。③不作为行为合法的事实。即证明其不履行或延迟履行法定职责的合法性。④行政赔偿诉讼中的有关事实，如不予赔偿或减少赔偿数额方面的有关事实。⑤程序方面的有关事实，如原告不适格、起诉超过法定期限等事实。

当然，原告并非不承担任何证明责任，一般来说，下面几方面的事实应由原告证明：①行政行为存在的事实。这是行政诉讼能否成立的前提条件，原告必须首先予以证明。②起诉符合法定条件的事实。③被告不履行法定职责的事实。即在不作为案件中，证明被告未依法履行法定职责。④行政侵权造成的损害事实。即要证明损害事实的存在和损害程度等。⑤程序方面的有关事实，如申请财产保全的事实、申请先予执行的事实等。

（二）我国现有规定评述

1. 行政诉讼法的规定

我国《行政诉讼法》第 34 条第 1 款“被告对作出的行政行为负有举证责任，应当提供作出该行政行为的证据和所依据的规范性文件”的规定即明确了行政诉讼领域证明责任分配的一般规则。这条规定包含两个方面的内容：第一，它明确将行政行为合法性的举证责任完全分配给被告行政机关，这可能源于行政程序法治化的理念以及基于行政机关拥有比原告即行政相对人更强的举证能力之考量所作之设计；第二，被告的证明对象仅为行政行为，而不及于其他事实，这是因为《行政诉讼法》第 6 条规定行政诉讼的审查对象仅及于行政行为。当然，这一规定也存在两点明显的缺陷。一方面，规定证明责任全由被告行政主体承担，而原告不负任何证明责任与实践脱节。原告起诉后，法院首先要查明即是原告与被诉行政主体之间是否存在某种行政法律关系，即被诉行政主体是否作出了涉及原告利益的具体行政行为。而由行政主体对该事实承担证明责任自然于理不通，且极有可能增加原告滥诉的可能性。另一方面，将证明责任的对象范围限定为行政行为，范围过窄。因为行政行为被诉至法院后，还有诸如当事人的适格性、起诉期限及管辖等程序性事项需要查明，因而同样存在对其之证明的问题。

2.《行政证据规定》的规定

《行政证据规定》在《行政诉讼法》的基础之上，对行政诉讼证明责任分配制度作了进一步的完善：

第一，对被告承担证明责任的要求进行细化。《行政证据规定》第 1 条规定：“（第 1 款）根据行政诉讼法第 32 条（2014 年修改后第 34 条）和第 34 条（2014 年修改后第 39、40 条）的规定，被告对作出的具体行政行为负有举证责任，应当在收到起诉状副本之日起 10 日内，提供据以作出被诉具体行政行为的全部证据和所依据的规范性文件。被告不提供或者无正当理由逾期提供证据的，视为被诉具体行政行为没有相应的证据。（第 2 款）被告因不可抗力或者客观上不能控制的其他正当事由，不能在前款规定的期限内提供证据的，应当在收到起诉状副本之日起 10 日内向人民法院提出延期提供证据的书面申请。人民法院准许延期提供的，被告应当在正当事由消除后 10 日内提供证据。逾期提供的，视为被诉具体行政行为没有相应的证据。”

第二，对原告证明责任的承担作了详细的规定。《行政证据规定》第 4 条第2款规定了在被告应当依职权主动履行法定职责的和原告因被告受理申请的登记制度不完备等正当事由不能提供相关证据材料并能够作出合理说明这两种情况下例外地免除原告的证明责任，从而减少了原告在此类案件中的某些不合理的证明负担。

第三，强化被告的证明责任。由于行政诉讼证明责任的理论研究较为落后并且由于法官对证明责任分配的本质认识不清，被告在审判实践中往往并不是去证明具体行政行为的合法性，而是通过去否定原告的主张从而轻而易举地达到胜诉的目的，此显然对原告极为不公；同时，这种做法无疑也打击了原告举证的积极性，对本就在行政诉讼中处于弱势地位的原告更是不利。而《行政证据规定》第6条“原告可以提供证明被诉具体行政行为违法的证据。原告提供的证据不成立的，不免除被告对被诉具体行政行为合法性的举证责任”的规定则堵死了被诉行政主体的上述投机的做法，使行政诉讼中被告承担主要证明责任真正落到实处。

3. 2014年修改后《行政诉讼法》的新增规定

2014年11月修改后的《行政诉讼法》对原、被告的证明责任承担有了进一步的规定。该法第36条规定，被告在作出行政行为时已经收集了证据，但因不可抗力等正当事由不能提供的，经人民法院准许，可以延期提供。原告或者第三人提出了其在行政处理程序中没有提出的理由或者证据的，经人民法院准许，被告可以补充证据。第37条规定，原告可以提供证明行政行为违法的证据。原告提供的证据不成立的，不免除被告的举证责任。第38条规定：“在起诉被告不履行法定职责的案件中，原告应当提供其向被告提出申请的证据。但有下列情形之一的除外：（一）被告应当依职权主动履行法定职责的；（二）原告因正当理由不能提供证据的，在行政赔偿、补偿的案件中，原告应当对行政行为造成的损害提供证据。因被告的原因导致原告无法举证的，由被告承担举证责任。”

4. 2018年《行诉法解释》的新增规定

《行诉法解释》第47条规定，在行政赔偿、补偿案件中，因被告的原因导致原告无法就损害情况举证的，应当由被告就损害情况承担举证责任。对方各方主张损失的价值无法认定的，应当由负有举证责任的一方当事人申请鉴定，但法律、法规、规章规定行政机关在作出行政行为时依法应当评估或者鉴定的除外，负有举证责任的当事人拒绝申请鉴定的，由其承担不利的法律后果。

第八章　证 据 规 则

诉讼活动中的证明是运用证据判断事实真相的过程。在证据运用中，现代各国证据法虽然普遍认可以证据裁判主义为基础的自由心证制度，允许事实裁断者根据理性和经验对证据作出自由判断，但由于证明过程中存在的固有的利益冲突和事实认定上的矛盾等原因，如果不确立一定的规则，将难以保证证明的预期效果。这些规则在法律上的体现，即为证据规则。作为证据制度的重要组成部分，证据规则从广义上来理解，是指确认证据的范围、调整和约束证明行为的法律规范的总称。在证据法的理论与实践中，证据运用的一个关键问题，是证据能力问题，而确立诉讼中的证据规则的主要目的，即是为了防止将不适格的证据纳入诉讼过程，故从狭义上讲，证据规则是指确认某一证据素材是否具备证据能力的法律要求。

同时，在三大诉讼领域中，刑事诉讼的目的是“发现真实”和“保障人权”。前者强调对案件真相的发现，以确保有效惩治犯罪；后者则强调通过法定诉讼程序之运作，以避免侦查和审理过程中对人权造成的侵害。但在实务运作中，两大目标的实现往往难以兼顾，甚至发生冲突，司法人员为追求事实真相的发现违背法定程序进行证据的收集和采用，这显然有违法治原则，因为在法治原则下，刑事诉讼必须建立在“实质正当的法定程序”基础之上，因而特别强调证据进入诉讼成为法官认定案件事实基础的正当性，而非不计代价地发现真实。因此，与民事诉讼和行政诉讼相比，刑事诉讼尤其强调证据能力问题，故从各国和地区的证据立法来看，证据规则主要确立于控辩双方的实际诉讼地位存在显著差异的刑事诉讼程序之中，纠纷双方地位基本平等的民事诉讼和行政诉讼则少有证据规则。

从各国证据立法来看，证据规则主要有证据禁止规则、品格证据排除规则和传闻证据排除规则等三项证据规则。

第一节 证据禁止规则

一、证据禁止规则

证据禁止规则，从学理上讲存在广狭两个层面，在狭义上仅指大陆法系上的证据禁止规则；在广义上，英美法系上的证据排除规则亦被包含在内。

狭义上的证据禁止规则是一个来源于德国证据法上的概念，① 指在刑事诉讼中，如果调查取证程序损害了犯罪嫌疑人的基本权利，那么这些证据不能在庭审中使用。证据禁止规则不但限制司法机关本于职权发现事实真相，同时为法官的自由心证设置外在界限，其根本目的在于禁止不计代价、不择手段和不问是非的真相发现。

证据禁止规则在内涵上包括证据取得禁止和证据使用禁止两方面。② 证据取得禁止，是对侦查机关取得证据过程（泛指寻找、收集及保全证据）的行为规范，其要求侦查机关在取证过程中为一定的作为或不作为。而证据使用禁止则指违反证据取得禁止规范所得的证据在诉讼中应予排除。简言之，证据取得禁止是关于证据取得合法与否的问题，而证据使用禁止乃证据能否使用（即证据能力有无）的问题。例如，侦查机关的搜查行为是否符合搜查的要件，属于证据取得禁止的范畴；若不符合搜查要件，侦查机关因此取得的证据是否具有证据能力，则属于证据使用禁止调整的范围。由于合法取得的证据未必能够使用，非法取得的证据未必不能使用，因而违反证据取得禁止必须加上其他条件才会导致证据使用禁止的效果。

一般来讲，在以德国为代表的大陆法系国家和地区，不论是供述证据还是非供述证据，都适用证据禁止规则，而在以美国为代表的英美法系国家和地区，对于供述证据中的被告人自白适用自白任意性规则，对于被告人以外的人的陈述则适用传闻排除规则，对于非供述证据适用证据排除规则。所谓证据排除规则，简称排除规则，是指司法机关违法所取得的证据素材，不得在法院审理中作为证明被告人犯罪的证据使用的证据规则。具体来讲，即这些证据素材

---

① 参见［德］克劳思·罗科信：《刑事诉讼法学》（第24版），吴丽琪译，法律出版社2003年版，第212页。

② 参见Roxin，Klaus：Strafverfahrensrecht，25. Auflage，S. 180，Rn 13；转引自李倩：《德国刑事证据禁止理论问题研究》，载《中外法学》2008年第1期。

若经法院认定为无证据能力，控方便无法在审理中将其提出，从而使负责事实认定的陪审团无法见闻或接触这些材料。其目的是为了避免陪审团在进行事实认定时受这些资料的影响，甚至以其为裁决的依据。如讯问被告人违反告知义务的效果，在英美法系国家和地区证据法上属于因此取得的自白是否具有证据能力之范围，在大陆法系国家和地区证据法上则属于证据使用禁止的范围。

证据禁止是在大陆法系国家和地区基于职权探知主义刑事诉讼模式从审判者的角度创立的，目的在于禁止法官在审理过程中使用通过某些不当途径取得的证据。其规制的对象乃是法官的审判行为。可见，证据禁止这一用语与职权探知主义的诉讼架构具有相容性。与之相反，在由当事人主导证据调查的英美法系国家和地区的刑事诉讼模式下，申请调查证据是双方当事人的权利，法院原则上不介入证据调查形成事实的过程，而对于一方当事人申请调查的证据有无证据能力，对方当事人可以提出异议，此时才由法院判断是否排除使用该项有争议的证据。在此意义下，证据排除与当事人主义的诉讼架构具有相容性。当然，无论是大陆法系上的证据禁止，还是英美法系的证据排除，二者所追求的目的是相同的，即事实认定者不得以该予排除的证据为依据来认定犯罪事实，从而使犯罪嫌疑人、被告人的人权得以保障、审判的公平正义得以维护。

关于证据排除规则的立论基础，理论上主要有基本权保障说、司法纯洁说和抑制违法侦查说三种学说。

（一）基本权保障说

基本权保障说又称保护个人权利说，该说认为证据禁止的目的主要在于保障宪法所规定的基本人权免受国家机关的不法侵犯和干涉，因此国家机关的追诉程序必须契合宪法保障基本人权的精神方为正当，而且证据禁止的绝大多数判断标准最终均会导向、回溯至对该精神的贯彻。在这一基本指导思想下，从消极方面来看，犯罪嫌疑人、被告人的基本人权因国家违法收集证据的行为而收到侵害时，应由法院在诉讼中排除该证据，从而使得犯罪嫌疑人、被告人的基本人权于“事后”得到保护；① 从积极方面来看，证据排除本身，即向侦查机关宣示任何不法取得的证据均有可能在诉讼中被排除，从而间接地有助于公民免于遭受国家追诉机关可能造成的不法侵害。②

① 参见林钰雄：《刑事诉讼法》（上），中国人民大学出版社 2005 年版，第 441 页。

② 参见陈运财：《违法证据排除法则之回顾与展望》，载台湾《月旦法学杂志》第 113 期。

(二) 司法纯洁说

司法纯洁说又称司法正洁说，该说认为若法院在审判中使用侦查机关非法取得的证据，等同于法院为侦查机关的非法行为正名，即等于宽恕国家侵犯公民宪法上的权利，甚至间接鼓励侦查机关的非法行为。美国联邦最高法院在判决中支持了这一学说，将证据排除与司法纯洁等同视之，要求联邦法院不应成为故意违反宪法者的共犯。①

该学说从出现以来就遭到各方的批判。一方面，从立法和司法实践上来看，各国宪法中均无支持该观点的依据，且长久以来，在特定情形下，法院皆于审判中使用违法取得的证据，也从不认为影响法院的纯洁。另一方面，从理论上来看，当法院将证据排除时，有可能导致原本罪证明确的被告人因证据不足而无罪释放，从而使得原应有罪的被告人逍遥法外，这样实际上是削弱或减损了所谓的司法纯洁。因此，美国联邦最高法院在后来涉及证据排除的判决中即不再以司法纯洁为理论基础，转而认可下面的抑制违法侦查说。

(三) 抑制违法侦查说

抑制违法侦查说又称为吓阻理论或导正纪律说，认为宪法有关人权的规定的目的在于限制国家权力的行使，故法院有责任审查侦查机关行使侦查权时有无逾越或违反相关规定。该学说是美国证据排除规则最主要的理论，亦为主要的成立依据，当侦查机关违反美国宪法第四修正案“任何人的人身、住宅、文件和财产不受无理搜查和查封，没有合理事实依据，不得签发搜查令和逮捕令，搜查令必须具体描述清楚要搜查的地点、需要搜查和查封的具体文件和物品，逮捕令必须具体描述清楚要逮捕的人”的规定而获取证据时，其目的无非是希望能在审判中使用该证据，法院若将该证据于审判中排除，就等于除去侦查机关侵犯第四修正案所赋予的人民的权利的动机，也达到了限制国家机关权力行使的目的。所以证据排除规则是有效防止司法机关滥权的机制，且历史经验证明，刑事处罚、行政处罚和民事赔偿都无法有效地遏制司法机关违反第四修正案，只有将证据排除才是最有效的方式。② 该学说乃由美国历史经验所得，核心在于唯有通过证据排除的方式，才能有效抑制侦查机关将来违法侦查的动机，预防侦查机关将来的违法取证行为，使人民免于遭受侦查机关非法侦查的潜在危险，进而实现宪法防止国家机关滥用权力的目的。

---

① 参见 Elkins v. U. S. , 364 U. S. 206, 222 (1960)；转引自王兆鹏：《美国刑事诉讼法》，台湾元照出版有限公司 2004 年版，第 27 页。

② 参见王兆鹏：《美国刑事诉讼法》，台湾元照出版有限公司 2004 年版，第 27 页。

该学说存在的最大难题则在于，对非法取得的证据予以禁止或排除是否确实能够达到抑制违法侦查的效果，如果不能，则该理论存在的价值即存有疑问。一方面，迄今尚无充足的实证研究的结果表明证据禁止规则对侦查机关是否真的产生了实质性的吓阻效果；① 另一方面，即使是在以之为主要立论依据的美国，侦查机关以非法方式取得证据的情形仍十分普遍。其主要原因在于侦查机关通常较为在意能否取得证据破案，并以此来衡量侦查机关的能力及决定办案人员的升迁，至于将来审判的结果如何、被告人是否被起诉判罪，侦查机关并不关心，故无意去遵守宪法第四修正案这一法律层面的技术问题。②

在刑事诉讼中，追求真相或确保制裁效果并非司法的唯一价值，在惩治犯罪的同时必须遵循正当的程序，以保障犯罪嫌疑人、被告人的基本人权。为发现真实，而无条件地将通过违法活动取得的证据作为判决依据，将失去民众对司法的信赖。考察对违法侦查的各种制裁措施，证据禁止规则不失为一项相当有效的方式。所以，正当程序的维护（基本权保障说）、维护司法的纯洁性（司法纯洁说）以及抑制将来侦查机关的违法侦查（抑制违法侦查说）三者相结合才是证据禁止规则的立论基础之所在。其中，前两者是理论上的基点，抑制违法侦查则属于政策上的依据。三种学说对于证据禁止规则之确立，仅立论基础不同，本质上并无区别。真正问题在于，在诉讼中，当不同价值目标于个案上发生冲突时应该如何调和和取舍。

二、证据禁止规则的域外立法例

（一）美国

1. 美国证据排除规则的历史发展

美国联邦最高法院最早提及有关证据排除的案件，可追溯到 1886 年 Boyd 一案，其判决揭示，强制地揭开犯罪证据（书证）的行为，乃构成侵害到不允许不合理地进行搜索、逮捕、扣押的宪法上的权利，该书证在法院应不被容

---

① 当然并非没有进行任何的实证研究。如美国即有实证研究指出，证据排除规则实施后，确实发生了一定的吓阻不法的效果，如在 1961 年联邦最高法院在 Mapp 案的判决中决定证据排除规则适用于各州之后，侦查机关申请搜索票的数量急遽增多；同时，为避免证据于审判时遭排除，侦查机关也花更多时间来训练办案人员遵守宪法的规定。参见王兆鹏：《美国刑事诉讼法》，台湾元照出版有限公司 2004 年版，第 57 页。

② 参见黄朝义：《修法后准备程序运作之剖析与展望》，载台湾《月旦法学杂志》第 113 期。

许提出。① 这一判决第一次引入了证据排除的概念。而正式将证据排除规则实际应用的案例则是联邦最高法院 1914 年对 Week 案的审理中。其判决指出，以司法判决支持侦查人员对于人民神圣住所的违法侵入行为，应为宪法所禁止，且此类行为属于对前禁止规定的明显挑战，或构成明显的怠慢行为。该判决就侦查人员所取得的证据认为无可采性而应予以排除，并明白宣示非法证据排除规则乃宪法修正案第四条所要求的内容，② 可谓开创了适用证据排除规则的先河。

从 1914 年至 1960 年，联邦法院对于各州侦查人员非法取得的证据，只要其不是在联邦侦查人员明知非法而取得的，仍容许其在联邦法院提出作为证据。这种双重标准，被认为是为使州侦查人员将非法取得的证据，透过银盘的重新包装，过手交给联邦侦查人员合法使用所创设的，因此被戏称为“银盘规则”（the silver platter doctrine）。③ 一直到 1960 年，联邦最高法院才于 Elkins 诉 United States 一案的判决中明白谕知结束此不合理的作法。该案判决指出，美国宪法第四修正案禁止在由联邦政府起诉的案件中使用非法取得的证据，不论该证据是由联邦侦查人员取得还是由州侦查人员取得，银盘规则至此宣告终结。④

关于联邦最高法院所创设的证据排除规则对州法院是否有遵守的义务，在美国司法实践中曾出现争论。1949 年联邦最高法院在 Wolf 诉 Colorado 一案中表示，证据排除规则只适用于联邦最高法院，各州并无适用的义务，亦即侦查人员非法搜查扣押所取得的证据，可以在州法院使用，无须排除。⑤ 直到 1961 年联邦最高法院在 Mapp 诉 Ohio 一案的判决中才推翻 Wolf 案的见解，表示为了维持司法的纯洁，依据宪法第十四修正案关于正当程序原则（due process clause）的规定，宪法第四修正案的保障也可用来对州政府主张，故非

---

① 参见沈德咏、宋随军主编：《刑事证据制度与理论》（中），人民法院出版社 2006 年版，第 1040 页。

② 参见黄朝义：《刑事诉讼法（证据篇）》，台湾元照出版有限公司 2002 年版，第 41 页。

③ 参见沈德咏、宋随军主编：《刑事证据制度与理论》（中），人民法院出版社 2006 年版，第 1041 页。

④ 参见沈德咏、宋随军主编：《刑事证据制度与理论》（中），人民法院出版社 2006 年版，第 1044 页。

⑤ 参见 Wolf v. Colorado，338 U. S. 25（1949）；转引自王兆鹏：《刑事诉讼法讲义（一）》，台湾元照出版有限公司 2003 年版，第 31 页。

法搜索、扣押、逮捕取得的证据在州法院亦应被排除。据此，证据排除规则适用于各州，要求全国的侦查人员都必须以合法的方式取得证据，州法院不得以违法取得的证据素材为证据。① 因此，在美国刑事证据制度的发展史上，Mapp 诉 Ohio 判决的重要性绝不亚于确立了沉默权规则的米兰达诉亚利桑那州案。

自 Mapp 案以后，证据排除规则在美国虽然全面性地得到适用，但其结果由于影响面过广，学界的对立情绪严重。加上在犯罪率不断攀升的社会背景之下，逐渐限制证据排除规则适用的观点反而日趋占据主流。因此从 20 世纪 70 年代开始，各种证据排除规则的例外情形逐渐被联邦最高法院承认。②

2. 美国证据排除规则的例外

证据排除规则的例外是美国司法机关为补充传统意义上的证据排除规则在司法实践中遇到的困难而创设的一项原则。但将违法证据一概予以排除或接纳显然不够妥当。故为平衡事实发现与人权保障两大理念的关系，随着美国司法实践的发展，逐渐创设出证据排除规则的例外规定，从而避免该原则的过度适用。

（1）独立来源的例外（independent untainted source exception）。

美国联邦最高法院在 Silverthrone Lumber Co. 诉 U. S. 一案的判决中表示，如果待证事实证明资料的获知有两个以上的独立来源渠道，且仅是其中的某个渠道与原来的非法方法有关，以该方法获知的事实固然应被禁止使用，但该事实并非必须一概被禁止，因为同一事实如果可以证明可以通过其他独立来源渠道获得的话，则证据排除规则即不能得以适用。③

以 Silverthrone Lumber Co. 诉 U. S. 一案为例，联邦探员是因非法侵入搜索而获悉了文件资料的内容，此时依证据排除规则，该文件资料的内容自然应被禁止使用，但联邦探员如果在接下来的调查中，通过其他渠道，如其他证人告知同一文件资料的内容，因同一资料乃由其他独立来源取得，此时证据排除规则即不能被适用，该同一文件资料的内容仍具有证据能力。

又如 Segura 诉 U. S. 一案，侦查人员事先已有相当充分的理由逮捕被告人

---

① 参见沈德咏、宋随军主编：《刑事证据制度与理论》（中），人民法院出版社 2006 年版，第 1044 页。

② 参见黄朝义：《刑事证据法研究》，台湾元照出版有限公司 2000 年版，第 44 页。

③ 参见张丽卿：《刑事诉讼制度与刑事证据》，台湾元照出版有限公司 2003 年版，第 298 页。

并搜查其住宅内的毒品，但侦查人员在未取得搜查令状的情形下，在被告人住宅外将其逮捕，与其一起进入家中并发现毒品。侦查人员于是立即返回警察局申请令状，等取得搜查票后再进行搜查，并取得不利于犯罪嫌疑人的证据。美国联邦最高法院认为，侦查人员进入被告人家中的行为是非法的，但因其进入被告人家中前，实际上已有可以搜查住宅的充分的理由，且该理由有独立、合法的基础，而非源自于非法进入住宅搜查的结果，因此，本案侦查人员依搜查票搜查取得的证据不应被排除。①

（2）善意诚实的例外（good faith exception）。

善意诚实的例外是最为重要的例外情形，为1948年联邦最高法院在审理U. S. 诉Leon一案中创设。该案判决中明示，证据排除规则应作适当的修正，以避免侦查人员因合理信赖签发的搜查票为有效搜查并获取的证据因嗣后该搜查票经审查欠缺法定相关事由被裁定无效而影响其证据能力。易言之，证据排除是为了避免侦查人员的违法搜查而设，若侦查人员执行职务时并无违法或不当，而搜查是因他人的错误而发生时，即不需要排除该证据。此即虽然搜查票是违法核发，但因侦查人员是在善意诚实的情况下所取得证据，故仍认为该证据具有证据能力。②

又如在Arizona诉Evan一案中，警察在对被告人进行交通盘查时，从警用电脑中发现被告人有案被法官下令拘捕，警察乃据以逮捕被告人并搜查其车，结果在车内发现一包大麻，检察官起诉被告人持有大麻。结果发现该拘捕令在被告被捕之前已被法官撤销，因法院书记人员的疏忽而未通知警察局输入电脑系统，故该逮捕及随后的搜查均属于违法。但联邦最高法院认为，警察因客观合理地信任该电脑记录而逮捕并搜查，这显然是一种善意的例外，所取得的证据不应被排除。③

（3）违法污染状态中断的例外（purged taint exception）。

在Wong Sun诉U. S. 一案中，侦查人员违法逮捕被告人，并违法搜查取得物证，法院则宣告基于违法逮捕、搜查而取得的被告人自白及物证均不得采纳。但被告人Wong Sun被移送至治安法官时，提出出庭保证书而获释，数日后其自动到警察局向警方自白。故联邦最高法院认为该违法逮捕对被告人自白因稀释而失去影响，其自白不应被排除。因此，该判决基于被告人在接受违法

① 参见齐树洁主编：《美国司法制度》，厦门大学出版社2006年版，第614页。
② 参见黄朝义：《刑事证据法研究》，台湾元照出版有限公司2000年版，第51页。
③ 参见齐树洁主编：《美国司法制度》，厦门大学出版社2006年版，第619页。

搜查等取证行为后处于任意的行为，认定最初有违法性的污染状态消失。[①] 换句话说，通过被告人的自由意思而中断的行为，足以隔断受污染的证据与侦查人员的违法行为之间的因果关系，其证据即具有可采性。可见，此种例外情形主要是指违法收集的证据与衍生证据之间，因其他因素的介入，原来存在的不法的污点已被去除或稀释，稀释后的证据仍可作为法官定案的依据，故又可称为“污渍涤除原则”或“稀释理论”。[②]

（4）必然发现的例外（inevitable discovery exception）。

在 Nix 诉 Williams 案中，一名小女孩在观看比赛时失踪，目击者指出看到被告人 Williams 扛着毛毯从体育场走出，在其欲开车离开之际，从毛毯内露出两只小腿。侦查人员于第二天发现被告人的汽车，并沿途发现了该小女孩的衣物和毛毯。侦查人员一方面继续沿途搜索，一方面申请逮捕令逮捕被告人，并在被告人的律师不在场的情况下，要求被告人供出尸体的所在，被告人乃供出。侦查人员据此供述在当时搜索地点附近 2.5 里处发现尸体。事后被告人主张侦查人员讯问时其律师不在场，侵害了宪法第六修正案关于被告人辩护权的规定。联邦最高法院则认为，侦查人员的上述侦查行为虽然违法，但即使被告人未供出小女孩尸体的位置，搜索行为实际上已经相当接近尸体的所在，可以预见尸体必然会被发现，故因此搜到的尸体等证据不应被排除。[③]

此原则又被称为“不可避免发现”原则，指侦查机关侦查虽违法取证，但若依合法的侦查方式，该项违法取得的证据迟早会被发现，因此该违法取得的证据应予承认。通常此项例外所涉及的证据仅限于武器或尸体等较为特殊的物证。其理论基础在于，不准侦查机关利用非法行为而取得更为优越的地位，但也不得使其处于较为非法行为前更恶劣的地位。[④]

3. 美国证据排除规则的特征

美国证据排除规则有两个显著的特征。一方面，证据排除规则的出现是因为美国的侦查实践中屡屡发生侦查人员不法收集犯罪证据的情形，并逐渐演化为侦查的惯例，严重侵害了宪法所保护的人权。为遏制这一弊病，法院乃自行创设出证据排除规则，将执法人员适用违法方式取得的证据予以排除作为拟制

---

① 参见齐树洁主编：《美国司法制度》，厦门大学出版社 2006 年版，第 616 页。

② 参见张丽卿：《刑事诉讼制度与刑事证据》，台湾元照出版有限公司 2003 年版，第 299 页。

③ 参见黄朝义：《刑事证据法研究》，台湾元照出版有限公司 2000 年版，第 49 页。

④ 参见王兆鹏：《自白与毒树果实原则》，载台湾《月旦法学杂志》第 101 期。

的手段，从而达到保障宪法第四修正案所设置的基本人权。另一方面，美国证据排除规则的发展，以保障宪法第四修正案为出发点，对联邦侦查人员和州侦查人员均可适用，乃至于联邦法院至州法院均有全面适用证据排除规则的义务。另外，该原则的运作主要采取“原则上排除，例外时不排除”的模式，且经过多年实务长久以来不断的完善和发展，此规则及其例外已相当严谨而兼顾现实，在美国现行刑事审判中居于极为重要的地位。

4. “毒树之果”原则的概念和属性

证据排除规则涉及违法取得的证据是否具有证据能力这一问题，至于违法取得证据后，再由该证据所取得的衍生证据是否应予排除，则属于“毒树之果”理论研究的范围。

“毒树之果”原则（fruits of poisonous tree doctrine）发源于美国联邦最高法院 1919 年对 Silverthrone Lumber Co. 诉 U. S. 一案的判决。到 1939 年 Nardon 诉 U. S. 案中，联邦最高法院正式以“毒树之果”这一提法来称谓该原则，其理论基础在于，对于非法取得的证据，如仅禁止直接使用，不禁止间接使用，等于放纵侦查人员以违法的、侵害基本人权的手段去收集证据。①

所以在美国证据法上，违法取得的第一次证据（或称原始证据），称为“毒树”，基于该证据直接或间接所取得的第二次（甚至第三次以上）证据（或称衍生证据），称为“毒果”，因为“毒果”为“毒树”所长出，自然不可食用，故作为“毒果”的衍生证据即不具备证据能力。② 质言之，美国联邦最高法院创设此原则，目的即在于弥补证据排除规则的不足，同时还可借此严肃侦查纪律。

证据排除规则与“毒树之果”原则存在两点明显的区别。一方面，两者所指概念的层次不同。证据排除规则是指证据在何种条件下法院应排除不作为判决的基础；“毒树之果”原则则指证据排除的效力范围，即排除的放射效力问题，与直接因违法取得的证据有无证据能力无关。可见，证据排除规则是上位概念，而“毒树之果”原则只是证据排除规则内容的一部分。另一方面，两者的适用对象不同。证据排除规则适用的对象限于非供述证据；而“毒树之果”原则所指的“毒树”（即第一次证据）并不限于非供述证据，供述证据的违法取得（如违背自白任意性规则取得的自白）也包括在内，至于基于

① 参见王兆鹏：《自白与毒树果实原则》，载台湾《月旦法学杂志》第 101 期。

② 参见张丽卿：《刑事诉讼制度与刑事证据》，台湾元照出版有限公司 2003 年版，第 297 页。

“毒树”所取得的“毒果”同样可以是非供述证据和供述证据。

（二）德国

1. 德国证据禁止规则概述

德国的刑事证据禁止理论最初由贝林（Beling）教授于1903年在《证据禁止作为刑事诉讼真实发现的界限》一文中率先提出，① 随后成为德国证据学界探讨的一项重要课题。证据禁止规则是指如果调查取证程序损害了犯罪嫌疑人的基本权利，那么这些证据不能在庭审中被加以使用。

与美国证据排除规则确立的基础一致，德国证据禁止规则也是为了在案件真实的发现和公民基本人权的保障之间寻求一个最佳的平衡点。同时，以德国宪法（即德国基本法）第1条“人的尊严不可侵犯。尊重和保护人的尊严是全部国家权力的义务”的规定为起点，从第1条至第20条所确立的“法治国家原则”也为证据禁止规则的确立提供了根本法上的依据。

2. 证据禁止规则的分类

一般来说，德国的证据禁止规则分为证据取得禁止和证据使用禁止两方面。

（1）证据取得禁止，如果某个证据是通过非法的手段或方法取得的，或是从某个没有授权的人手中获取，即属于证据取得禁止。证据取得禁止具体又包括四项内容：②

①证据方法的禁止，是指某些证据方法不能在庭审中使用。如刑事诉讼法第52条至第55条规定了某些具有特定身份的主体有证言特免权，第81条规定了有证言特免权的人可以拒绝进行身体检查、抽取血样验血。

②证明对象的禁止，是指某些对特定证明对象的说明不能作为证据使用。如在刑事记录中尚未注销的以前的判刑记录即不得作为本案裁判的依据。

③证据手段的禁止，是指用法律禁止的手段取得的证据禁止使用。如《德国刑事诉讼法》第136（a）条规定，使用禁止的审讯手段获取的证据不得用来指控犯罪嫌疑人有罪，司法机关不得用虐待、疲劳战术对犯罪嫌疑人的身体造成伤害，给犯罪嫌疑人服用某种药物，折磨犯罪嫌疑人，用欺骗或催眠手段决定或确定犯罪嫌疑人的意志。只有在《德国刑事诉讼法》容许的情况下，才允许侦查机关使用强制手段。禁止用《德国刑事诉讼法》不允许的措施威胁犯罪嫌疑人，禁止司法机关和犯罪嫌疑人辩诉交易。禁止使用会损害犯罪嫌

① 参见林钰雄：《德国证据禁止论之发展与特色》，载台湾《律师杂志》第232期。

② 参见李倩：《德国刑事证据禁止理论问题研究》，载《中外法学》2008年第1期。

疑人记忆力和理解力的措施。

④相对的证据禁止，是指某些证据只有从特定主体那里获得或只有在特定主体的命令下才可进行某项证据的收集。如《刑事诉讼法》第 81（a）条规定，必须有法官的命令才可以对犯罪嫌疑人进行身体检查或验血，在有延误就可能影响侦查结果时，检察官和他的辅助官员也可作出该命令。对犯罪嫌疑人的身体检查和验血必须由医师进行。

（2）证据使用禁止。证据使用禁止和证据取得禁止不同，后者规制的对象为侦查机关，而前者的规制对象则是审判机关，即禁止法官在庭审中考虑通过某些特定的证明方法已经确定的事实。取证过程中的瑕疵或违法不必然可以得出适用禁止的结论，即违法取得的证据并非证据使用禁止的唯一来源。以此为标准，可将证据使用禁止分为非自主性的证据使用禁止和自主性的证据使用禁止。

①非自主性的证据使用禁止。非自主性的证据使用禁止是指侦查机关违法证据取得禁止的规定收集到的证据会产生禁止法院使用该证据的法律后果。因为该禁止使用的后果依附于违法取证，故又称为“依附性使用禁止”。

关于非自主性的证据使用禁止主要有三种学说：①

a. 权利领域说。该学说由德国联邦最高法院于 1951 年所作出的有关证言特免权的判决中提出，主要在于探求遭受侦查机关违反取证禁止性规定的行为是否关系到被告人的基本权利领域。只有基本权利领域遭到侦查机关非法取证行为侵害时，被告人才可以以下级审违反证据使用禁止规定为由提起上诉。该学说是德国“二战”后关于证据禁止的第一个标志性的判决，其最大的特点在于尝试着提出一个放之四海而皆准的标尺，有一定的明确性和稳定性。但毫无疑问，司法实践中可能出现证据禁止的案件千变万化，很难确定所谓统一的标准，故灵活性的欠缺是此学说最大的缺陷。

b. 规范保护目的说。该学说由违反讯问被告人的告知义务规定应否招致证据使用禁止的案例而生，认为违法取得的证据能否使用要取决于该项被违反的法律规范的目的。只有在取证过程中，相关法律规范的目的尚未被终局性地侵害，且透过使用证据本身的行为会使损害加深或扩大时，证据才能被禁止使用。该观点是通过法官对特定法律规范的解释而来，为证据使用禁止树立了另一种标准，其不足之处显然与第一种学说一样过于绝对。

---

① 参见林钰雄：《刑事诉讼法》（上），中国人民大学出版社 2005 年版，第 436~439 页。

c. 权衡法则。该学说认为，任何违反取证规定的案件都需要进行个案衡量，权衡国家追诉利益与个人权利保护之间的关系。至于权衡的标准为何，则是众说纷纭，如程序瑕疵的严重程度、犯罪的轻重、肃整纪律的必要性、当事人保护的必要性及规范的保护目的等。德国法院近年来的判决多以权衡法则作为解决证据使用禁止问题的方法，同时辅之以规范保护目的理论。

②自主性的证据使用禁止。自主性的证据使用禁止是另一与“依附性使用禁止”相平行发展的领域，是指侦查机关取得证据的过程並未违法，但基于宪法上更高价值和目的的维护，法院亦会禁止使用某些证据。

此规则源于1960年的私人秘密录音案，联邦最高法院判定在他人不知情的情况下秘密录音乃严重侵害人格权利及人性尊严的重大违法，虽然侦查机关取证并未违法，但仅就使用该证据本身就足以构成另一次新的、自主的侵害行为，因此明白拒绝予以使用。在1987年的日记案中，被告人因涉嫌谋杀被起诉，该案的重要证据之一是被告人所并经合法搜查、扣押的日记。联邦最高法院以权衡法则为基础，认为日记内容虽涉及隐私，但对隐私的保护也不是绝对的，只要在个案中国家有相当重大的追诉利益，则日记也可作为裁判的基础证据。最后联邦宪法法院对此援引“三阶理论”，认为应区别隐私领域、纯私人领域和社交领域隐私领域绝对不受侵犯，在此范围之内，没有所谓的权衡的问题，而该院最后则判定该日记并不属于隐私领域，而是可以依比例原则权衡的纯私人领域，故可以作为裁判的基础。①

“三阶理论”中，隐私领域是指个人可以绝对对抗一切国家侵害的核心权利领域，一旦特定证据被判定属于该隐私领域时，则应绝对禁止调查，绝对禁止使用，法院不得再去权衡国家追诉利益与个人权利保障的孰轻孰重，即使是重大犯罪也是如此。纯私人领域属于中间领域，与个人的保护有间接关系，国家虽然也应予保护，但不具绝对性，应以比例原则为审查标准，权衡国家追诉利益与个人权利保障的关系。而社交领域则只要取得证据的过程合法，就不存在禁止使用的问题。②

此外，自主性证据使用禁止还包括私人违法取证的情形。在德国通说认为私人不法取得的证据原则上不禁止使用，除非在极端违反对人格尊严的保护的

① 参见林钰雄：《德国证据禁止论之发展与特色》，载台湾《律师杂志》第232期。

② 对于该理论并非没有任何反对意见。如决定不同领域之间界限的标准为何，德国宪法法院至今仍未作出令人信服的回应，尤其是在上述日记案中，对于记载了个人人格剖析和心路历程的日记竟然不被归入应予绝对保护的隐私领域确实让人不得其解。

情况下，如私人采取胁迫的方式取得证据、私人在对方不知的情况下秘密录音等。①

3. 证据禁止规则的特点

由上可知，德国证据禁止规则有两个重要特点：

（1）在非自主性证据使用禁止的情形下，实务中有逐渐抛弃传统权利领域统一的理论，转而诉诸个案权衡的趋势，其目的在于让法官有更大的自由裁量的空间。但为了避免漫无边际的权衡，联邦最高法院逐渐发展出一套权衡的准则，确立各种列入权衡的考量因素，并将探求被违反的法律规范的目的列为优先考虑的顺位，使法官审理个案时能与传统的法律解释论相结合，成为既容易操作又具有稳定性的证据禁止规则。

（2）对于自主性证据使用禁止，主要来源于宪法对公民基本人权的保护，因此又可被称为宪法上的证据使用禁止，主要探讨私人不法取证和国家合法取证，但证据是否应禁止使用的问题。尤其是后者，德国以隐私权受侵害为中心，以“法院使用该证据本身就足以构成另一次新的、自主的侵害行为”为依据，以权衡法则和三阶理论为方法。但无论采取何种方式，对于重大犯罪法院一般不会禁止使用该证据。

通过上述对分别作为英美法系和大陆法系代表国家的美国和德国的证据禁止或证据排除规则的介绍可以看出，两国在此问题上有一个显著的共同点，即立法上往往设定了国家追诉行为的限制要件，但就违法的效果如何，却予以回避，原因在于违法收集证据的情态极为复杂，实践中所出现的个案情况也有所不同，很难用法律明文规定的方式设置一套统一的标准。因而对于证据禁止或证据排除规则两国大多是以学说和判例的形式出现，而非成文法的产物。无论法治何等发达的国家，其侦查机关均存在从事违法侦查的可能，此时如何协调刑事追诉利益与基本人权的保障，乃为证据禁止规则的核心问题，也是其中最具争议性的内容。迄今为止，证据禁止规则在各国理论界和实务界虽然已有较为成熟的见解，但仍然处于不断发展的过程中，尚无绝对统一的标准，故究竟未来的发展趋势如何，还难以作出定论。

三、我国有关证据禁止规则的规定及评析

（一）我国现有的相关规定

1. 宪法的规定

① 参见林钰雄：《刑事诉讼法》（上），中国人民大学出版社2005年版，第442页。

我国现行《宪法》有多项关于公民权利保护和国家权力制约的规定，这为刑事诉讼中证据禁止规则的确立提供了根本法上的制度支撑。其第 33 条第 3 款规定：“国家尊重和保障人权。”第 37 条规定：“（第 1 款）中华人民共和国公民的人身自由不受侵犯。（第 2 款）任何公民，非经人民检察院批准或者决定或者人民法院决定，并由公安机关执行，不受逮捕。（第 3 款）禁止非法拘禁和以其他方法非法剥夺或者限制公民的人身自由，禁止非法搜查公民的身体。”第 38 条规定：“公民的人格尊严不受侵犯，禁止用任何方法对公民侮辱、诽谤和诬告陷害。”第 39 条规定：“公民的住宅不受侵犯。禁止非法搜查或侵入公民的住宅。”第 40 条规定：“公民的通信自由和通信秘密受法律的保护。”

2. 刑事诉讼法的规定

《刑事诉讼法》对司法机关在刑事诉讼中的活动规则进行了明确界定，要求其应严格遵守法律规定的程序，禁止以非法方法获取证据。其第 3 条第 2 款规定：“人民法院、人民检察院和公安机关进行刑事诉讼，必须严格遵守本法和其他法律的有关规定。”第 52 条规定，审判人员、检察人员、侦查人员必须依照法定程序，收集能够证实犯罪嫌疑人、被告人有罪或无罪、犯罪情节轻重的各种证据。严禁刑讯逼供和以威胁、引诱、欺骗以及其他非法方法收集证据，不得强迫任何人证实自己有罪，而第 56 条至第 60 条则对此提出了具体要求，采用刑讯逼供等非法方法收集的犯罪嫌疑人、被告人供述和采用暴力、威胁等非法方法收集的证人证言、被害人陈述，应当予以排除。收集物证、书证不符合法定程序，可能严重影响司法公正的，应当予以补正或者作出合理解释；不能补正或者作出合理解释的，对该证据应当予以排除。在侦查、审查起诉、审判时发现有应当排除的证据的，应当依法予以排除，不得作为起诉意见、起诉决定和判决的依据。人民检察院接到报案、控告、举报或者发现侦查人员以非法方法收集证据的，应当进行调查核实。对于确有以非法方法收集证据情形的，应当提出纠正意见；构成犯罪的，依法追究刑事责任。法庭审理过程中，审判人员认为可能存在《刑事诉讼法》第 56 条规定的以非法方法收集证据情形的，应当对证据收集的合法性进行法庭调查。当事人及其辩护人、诉讼代理人有权申请人民法院对以非法方法收集的证据依法予以排除。申请排除以非法方法收集的证据的，应当提供相关线索或者材料。在对证据收集的合法性进行法庭调查的过程中，人民检察院应当对证据收集的合法性加以证明。现有证据材料不能证明证据收集的合法性的，人民检察院可以提请人民法院通知有关侦查人员或者其他人员出庭说明情况；人民法院可以通知有关侦查人员或者其他人员出庭说明情况。有关侦查人员或者其他人员也可以要求出庭说明情况。经人民法院通知，有关人员应当出庭。对于经过法庭审理，确认或者不能排除存在《刑事诉讼法》第56条规定的以非法方法收集证据情形的，对有关证据应当予以排除。《人民法院刑事诉讼解释》第95条进一步规定，使用肉刑或者变相肉刑，或者采用其他使被告人在肉体上或者精神上遭受剧烈疼痛或者痛苦的方法，迫使被告人违背意愿供述的，应当认定为《刑事诉讼法》第56条规定的"刑讯逼供等非法方法"；而认定《刑事诉讼法》第56条规定的"可能严重影响司法公正"，应当综合考虑收集物证，书证违反法定程序以及所造成后果的严重程度等情况。

除上述对人民法院、人民检察院和公安机关收集或调查证据的要求作了原则和总括性的规定外，《刑事诉讼法》对侦查人员收集证据所应遵循的法律程序也作出了一系列具体的设置。关于讯问犯罪嫌疑人的程序规定有：第118条第1款规定："讯问犯罪嫌疑人必须由人民检察院或公安机关的侦查人员负责进行，讯问的时候，侦查人员不得少于二人。"第119条第2、3款规定，传唤、拘传持续时间最长不得超过12小时，不得以连续传唤、拘传的形式变相拘禁犯罪嫌疑人。第122条规定："讯问笔录应当交犯罪嫌疑人核对，对于没有阅读能力的，应当向他宣读。如果记载有遗漏或者差错，犯罪嫌疑人可以提出补充或者改正。犯罪嫌疑人承认笔录没有错误后，应当签名或者盖章。侦查人员也应当在笔录上签名。犯罪嫌疑人请求自行书写供述的，应当准许。必要的时候，侦查人员也可以要犯罪嫌疑人亲笔书写供词。"关于逮捕、搜查和扣押的程序性规定有，第80条规定："逮捕犯罪嫌疑人或被告人，必须经过人民检察院批准或者决定或者人民法院决定，由公安机关执行。"第136条规定："为了收集犯罪证据，查获犯罪人，侦查人员可以对犯罪嫌疑人以及可能隐藏罪犯或者犯罪证据的人的身体、物品、住处和其他有关的地方进行搜查。"第138条规定："（第1款）进行搜查，必须向被搜查人出示搜查证。（第2款）在执行逮捕、拘留的时候，遇有紧急情况，不另用搜查证也可以搜查。"第139条第1款规定："在搜查的时候，应当有被搜查人或者他的亲属、邻居或者其他见证人在场。"第142条规定，对查封、扣押的财物、文件，应当会同在场的见证人和被查封、扣押财物、文件持有人查点清楚，当场开列清单一式二份，由侦查人员、见证人和持有人签名或者盖章。第145条规定："对查封、扣押的物品、文件、邮件、电报或者冻结的存款、汇款、债券、股票、基金份额等财产，经查明确实与案件无关的，应当在3日内解除查封、扣押、冻结，予以退还。"

（二）评析

虽然我国现有的制度层面对证据禁止规则作了一些规定，对司法实践能够起到一定的积极作用，一定程度上可以遏制司法机关的违法取证行为，但不能否认的是，这些规定过于粗陋和简单，实际运用起来并非能够达到预期的效果。具体来说，主要有以下几方面的不足：

1. 在现有卷证移送主义模式下，难以防止法官的预决

在职权主义刑事诉讼模式下，我国从立案到审判是一种绝对的流程关系，且侦查结论对审判结论能产生实质影响。其显著特征是公诉机关提起公诉时，必须将案卷和证据（现有法律上的表述是证据目录、证人名单和主要证据复印件）连同起诉状一起移送至法院，即所谓卷证移送主义。如此一来，法官在未开庭审判之前即有机会接触侦查中所收集的一切证据，其中即包括将被评价是否排除的证据，这就意味着法官的心证在事前可能已受到污染，从而产生预决。即使在庭审中法官认为该证据无证据能力而予以排除，但其因已接触过该项证据的内容，已对被告人形成了一定先入为主的偏见，这自然对被告人极为不利。

在我国刑事审判实践中，法官为了迅速了解案情、便于指挥诉讼、把握诉讼方向及为将来制作判决书做准备等目的，在审判前大多会详细地阅卷，而其中的内容包含全部侦查资料（不论有无证据能力及与本案有无关联性）。阅完卷后自然多有所谓的“心得”，此第一印象乃于审判外形成，有时甚至根深蒂固，难以通过庭审被改变。如犯罪嫌疑人在侦查阶段承认自己的罪行，法官事前阅卷后自然对于其应属有罪的印象往往相当深刻，若被告人于审判中翻供认为侦查阶段的自白是被胁迫作出的，则很难改变法官这种“有罪”的印象。

所以，在这一问题上如能借鉴域外检察官在向法院移送起诉时，只移送起诉状，而不移送案卷和证据的起诉状一本主义，则可以防止法官在事前基于违法收集的证据形成的对被告人不利的预决，有利于证据禁止规则目标的实现，从而强化刑事诉讼对人权保护的机能。

2. 庭前审查程序筛选证据功能的定位不明

我国《刑事诉讼法》第 186 条规定了对公诉案件的庭前审查程序。该程序是指人民法院对人民检察院提起公诉的案件进行审查，并决定是否将刑事被告人交付审判的诉讼活动。对公诉案件的庭前审查是人民法院行使国家审判权的开始程序，其法律性质是对案件的接受和审查，而不是审判，其任务是解决是否将被告人交付法庭审判，案件是否符合开庭审判的条件，其本质是属于程

序性措施，决不能把审查同审判混为一谈。

可见，庭前审查程序包含有大量对起诉证据进行审查的内容，其中自然涉及对证据能力某种程度上的判断，即其具有一定的筛选证据的证据能力的功能。然而，目前我国实践中大多数的操作方法是，庭前审查程序仅在于听取、整理控辩双方对特定证据的证据能力有无的意见，除客观上明显不得作为证据的情形可预先排除外，若双方（特别是辩方）对特定证据有无证据能力存在争议，则通常留待日后由合议庭在庭审的证据调查阶段前再进行判断，甚至将欲排除的证据带入证据调查阶段加以调查，最后在判决理由中说明该项证据应被排除的理由。如此一来，显然与庭前审查程序筛选证据的功能相违背，从而使得因违背证据禁止规则而显然丧失证据能力的证据大量进入庭审程序，滞碍后续程序的顺利进行，并造成有限的司法资源的无谓浪费。

3. 对无证据能力证据的附带法律效果并未规范

某证据因收集时违背证据禁止规则而导致证据能力被法官排除时，其不得作为本案认定犯罪事实的依据这一点已不存在争议。然而，对于遭排除的证据是否对诉讼不存在任何影响，即是否产生一些附带性的法律效果，如是否应视为该证据从未出现过或是否仍可以作为其他诉讼上的用途（如量刑的参考因素）等，现有法律也缺乏明确的规定，容易导致实践中适用时的标准不一。

4. 未规定证据禁止规则之适用可由法官依职权主动调查或被告人提出异议

对于违法取得的证据的证据能力，除法律有明文规定予以绝对排除之外，对于其他违法侦查行为，法院是否应依职权予以主动调查，或被告人是否享有提出异议的权利，法律均未作出规定。

此外，控辩双方能否以合意的方式认定某一证据无证据能力，尤其是在该证据确实有证据能力的情况下，能否合意直接认定该证据无证据能力，① 即控辩双方对已提出证据的证据能力的有无是否具有处分权，法律也未予设置。

5. 未采取全面的辩护人强制辩护制度

在我国，除被告人属于盲、聋、哑人或者限制行为能力的人、开庭审理时

① 如公诉机关提出某项证据作为证明起诉书所指控被告人犯罪事实的依据，辩护人则抗辩该证据没有证据能力，并说明了理由，但该理由并不正确，而公诉机关竟误以为该证据真的没有证据能力，故同意将该证据的证据能力排除，或直接将该证据从证据目录中抽出不用。

不满18岁的未成年人以及可能被判处死刑的人时必须接受辩护人的辩护（即强制辩护）外，其他情形下被告人均可以自行辩护。这就意味着被告人应对具有高度专业知识含量的证据能力问题发表意见，这无疑会使证据禁止规则发挥作用的效果大打折扣。同时，也有被告人基于一知半解或出于不良居心，动辄即对公诉机关提出的证据的取得程序表示异议，严重妨碍正常的证据调查程序，从而从另一方面影响到证据禁止规则作用的发挥。

6. 抑制违法侦查的效果不甚明显

抑制违法侦查是证据禁止规则欲达到的重要目的之一，通过将来可能因证据遭排除而判处被告人无罪的后果从根本上消除侦查人员违法取证的动机，故也是该规则得以顺利发展的重要基础。可是，对于我国侦查实践来说，该规则的约束力似乎比理论上的预期要薄弱很多。从侦查人员的角度来看，当面对是否以非法方法取证的选择时，其内心的考虑则是违法侦查的行为不一定会被发现，纵使事后被法官所查悉，亦不一定会被禁止使用，即便法官将证据予以排除而判处被告人无罪，对于其先前破案这一事实仍无影响；反之，如能以违法方法迅速破案，除了免除直接来自上级的压力之外，还可记功授奖。可见，对某些侦查人员而言，违法侦查的不利后果仅是间接的，而其利益则更为直接。故证据禁止规则对这些心存侥幸或急于破案的侦查人员是否真能起到遏制违法取证的效果实在存有极大的疑问。

在我国的刑事司法实践中，如证据遭排除因而判处被告人无罪的，除让犯罪者逍遥法外之外，并不存在任何相关机制来追究违法（特别是恣意或严重的违法）侦查人员的责任，故对其并无任何实质的不利后果，尤其是公安机关的侦查绩效在移送审查起诉机关时即已取得，而不受犯罪嫌疑人是否遭起诉或被告人是否被判刑的影响。同时，在我们这一具有强调实质正义和结果正义传统的国家，当被告人因证据禁止而被判处无罪时，社会舆论大多会指责法官为何不能惩治犯罪、伸张正义，很少有人会去批评、检讨侦查人员的违法行为，更不用说去追究他们的责任了。

（三）我国民事诉讼和行政诉讼领域的相关规定

证据禁止规则主要适用于刑事诉讼领域，更严格地说，证据禁止规则是在由作为国家公权力机关的侦查机关侦查、审查起诉机关起诉的公诉程序中，作为排除侦查机关违法收集的证据的证据能力的一项规则而存在的。在当事人双方地位平等、攻防手段和水平基本一致的民事诉讼中，证据禁止规则发挥作用的余地不大。即便是在当事人取证地位不尽一致的行政诉讼中，由于证据法上采取由被诉行政主体承担被诉具体行政行为合法性的证明责任，且相关证据应在被诉具体行政行为作出同时即已获取，故行政诉讼中证据禁止规则的功用也不甚突出。但这并不是说证据禁止规则在民事诉讼和行政诉讼领域完全排除适用。事实上在必要的情况下，该规则在这两个诉讼领域仍会发挥一定的作用。

1995年最高人民法院在《关于未经对方当事人同意私自录制其谈话取得的资料不能作为证据使用的批复》中规定，证据的取得必须合法，只有经过合法途径取得的证据才能作为定案的依据。未经当事人同意私自录制其谈话，系不合法行为，以这种手段取得的资料，不能作为证据使用。该批复第一次确立了我国民事诉讼中的证据禁止规则，其首先从正面肯定了证据取得合法性的要求，然后从反面对证据取得合法性的内涵从操作层面作了解释。但该批复也存在明显的缺陷：一方面，视听资料的制作方与对方当事人之间存在对立的关系，要求对方同意制作在今后可能发生的诉讼中对其不利的证据，无疑有悖常理，根本不具备可能性。另一方面，该批复仅针对“偷录谈话”行为，对司法实践中大量存在的诸如偷摄、偷拍等类似的私自制作视听资料的行为是不能适用的。

在后来相继出台的《民事证据规定》第68条和《行政证据规定》第58条中均规定，以侵害他人合法权益或者违反法律禁止性规定的方法取得的证据，不能作为认定案件事实的依据。从而确立了我国民事诉讼和行政诉讼领域中证据禁止的基本规则。2014年11月修改后的《行政诉讼法》第43条第3款以及2015年1月发布的《民诉法解释》第106条及2017年发布的《行政诉讼解释》重申了这一规则。但应该看到，这一规定存在的不足也是非常明显的：一方面，其不具可操作性。该规定仅是对证据禁止规则进行概念上的解释，其抽象和概括的特点决定了该规定缺乏实际的操作性。如对何为“侵犯他人合法权益的手段”既无内涵设定，又无范围界定，从而容易导致侵犯他人合法权益与合法收集证据行为之间的混淆，丧失对当事人收集证据的指引作用，并造成法院适用上的困难。另一方面，其缺乏灵活性。对该规定从字面上理解可得出凡是属于“侵犯他人合法权益”或“违反法律禁止性规定的方法”所取得的证据都应一律排除的结论，这显然与证据禁止规则的本旨相悖。如前所述，证据禁止规则建立的基础乃是对不同利益的平衡，此意味着任何绝对、单一的做法都会对该制度造成破坏。妥当的方式乃是应如先进法治国家一样，让法官在证据禁止规则的适用上具有一定的能动性，由法官结合具体案件的实际情况来决定是否适用之。

第二节 品格证据排除规则

一、品格证据

(一) 品格证据的概念

品格证据 (evidence of character) 是英美法系国家和地区，尤其是美国证据法上的一个重要概念，是指能够证明某些诉讼参与人品格或品格特征的证据。所谓品格，是指对某人的品德特性或性格特征的一般性描述。其中，品德是指一个人得到的社会评价；性格是指一个人对现实的稳定的态度和习惯化的行为方式所表现出的个性心理特征。习惯和品格不同，前者是指一个人在某个重复出现的具体场合所形成的较为固定的反应；而后者则是一个人在生活各个场合都会表现出来的一般做事风格。两者相比，具体场合中的习惯已经类似于一种半自动化式的行为，而品格则几乎可以被称为一个人所有习惯的总和，当然后者还包括所有这些习惯所共同反映出来的一种性格倾向。总之，品格的核心内容就是某人的性格倾向，而这也正是品格证据发挥证明作用的主要依据。

人的品格是在个体先天因素的基础上，加之后天因素的作用下，通过主体的实践活动实现对事物的认识，然后在认识的基础上进行再实践、再认识，如此反复，逐步形成的。个体在对客观事物的认识活动中形成认识体系、观点、观念等，通过不断的内化和深化形成由认知、情感、意志和倾向四个部分构成的稳定的内部心理结构，为个体对现实的态度和习惯化行为方式的形成奠定基础。品格一经形成，就具备知、情、意、行的完整结构，影响制约个体的认识活动方向、认识活动内容，对人的生活态度、言语和行动具有极强的长期指导作用，也是判断一个人如何行为的重要指标。从逻辑相关性角度，品格证据是影响证人证言、被告人供述和辩解和被害人陈述真实性的一个重要因素。

(二) 品格证据的分类

根据不同的标准可以把品格证据分为不同的类别：①按照证明内容的不同，可以分为行为历史（包括前科劣迹和行为实例）、声誉（即某人所拥有的社会评价）和性格（即某人特有的行为倾向和心理特征的总和）。②按照道德标准不同，可以分为良好品格（如诚实、温和、善良、俭朴、守法等）和不良品格（如欺诈、有暴力倾向、没有同情心、自私等）。③按照主体不同，在刑事诉讼中包括被告人的品格证据，被害人的品格证据及证人的品格证据。如从控诉方的角度来看被告人的品格证据除本身的品德外，与案件有关的一般包括四个方面：① ①前科。被告人以前的犯罪行为或其他不端行为的证据可以提出来证明一种正在施行的阴谋或计划的存在，且该被告人受指控的犯罪正是该阴谋或计划的结果。②动机和机会。与任何阴谋或计划都无关的以前特定犯罪行为的证据可以用来揭示被告人的现行犯罪行为的动机、机会和预备。动机本身并非犯罪的法定要素，但是从实践的角度来说，动机有可能与构成犯罪要素的某些其他事实问题具有相关性。机会则指被告人有接近或出现在犯罪现场的机会或具有实施被控犯罪所要求的特别技巧和能力。③作案手法。公诉方可以证明该被告人实施其他犯罪或不端行为的方法与本案的十分相似，足以确定为习惯作案手法。④并无意外或过失。公诉方可以通过表明该被告人的相似行为来证明其当前受审的行为不是因为意外或过失，而是出于故意。如果一个人不止一次地以一种方式进行某一行为，那他应知道他在干什么，而不可能仅仅是出于无知或误会。

（三）品格证据的证明方式

在品格证据最为发达的美国，证明品格有三种基本方法：①通过证明特定诉讼参与人在有关居民中的名声来实现；②通过他人的意见证据来表明，如雇主对雇员是否诚实的意见；③在对前两种所提的名声和意见证人交叉询问中，通过查问有关的具体行为情况来查明该证人对受审查人品格的了解程度。应注意的是，被告人的下列三种行为不得作为证明其实施犯罪行为的品格证据：其一，未实际履行的有罪答辩要约；其二，被告人不争辩的答辩态度；其三，有罪答辩的收回（被告人只有在向法官证明用其有罪答辩对其进行约束是不公正的时候才能收回该有罪答辩）。②

（四）品格证据的特点

品格证据最大的特点便是它显著的两面性。一方面，如果某诉讼参与人确实是一个非常诚实的人，其优良品格有目共睹，则其陈述的可信度还是比较强的。在一个崇尚诚实的国家，证人考虑作证与否，常常跟当事人本身的信誉有关，一个声名狼藉的当事人一般不容易获得他人的宣誓证言，品格证据在其中

① 参见黄士元、吴丹红：《品格证据规则研究》，载《国家检察官学院学报》2001年第4期。

② 参见 J. Inciardi. Criminal Justice, New York, Harcourt Brace College Publishers, 1999。转引自刘雪荣、刘立霞：《刑事诉讼中运用品格证据判断人证真实性研究》，载《河北大学学报（哲学社会科学版）》2006年第4期。

显然起到了非常重要的作用，成为遏制作伪证的一个强有力的制约因素。另一方面，如果仅因某诉讼参与人曾经是个不诚实的人，就完全否定其作证的资格，这从逻辑上将是不成立的，因为以前的不诚实无法证明现在也不诚实，人的性格只有有限的统一性，并不存在绝对的统一性。

二、品格证据排除规则的理论

（一）品格证据排除规则的概念

从上述分析可以看出，一个人的品格或者某种特定品格的证据在证明这个人于特定环境下实施了与此品格相一致的行为上并不具有必然的相关性。“一次做贼、永远是贼”的推论是不具备成立的逻辑基础的。因而，英美法系证据法上对于当事人欲证明他人品格的证据原则上予以排除，此即所谓的品格证据规则。品格证据规则的全称为品格证据排除规则，是指诉讼中当事人提出的关于被告人、被害人和证人品格的证据，不能用以证明该人在某特定场合的行为与其品格相一致，应予以排除的证据规则。如美国联邦证据规则第404条规定：有关某人品格或品格特征的证据，不能用以证明该人在某特定场合的行为与其品格或品格特征相一致。关于其他犯罪、错误或行为的证据不能用来证明某人的品格以说明其行为的一贯性。第608条（a）款规定：“证人的诚信可以通过提供评价证据和名声证据来进行抨击和支持。但受以下限制：（1）证据只能涉及证人可信和不可信方面的品行；和（2）证明可信品行的证据只能在该证人的诚信已经受到评价证据和名声证据抨击后才能采纳。”第608条（b）款第二项规定：“无论是被告人还是其他证人作证，当仅就有关诚信问题进行审查时，不作为被告或证人放弃反对自我归罪的特权来运作。”

虽然大陆法系国家（包括我国）和地区也承认品格证据在查明案情、侦破案件方面的重要作用，实践中还把被告人的犯罪记录写进案件卷宗，作为法官审判时的参考，但是立法中却没有有关品格证据使用的明确法条。只有德国刑事诉讼法第68条对此作了简略的规定，即除在下列两种情况外，不得涉及证人的品格：（1）只有在不可避免的情况下，才应对可能有损于证人名誉，或者有损于证人亲属人员第名誉的事实予以发问；（2）只有在为了或者为了评断证人的可信性而必须确定的时候，才应对证人的前科发问。

（二）品格证据排除规则的立法理由

品格证据是带有明显倾向性的证据，会使审判者的注意力从在特定场合真正发生什么这个主要问题上分散出来，带给其一定的心理暗示，产生诱使审判者依据特定诉讼参与人的品格进行审判的行为倾向。这种偏见的产生是情感作用的结果，使审判者错误估价和夸大品格证据的证明价值，形成错误的判断。通常包括两种情况：一是审判者的情感倾向会造成他们无法正常的推理和判断。由特定诉讼参与人的品格引起的情绪会使审判者误入歧途，按照品格证据所预先设定的倾向进行判断；同时削弱或者制约审判者对事实和证据的思考能力，对案件事实作出错误的判断。二是个人的价值取向会诱使审判者偏离法律行事。人的行为是有意识的行为，当提出的品格证据与审判者个人的价值取向产生共鸣，审判者往往会抛开权威的法律规则，选择关注自己的感觉和好恶，相信自己的价值取向比法律的选择更好，并据此作出判断，混淆案件事实。

同时，对品格证据这一证明作用极为有限的证据的调查及核实会转移审理者对案件审理的注意力，将无谓的耗费司法资源，拖延诉讼。而且，品格证据的提出也会无形中提高案件事实的证明标准（如对品格良好的被告人，法官判定其有罪时往往会不自觉地要求证据更充分些，以防止误判），造成证明成本的增加。

（三）品格证据排除规则的例外

品格证据排除规则的适用并非绝对，在特定情形下，品格证据也可作为认定案件事实的依据，发挥一定的证明作用。

1. 被告人品格证据的例外

从英美法系国家和地区证据法的规定来看，被告人品格证据的例外主要以下几种情形：

（1）被告人的品格证据可以证明犯罪构成要件的事实。

在少数案件中，当被告人品格是特定犯罪的构成要件之一时，即如同其他待证事实一样，与被告人能否被定罪直接相关，自然是审判者必须确认的事实之一。如英国1968年颁布的《手枪法》第21条规定，曾被判拘留、3年或以上监禁或等效刑罚的少年犯，任何时候持有枪支或弹药的，均构成犯罪。在美国，在因疏忽将汽车交给无驾驶能力司机驾驶的案件中有关司机驾驶能力的证据即为可以采用的品格证据。①

（2）被告人的品格证据可以证明犯罪构成要件以外的其他犯罪事实。

美国联邦证据规则第404条（b）款规定："关于其他犯罪、错误或者行

① 参见刘立霞、田野：《刑事被告人品格证据相关性研究》，载《燕山大学学报（哲学社会科学版）》2005年第1期。

为的证据不能用来证明某人的品格以说明其行为的一贯性。但是，如果出于其他目的，如证明动机、机会、意图、预备、计划、知识、身份，或者缺乏过失，或意外事件等，是可以采纳的。”这一列举方式并不是要穷尽此类证据的证明对象，且这些证明对象本身也非界限分明。事实上，被告人的其他犯罪、错误或行为可以用作证明除被告人的犯罪倾向以外的其他任何目的，只是无论这些证据被用作何种目的，必须不被联邦证据规则第 403 条“因偏见、混淆或浪费时间而排除相关证据”规则的排除。

此时，品格证据虽然证明力很弱，但对证明犯罪构成要件事实的证据能够起到一定的补充作用，间接地证明案件事实，仍可以满足法律的证明要求。如甲在与乙的斯打中丧生，乙也身负重伤，在审判过程中，乙提出自己是正当防卫，经查证，得知甲一向为害一方，横行霸道，经常欺负老实的乙，乙则一贯与人为善、勤劳温厚，此结果一般即可作为认定乙乃正当防卫的重要依据。

（3）当被告人证明自己有良好品格时，允许控方提出证明该被告人不良品格的证据。

美国联邦证据规则第 404 条（a）款第 1 项规定，由被告人提供的关于其品格的某一项相关特征的证据，或者由起诉方提供的、用于对此进行反驳的证据，具有可采性。即刑事案件中，为了保障被告人的权益，允许被告人为了证明自己无罪或罪轻主动提出有关自己良好品格的证据。由于此时被告人已将自己的品格提交争议，依据控辩双方权利平衡的原则，自然应该允许控方提出关于其不良品格的证据予以反驳。

被告人可以通过自己作证、提供关于其名声的证人证言（即所谓“名声证据”）及提供以评价方式作出的证人证言（即所谓“意见证据”）等方式提出证明其具有良好品格的证据，而控方的反驳也可以与此针锋相对。如在被告人出庭作证时，控方可基于反驳被告人所提出的良好品格证据、而非证明被告人有罪的目的在交叉询问中问及被告过去的犯罪、过错和行为。同时，美国的多数判例允许控方在交叉询问被告人提出的证明其名声的证人时，可追问其有无目睹与其所提到的被告人的品格特征有关的被告人的具体行为实例。意见证据以证人本人的知情和置信为依据，而此往往会因个人主观的偏好存在极大的局限性。为此，自然也允许控方通过向该证人提问，来确认该证人是否知悉被告人的有关具体行为，而这又在一定程度上使意见证据演化为具体行为实例证据。基于此，大部分的美国判决并不允许提出意见证据。联邦证据规则之所以允许意见证据作为被告人品格的证明方式之一，是基于名声证据与意见证据同质性的考虑。在实践中，被告人提供的名声证人往往不是那些仅仅认识被告人的人，而是对被告人非常熟悉且具有强烈正面情感的人。这种强烈情感使得他们所作出的有关被告人的名声的证言实际上只是他们对被告品格的评价而已，即所谓名声证据只是伪装的意见证据。既然允许使用名声证据，意见证据也予适用即不存在任何障碍，只是在使用意见证据时应作更为严格的审查和判断。

2. 被害人品格证据的例外

为了辩护的需要，被告人有时也被允许提出受害人的有关品格证据。美国联邦证据规则第404条（a）款第2项规定，由被告人提供的关于被害人品格的证据，或者由起诉方提供来反驳被告人所举关于被害人品格的证据，或者在杀人案件中起诉方为反驳证明被害人先动手的证据而提供的证明被害人一贯性格平和的证据，具有可采性。如为了支持正当防卫的辩护主张，被告人为了得出受害人是首先进攻者的推论，可以提出证明受害人具有暴力性格的证据。此后，控方为反驳被告人对于被害人品格的这一主张，可以提出证明被害人一贯性格平和的证据。

在美国，关于被害人品格证据适用上最突出的制度变革发生在性犯罪案件的审理中。在联邦证据规则第412条关于性犯罪的证明规则通过以前，性侵害案件的被害人常常要受到关于其与被告人以外的第三人是否发生过性行为的令人窘迫的盘问。辩护律师努力证明被告人的被控行为是被害人所同意的，或者声称该行为在某种程度上迎合了受害人的真实愿望。而法官不受约束地允许在交叉询问中使用这种攻击手段的情况使得很多受害人不愿意报案和提出指控。由于妇女权利日益受到尊重，美国几乎所有州的立法机关都相继颁布法律来努力限制在性侵害案件中使用以前的性行为证据。禁止在交叉讯问中查问该被害人与被告人以外的第三人的性行为经历。其理由在于该被害人过去同意的与该被告人的性行为对所控侵害事件中是否同意的问题具有可争议的关联性，而有关被害人名声的证据及以前同意与被告人以外的第三人的性行为的证据则不具有任何关联性，故应该被排除。1978年，美国国会给联邦证据规则增加了第412条关于性犯罪的证明规则，即所谓“强奸盾牌条款”，规定有关提出强奸指控的受害人过去性行为的名声或意见证据一律不予采纳；有关提出强奸指控的受害人以前的具体性行为的证据一般也不能采用。但对于后面一种情况，该条规定在三种例外情形下是可以被采纳的：①根据宪法要求可以允许的；②由被告人针对其是否对所谓被害人有性行为或伤害的争议而提供的证明被告人以外的其他人曾有过性行为的证据；③由被告人针对所谓被害人是否同意与被告人进行被控犯罪的性行为的争议而提供的证明与被告人过去有过性行为的证据。尤其是第一种例外情况，为被告人保留了尽可能提出合法辩护意见的权利，如果法律不合理地限制了被告人提出相关无罪证据的能力，则其即属违宪。①

3. 证人品格证据的例外

证人的品格，可以受到任何一方当事人通过提供名声证据和意见证据来进行抨击和支持。美国联邦证据规则第404条（a）款第3项规定，关于证人品格的证据，适用第607、608和609条的规定。第607条规定："关于证人的诚信问题，任何一方当事人，包括传唤该证人作证的当事人，都可以提出质疑。"第608条规定："（a）证人的诚信可以通过提供评价证据和名声证据来进行抨击和支持。但受以下限制：（1）证据只能涉及证人可信和不可信方面的品行；和（2）证明可信品行的证据只能在该证人的诚信已经受到评价证据和名声证据抨击后才能采纳。（b）出于抨击或支持证人诚信的目的，关于证人行为的具体实例，而不是第609条规则所规定的定罪记录，可以不需要外来证据证明。但是，根据法庭的裁量，如果存在诚信或不诚信的可能性，可以在对证人进行交叉询问时对以下事项进行询问：（1）关于该证人可信或不可信的品行问题；或（2）关于其他证人可信或不可信的品行问题，而此问题在该证人被交叉询问时已得到证明。无论是被告人还是其他证人作证，当仅就有关诚信问题进行审查时，不作为被告或证人放弃反对自我归罪的特权来运作。"作为一般规则，前科的证据可以用来质疑一个证人的可靠性。这一规则根源于在英美早已废除的古老的英吉利原则，即重罪犯根本不具有在法庭上提供证言的资格，因为重罪犯不值得信赖。② 联邦证据规则第609条对证人重罪前科证据的使用作了详细的规定，包括一般规则、时间限制、赦免、撤销或证明恢复名誉的效果、未成年人的裁判和上诉判决等条款。其一般规则部分限定了重罪的范围，规定出于抨击证人的目的，有关非被告人的证人曾受定罪的证据，如果该罪法定刑为死刑或一年以上徒刑，可以采纳；有关被告人曾被裁判犯有此种罪行的证据，如果法庭确认采纳此种证据可能具有的价值大于它对被告人可能造成的偏见后果，也可以采纳；有关任何证人曾被定罪的证据，如果该罪行涉及伪证或虚假陈述，则不管法定刑如何，均可以采纳。

---

① 参见黄士元、吴丹红：《品格证据规则研究》，载《国家检察官学院学报》2001年第4期。

② 参见黄士元、吴丹红：《品格证据规则研究》，载《国家检察官学院学报》2001年第4期。

三、我国品格证据排除规则的规定

在我国刑事诉讼领域中，在认定被告人是否犯罪的问题上是绝对排除品格证据的适用的，现有刑事诉讼法典及相关司法解释均未予以规定。但在量刑上则涉及品格证据的适用问题。对于动机、目的、初犯、偶犯、惯犯及有悔改表现等影响量刑的情节，需要通过调取有关品格方面的证据才能证明。

如在未成年人犯罪案件的审理中，《刑事诉讼法》第 286 条规定："（第 1 款）犯罪的时候不满 18 周岁，被判处 5 年有期徒刑以下刑罚的，应当对相关犯罪记录予以封存。（第 2 款）犯罪记录被封存的，不得向任何单位和个人提供，但司法机关为办案需要或者有关单位根据国家规定进行查询的除外。依法进行查询的单位，应当对被封存的犯罪记录的情况予以保密。"最高人民法院 2001 年颁布的《关于审理未成年人刑事案件的若干规定》第 3 条规定："审判未成年人刑事案件，必须以事实为根据，以法律为准绳，坚持教育为主、惩罚为辅的原则，执行教育、感化、挽救的方针，积极参与社会治安综合治理。"第 21 条规定："开庭审理前，控辩双方可以分别就未成年被告人性格特点、家庭情况、社会交往、成长经历以及实施被指控的犯罪前后的表现等情况进行调查，并制作书面材料提交合议庭。必要时，人民法院也可以委托有关社会团体组织就上述情况进行调查或者自行进行调查。"最高人民法院 2006 年颁布的《关于审理未成年人刑事案件具体应用法律若干问题的解释》第 11 条规定："（第 1 款）对未成年罪犯适用刑罚，应当充分考虑是否有利于未成年罪犯的教育和矫正。（第 2 款）对未成年罪犯量刑应当依照刑法第 61 条的规定，并充分考虑未成年人实施犯罪行为的动机和目的、犯罪时的年龄、是否初次犯罪、犯罪后的悔罪表现、个人成长经历和一贯表现等因素。对符合管制、缓刑、单处罚金或者免予刑事处罚适用条件的未成年罪犯，应当依法适用管制、缓刑、单处罚金或者免予刑事处罚。"最高人民检察院 2006 年颁布的《办理未成年人刑事案件的规定》第 6 条规定："人民检察院办理未成年人刑事案件，应当考虑未成年人的生理和心理特点，根据其平时表现、家庭情况、犯罪原因、悔罪态度等，实施针对性教育。"第 16 条第 4 款规定："审查起诉未成年犯罪嫌疑人，应当听取其父母或者其他法定代理人、辩护人、未成年被害人及其法定代理人的意见。可以结合社会调查，通过学校、社区、家庭等有关组织和人员，了解未成年犯罪嫌疑人的成长经历、家庭环境、个性特点、社会活动等情况，为办案提供参考。"

第三节 传闻证据排除规则

一、传闻证据

（一）传闻证据的概念

传闻（hearsay）证据是英美法系证据法上的一个重要概念。① 依美国联邦证据规则第801条（c）项的规定，传闻证据是指陈述人在听审或审判程序以外作出的，用以证明主张事项真实情况的一种陈述。从狭义上来讲，传闻证据专指就言词证据而言，即证人并非陈述自己亲身经理的事实，而仅就他人在审判外所为的陈述代为提出以作自己的供述；从广义上来讲，传闻证据还应包括庭审过程中提出的证人的书面陈述，② 即亲身感受了案件事实的证人在庭审期日以外所作的书面证言以及司法人员所作的证人询问笔录。从形式上来说，传闻证据是指审判外的陈述；从实质上来说，传闻证据则是指未经反对诘问的证据。传闻证据主要有下列三种形式：

（1）转述目击证人的陈述。如甲听闻目击证人乙的陈述，甲以证人身份出庭作证陈述乙所目击的案情。

（2）目击证人以书面代替陈述。目击证人并不出庭作证，而是以书面代替陈述，而此书面材料可能由目击证人亲自所写，也可能是由他人（尤其是司法人员）代为书写。

（3）目击证人将证词作成视听资料。证人也可能将陈述通过录音或录影作成视听资料代替出庭，此形态与书面代替陈述相当。

上述三种方式是传统上常见的传闻证据，但随着科技进步，若目击证人未到庭，而以网络视频与庭审现场连接，并作即时陈述，此时与实际到庭陈述有无差别、是否属于传闻证据尚无定论。

（二）传闻证据的特点

由上述传闻证据的概念可知，其主要有以下几方面的特点：

（1）从性质上来看，传闻证据是一项供述证据。传闻证据必须是一项陈述。在普通法上，陈述是一个十分宽泛的概念，包括意思表达的所有方式。但

---

① 参见陈运财：《传闻法则理论及其实践》，载台湾《月旦法学杂志》第97期。

② 参见刁荣华主编：《比较刑事证据法各论》，台湾汉林出版社1984年版，第218页。

是，在现代法中，多数国家和法域开始将“陈述”限定在较为狭窄的范围之内。① 如美国联邦证据规则第801条（a）项规定：“一项陈述是指：（1）口头或书面的主张；或（2）个人非言词的行为，行为人意图以此来表达一个主张。”可见，无意识行为已经不再属于法律意义上的陈述。

（2）从主体上来看，传闻证据的生成至少涉及两个陈述主体。一个是亲身感知了案件事实而具有个人知识的人，另一个则是在庭审期日以证人身份出庭作证（或提出书面证据）的人。

（3）从形式上来看，传闻证据可以是口头陈述，也可以是书面表述。

（4）从时间上来看，传闻证据是在法庭上提出法庭外的人作出的意思表示，即原作出意思者并没有出庭。

（5）从程序上来看，传闻证据的生成至少涉及两个陈述环节。一个是庭外陈述环节，即直接感知案件的人在审判或讯问程序以外对转述人所作的陈述（转述人可以再为转述），另一个是当庭陈述环节，即转述人以证人的身份在审判或讯问程序中向法庭所作的陈述（或以书面证据代为陈述）。应当注意的是，前后两个环节陈述的表现形式并不完全相同：在庭外陈述环节中，直接感知案件的人向转述人所作的陈述包括一切能够表意的方式，如口头陈述、书面形式及有意识的非语言行为（如点头或手势）等；而在庭审环节证人证言陈述的一般表现形式是口头陈述。

（6）从作用上来看，传闻证据只有向法庭提出作为证据使用时才具有法律意义，否则该陈述仅仅是一般的传闻而已。

（7）从目的上来看，提出传闻证据是为了证明其内容为真。判断一项证据是否为传闻证据，最为直接的方法就是明确提出该证据的目的，是为了证明某人曾经说过这样的话，还是证明其所说的内容是真实的，如为了前者，则并不属于传闻证据；若为了后者则应被归入传闻证据之列。

（三）传闻证据的分类

根据转述环节的多少，可将传闻证据分为第一手传闻证据和第二手传闻证据。第一手传闻证据是指在审判程序中作证的人知道原陈述人所陈述的内容并就此提出的证言；如果该证人不知道原陈述人所陈述的事实，那么其证言就是第二手传闻证据。

如甲在法庭上转述乙的陈述，乙虽然看到了某一事实，但没有出庭，于是

---

① 参见宋英辉、李哲：《传闻证据排除规则——外国证据规则系列之三》，载《人民检察》2001年第6期。

甲对该事实的转述就是第一手传闻证据，对该事实知情者为乙；如果乙并没有目睹该事实，而是由目睹该事实的丙告诉乙的，乙又告诉了甲，那么甲在法庭上提出该事实的时候就构成第二手传闻证据。当然，如果目睹该事实的丙告诉乙后，乙将有关内容作成文书，也同样是第二手传闻证据。

这两类传闻证据的区别主要在于，在证据的可靠性方面，第二手传闻证据比第一手传闻证据的误传风险要大得多。对于第一手传闻证据，法庭应当审查原陈述人的诚实性和作出陈述的情境，在具备可信赖的条件下可以采纳；而对于第二手传闻证据一般来说是不可采纳。

（四）传闻证据的例外

并非所有法庭外的供述均应被认为是传闻证据，是否为传闻证据之判断取决于其与待证事实的关系，如果法庭外陈述是作为非供述证据使用，即不能因此被称为传闻证据，具体包括以下情形：

（1）陈述的存在本身即为待证事实。如甲的证言内容是引用乙在法庭外所说“要绑架你的孩子”，若待证事实为乙恐吓甲的行为，则甲的证言并非传闻证据。又如，甲目击乙杀丙，并将案发经过告知丁，若丁出庭作证乙杀人，则此时丁的供述属于传闻证据；但若丁出庭作证甲是否诽谤乙，则该证言即不属于传闻证据。

（2）陈述属于行为的构成部分。若陈述本身与行为为一体，或者陈述为行为的一部分，则转述此陈述的内容并非属于传闻证据。如甲出手挥向乙的同时喊道：“打死你！”通过甲所说的该言语，可发现出手乃属于伤害和攻击的行为，而不属于招呼问候的无意举动。若乙（被害人）因而死亡，则甲的该言语可作为确认其挥手行为为故意的重要依据，即非传闻证据。再如，若甲看到乙交给国家工作人员丙一叠钞票，并说：“麻烦你办事，不好意思，请收下。”若甲出庭转述这句话，因其乃欲证明乙是否行贿丙，故该陈述并非传闻，而属于行为的言语部分。

（3）陈述属于情况证据。主要是指以人的精神状况或情感等心理因素为待证事实，而为推理此种事实是否存在而使用该人所作的陈述为间接事实的场合。如证人甲出庭陈述其从乙和丙的对话中得知此两人为熟悉的朋友，该证言即不属于传闻证据。再如，证人甲在法庭上陈述于某日曾听到修理场的员工乙向车主丙说：“你的车子的刹车系统有点问题。”若法庭中以证人甲的供述证明车子刹车系统有安全隐患乃属于传闻证据，若仅用作推论丙应注意到自己车子有安全问题则并不属于传闻证据。

此外，我国台湾地区刑事诉讼领域还有一种特有的传闻证据的例外是被告人于法庭外所作的陈述。如被告人甲在审判前向好友乙说明自己的相关涉案情节，并强调自己有不在场的证据，并留有书面记录（如笔记等）。若庭审时乙到法庭作证，或提出该项书面记录，依台湾地区“最高法院”的见解，认为此被告人于法庭外所作的陈述并非属于传闻证据，而应具有证据能力。

二、传闻证据排除规则

（一）传闻证据排除规则的概念

传闻证据排除规则，又称传闻规则、禁止传闻规则或反传闻规则，是指除法律明确规定的例外情形外，传闻证据原则上不具有证据能力。

传闻证据排除规则起源于英国，迄今已有数百年的历史。英国早期的陪审团是“知情陪审团”，由12名熟悉案情的陪审员向法庭提出控告，并证明犯罪事实，同时，无论是他们直接得知还是道听途说，都可以作为判决的依据，除非有人证明其来源不可靠。这种诉讼方式对被告人非常不利，也使司法的公正性受到质疑，因此，人们要求证人公开地在法庭上作证，如果证人不到法庭作证则不应相信其证言。到了16、17世纪，英国的对抗式审判模式得到完善，诉讼职能得以明确划分，侦查职能和审判职能分离，陪审团逐步由“知情陪审团”向“不知情陪审团”演变，陪审员不得根据在法庭以外了解的情况进行判决。不过此时传闻证据只是被禁止单独采纳，依然可以作为佐证使用。直到17世纪末，英国才真正确立了传闻证据排除规则。① 在英美法系的代表国家美国，其联邦证据规则第802条也规定：“传闻证据，除本证据规则或其他由联邦最高法院根据立法授权或国会立法所确认的规则另有规定外，不能采纳。”传闻证据排除规则是英美法中最重要的排除规则之一，但它只是一种排除证明手段的规则，而不是排除事实的规则，即传闻证据所指向的犯罪事实如果被其他不受法律排除的证据所证实，该案件事实仍然可以被依法确认。如今，传闻证据排除规则在英美法系国家和地区的证据法上均得以确立，甚至在传承大陆法系立法传统的日本和我国台湾地区刑事诉讼中也有所体现。如我国台湾地区“刑事诉讼法”第159条第1款规定：“被告以外之人与审判外之言词或书面陈述，除法律有规定者外，不得作为证据。”

（二）传闻证据排除规则的立法理由

以当事人主义为刑事诉讼运作方式的国家和地区普遍设立传闻证据排除规

---

① 参见谢佑平：《传闻证据排除规则的意义及其引荐》，载《审判前沿观察》2007年第1辑。

则，究其原因，主要有下列几个方面：

1. 对生成过程中缺陷的克服要求对传闻证据予以排除

作为供述证据的一种，传闻证据自然要经过感知、判断、记忆和复述四个阶段。在这四个阶段中，很多因素都有可能影响传闻证据的可靠性。

感知是对外界事物个别属性进行反映的感觉和对外界事物整体属性进行反映的知觉的总称，即客观事物通过人的感觉器官在大脑中形成的直接反映。人的感知能力是决定感知结果的主要因素。同时，其他因素也会影响主体的感知结果，如感知主体的身体状况、心理状态、注意程度及感觉器官的适应程度、被感知的人、物、事的特征是否明显、出现时间的长短、对感官刺激的强弱、与背景物或参照物的反差程度、感知时的气候、温度、光线、地形、距离、角度等。可见，在这些因素的综合影响下，不同的主体对同一事物会有不同的感知结果。

至于接下来的判断，由于人们的社会经历、生活经验、文化素养、专业知识等各不相同，每个人对于事物的判断能力也是大不相同，即使是对同一事物的判断也会有所不同。

记忆的功能则是把人经感知得出的判断结论贮存在大脑中，以便在一定条件下重现或再认。由于遗传、体质、训练、年龄、疾病等主观因素的影响，人们的记忆能力并不完全相同。此外，一些客观因素也会影响人的记忆效果，如初次识记所获得印象的深浅、记忆对象与其他相似客体的差异程度、记忆的主动性程度、识记后其他认识活动的干扰情况、记忆时的心理状态、再次识记所间隔的时间或频率及记忆贮存时间的长短等。

复述是记忆内容的再现。主体复述内容是否符合事实，首先即取决于其记忆的内容是否准确。同时，复述的效果也要受主体复述能力及其他一些因素的影响。复述能力以语言表达能力为基础，同时涉及领会问题的能力和逻辑思维的能力，其中一项能力的强弱就直接决定了复述效果的好坏。除复述能力外，其他一些因素也能影响复述的准确性，如复述的动机、复述的准备充分程度、复述者的身体状况和心理状态、询问者的态度和提问方式、询问时的环境条件等。

可见，供述证据形成的整个过程都具有的一定的主观性和不稳定性，而作为经过了两次或两次以上供述而形成的传闻证据的不稳定性则更为明显，故将这种具有强烈主观性的证据形式作为认定案件事实的依据，其可靠性确实让人极为怀疑。

2. 对反诘问权的保障要求对传闻证据予以排除

英美法系国家和地区对抗制诉讼模式的基础是以供述证据的调查为核心建立起来的交叉诘问（交叉询问）制度，通过当事人双方对证人的当庭诘问来查明案件的真相。交叉诘问是英美法系考察证据可信性和真实性的最可靠、最有效的方法，其主要目的在于削弱被诘问证人在陪审团心目中的可靠程度和诚实程度。通过当事人交叉诘问，能够揭露证人证言中的矛盾、错误和不实成分，提示陪审团该证据资料的证据力的高低。而其中一方当事人对另一方当事人所提供证人的反诘问权则是交叉诘问权的最重要的组成部分，其是真正使真相得以发现的手段，同时，还能保障庭审过程的公平和公开，使审判具有正当性的外观。

在传闻证据的情况下，一方当事人提供的原始陈述人不亲自到庭，无法通过对方当事人反诘问的方式检验其证言是否存在不确实的危险，对方当事人显然被剥夺了审查庭外陈述或行为人的感知能力、记忆力以及语言表达能力的机会，而这些方面的可靠性是判断证言的可靠性所依据的重要因素。因此，由他人代为陈述的证言或本人不出庭所提供的书面证言因为没有经过反诘问，一般认为缺乏可信性，原则上应当加以排除。

采纳传闻证据，对反诘问权的损害是必然的，对事实真相的影响却是或然的。确保反诘问权的实现显然是传闻证据排除规则存在的最主要的技术性理由。虽然确立传闻证据排除规则的初衷是确保证言的真实性，但是随着程序独立价值的发现，正当程序理念的深化，确保证言真实性的实体功能已经让位于确保反诘问权的程序功能。

3. 宣誓制度的实施要求对传闻证据予以排除

在英美法证据法上，证言的可靠性有三个保障要素：第一是证人必须当庭宣誓；第二是证人进行陈述时必须直接面对裁判者；第三是证人必须接受交叉诘问，尤其是对方的反诘问。后两者的保障虽然是传闻证据排除规则确立的主要依据，但宣誓制度本身也对传闻证据的排除提出了要求。与保障直接审理和反诘问权相比，其虽是一项辅助性的考量因素，但也绝不能被忽视。

一方面，宣誓能够提醒证人出庭作证的重要性和神圣性，从道德上使证人在作证时认真仔细地就其所知向法庭提供陈述；另一方面，从制度上来看，宣誓是伪证罪的构成要件之一，证人在庭上陈述之前若宣誓，则后来可能会以不实陈述构成伪证罪追究其刑事责任。在庭外作出陈述的人，则有可能因为不受宣誓的威慑和约束，而提供虚假证言或者随意地就其部分所知作出错误陈述。可见，传闻证据原本即不甚可靠，再加上无实质性的惩罚为后盾，其虚假的可能性就会更高，自然应予排除。

（三）传闻证据排除规则的例外

由直接感知案件事实的人当庭作证与采纳传闻证据相比，前者更容易查明事实的真相。但是，如果严格排除一切传闻证据则有可能导致相当一部分案件的真相根本无法查明，或者查明真相的成本过大，从而给司法实践带来许多困难；同时，随着时代的发展，传闻证据的可靠性亦在不断的提高。因此，许多学者对传闻证据排除规则提出了质疑，提出了缓和适用传闻证据法则的理论新动向。如英国学界即系统地对传闻证据排除规则进行了反思：①在某些案件中，传闻证据可能是能够获得的最佳证据，而在另外一些案件中传闻证据可能比原始证据更为可靠；②如果对信息的最初来源不能进行交叉诘问，编造的可能性增大，但这只能用于反对多重传闻，第一手传闻编造的风险相对较小；③由于叙说的人可能误听或者误解，因此在转述过程中存在错误的风险，而书面传闻比如信件和录音则几乎无此风险；④传统理论认为，证人提供证言时的表情和下意识行为，在评定此人证言的证明力时会有帮助，但现代心理学研究表明，根据一个人的表情和下意识行为来判断此人是否诚实是不可靠的，用来判断证言的准确性则更加不可靠；⑤传闻未经宣誓，曾经是历史上最主要的一条反对传闻的理由，但现在看来，宣誓并不能保证证人一定讲实话；⑥无法进行交叉诘问，成为今天反对传闻的主要理由，但对于那些真实性和准确性都没有疑问的传闻，即使通过交叉诘问，也获得不了什么有用的东西，因此无法进行交叉诘问不能成为目前整个排除传闻规则的理由；⑦尽管在可能的情况下，证人应当当着被告人的面作证是最理想的，但其他一些因素，比如在法庭上直接从证人那里获得证据是不可能的，则可能比这种考虑更重要。①

在英美法系的司法实践中，越来越多的传闻证据的可采性相继被判例法所肯定，形成了传闻证据排除规则的诸多例外。

美国联邦证据规则将传闻证据排除规则的例外分为附条件的例外和无条件的例外两类。所谓无条件的例外，是指即使在直接感知案件事实的人可以作证的情况下，传闻证据也可以采纳为证据。② 其实质是从立法上正式承认了此类传闻证据的证据能力。该规则第 803 条规定了 24 种无条件的例外：①当场的感觉印象；②激奋言词；③当时存在的精神、感情或身体状况；④出于医疗诊

① 参见英国法律委员会 1997 年第 245 号建议稿；转引自朱立恒、王超：《传闻法则的产生与理论嬗变》，载《人民法院报》2004 年 12 月 15 日。

② 参见宋英辉、李哲：《直接、言词原则与传闻证据规则之比较》，载《比较法研究》2003 年第 5 期。

断或治疗目的而作出的陈述；⑤已被记录的回忆；⑥关于正常行事的活动的记录；⑦在依照第⑥规定保存的记录中缺乏记载；⑧公共记录报告；⑨生命统计记录；⑩缺乏公共记录或记载；⑪宗教组织记录；⑫婚姻、洗礼和类似的证书；⑬家庭记录；⑭就影响财产权益的文件所作的记录；⑮在影响财产权益的文件中的陈述；⑯在陈旧文件中的陈述；⑰市场报告、商业出版物；⑱学术论著；⑲关于个人或家庭历史的名声；⑳关于边界或一般历史的名声；㉑品格方面的名声；㉒先前定罪的判决；㉓关于个人、家庭、一般历史或边界的判决；㉔其他例外。所谓附条件的例外，是指在直接感知案件事实的人不能出庭作证时，才能被采纳的传闻证据。① 此类传闻证据的证据能力是有条件的，其取决于直接感知案件事实的人能否出庭作证，如果其能够出庭，传闻证据就不具有可采性；反之，则可以采纳。依该规则第 804 条（a）款的规定，不能出庭作证包括以下几种情形：①陈述者被法庭以存在免除证明关于该陈述者所作陈述内容的特权为由裁定免除作证；②陈述者坚持拒绝对自己所作陈述的内容作证，尽管法庭命令这样做；③陈述者声称对自己所作陈述的内容记不清了；④陈述者由于死亡，或正患身体或精神上的疾病，或身体虚弱不能出庭或不能作证；⑤陈述者未出席听证，提供有关陈述的人不能通过传票或其他合理手段使陈述者出庭的。而依该规则第 805 条（b）款的规定，在陈述人不能出庭作证的情况下，不适用传闻证据排除规则的主要有五种情况：①先前证词，即在同一诉讼或其他诉讼过程中在另外的听证中作为证人提供的证词，或者在同一诉讼或其他诉讼过程中根据法律要求的作证中作为证人提供的证词，如果该证词现被用来针对的当事人，或者在民事诉讼中前任利害关系人拥有机会和类似动机通过直接询问、交叉询问或再直接询问来展开该证词。②临终陈述，即在指控杀人的刑事案件或者在民事诉讼中，由陈述者在相信死神临近时所作的有关造成自己死亡的原因或情况的陈述。③对己不利的陈述，即一项在作出时不利于陈述者的金钱或财产利益，或倾向于确定陈述者的民事或刑事责任，或声明自己针对他人的要求无效的陈述，任何理智之人处在陈述者的地位，除非相信这是真的，否则绝不会作出这样的陈述。一项企图揭露陈述者负刑事责任或者用来为被告人开脱的陈述不能采纳，除非有确证的情况清楚表明该陈述的真实性。④关于个人或家史的陈述，即关于陈述者自身出生、收养、结婚、离婚、合法性、血缘关系、收养关系、或婚姻关系、家世或其他有关个人或家庭历史

① 参见宋英辉、李哲：《直接、言词原则与传闻证据规则之比较》，载《比较法研究》2003 年第 5 期。

相关事实的陈述，即使陈述者对所述事项不具备亲身经历；或者关于他人过去事情（包括死亡在内）的陈述，如果陈述者与该人有血缘关系、收养关系或婚姻关系，或者与该人家庭有相当亲密的关系使陈述者有可能对所述事项有清晰的了解；⑤其他例外。

我国台湾地区“刑事诉讼法”也对传闻证据排除规则的例外情形作了较为详细的规定。其第159条之一规定：“（第1款）被告以外之人于审判外向法官所为之陈述，得为证据。（第2款）被告以外之人于侦查中向检察官所为之陈述，除显有不可信之情况者外，得为证据。”第159条之二规定：“被告以外之人于检察事务官、司法警察官或司法警察调查中所为之陈述，与审判中不符时，其先前之陈述具有较可信之特别情况，且为证明犯罪事实存否所必要者，得为证据。”第159条之三规定：“被告以外之人于审判中有下列情形之一，其于检察事务官、司法警察官或司法警察调查中所为之陈述，经证明具有可信之特别情况，且为证明犯罪事实之存否所必要者，得为证据：一、死亡者。二、身心障碍致记忆或丧失无法陈述者。三、滞留国外或所在不明而无法传唤或传唤不到者。四、到庭后无正当理由拒绝陈述者。”第159条之四规定：“除前三条之情形外，下列文书亦得为证据：一、除显有不可信之情况外，公务员职务上制作之记录文书、证明文书。二、除显有不可信之情况外，从事业务之人于业务上或通常业务过程所须制作之记录文书、证明文书。三、除前二款之情形外，其他于可信之特别情况下所制作之文书。”第159条之五规定：“（第1款）被告以外之人于审判外之陈述，虽不符前四条之规定，而经当事人于审判程序同意作为证据，法院审酌该言词陈述或书面陈述作成时之情况，认为适当者，亦得为证据。（第2款）当事人、代理人或辩护人于法院调查证据时，知有第159条第1项不得为证据之情形，而未于言词辩论终结前声明异议者，视为有前项之同意。”

三、传闻证据规则与直接言词原则的比较

大陆法系证据法上没有专门的传闻证据排除规则，但是其立法中所确立的直接言词原则在功能上与之相接近。

（一）直接言词原则的概念

直接言词原则源于德国19世纪的立法改革，是为了去除书面审理程序所带来的弊端而建立起来的一项制度，① 是指在法庭上提出任何证据材料均应以

① 参见［德］克劳思·罗科信：《刑事诉讼法学》（第24版），吴丽琪译，法律出版社2003年版，第430页。

言词陈述的方式进行，诉讼各方对证据的调查应以口头方式进行，如以口头方式询问证人、鉴定人、被害人等，以口头方式对实物证据发表意见，任何未经在法庭上以言词方式提出和调查的证据均不得作为法庭裁判的根据。直接言词原则具体又包括直接原则和言词原则。

1. 直接原则

直接原则是指在案件审理时，只有在法庭上直接调查过的证据方法才能作为裁判的基础。该原则又有形式上的直接和实质上的直接两层要求。① 形式上的直接是指作出判决的法官需要亲自审理案件，不得将证据调查工作委托他人进行。如德国刑事诉讼法第 226 条规定，审判是在被召集作裁判人员、检察院和法院书记处一名书记员不间断地在场情形下进行。实质上的直接原则指法官应对证据方法本身进行调查，不得借助证据方法的替代品予以判断。如德国刑事诉讼法第 250 条规定，对事实的证明如果是建立在一个人的感觉之上的时候，要在审判中对他询问。询问不允许以宣读以前的询问笔录或者书面证言来代替。

2. 言词原则

言词原则，是指法庭审理必须以口头的方式进行。根据言词原则的要求，所有发生在诉讼程序中的事项，在法庭审理中，均需要用言词的方式来表达，其目的在于法官针对当庭陈述的情况及状态，可以更好地对案件真实加以判断。如德国刑事诉讼法第 250 条规定："对事实的证明如果是建立在一个人的感觉之上的时候，要在审判中对他进行询问。询问不允许以宣读以前的询问笔录或者书面证言而代替。"日本刑事诉讼法第 43 条第 1 款规定："判决，除本法有特别规定的以外，应当根据言词辩论而作出。"

3. 直接原则和言词原则的关系

从上述直接原则和言词原则的含义可以看出，直接原则与间接原则相对应，强调的是法官的亲历性和证据的原始性，言词原则与书面原则相对应，强调的则是与书面相对的证据提供形式，直接审理必然要求以当事人口头辩论的方式调查证据，而口头辩论调查证据的目的则需要通过法官的直接审理来实现，故直接原则和言词原则是一个问题的两个方面，两者共同构成了直接言词原则。

---

① 参见宋英辉、李哲：《直接、言词原则与传闻证据规则之比较》，载《比较法研究》2003 年第 5 期。

(二) 传闻证据排除规则和直接言词原则的区别

传闻证据排除规则和直接言词原则分属于两大法系证据法，虽然都有对非当庭供述的证言进行排除的效果，但由于各自的法律传统和制度背景的相异，导致两者在许多方面存在明显的区别。

1. 构建基础不同

在大陆法系国家和地区的刑事诉讼中，由于实行职权探知主义的证据调查方式，强调法官在发现案件事实真相中的主导作用，因此直接言词原则侧重于证人亲自出庭在法官面前进行陈述，以便保证法官接触到最直接的证据。而在实行当事人主义模式的英美法系国家和地区，强调当事人双方以平等对抗的方式来推动案件事实真相的发现，因此传闻证据排除规则侧重于证人与当事人面对面，以便接受当事人的诘问和反诘问。

2. 效果不同

根据直接言词原则，在法庭审理中，只要某证据直接在法官面前以言词的形式提出并经过调查，不论当事人有何意见，即能产生一定的法律效果，即具有了证据能力，法官可以对其证据力进行判断。而根据传闻证据排除规则，只要该证据没有经过对方当事人的反诘问或者同意，无论是否经过法官当庭审查，都是无效的，即不具备证据能力，更不用说进一步对证据力的判断了。

不过，随着两种诉讼模式相互融合趋势的不断增强，人权保障、公正审判、对质诘问等观念已经成为两种制度的共同基础，进而促成传闻证据排除规则和直接言词原则的交融。最明显的便是在素承大陆法系立法传统的我国台湾地区，其 2003 年修改“刑事诉讼法”时即引入了英美法系的传闻证据排除规则，以此加强对当事人反诘问权的保障。

四、我国的相关规定及评述

我国《刑事诉讼法》第 61 条规定，证人证言必须在法庭上经过公诉人、被害人和被告人、辩护人双方质证并且查实以后，才能作为定案的根据。即证人证言必须以口头方式在法庭上提供，而且要受到对方询问。单纯从这条规定来看，似乎接近了传闻证据排除规则的精神，但该法第 195 条却规定：“对未到庭的证人的证言笔录、鉴定人的鉴定意见、勘验笔录和其他作为证据的文书，应当当庭宣读。”这一规定表明了证人作证方式的可选择性，可以出庭作证，也可以用书面证言，实质上是否定了第 61 条的规定，因为第 61 条的用语是“必须”，是没有选择的。同时，由于长期受到证人出庭作证难问题的困扰，在提及如何在我国借鉴西方国家的传闻证据排除规则时，将限制证人用书面证言方式代替直接出庭作证作为传闻证据排除的主要、甚至唯一内容，对于其他种类的传闻证据并未给予充分的重视。

当然，因我国向来采取的是大陆法系的立法模式，所以从立法背景和制度基础上来说，对于传闻证据问题，采取大陆法系的直接言词原则较之英美法系的传闻证据排除规则更为适合我国的现状和国情，故在今后的立法完善中，因循此方向予以努力。

第九章 证明过程

第一节 证明过程概述

一、证明过程的内涵及阶段

（一）证明过程的概念和特点

证明过程，是指诉讼中，证明主体在证明责任的支配下，利用证明手段，针对证明对象，提供证据达到证明标准的程度，使法官最终对案件事实作出认定的过程。

诉讼是一种特殊的对抗活动。在诉讼中，始终存在着相互对立的双方当事人，他们在证明过程中形成了一种既对立又统一的关系，并推动诉讼程序的进行和运转，同时也逐步揭示案件事实的真相，由此为法官正确地适用法律作出裁判提供事实基础。可见，证明是一个连续的动态推进的过程，它一环扣一环，为实现诉讼的目的和任务服务。但是，诉讼证明也不是无止尽地进行的，一旦完成了特定的任务，达到了证明目的，便宣告结束。该目的从当事人角度来讲，是说服法官、使法官形成心证；从法官角度来讲，是认为当事人双方均无须再继续进行证明活动，其已获得对案件事实的确定性判断，产生了相当程度的确信；从案件事实本身来说，该特定的原本存有争议的纠纷事实，在经双方当事人举证证明后，已无法或不必要继续进行证明，从而呈现出真、伪及真伪不明三种状态，法官以此作出最终的认定。可见，证明必有其开端，也必有其终端，在开端和终端之间乃是由各种因素或环节持续性地存在而构成的完整而连续的证明过程。证明过程有正常终结和非正常终结两种，前者是指使法官对案件事实形成确信后由法官宣布终结，包括法官确信该特定案件事实存在或不存在两种情形；后者则是指在证明过程中由于构成证明的某个或某些因素缺失而不得不宣布终结，如证明主体死亡而缺少继承人承继诉讼，或证明对象得到了对方自认或法院的司法认知等。

（二）证明过程的阶段

一般来讲，证明过程包括举证、质证和认证三个主要阶段。举证，是指当事人为实现其诉讼请求而向法院提出相应的事实，并用证据加以证明的诉讼行为；质证，是指双方当事人对庭审过程中展示的证据进行相互质询、诘问或辩论的诉讼活动；认证，则是指在当事人举证和质证的基础上，由法官对证据的可采性和关联性进行鉴别、核实并最终确认其效力的诉讼行为。可见，举证是引起质证和认证的前提，质证是举证的继续和认证的基础，而认证则是举证和质证所追求的结果。举证、质证和认证都是为了最终确定有关证据的可采性和关联性，并以此查明诉讼请求是否应被支持，从而为法庭作出公正的裁判创造条件。正确处理好三者关系，是庭审方式顺利、有效进行的核心，法官驾驭庭审能力如何，怎样引导当事人围绕案件争议的焦点进行举证、质证并据以确认证据的效力是充分体现审判价值的标志。只有充分发挥庭审的功能与作用，使审判活动的重点转移到庭审上来，才能使法庭真正成为“明事实、辨是非、定裁判”的场所，才能克服过去那种庭审流于形式的现象，增强庭审活动的透明度，确保司法的公正性。

但是，三者又有明显的区别：①主体不同。举证和质证的主体是当事人；认证的主体则是法院。②对象不同。举证的对象是一方当事人在庭审中出示的证据；质证的对象既包括当事人出示的证据，也包括当事人申请法院调取的证据，还包括法院依职权主动收集的证据；认证的对象则是经过举证和质证筛选过的证据。③效力不同。当事人举证的证据，未经质证均不产生诉讼法上的效力；经双方当事人当庭质证的证据方可作为法官认证的证据；经法院认定的证据则是判决认定事实的依据。④结果不同。举证和质证的结果是引起法院的认证；认证所追求的结果则是对案件事实的确认，以实现纠纷的最终解决。

二、证明的具体过程

（一）举证

关于举证，理论上有多种说法：① 第一种观点认为，举证是指双方当事人在审判中向法庭提供证据证明其主张之案件事实的活动。第二种观点认为，举证即是原告在证据调查过程中，针对起诉状记载的事实，提出证据，证明所提诉讼请求成立的诉讼程序和活动。第三种观点认为，举证是指原告在法庭上以

① 参见周洪波：《刑事庭审举证规则研究》，载孙谦主编：《检察论丛》（第6卷），法律出版社2003年版，第399~400页。

证明起诉状记载的事实为目的，将有关的证明材料向法庭出示、宣读、播放的工作，是要求被告承担责任的前提和基础。第四种观点认为，举证包括询问当事人、证人、鉴定人，宣读未到庭的证人的证言、当事人陈述、鉴定人的鉴定结论，出示有关的物证，播放视听资料等工作。还有观点认为举证不包括法庭询问。这些观点之所以未达成共识，实际上是在举证主体、举证对象、举证与举证责任的关系、举证与质证的区别以及举证与事实主张的关系等诸方面存在分歧。

本书认为，诉讼中的举证是指案件的庭审中，法律允许的诉讼参与人采取多种方式向法庭展示证据，以支持自己的事实主张的诉讼活动。其具有几个主要特点：①从主体上看，举证方并非仅为原告（控方），还应包括被告（辩方）。②从时间上来看，举证只能在庭审中进行，一般在法庭调查阶段。③从方式上来看，一般情况下举证人应在庭审中向法庭公开展示证据。

（二）质证

关于质证，理论上也有多种说法：① 一种观点认为，质证是指由双方当事人对证据通过辨认、言词辩驳或其他方式予以质询，以供审判人员审查真伪诉讼活动。第二种观点认为，质证是提出问题要求证人作进一步陈述，以解除疑义并确认证明作用的诉讼活动，是审查核实证人证言的一种方式。第三种观点认为，质证又称对质，即诉讼中就同一事实，组织两人或两人以上当面质讯诘问的一种询问和证明形式。第四种观点认为，质证是指在开庭审理过程中，在法官的主持下，双方当事人通过听取、核对、辨认、询问等方法对证据材料的客观性、关联性和合法性发表意见，进行确认或提出异议的诉讼活动。还有观点认为，质证的概念有广义与狭义之分，从广义上而论，是指在诉讼过程中，由法律允许的质证主体借助各种证据方法，旨在对各种证据采取询问、辨认、质疑、说明、解释、咨询、辩驳等形式，从而对法官的内心确信形成特定证明力的一种诉讼活动；而狭义的质证，主要指在庭审过程中，由诉讼当事人就法庭上所出示的证据进行对质、核实等活动。应该说，这些观点均存在一定的缺陷，它们或是仅说明了质证的部分对象，或是仅说明质证的基本形式，而均缺乏从量和质上对质证的内涵予以全面而准确的阐述。

本书认为，要科学揭示出质证的内涵和本质属性，应结合质证的基本构成要素来进行，即质证是指当事人在庭审过程中，对双方当事人或其他诉讼参加人提供的证据进行公开的说明和辩驳，以供法官对证据的可采性和关联性予以

① 参见张军：《民事诉讼质证程序模式思考》，载《理论月刊》2003 年第 12 期。

判断的一项法律制度。质证是证据法上的重要内容之一，是当事人的一项重要诉讼权利，是诉讼正当程序的必要保障，同时也是法院审查、认定证据的必要前提。证据是法院认定事实的基础，证据的取舍及其证据力的大小直接决定着诉讼的结果，当事人有权就对方所举证据提出质疑，其目的在于影响或动摇法官对其证据效力的认定和采信。当事人提供的证据应当在法庭上出示，并由当事人质证。未经质证的证据，不能作为认定案件事实的依据。当事人举证之后，法官不能凭个人好恶和某种利益驱使而对证据主观臆断，只有通过当事人相互质证，才能去粗取精、去伪存真，从而准确地认证，公正地裁判。

（三）认证

对于认证，学界的认识较为统一，认为其是指在当事人举证和质证的基础上，由法官对证据的可采性和关联性进行鉴别、核实并最终确认其效力的诉讼行为。认证具体包含两方面的内容：一是证据是否可被采纳。凡对争议事实可能起到证明作用，且不为法律和司法解释排除的证据，均具有可采性，应当被法官予以采纳。二是确定证据的关联性。凡对待证事实的存否、真伪、状态及程序等具有一定实质性证明作用的证据，均具有关联性，只是强弱、大小有别。

第二节 举　　证

一、举证概述

（一）举证的概念

如前所述，举证是指案件的庭审中，法律允许的诉讼参与人采取多种方式向法庭展示证据，以支持自己的事实主张的诉讼活动。对于举证，应注意下面几个问题：

1. 举证与质证

举证和质证两者都是证明过程中的重要内容，是法庭审理的核心。举证是质证的前提，质证由举证来发动，没有举证在先，质证就成为无源之水，无本之木。但并非所有举出的证据必然经过质证，只是在举证后对证据存有疑问时才发动质证程序。当然，在质证中也存在着举证，有些举证是因质证引发，即有时举证是质证的补充，当双方当事人对某一证据的争辩势均力敌时，支持或反驳的一方若能再举证据予以补强，则优势即会显现。当然，这一质证也是先由举证引起的。另外，举证的方式是展示、朗读和播放，而质证的方式是质疑、辩驳和辩论，如庭审中对证人、鉴定人的询问即属于质证的范畴，而非举证。

2. 举证与主张

举证与主张有着密切关系。一方面，主张是举证的前提和基础，没有对特定事实的主张，就没有举证的必要，即事实主张决定着举证程序的启动与否。另一方面，举证的目的是支持自己对特定事实的主张，如果举证不能或举证不足，主张的事实就不会被法院认可和支持，即没有举证，主张即丧失成立的依据，会被归于无效。当然，事实主张并不必然启动举证程序，即举证并不是事实主张的必然结果，存在着有事实主张而无举证的情况。

3. 举证与证明责任

举证不等同于证明责任，其属于提供证据责任中的内容。证明责任一般引起举证行为，但举证并不必然以证明责任的存在为前提。如在证明法律关系生效要件的过程中，非主张一方一般不承担举证明责任，但在庭审中其也有权举证。对其而言，此时举证不是一种责任，而是一种权利。

（二）举证的顺序

一般来说，诉讼中主要由原告（控方）承担证明责任，且要在法庭出示大量证据，而被告（辩方）的举证是为辩驳原告（控方），所以被告（辩方）的举证受制于原告（控方）的举证，要根据原告（控方）的举证情况来安排。这样，被告（辩方）的举证顺序是根据对方的举证情况随机应变的，而原告（控方）则要在庭前周密安排、合理确定举证顺序。所以，下面所列举的几种常见的举证顺序主要是针对原告（控方）而言的。

1. 按照事件发生的先后顺序来确定举证顺序

引起实体法律关系产生、变更或消灭的行为的实施一般都需要一个过程，在这个过程中包含着先后实施的多个动作，这样就可以按照时间的顺序，即动作发生的先后顺序来进行举证。这种举证顺序主要适用于两类案件：一是行为是由一系列相对独立且时间顺序清楚的具体活动构成。以刑事诉讼领域为例，一个完整的犯罪行为包括犯罪的预备行为、实行行为和结果发生事实等，如投毒案件中的购买药品、制作毒药、投放毒药、中毒结果发生等，公诉方可以按照这些活动或事实的先后顺序进行举证。二是涉及数个行为的案件。如在刑事诉讼的同类数罪情形中，被告人被指控先后实施了多起同类犯罪行为，公诉方就可按照犯罪行为实施的先后顺序来进行举证。对于异类数罪，如果没有特别必要，也可按照时间顺序来进行举证。如果被告人被指控间隔实施了同种数罪和异种数罪，如被告人先实施了杀人，间隔半月实施了伤害，又间隔半月实施了杀人，对这种情况，公诉人可以先就同种数罪按照时间先后进行举证，然后再按照时间先后举证异种数罪。这种举证顺序的优点在于：能够清晰地向法庭展示数个行为发生、发展的脉络，符合人们的认知规律。缺点在于，对于行为之间的先后时间顺序不明显的案件难以适用这种举证顺序；同时，这种举证顺序也不易突出重点。实践中，属于这种方法的还有逆时举证和交叉举证两种。逆时举证，是指按照事件发生的时间顺序从后向前举证，由于后来的证据时间距离庭审近，先行举出，有利于突出重点，也较易抓住人们的心理。交叉举证，是指在总的顺序上按照顺时安排，具体到每一组证据上，可以视案情较为灵活地穿插进行逆时举证。

2. 按照事实要素在案件中的重要程度来确定举证顺序

每一个案件都是由一系列的案件事实要素构成，各个事实要素在案件中的重要程度不同，有的属于构成要件事实，有的属于非构成要件事实。举证人可以根据各事实要素在案件中的性质和地位来安排举证顺序。这种举证顺序一般有两种情况：第一种是“从内向外”的举证顺序，即先就案件的核心事实要素进行举证，然后再就案件的外围事实要素进行举证；第二种是“从外向内”的举证顺序，即先就案件的外围事实要素进行举证，然后再就案件的核心事实要素进行举证。实践中，第一种举证顺序比较常见，其有利于突出重点，分清主次，适合于案情复杂、证据庞杂的案件。

3. 按照事实要素之间的因果关系来确定举证顺序

在有些案件中，案件事实之间存在比较明确的因果关系，举证就可以按照事实要素之间的因果关系来进行。可以分为两种情况：一是先因后果的举证顺序，即先就案件中的原因进行举证，然后再就案件中的结果进行举证；二是先果后因的举证顺序，即先就案件中的结果进行举证，然后再就案件中的原因进行举证。

4. 按照共同被告（被告人）在案件中的主次地位来确定举证顺序

涉及共同被告（被告人）的案件中，一般存在着主要责任人和次要责任人之分，对此，一般可采取先主要责任人后次要责任人的举证顺序。如主犯在共同犯罪中起的是主要作用，一般是犯罪的策划者、组织者、有力的实施者，先对其实施的犯罪进行举证有利于全面了解案件的情况，把握整个案件的性质，也有利于对主要责任人进行举证。另外，如果对主要责任人的举证较为困难，也可以采取迂回包抄的方式，先从对次要责任人的举证开始，逐渐向主要责任人深入，这被称为换位举证。

5. 根据证据的证据力强弱来确定举证顺序

为达到较好的举证效果，举证人一般可将自己认为证据力较强的、不易引起争议的证据先予出示，对方不易对其作出有力的反驳，易为法庭所接受，并为下一步的举证做好铺垫。

此外，举证的顺序应该由谁来决定也是当前理论界颇有争议的问题。有观点认为，诉讼中的举证顺序应该由法官决定；也有观点认为，诉讼中的举证顺序应该由当事人来决定。① 本书认为，在逐渐强调当事人主导诉讼进程的现代庭审模式下，法官仅是居中的裁判者，举证顺序直接关系到举证的效果，自然应属双方当事人的事情，应该由其来决定，即使是在采取职权探知主义的刑事诉讼和行政诉讼领域也不例外。当然，如果举证顺序影响了庭审的正常进行，法官则可予以制止。

在三大诉讼中，举证阶段涉及项目最多、内容最为丰富的乃民事诉讼领域。因此，本章关于举证期限、证据交换、当事人举证和法院查证的关系以及证据保全的介绍主要以民事诉讼为视角。

二、举证期限

（一）举证期限概述

举证期限，又称举证时限，是指承担证明责任的当事人应在一定期限内提出证明其主张的相应证据，逾期不举证则要承担证据失效的后果的一项诉讼期间制度。具体来说，举证期限包含两方面的内容：一为期限，即法律规定或法院指定的期间；二为后果，即对特定事实负有证明责任的当事人在此期间不提供或不能提供相关证据则会产生诉讼法上的后果——当事人逾期提出的证据不能为法院所采纳进而丧失其证明效力。

（二）举证期限制度的历史发展

1. 同时提出主义

同时提出主义，亦称法定顺序主义，是历史上最早被用来防止因当事人怠于行使特定诉讼权利而可能导致诉讼迟延的诉讼形态。在德国普通法时代，为防止因当事人随性地、漫无目的地提出攻击或防御方法从而导致诉讼的迟延，其就诉讼的推进采取“证据分离主义”。② 此种诉讼模式下，作为判决基础的

---

① 参见周洪波：《刑事庭审举证规则研究》，载孙谦主编：《检察论丛》（第6卷），法律出版社2003年版，第410页。

② ［日］新堂幸司：《新民事诉讼法》，林剑锋译，法律出版社2008年版，第324页。

事实的主张与证据资料的提出被分为截然不同的两个阶段，在前一阶段当事人须将事实主张全部陈述完毕，而一旦进入证据调查阶段，则当事人即不得再主张事实。因此，同时提出主义要求当事人为达到某一目的，必须同时或在特定期间内提出主张或证据，否则便不能在诉讼中产生效力。同时提出主义可以使当事人的诉讼行为按序进行，对于防止诉讼迟延确可发挥实效。但不能忽视的是，此种模式下，诉讼的不可预知性使得当事人难以确定对方当事人会对其主张以及相应证据如何予以攻击或防御，而此时的失权威胁即会迫使当事人把即便只是可能重要而已的主张和证据也全部提出，即在主要陈述之外，后备的、为防止主要陈述被否定的一切可能的诉讼资料亦一并予以提出。这固然可以在一定程度上加速程序的进程，但却极易造成诉讼资料的过度膨胀，增加法院的额外负担，效果可能适得其反。同时，如果仅因当事人未遵守法定顺序即产生失权的效果，无疑会削减作为裁判基础的诉讼资料的作用，从而不利于事实真相的发现和当事人权利的保护。

2. 随时提出主义

人类进入资本主义社会伊始，对自由的极度追求体现在诉讼程序中便是摈弃对当事人诉讼权利限制过于严苛的同时提出主义，改采对当事人诉讼资料的提出约束极少的随时提出主义。在随时提出主义模式下，法律允许当事人在同一诉讼程序中可以随时、混合地主张事实和提出证据，在任何时间所进行的辩论均具有相同的效果。不可否认的是，随时提出主义的弊端也甚为明显。因当事人在诉讼中可以随时提出诉讼资料，故在审理程序即将终结时，一方当事人可能突然提出某一资料，使得对方当事人防不胜防，难以在短时间内提出有效的攻击防御资料，从而导致突袭性裁判的出现。同时，因随时提出主义与言词辩论整体性原则相结合，① 当事人随时可以提出攻击防御方法，这便会导致当事人对诉讼资料的提出漫不经心，甚至基于诉讼战术的考虑，将影响诉讼胜败的重要资料留至第二审辩论终结时方予提出，从而致使审理的重点移至第二审。而此种“重二审、轻一审”现象的出现又可能妨碍实体正义的实现。

3. 适时提出主义

自20世纪60、70年代开始，各国学者纷纷对随时提出主义的审理结构提出强烈批判，指责此种分割断裂的审理模式不但造成案件审理的散漫与无

① 参见王甲乙等：《自由顺序主义之检讨》，载民事诉讼法研究会主编：《民事诉讼法之研讨（三）》，台湾三民书局有限公司1997年版，第335页。

效率，同时亦与直接审理主义与言词审理主义之基本原则相悖。① 有鉴于此，大陆法系国家和地区从20世纪70年代开始，陆续向以集中审理主义为核心的适时提出主义转化。② 在适时提出主义模式下，当事人被课以诉讼促进义务，必须在庭审前特定阶段提出具体、特定的攻击防御方法，从而促进案件争议焦点的明确与特定，否则将遭受被法院驳回其逾时提出攻击防御方法的不利后果。

（三）其他国家和地区的举证期限立法例

1. 美国

历经长期的经验积累，美国当今的民事诉讼已充分认可在审判程序开始之前，争点的特定与明确对实现上述两项目标的重要性与必要性。而肩负此任务重任的制度设置，即为居于衔接证据开示程序与审判程序二者之间的预审会议制度。预审会议制度是指法官在开庭审理之前召集双方当事人及其律师为处理案件而进行的会议。③ 1938年《美国联邦民事诉讼规则》制定之初，其第16条对预审会议制度的规定为："（a）法院有根据案件的具体情况召开预审会议并要求当事人及其代理律师参加的权力。预审会议的主要功能是为审判程序进行准备，具体内容包括整理案件争点、协商确定诉答书状的内容、就无需举证的事实进行自认以及确定鉴定人等活动。（b）法院可以依本条前款之规定所达成的协议为基础作出预审命令。该命令一经作出，除不可避免的且显失正义的情况下可以被要求修改之外，后续的审判程序须遵此进行。"可见，预审会议的首要功能，在其创设之初即被清楚地定位在使法院与当事人均掌握案件涉及的争点以降低在审判程序中发生攻击防御方法突袭的风险上。④ 在赋予当事人通过证据开示制度知晓对方所掌握的相关攻击防御方法的机会后，法院在审判程序进行之前召开预审会议，可以特定、明确有必要在审判程序中进行实质

① 参见邱联恭等：《民事诉讼审理方式之检讨》，民事诉讼法研究基金会主编：《民事诉讼法之研讨（一）》，台湾三民书局有限公司1986年版，第341~356页；王甲乙等：《自由顺序主义之检讨》，载民事诉讼法研究会主编：《民事诉讼法之研讨（三）》，台湾三民书局有限公司1997年版，第335~350页。

② 参见［德］Rudolf B. Schlesinger, Hans W. Baade, Peter E. Herzog & Edwoed M. Wise, Comparative Law 461-465, 1998。

③ 参见［美］Bryan A. Garnar, Black's Law Dictionary, 8th Edition, West, Thomson Business, 2004, p. 1226。

④ 参见［美］Miller & Mary K. Kane, Federal Practice and Procedure, 2nd Edition, 6A Charles A. Wright, Arthur R, 1990, p. 1521。

审理的案件争点，使双方当事人得以充实其在审判前的准备活动，避免最终的判决结果完全取决于当事人的诉讼策略和程序上的技术问题，从而削弱其在实体上的公信力。此外，在将案件完全交由当事人以及代理律师负责来组织和进行的单纯的证据开示不能让人完全满意的情况下，[①] 预审会议的设置可以加强法院在庭审之前对案件的管理和掌控。

虽然为加强法官控制证据开示程序进行的权限，在诉讼经营（case management）的理念下，[②]《美国联邦民事诉讼规则》于 1983 年进行修正时，大幅扩张了预审会议的功能，使其由审判的准备程序进一步扩及于整个预审程序的规划，而在原则上要求法官举行早期预审会议并作出计划命令（a scheduling order），从而控制整个预审程序及证据开示的进行。修改后的《美国联邦民事诉讼规则》第 16 条（a）款规定："在民事诉讼中，为实现下列目标，法院可以根据案件的具体情况要求双方当事人以及代理律师参加一次或多次预审会议：（1）推进及加速诉讼的进程；（2）及时建立持续、合理控制审理进程的管理计划从而避免诉讼迟延情形的出现；（3）削减无谓的审前准备活动；（4）提高预审程序的质量以提升审判程序的效率；（5）推进诉讼和解的达成。"不过，就攻击防御方法的逾期提出而言，焦点仍集中在法官在预审程序即将终结时所作成的最后预审命令（pretrial order）上。[③] 依《美国联邦民事诉讼规则》第 16 条（e）款的规定，在所有预审会议终结之后，法官应作出命令表明其已采取的措施并据以控制后续审判程序的进行。对于预审程序中所作出的命令，法官虽可以依案件的具体发展状况予以变更或修改，但对于在最终预审会议后所作出的命令，除非为了避免"显失正义（manifest injustice）"情形的出现，法官不得再进行变动。由于该最后的预审命令将确定接下来在审判程序中法院所必须审理的争点范围，故在实际效果上，预审命令可

① 参见齐树洁主编：《美国司法制度》，厦门大学出版社 2006 年版，第 435 页。有学者指出，由于缺乏法官的介入，当事人以及代理律师在证据开示程序中会无限制地向第三方和对方当事人收集证据，从而导致整个诉讼程序的迟延。同时，因收集证据所花费的高额律师费用亦会大幅增加当事人的诉讼成本。参见王亚新：《社会变革中的民事诉讼》，中国法制出版社 2001 年版，第 81 页。

② 就法官因适应诉讼经营思潮的抬头而产生态度与角色的转化，参见黄国昌：《比较民事诉讼法下的当事人图像——由审理基本原则、证据收集权及证明度切入》，载《政大法学评论》第 76 期，2003 年。

③ 在 1983 年《美国联邦民事诉讼规则》第 16 条被大规模修正时，其中关于预审命令的规定乃少数未经修正的部分。

以排除当事人未于预审程序中提出的攻击防御方法，形同于对当事人逾期提出的攻击防御方法所施以的失权制裁。

2. 德国

《德国民事诉讼法》于 1877 年颁布，一直到 1924 年修改时，《德国民事诉讼法》才吸收了适时提出主义的部分内容。① 具体而言，主要有四方面的表现：第一，加强有关辩论期日的准备，且法院不仅有采取准备程序的权限，更有准备的义务，以便案件尽可能经一次言词辩论即可终结；第二，对逾期提出攻击防御方法的行为予以失权制裁（主要是将攻击方法亦纳入失权制裁的范围）；第三，当事人申请前置的要件被废除；第四，就程序迟延是否因当事人故意或重大过失所致乃由法院依自由心证予以认定。为达到一次言词辩论终结诉讼的目的，法院有权确定期限要求当事人就案件争点予以说明并提供证据，否则法院对当事人（包括原告和被告）无正当免责事由逾期提出的攻击防御方法予以驳回。而在随后 1933 年进行的修改中，驳回逾期攻击防御方法的条件进一步放宽，如果当事人未在准备书状中对欲提出的攻击防御方法予以记载，法院亦可予以驳回。可见，德国在 20 世纪上半叶将适时提出主义初步导入民事诉讼领域时，即以一次言词辩论终结诉讼为目标，并搭配以失权制裁作为威慑的武器。该基本思路即便经过 1976 年《简化及加速法院程序法》的修正亦不曾改变。与 1924 年和 1933 年两次修改不同，1976 年《简化及加速法院程序法》对《德国民事诉讼法》予以修改的宗旨便是"诉讼程序的集中与加速"，即通过系统化的调整在德国民事审判中全面确立适时提出主义。此次修改的目的有三：审理整体程序的促进、审理具体环节的促进和法院审理民事案件负担的减轻。② 相应的具体措施亦有三：明确设置两种言词辩论的准备措施供选择、强化失权规定以及创设当事人诉讼促进义务这一适时提出主义的连

---

① 参见［德］Wiezorek/Schutze/Prutting，ZPO，Einl. Rn. 5；转引自吴从周：《"集中审理原则"实施满五周年再考——着重于回顾其在德国民事诉讼法史上之起源与在台湾之双重继受》，载杨日然教授纪念文集编辑委员会主编：《杨日然教授纪念文集》，台湾元照出版有限公司 2006 年版，第 399 页。

② 参见［德］MunchKomm-ZPO/Prutting，1993，§296，Rn. 1；Putzo，Die Vereinfachungsnovelle. Geaetz zur Vereinfachung und Beschleunigung gerichtlicher Verfahren，NJW 1977，1，4；转引自吴从周：《阐明时效抗辩与法官回避——浏览与备忘 2004 年以来德国学说与实务见解的最新发展》，载《台湾本土法学杂志》2005 年第 10 期。

结概念。①

考虑到实务中当事人仍有逃避这些关于第二审中新攻击防御方法提出限制措施的可能性,② 立法者乃于 2001 年以《民事诉讼法改革法》③ 对《德国民事诉讼法》相关内容予以修正。修正后的第 531 条第 1 款以“在第一审被驳回的攻击防御方法，当事人在第二审中仍不得提出”之规定进行了预防性设置，即在第一审中禁止提出的攻击防御方法在第二审中仍会产生失权效果，其范围包括同法第 296 条第 1、2、3 款在第一审中已经失权的情形，此规定乃为第二审法院的义务性规定。修改后的第 529 条第 1 款亦规定：“第二审法院审理案件及判断时，如无具体理由怀疑第一审法院对于裁判上重要事实认定的正确性或不完整，原则上应受第一审事实认定的约束。”

3. 日本

以《德国民事诉讼法》为母法的《日本民事诉讼法》在攻击防御方法的提出方面原本亦采取随时提出主义。1996 年，《日本民事诉讼法》迎来了自颁行百年后的最大规模的修正，并于 1998 年 1 月 1 日正式实施。此次修改主要涉及四方面的内容：第一，为加速诉讼程序，大幅修正准备程序以整理争点，进而集中证据调查；第二，为集中调查证据，扩大和完善当事人收集证据的手段和程序；第三，为减轻最高法院的负担，限制第三审上诉的条件；第四，为加速较小金额纠纷的审理与裁判，增设小额诉讼程序。改革重点虽有四项，但争点及证据整理的完备和证据收集程序的扩充两项无疑是此次修改的主轴，即以争点整理及集中审理为中心，以促进诉讼审理的充实为最重要课题。其中，争点与证据整理是否成功是证据调查成功与否的关键，并影响审理的充实度，可以说是此次整个《日本民事诉讼法》改革成功与否的中心枢纽，而言词辩论期日能否真正实现集中审理，当然亦与争点整理有关。

---

① 参见［德］Prutting, Anwaltschaft, Rechtsschutz und Prozeßokonomie. In: 50 Jahre freiheilichdemokratischer Rechtsstaat. Vom Rechtsstaat zum Rechtswegstaat, Baden-Baden 1999, S. 277, 282；转引自吴从周：《“集中审理原则”实施满五周年再考——着重于回顾其在德国民事诉讼法史上之起源与在台湾之双重继受》，载杨日然教授纪念文集编辑委员会主编：《杨日然教授纪念文集》，台湾元照出版有限公司 2006 年版，第 413 页。

② 参见魏大喨：《第二审新攻击防御方法提出之禁止与缓和——从德、日新法检讨我国新制》，载《月旦法学杂志》2003 年第 5 期。

③ 参见［德］罗森贝克、施瓦布、戈特瓦尔德：《德国民事诉讼法》，李大雪译，中国法制出版社 2007 年版，第 1014 页。

通过1996年《日本民事诉讼法》的大规模修改，日本民事诉讼的审理速度明显加快，审判效率大幅提升。然而，对于错综复杂的新型诉讼、现代性诉讼以及团体诉讼等案件，审理期限冗长的积习并未得到实质性改观。鉴此，《日本民事诉讼法》在2003年又有所修正，其中涉及举证期限制度的便是新法第147条之二和第147条之三确立的“审理计划”制度。为了实现公正、迅速审理案件的目的，法院和当事人必须有计划地推进诉讼进程(第147条之二)，即将谋求诉讼程序的计划性推进规定为法院及当事人的义务。与此同时，着眼于复杂案件诉讼迟延的现实状况，新法特别规定了法院应制定审理计划的情形、制定的方法、审理计划中应确定的事项（第147条之三第1、2款)，此外，还规定法院可以通过指定当事人就特定事项提出攻击防御方法的期间等来确定计划性推进程序所必要的事项（第147条之三第3款)。

4. 我国台湾地区

我国台湾地区传统的审理模式是采用“分割审理主义”,① 即同一受诉法院同时并行审理数个案件，就某一特定案件的言词辩论在时间上予以分割，在各个时间段分别多次对该案件进行审理。此种审理方式可以使数个案件同时得到审理而不必等待，在案件较少、案情简单、法官工作负荷较轻的年代可以使数个案件的当事人在最短的时间内均获得裁判结果，其便捷、快速的优点显而易见。但当案件日益增加、案情逐渐复杂时，法官的工作负荷显著增加，其同时审理数个案件时对具体个案的记忆较易模糊，加之当事人往往在言词辩论期间提出书状，从而导致法官无法在庭审当日就案件进行深入调查而不得不将时间往后一改再改，这既加重了当事人的各项支出，亦使司法资源遭致无谓耗费。鉴此，新世纪伊始，我国台湾地区即对其“民事诉讼法”进行了大规模的修订。此次修订的核心内容，便是在民事诉讼领域摒弃分割审理主义，确立与之相对的“集中审理主义”。②

从我国台湾地区失权制度的规范发展历程来看，其现有规则层面的举证期限效果较接近于德国法上的严格失权规定，但其集中审理改革的目标却并不像德国那样设定在集中言词辩论于一次期日而终结诉讼的高度，而是只设定在与

---

① 黄国昌：《逾时提出攻击防御方法之失衡制裁：是“效率”还是“公平”?》，载《台大法学论丛》2008年第2期。

② 许士宦：《集中审理制度之新审理原则》，载《台大法学论丛》2009年第2期。

日本一样的争点整理层面，即仅要求将审理程序区分为争点整理①与言词辩论两个阶段，以便将审理有计划地推进而已。此时虽无法一次辩论终结，但可以减少开庭次数。易言之，德国集中审理原则的落实包括言词辩论准备程序和失权制裁两部分，而日本和我国台湾地区则以争点整理程序代替德国法上的言词辩论准备程序，与失权制裁一并成为该国和该地区集中审理的两大重点。② 从这一角度观察，即可发现，正是因为德国法上的集中审理具有较高的目标设定，故须辅之以极具威胁性的严格失权手段；③ 而日本法上的集中审理则仅具有较低的目的要求，故其失权制裁亦相对柔和。而我国台湾地区在继受日本集中审理的低度目标设定的同时，却吸收了德国的高度失权制裁手段，此种“杂糅”式的借鉴似乎忽略了手段与目标应相匹配的基本要求。而正因此种手段与目标的失衡，我国台湾地区在目前的实务运用上仍停留在只限于争点整理的目标阶段，或者说只是作为一种集中审理方法而已，未见失权手段的协调配合而成为名副其实的制度。法官似乎一直犹豫不敢使用失权，律师更是强烈反对严格执行，失权的威胁仅沦为绝少使用的吓人道具而已。④

(四) 我国的相关规定及评述

现行《民事诉讼法》在 1991 年颁布时并未对当事人举证的时间作出限制，最高人民法院在 1992 年颁布的《民诉适用意见》）第 76 条中对当事人的举证时间作了一定限制，即“人民法院对当事人一时不能提交证据的，应根据具体情况，指定其在合理期限内提交。当事人在指定期限内提交确有困难

① 德国人提到整理争点与诉讼资料时，不会进一步再去谈如何整理争点，或许是因为他们认为这是一个法律人在接受职业教育的过程中当然应该具备的处理案件的能力，而不是属于诉讼法学者应讨论的问题。参见李木贵：《民事诉讼法》，台湾元照出版有限公司 2007 年版，第 943 页；吴从周：《“集中审理原则”实施满五周年再考——着重于回顾其在德国民事诉讼法史上之起源与在台湾之双重继受》，载杨日然教授纪念文集编辑委员会主编：《杨日然教授纪念文集》，台湾元照出版有限公司 2006 年版，第 424 页。

② 参见吴从周：《案件迟延之逆袭——从防止“逃避争点简化协议”与“逃避失权”之角度出发整理与观察相关“最高法院”判决》，载《台湾法学杂志》2009 年第 5 期。

③ 即便是在德国，法官似乎亦并不情愿对逾期提出的攻击防御方法施以严厉的失权制裁。在实际运行中，第一审法院很少运用第 296 条拒绝接受新理由，该权力在很大程度上实际是忠告性的。参见宋冰编：《读本：美国与德国的司法制度及司法程序》，中国政法大学出版社 1999 年版，第 319 页。

④ 参见吴从周：《“集中审理原则”实施满五周年再考——着重于回顾其在德国民事诉讼法史上之起源与在台湾之双重继受》，载杨日然教授纪念文集编辑委员会主编：《杨日然教授纪念文集》，台湾元照出版有限公司 2006 年版，第 424 页。

的，应在指定期限届满之前，向人民法院申请延期。延长的期限由人民法院决定”。该规定在一定程度上可以理解为以法院指定期限的方式设定了举证期限。但要注意的是，该条款并未对延期届满后是否可以再次延期作出规定，即法院无禁止当事人不断申请延期的要求；同时，其亦未明确规定超出举证期限当事人所应承担的法律后果，对于当事人随时提出的证据法院无权拒绝采纳。故可以认为，《民诉适用意见》第 76 条实质上并未确立起举证期限制度，尚无法满足司法实践对举证期限的要求。

经过近十年理论上的探讨和实践中的摸索，最高人民法院终于在 2001 年底颁布的《民事证据规定》中确立了真正意义上的举证期限制度。其第 33 条规定：“（1）人民法院应当在送达案件受理通知书和应诉通知书的同时向当事人送达举证通知书。举证通知书应当载明举证责任的分配原则与要求、可以向人民法院申请调查取证的情形、人民法院根据案件情况指定的举证期限以及逾期提供证据的法律后果。（2）举证期限可以由当事人协商一致，并经人民法院认可。（3）由人民法院指定举证期限的，指定的期限不得少于三十日，自当事人收到案件受理通知书和应诉通知书的次日起计算。”第 34 条规定：“（1）当事人应当在举证期限内向人民法院提交证据材料，当事人在举证期限内不提交的，视为放弃举证权利。（2）对于当事人逾期提交的证据材料，人民法院审理时不组织质证。但对方当事人同意质证的除外。（3）当事人增加、变更诉讼请求或者提起反诉的，应当在举证期限届满前提出。”

2012 年修改之前的《民事诉讼法》并未约束当事人提出证据的时间，在该问题上采取的乃是随时提出主义的模式。而《民事证据规定》所确立的举证期限制度乃是对适时提出主义予以认可的产物，其实质上已突破了上述规定，无疑是以一种“良性违法”的方式对现行法所进行的修正。应该承认，在立法整体水平相对落后的我国现阶段，由审判机关通过实践探索和经验积累来创设一些审理规则在一定程度上不失为一种“短、平、快”的权宜之计，但若通过规范性文件的形式将之固定为可予长期适用的审判制度则无疑会极大地动摇法律的严肃性和权威性。当然，最高人民法院并非忽视这一点，故其在进行司法解释时亦是在现行法的罅隙中寻求举证期限制度可予成立的微小空间，尽量维持一种“虽有突破但不至走远”的态势。即便谨小慎微，此种“夹缝中求生存”的做法仍难免与法律保留原则相左。作为世界各国通行的立法基本准则，法律保留原则是指对于社会关系中的重大事项必须由全国性立法机关通过制定法律的形式予以设定。基于具体国情之考量，各国在规定法律保留的范围上有所差异，但却均将诉讼制度的设置归入法律保留范畴。如我国

《立法法》第 8 条第（9）项即规定，有关诉讼制度的事项只能制定法律。该原则体现在民事诉讼领域，便是对当事人诉讼权利的设定应由法律来规制。证据失权显然是一种从时间上对当事人举证权的约束，其理所当然应由全国人大及其常委会以制定法律的形式予以设置。而仅凭最高人民法院从司法解释层面来加以设定无疑层级偏低，且有违法律保留原则，于维护法律的严肃性以及强化证据失权制度的权威性均无实益。而现行《民事诉讼法》第 65 条第 2 款“人民法院根据当事人的主张和案件审理情况，确定当事人应当提供的证据及其期限。当事人在该期限内提供证据确有困难的，可以向人民法院申请延长期限，人民法院根据当事人的申请适当延长。当事人逾期提供证据的，人民法院应当责令其说明理由；拒不说明理由或者理由不成立的，人民法院根据不同情形可以不予采纳该证据，或者采纳该证据但予以训诫、罚款”之规定对举证期限的明确和逾期提出证据后果的规定应该说是对上述争议的最终定论，是对该制度的明显肯定，亦提升了该制度的规范层级，实值得赞同和肯定。

2015 年 1 月颁布的《民诉法解释》对现行《民事诉讼法》第 65 条第 2 款规定的举证期限制度进行了细化。依该解释第 99 条至第 102 条之规定，人民法院应当在审理前的准备阶段确定当事人的举证期限。举证期限可以由当事人协商，并经人民法院准许。人民法院确定举证期限，第一审普通程序案件不得少于 15 日，当事人提供新的证据的第二审案件不得少于 10 日。举证期限届满后，当事人对已经提供的证据，申请提供反驳证据或者对证据来源、形式等方面的瑕疵进行补正的，人民法院可以酌情再次确定举证期限，该期限不受前款规定的限制。当事人申请延长举证期限的，应当在举证期限届满前向人民法院提出书面申请。申请理由成立的，人民法院应当准许，适当延长举证期限，并通知其他当事人。延长的举证期限适用于其他当事人。申请理由不成立的，人民法院不予准许，并通知申请人。当事人逾期提供证据的，人民法院应当责令其说明理由，必要时可以要求其提供相应的证据。当事人因客观原因逾期提供证据，或者对方当事人对逾期提供证据未提出异议的，视为未逾期。当事人因故意或者重大过失逾期提供的证据，人民法院不予采纳。但该证据与案件基本事实有关的，人民法院应当采纳，并依照《民事诉讼法》第 65 条、第 115 条第一款的规定予以训诫、罚款。当事人非因故意或者重大过失逾期提供的证据，人民法院应当采纳，并对当事人予以训诫。当事人一方要求另一方赔偿因逾期提供证据致使其增加的交通、住宿、就餐、误工、证人出庭作证等必要费用的，人民法院可予支持。

三、证据交换

（一）证据交换概述

证据交换，是指在庭审开始之前，一方当事人将自己已掌握的证据交换对方当事人已持有而自己没有的证据，从而为诉讼的进一步展开做准备的审前机制。与举证期限制度一样，证据交换制度也是审前准备程序的重要内容，两者都可以促使当事人适时地提出证据并让对方当事人知道彼此所持有的证据，从而有效地预防“证据突袭”，避免法庭审理的反复和拖延，保证质证活动得以顺利进行。但二者在实现这一目标中的功能却是不同的，仅有举证期限制度而没有证据交换制度加以保障，举证期限的约束力便会流于浮泛，难以避免当事人的“证据突袭”；而仅有证据交换制度而无举证期限制度加以支撑，证据交换便会遥遥无期，很难达到加快诉讼节奏、推进诉讼进程的目的。

（二）证据交换的域外立法例

证据交换在英美法系证据法上被称为证据开示，其源于16世纪英国衡平法的司法实践，形成于19世纪英国的司法改革，在美国1938年出台的联邦民事诉讼规则中被正式确定为一项法定程序制度。①

1. 英国

自17世纪末以来，英国一直实行事实诉答制度。诉答文书本身具有明确争点的功能，其除记载诉讼请求外，还须记载支持当事人诉讼请求的重要事实（即只要证明为真就能胜诉的事实），当事人和法院都受该事实的约束。随后的证据开示也应限制在诉答文书的范围内。

英国证据开示的方式主要有：①文书的披露与查阅；②对对方当事人的书面质问；③笔录证人证言和鉴定报告的交换；④通过勘验、取样实验、医疗检查等方式披露实物证据；⑤对书证材料和事实的自认。

英国不允许口头询问当事人笔录证言，只能要求对方以宣誓的方式书面答复问题。即使是书面质问，在英国的运用也一直受很多条件的限制。通常情况下，当事人不能于审前强制证人提供证言。只有在证人不可能出庭口头作证的情况下，才可以申请法院签发命令，要求笔录证言。可见，其目的不在于披露，而在于保全证据。笔录证言在法官、法院的证人询问官或法院委托的其他人员面前进行，对证人的询问与证人在开庭审理时出庭作证的方式相同。通过此种方式调取的笔录证言，在审理时可以作为证据。

---

① 参见黄松有：《证据开示制度比较研究》，载《政法论坛》2000年第5期。

英国文书披露的范围包括所有现在或以前在当事人拥有、保管或控制中的与争议事项有关的文书。传统的司法实践中具体解释为四大类：一是披露方自己要依赖的对自己有利的文书；二是披露方知悉的对自己不利或对对方有利的文书；三是不属于以上两类，即不明显支持任何一方的请求，但属于案情或其背景的组成部分的文书；四是可能引出一连串的质询从而带来一、二类文书的后果的。也就是说，所有与案情有一定联系的文书都是有关的，并不要求必须是可接受为证据的文书。当然，这一范围无疑太广泛、太宽松，不易解释和适用，需要披露的有关文书太多，费用太高，而且，当事人常常会以要求对方披露引出一连串质询类型的文书迫使对方进行更多的投入以达到逼迫对方放弃诉讼的目的。后来经过一系列的改革，对不同案件采用不同的披露标准，且基本上取消了传统司法实践中的界定。如对于小额请求案件，不适用通常的证据披露程序，只是在案件分配之后，即作出标准指令，要求各方当事人至少于确定的庭审期日前 14 日向法院提交和向对方当事人送达其准备在庭审时依赖的文书的副本。其主要目的在于减少披露文书的数量，以节约费用。如果一方当事人希望对方作更多的披露，或通过标准披露显示还有对对方不利的文书尚未披露，可以向法院申请特定披露。法院是否会下令披露更多的文书，则要看案件情况。①

2. 美国

美国的证据开示制度可以说是世界各国中最具特色、也最为完备的。自 1938 年联邦民事诉讼规则以来，美国一直实行通知诉答制度，诉答文书只起通知对方当事人的作用，只简明记载当事人的诉讼请求或对请求的抗辩，无须陈述支持请求或抗辩的事实和细节。当事人要想从对方了解任何有关案件的信息，包括对方的事实主张、证据所在等情况，必须通过其后的证据开示程序。证据开示的要求由当事人提出，并通过要求与答复形式进行。笔录证言的进行要有法院书记员在场，但通常法官或其他司法官员并不出席。有关证据开示要求的正当性，通常通过协商达成解决。如果这一纠纷通过此种方式不能得以解决，可以请求法院作出裁决。证据开示程序纠纷可以由专门负责的法官或助理法官裁断，或由被指派审理该案的法官予以裁断。②

① 参见郭纪元、刘珣：《取证权：困境与出路》，载法律顾问网，http：//www.51fagu.com/tszb/detail.asp？id=75。

② 参见［美］杰弗里·C. 哈泽德、米歇尔·塔鲁伊：《美国民事诉讼法导论》，张茂译，中国政法大学出版社 1998 年版，第 118 页。

（1）开示的范围。

美国证据开示的范围相当宽泛，根据联邦民事诉讼规则第 26 条第 2 款第 1 项的规定，① 任何一方当事人都可以要求对方当事人提出与诉讼标的有关联，并且不属于保密特权的任何实现。可见，可以被开示的证据不仅包括在法庭审理阶段作为证据的材料，而且还包括不作为证据的凡是与案件标的有关联的所有的信息。对于证据开示要求，只有四种反对是有效的：①该开示是不合理的重复，或是通过一些更简便、更少累赘或更少花费的其他来源可以获得的；②请求开示的当事人已有充分的机会通过诉讼中的发现活动获得所要求的信息；③提出开示的负担或花费超过它的利益；④开示要求搜寻属于保密特权范围的信息。但由于对开示范围限制的相关解释是宽松的，美国的司法实践对开示范围几乎没作任何限制。

（2）开示的方式。

进行证据开示的方式主要有：①笔录证言（第 27、30、31 条）。即经一方当事人提起，在双方当事人及其律师在场的情况下，让证人宣誓后，对证人录取证言，这是最常用的开示方式。②质问书（第 33 条）。即当事人可用书面形式质问对方当事人，对方当事人必须全面地作出书面答复并附以书面宣誓。质问书的目的是弥补录取证言有时无法有效获取相关姓名、年龄、住所、文书名称以及日期等情报的不足。③查验文件（第 34 条）。即要求收集对方当事人持有或者在他控制下文书或者物证。对要求提供书证或物证的要求书，被要求人必须以书面方式答复，然后再提供具体文件和材料。④身体和精神状态检查（第 35 条）。即当事人可以请求检查对方当事人的或者当事人监护的或在其依法监督下的人的身体或精神状态。⑤要求自认（第 36 条）。即一方当事人以书面方式要求对方当事人自认与案件有关联的事实是否真实，或有关文书的作成是否真实，对方当事人必须以书面方式答复要求自认的事实和文书或者提出异议，如果对方当事人不作任何回答，就视为自认。

在这五种审前收集证据的方法中，除了检查受害人的身体或精神状况必须经过法院许可并由法院指定检查人外，其他收集证据的方法都不需要得到法院的许可。只有在发生争议时，经一方当事人申请法院才会介入，作出保护命令或相应的证据开示命令。向对方当事人收集证据无须通过法院，向对方当事人进行合理通知或提出请求后，在法院外直接进行。向诉讼外第三人收集证据则

① 参见白绿铉：《美国民事诉讼法》，经济日报出版社 1998 年版。以下对美国联邦民事诉讼规则条文的引用，如无特别说明，均以此版本为准。

必须经过法院，得到一份由法院书记官签发的命令第三人出庭作证或交出文件的传票。但经过法院向第三人传唤，并不是说询问证人或要求第三人提供文书或物证必须经过法院的许可，只是说必须以法院的名义向他们发出传票，强制其提供证据。与立法所采取的广泛证据开示原则和法官消极介入机制相联的是，证明责任由反对证据收集的一方承担，其必须说服法院使法院相信所寻求的资料与诉讼标的不存在可信的联系或有其他可以拒绝提供的正当理由。因此，通常对一方当事人提出的广泛的证据开示要求，对方当事人或第三人采取宽容忍耐的态度，法院对当事人双方的证据收集活动也并不进行什么审查。

（3）违反开示的制裁。

如当事人不遵守证据开示命令，法院可以作出如下制裁：①免除一方证明责任。即命令有关事实或其他指定事实，依获得命令的当事人所宣称的诉讼目的视为已经证明。②禁止提出证据。法院对不遵守命令的当事人，可禁止其对所指出的请求或抗辩进行证明，或者禁止其对所指出的请求或抗辩进行证明，或者禁止其对指定的事物作为证据提出。如禁止提出的证据是案件的主要事实，对诉讼有决定性影响，法院还可以驳回诉讼。③驳回诉讼或缺席判决。对不遵守命令的当事人，法院可宣布诉答文书全部或部分无效，或在其遵守命令之前中止诉讼程序，或撤销全部或部分诉讼程序，或对不遵守命令的人作出败诉的缺席判决。④判处藐视法庭罪。当笔录证言证人收到法院命令后拒绝宣誓或答复，或当事人不遵守证据开示命令，或当事人不遵守依据第 26 条第 6 款当事人会议的命令等情形时，法院可裁决其藐视法庭。当事人或诉讼外第三人触犯民事上藐视法庭罪，处以罚金或拘留。这是不遵守法院命令的最严重的制裁措施。①

可见，证据开示制度是美国审前程序的基石和实质。法院主持召开的审前会议也是为了巩固证据开示的成果，形成一个制约庭审程序进行的审前命令。正是经过卓有成效的证据开示，双方当事人对各自的案件情况已基本知彼知己，甚至某些情形下开庭审理已成为不必要，判决的结果呼之欲出并趋于明朗。

3. 大陆法系国家和地区

证据交换制度为英美法系证据法上特有的制度，传统大陆法系证据法中并

---

① 参见马志星:《美国证据开示制对我国庭前证据交换制度建立和完善的启示》,载法律教育网,http://www.chinalawedu.com/news/2005/6/ma729821411115165002124 64.html。

未予以确认。大陆法系国家和地区虽然也逐渐设置了审前准备程序，但与英美法系国家和地区相比，尤其是与美国相比，无论是在制度设置还是在实际操作上都要简单许多，且基本上是在法官的主导或主持下进行的。大陆法系国家和地区为保障证据的有效提出和诉讼的顺利进行，虽然都要求持有特定证据的主体应将其提供给法院，但这一义务是针对国家所负的公法上的义务，当事人之间并没有相互直接交换证据的规定，一方当事人也不得强迫对方披露其所掌握的与案件有关的证据，而只能向法院提出申请，通过法院向对方发出命令来获得有关的证据。更为重要的是，这一义务基本上是在庭审中发挥作用，对庭前准备阶段是否适应尚无明确的规定，即使有也多是起到一种警示作用，使违背证据提出义务的当事人对进入庭审后可能会遭受的不利后果有所预期，并不向英美法系证据法上那样在审前阶段即直接对违背证据开示制度的当事人予以制裁。当然，大陆法系国家和地区的证据法上并非没有任何关于证据交换的规定，尤其是随着两大法系制度上的日益融合，大陆法系国家和地区的证据法上也逐渐显露出一些证据开示制度的雏形。

如法国民事诉讼法第 132 条规定：“（第 1 款）援用某项文件、字据的当事人应将此文件字据送交诉讼的其他当事人阅知。（第 2 款）相互传达书证应自动进行。（第 3 款）在上诉审，已提交一审审理辩论的文件、字据，不要求再行传达之。”第 134 条规定：“法官确定当事人相互传达书证的期限，如有必要，确定传达书证的方式；必要时，得规定科处预期罚款。”第 135 条规定：“未在有效期间内传达的书证，法官得将其排除在辩论之外。”

德国民事诉讼法第 134 条规定：“（第 1 款）当事人在相当时间内经过催告后，应将其所有的、曾在准备书状中引用的文书，在言词辩论前交给书记科，并且通知对方当事人。（第 2 款）对方当事人有三天的时间以供阅览文书。此期间可由审判长申请予以延长或缩短。”第 135 条第 1 款规定：“律师可以凭收据自由交换文书。”而依第 130 条第 5 项的规定，准备书状中即应包括当事人用来证明或反驳事实主张的证据方法。

而深受美国影响的日本则打破了传统大陆法系诉讼中当事人之间不经过法院就不得直接向对方收集和了解与案件有关信息的做法，借鉴美国的证据开示制度创设了当事人照会制度。其民事诉讼法第 163 条规定，在诉讼系属之中，当事人为了准备主张或证明所必要的事项，可以向对方当事人提出书面照会，要求其在指定的适当期间内，以书面作出回答。此外，其民事诉讼中的争点和证据整理程序（具体分为准备性口头辩论、辩论准备程序和书面准备程序三类）也对庭审前双方当事人了解对方所持的证据作了设置。如第 165 条第 1 款规定："准备性口头辩论终了，应视为法院和当事人之间确认了此后的调查证据中应证明的事实。"第 167 条规定："在准备性口头辩论终了之后，当事人提出的攻击或防御方法，如果对方当事人要求，则应向其说明在准备性口头辩论终了之前未能提出的理由。"第 170 条第 1 款规定："（辩论准备程序中）法院可以使当事人提出准备书状。"依第 161 条第 2 款第 1 项的规定，准备书状中即包括当事人攻击或防御的方法。

（三）我国的相关规定及评述

1. 我国现有的相关规定

我国《民事诉讼法》及《行政诉讼法》上并无关于证据交换的专门规定，只是在审前原告通过法院递交给被告的起诉状副本中有"证据和证据来源、证人姓名和住址"部分，但该项对原告并无任何实质约束力，在实践中完全流于形式，原告可以完全不予理会；而对于被告，则连庭前与证据提出有关的形式上的要求都没有，被告通过法院递交给原告的答辩状副本中根本无证据相关部分。加之依民事诉讼法的规定，我国采取的是证据随时提出主义，使得我国的庭审在一无争点和证据的事先准备、二无证据时限要求的情况下常常陷入久拖不决的状态，严重损害了诉讼解决纠纷的功能与效用。

1998 年最高人民法院颁布的《民事审改规定》第 5 条第 7 项规定，案情比较复杂，证据材料较多的案件，法院可以在开庭前组织当事人交换证据。从而初步确立了我国民事诉讼中的证据交换制度。但这一规定显然过于抽象和空乏，难以指导具体的诉讼实践。

2001 年最高人民法院公布的《民事证据规定》则较为详细和具体地对我国民事诉讼中的证据交换制度进行了设置。其第 37 条规定："（第 1 款）经当事人申请，人民法院可以组织当事人在开庭审理前交换证据。（第 2 款）人民法院对于证据较多或者复杂疑难的案件，应当组织当事人在答辩期届满后、开庭审理前交换证据。"第 38 条规定："（第 1 款）交换证据的时间可以由当事人协商一致并经人民法院认可，也可以由人民法院指定。（第 2 款）人民法院组织当事人交换证据的，交换证据之日举证期限届满。当事人申请延期举证经人民法院准许的，证据交换日相应顺延。"第 39 条规定："（第 1 款）证据交换应当在审判人员的主持下进行。（第 2 款）在证据交换的过程中，审判人员对当事人无异议的事实、证据应当记录在卷；对有异议的证据，按照需要证明的事实分类记录在卷，并记载异议的理由。通过证据交换，确定双方当事人争议的主要问题。"第 40 条规定："（第 1 款）当事人收到对方交换的证据后提出反驳并提出新证据的，人民法院应当通知当事人在指定的时间进行交换。(第2款)证据交换一般不超过两次。但重大、疑难和案情特别复杂的案件，人民法院认为确有必要再次进行证据交换的除外。”2017年发布的《行诉法解释》第38条也规定，在行政诉讼中，对于案情比较复杂或者证据数量较多的案件，人民法院可以组织当事人在开庭前向对方出示或者交换证据，并将交换证据清单的情况记录在卷。当事人在庭前证据交换过程中没有争议并记录在卷的证据，经审判人员在庭审中说明后，可以作为认定案件事实的依据。

2. 评述

(1) 适用范围。

证据交换的适用范围包括案件适用范围和证据适用范围。

案件适用范围是指何种案件需要进行证据交换。《民事证据规定》将庭前证据交换作为一种例外来加以规定，即仅适用于证据较多或疑难复杂案件及当事人申请的案件。对于案情简单或证据不多的案件，除当事人申请外，仅通过指定举证期限来固定证据和争议焦点，不适用证据交换。《民事证据规定》未把证据交换设置为民事诉讼普遍适用的一般规则，其出发点显然在于通过缩小其适用范围达到提高诉讼效率的目的。但本书认为，这种以案情难易或证据多寡为标准来确定证据交换适用的制度存在太大的主观随意性，而且，案情的难易及证据的多寡在证据交换前根本就无法确定。因此，证据交换的适用应完全由法律予以明确规定，不应由当事人申请或法官臆断，即应当采用法定型的证据交换，而非申请型或法官裁量型的证据交换。同时，应当将证据交换作为一般原则，而由法律明确规定不适用的例外情形。

至于证据交换适用的证据范围，《民事证据规定》并未予以明确，但依举证的基本理论可推知，凡是与案件在事实上和法律上有关联的，将在法庭上使用的证据方法，原则上都应被提交和交换。

(2) 证据交换的主体。

《民事证据规定》虽然规定由审判人员主持证据交换，但并未具体明确是由合议庭组成人员还是由其他审判人员主持。理论上对此产生了不少争议，实践中也出现了不同做法。一种观点认为，为防止证据交换可能对审案法官产生预决，应采取证据交换主持法官与庭审法官相分离的原则，由立案庭法官或专门法官主持证据交换。另一种观点认为，由立案庭法官或专门法官主持证据交换，在实际操作中容易造成庭前准备工作与案件审判工作相脱节，使庭审法官对案件整体的把握受到限制，故应由合议庭评审法官来主持交换，但同时应禁止审判人员与当事人单独接触。① 本书认为，当事人交换证据只是为了查阅、辨认和掌握对方的证据，为当庭质证做准备。法官主持交换证据的目的是为了明确和固定双方的诉讼请求和争点，并非是在开庭前对证据进行实质性的调查。只要在庭前证据交换中严格把握程序性原则，只进行程序性的交换与核对，不进行证据的质证和认证，无论是由立案庭法官或专门法官主持，还是由合议庭评审法官主持，都应当是被允许的。

目前有些法院在推行证据交换制度过程中，主持法官不仅对证据进行交换，而且进一步对证据进行质证和认证，使证据交换变味成预备庭审或开庭审理。这种做法不仅不符合庭前证据交换制度的设立目的，而且也不符合我国目前的审判组织形式。对于普通案件的审理，我国法院行使审判权的组织是合议庭，而非某个法官个人，故对证据的质证和认证应由合议庭全体成员共同进行。主持证据交换的法官即便是合议庭法官之一，其个人也只能主持进行证据交换的程序性工作，证据的质证和认证只能由合议庭在庭审时共同进行。

（3）证据交换的形式。

《民事证据规定》未对证据交换的具体形式作出规定。目前域外通行的关于庭前证据交换的形式是当事人照会制度和审前会议制度，且效果较好，一方面可以为庭审作好准备，另一方面也为当事人的庭前调解和和解创造了机会。因此本书认为，我国也可以采用会议制的方式进行证据交换，即由法官在庭审前组织双方当事人及其诉讼代理人召开会议，围绕双方争议的焦点进行证据交换，并在形式上对当事人的证据交换提供指导和帮助。

对于证据不多、案情不复杂的案件，或者当事人在外地，交换证据不便的案件，一律要求举行审前会议进行证据交换较为费时、费力，可以选择采取交换证据目录及证据复印件的方式。由法院在送达起诉状副本、传票、应诉通知书的同时确定提交证据的时间（可把时间确定在答辩期内），然后把一方的证据目录及证据复印件送达对方即可，无须双方同时在场，并且可由书记员完成。日本的书面准备程序即属于类似做法，在当事人居住于相隔很远的地方或在其他相当的情况下，法院在听取当事人意见之后，可以决定进行通过书状的准备程序，即当事人不出庭，通过提出准备书状等方法整理书状等方法整理争点和证据。当然，在简易交换过程中，如发现双方提交的证据较多，案情较复杂，也可转换为审前会议的形式。

① 参见李国光主编：《最高人民法院〈关于民事诉讼证据的若干规定〉的理解与适用》，中国法制出版社 2002 年版，第 298 页。

（4）证据交换的时间、地点和次数。

从《民事证据规定》第38条可以看出，证据交换制度和举证期限制度的时间刚好对接，两者的适用在时间上存在连续性，证据交换之日即为举证期限届满之日，人民法院准许当事人延期举证的，证据交换日相应顺延。

对于证据交换的地点，虽然《民事证据规定》未予明确，但根据我国的民事审判实践，一般应由当事人亲自到交换地法院进行，如有一方当事人确属特殊情况无法亲自到达交换地法院，可以委托其诉讼代理人代为办理证据交换，如果确实无法到场，法院可以视具体情况，允许其以邮寄、传真或电子邮件等方式交换证据。

由于证据的种类和表现形式的不同，以及当事人对不同证据的认识不同，诉讼实践中对对方当事人提出的证据完全不加反驳的情形是非常少见的。因此，法院主持证据交换时，一次达到目的的情况并不多，为平等保护当事人诉讼权利法院应组织多次证据交换，但为了防止当事人尤其是被告利用证据的多次交换来拖延诉讼，应对证据的次数作出必要的限制，依《民事证据规定》第40条第2款之规定，一般不应超过两次，且对再次举证的期限应从严控制。

（5）证据交换和当庭举证、质证、认证。

依我国《民事诉讼法》的规定，举证、质证和认证应当当庭进行。其目的在于充分保护双方当事人参与诉讼的权利，保障法院所作裁判的中立性、公开性和公正性。而证据交换则是庭审前在法院的主持下由双方当事人共同参与就案件的证据进行程序性处理，其目的在于固定、保全证据，确立争点，为庭审中对证据的认证和对事实的认定作出准备。在庭前证据交换过程中，除当事人自己对案件证据和事实作出实体认可和处分外，法院在证据交换中不涉及对实体问题的处理。当事人的当庭举证应当以在庭前证据交换过程中提出举证主张为前提，即使当事人在庭前证据交换过程中，确因客观原因不能出示证据的，也应当以证据目录或其他的形式提出提交该证据的主张，否则，除非对方当事人同意，法院一般不组织当庭质证。因此，证据交换制度与当庭举证、质证和认证是统一的，前者的有效实行是后者顺利进行的基础和保障，后者的顺利推进则是前者实行的目的和任务。

四、当事人举证与法院查证的关系

（一）民事诉讼法的规定及评述

在我国，自新中国成立初期即逐步形成了带有浓重苏联色彩的民事诉讼模式。此种模式最为突出的特征在于，法院可以在当事人的请求范围之外依职权主动调查收集证据且能将其作为认定案件事实的根据。而当事人的举证反倒成为法院依照其调查收集所得的证据认定案件事实的辅助手段，诉讼的最终结果往往在相当大的程度上或者根本就与当事人举证全然无关。1982 年颁行的《民事诉讼法（试行）》极为典型地折射出了此种基本上由法院包揽证据调查收集的民事诉讼格局。该法第 56 条第 1 款虽然规定“当事人对自己提出的主张，有责任提供证据”，但紧接着却在该条第 2 款要求“人民法院应当按照法定程序，全面地、客观地收集和调查证据”。两款之间自相矛盾的逻辑关系以及第 1 款中当事人举证行为与诉讼结果的完全脱钩，直接造成了当事人对其证明责任的敷衍塞责甚至完全放弃，并使视查明案件事实为己任的人民法院由此背上了全面调查取证的沉重包袱。严重失调的诉讼格局和低下的诉讼效率对于他方当事人及人民法院来讲，均已成为苦不堪言的重负。

这一关于人民法院全面调查收集证据的畸形机制终于被现行民事诉讼法中人民法院只能有限度地调查收集证据的规定所取代。《民事诉讼法》第 64 条规定：“（第 1 款）当事人对自己提出的主张，有责任提供证据。（第 2 款）当事人及其诉讼代理人因客观原因不能自行收集的证据，或者人民法院认为审理案件需要的证据，人民法院应当调查收集。（第 3 款）人民法院应当按照法定程序，全面地、客观地审查核实证据。”可见，在通常情况下，证据均应由当事人负责收集并向法院提供，而人民法院则只是在某些特殊情况下才有调查取证之职责。但不能否认的是，《民事诉讼法》第 64 条第 1 款所规定的当事人应负的证明责任仍仅仅停留在行为要求的层面上，依旧与诉讼结果的应有制约相互分离，加之该条第 2 款中前一句式语义上的含混模糊和后一句式对适用情形的概括无度，无异于赋予了人民法院在证据的调查收集上拥有几乎不受任何限制的自由裁量权。由此观之，在当事人举证与人民法院查证之间，实际上并未形成泾渭分明、各自独立的适用界限。此种立法现状，直接致使审判实践中的证据收集活动紊乱到了无以复加之地步，其主要表现是，要么在证据的收集上出现当事人与人民法院均拒绝涉足的“真空地带”，从而致使相当一部分案件长期处于悬而未决的“梗阻”状态，要么是人民法院近乎武断地基于所谓审理案件的“需要”而在证据的调查收集上大包大揽，从而使当事人之举证名存实亡，而这种大包大揽的背后，通常都与地方保护主义甚至枉法裁判之间有着若隐若现的联系，这在相当大的程度上已是不争的事实。此种状况的客观存在虽然尚不足以表明我国现行民事诉讼法所设定的证据收集范式就是《民事诉讼法（试行）》原有规定的简单复归，但若要说二者之间存在多大的实质性差异显然也是一种自欺欺人的溢美之辞。①

（二）《民诉适用意见》和《民事审改规定》的规定及评述

最高人民法院用《民诉适用意见》第 73 条“依照民事诉讼法第 64 条第 2 款规定，由人民法院负责调查收集的证据包括：①当事人及其诉讼代理人因客观原因不能自行收集的；②人民法院认为需要鉴定、勘验的；③当事人提供的证据互相有矛盾、无法认定的；④人民法院认为应当由自己收集的其他证据”的规定对《民事诉讼法》作了相应的补充性解释。但令人感到遗憾的是，即便撇开因司法解释本身所固有的刚性不足之弱点故而难以完全弥补立法上的缺漏不谈，单就其内容而言，其实亦远未能够做到对立法上的模糊规定作出富于操作性的精巧设计。若就其中所含适用情形的数目而言，确实要较立法上的列举为多，故而似乎已有改良，然而究其实际内容，除去第③项之外，其余诸项所涵括的内容与立法上之规定其实并无二致，不过是对立法规定的如实“复印”而已。具体来讲，其中第①项显然只是对《民事诉讼法》第 64 条第 2 款中前一句式所做的毫无实际意义的机械移植，而第②项、第④项则因均含有“人民法院认为”这一弹性十足且主观色彩极为浓重的字眼而在实际上与《民事诉讼法》第 64 条第 2 款中之后一句式的内涵如出一辙，亦无任何新意。就第②、④两项的彼此关系来讲，前者充其量只是后者之徒具象征意义的“例证”而已。至于第③项“当事人提供的证据互相有矛盾、无法认定”之规定，虽然具有“扩充”立法规定之相对独立内涵，但将其列举为人民法院依职权主动调查收集证据的第三种情形，显然是直接有违证明责任原理的。道理很简单，因为在案件审理过程中，一旦出现“当事人提供的证据互相有矛盾、无法认定”这种状况，即表明此案件陷入了真伪不明、曲直难辨的状态。在这种情况下，人民法院所要做的就是也只能是适用证明责任规则对案件作出裁判，即判决负有证明责任的一方当事人败诉，而不能越俎代庖地去主动调查收集证据。事实上，即便是人民法院置证明责任机制于不顾去主动调查收集证据，也未必就能及时收集到足以打破因当事人提供的证据互相矛盾而使案情隐入真伪不明、曲直难辨状态所需要的证据。基于不得拒绝作出裁判的诉讼原理，人民法院到头来往往还得依证明责任规则对案件作出裁判。② 接下来的

① 参见赵钢、占善刚：《也论当事人举证与人民法院查证之关系》，载《法商研究》1998 年第 6 期。

② 参见赵钢、占善刚：《也论当事人举证与人民法院查证之关系》，载《法商研究》1998 年第 6 期。

《民事审改规定》第 3 条第 1 款对人民法院查证情形的规定与《民诉适用意见》第 73 条基本如出一辙，仅是用该条第 2 款“上述证据经人民法院调查，未能收集到的，仍由负有举证责任的当事人承担举证不能的后果”的规定明确了法院查证不能的后果，并未实质性地厘清两者之间的关系。

(三)《民事证据规定》的规定及评述

《民事证据规定》在法院查证问题上有较为根本的改观。第 15 条规定了法院依职权主动调查收集的两种情形，在实体法方面，为涉及可能有损国家利益、社会公共利益或者他人合法权益的事实；在程序法方面，为涉及依职权追加当事人、中止诉讼、终结诉讼、回避等与实体争议无关的程序事项。这一规定已经与大陆法系先进法治国家和地区的相关立法非常接近，已与法院查证的原理较为契合。

除第 15 条规定的法院应依职权调查收集的证据范围外，依第 16 条的规定，法院对其他证据的调查收集只能以当事人的申请为条件，没有当事人申请，法院不得进行调查收集证据行为，且对当事人及其法定代理人可以申请法院调查收集证据的范围也作了限制。第 17 条规定：“符合下列条件之一的，当事人及其诉讼代理人可以申请人民法院调查收集证据：（一）申请调查收集的证据属于国家有关部门保存并须人民法院依职权调取的档案材料；（二）涉及国家秘密、商业秘密、个人隐私的材料；（三）当事人及其诉讼代理人确因客观原因不能自行收集的其他材料。”除该条第（三）项兜底条款使得“客观原因”界定不明外，第（一）、（二）确实属于当事人客观上难以自行收集的证据，从攻防手段平衡的角度来说，确实有请求法院调查收集的必要。对于当事人申请法院调取相关证据的方式，第 18 条规定：“当事人及其诉讼代理人申请人民法院调查收集证据，应当提交书面申请。申请书应当载明被调查人的姓名或者单位名称、住所地等基本情况、所要调查收集的证据的内容、需要由人民法院调查收集证据的原因及其要证明的事实。”对于当事人申请法院调取相关证据的时间，第 19 条第 1 款规定：“当事人及其诉讼代理人申请人民法院调查收集证据，不得迟于举证期限届满前 7 日。”而第 19 条第 2 款则规定了人民法院对当事人及其诉讼代理人的申请不予准许的救济，即人民法院“应当向当事人或其诉讼代理人送达通知书。当事人及其诉讼代理人可以在收到通知书的次日起 3 日内向受理申请的人民法院书面申请复议一次。人民法院应当在收到复议申请之日起 5 日内作出答复”。

(四)《民诉法解释》的规定及评述

2015 年 1 月颁布的《民诉法解释》进一步丰富了法院调查收集证据的情

形并细化了相关条件和要求。该解释第 94、95 条规定，《民事诉讼法》第 64 条第 2 款规定的当事人及其诉讼代理人因客观原因不能自行收集的证据包括：（一）证据由国家有关部门保存，当事人及其诉讼代理人无权查阅调取的；（二）涉及国家秘密、商业秘密或者个人隐私的；（三）当事人及其诉讼代理人因客观原因不能自行收集的其他证据。当事人及其诉讼代理人因客观原因不能自行收集的证据，可以在举证期限届满前书面申请人民法院调查收集。当事人申请调查收集的证据，与待证事实无关联、对证明待证事实无意义或者其他无调查收集必要的，人民法院不予准许。其第 96 条细化了法院可以依职权主动调查收集证据的情形：（一）涉及可能损害国家利益、社会公共利益的；（二）涉及身份关系的；（三）涉及民事诉讼法第五十五条规定诉讼的；（四）当事人有恶意串通损害他人合法权益可能的；（五）涉及依职权追加当事人、中止诉讼、终结诉讼、回避等程序性事项的。除此五种情形之外，人民法院调查收集证据，应当依照当事人的申请进行。至于法院调查收集证据的程序，该解释第 97 条要求，人民法院调查收集证据，应当由两人以上共同进行。调查材料要由调查人、被调查人、记录人签名、捺印或者盖章。

五、证据保全

（一）证据保全的概念与功能

1. 证据保全的概念

诉讼是一个过程，从当事人起诉到法院宣判，其间要经过立案、庭前准备、开庭、证据调查、法庭辩论、合议及宣判等一系列环节。这些环节的推进自然需要一定的时间，而在诉讼中，有一些证据又不能为在特定环节的展示等待太久的时间，否则会因自然或人为的原因灭失或损坏。为此，有必要采取一些必要的方式对这些证据及时地固定或保护，即对其采取一定的保全措施，以备将来的诉讼环节中可予调查，此便涉及证据保全。所谓证据保全，是指在诉讼前或诉讼中，在法定的情况下，法院根据当事人的请求或依职权采取措施对证据加以固定和保护的行为。

证据保全是大陆法系的传统做法，其作为一种制度始创于寺院法，后继受德国普通法并沿传至今，为许多大陆法系国家的地区的立法所采用。① 在英美法系证据法上，因有证据开示制度保障证据的提出与展示，其功能和作用与大

① 参见毕玉谦：《证据保全程序问题研究》，载《北京科技大学学报（社会科学版）》2001 年第 2 期。

陆法系证据法上证据保全制度基本相当，故未在证据开示制度之外又规定一套独立的证据保全制度。同时，在由拥有强大侦查权的侦查机关进行证据调取的公诉案件中，证据保全基本没有发挥作用的空间，故该制度主要适用于大陆法系的民事诉讼、行政诉讼和刑事自诉领域，其中，又以纠纷双方地位平等的民事诉讼中最显其功用。

2. 证据保全的功能

（1）保障证据调查的顺利开展。

虽然人人皆知证据对于解决争端时所能起到的重要作用，但是，一般来讲，出于情面、关系等种种因素的考虑，一般主体基于防患于未然而在纠纷发生前对证据加以保全的观念仍然相当淡薄，一旦事后发生争端，则因证据突然灭失或者发生客观上的障碍难免产生诉讼上的不利后果。而证据调查通常是在诉讼系属以后，诉讼程序进行到一定程度并认为有必要时方予进行，此时难免因情势变迁、物理上的变化或者其他意外原因而发生证据有碍使用的隐患，因此，证据保全最直接的目的在于事前防范，使特定证据得以顺利进入庭审后的证据调查程序，保障调查的顺利开展。

（2）疏减讼源。

诉讼的发生，并非完全由于双方当事人各持己见的结果，而是常常因为一方当事人未能保全其证据，他方趁机否认其权利所致。如果证据保全完整无缺，在相当程度上便可减少案件发生的几率。同时，当事人如果在起诉前申请证据保全，可以利用法院所保全的证据了解案件的实际状况，并有可能就某些事项达成一致，从而促成争议的解决，避免纠纷的扩大。此外，当事人即使在将来提起诉讼，因当事人在诉前证据保全程序中已经就某些争议事项达成一致，故在法官审理时，可以减少争点，节省法院的司法资源和当事人的诉讼成本，达到促进诉讼经济的目的。而且，当事人即使在证据保全程序中未能就某些事项达成一致，其事后仍然可通过和解、调解或仲裁等多种方式促成纠纷的解决。可见，证据保全深层次的功能乃在于疏减讼源，化解纠纷。从各国或地区证据保全制度的发展趋势来看，有逐渐凸显该机能的倾向，当然，与之相配套的是延长证据调查的期间，从诉讼中延伸至诉前证据保全程序中。如德国民事诉讼法第 492 条第 3 款规定："在预期可以达成一致时，法院可传唤双方当事人进行口头讨论；和解应记入法庭记录。"我国台湾地区"民事诉讼法"在 2000 年修改之后，增加了第 376 条之一"保全证据程序中之协议及其笔录"的内容，即"（第 1 款）本案尚未系属者，于保全证据程序期日到场之两造，就诉讼标的、事实、证据或其他事项成立协议时，法院应将其协议记明笔录。（第2款）前项协议系就诉讼标的成立者，法院并应将协议之法律关系及争议情形记明笔录。依其协议之内容，当事人应为一定之给付者，得为执行名义。（第3款）协议成立者，应于10日内以笔录正本送达于当事人。（第4款）第212条至第219条之规定（言词辩论笔录相关规则），于前项笔录准用之。”

（二）证据保全的情形

从大陆法系国家和地区关于证据保全制度的立法来看，其适用情形主要有以下三种：

1. 证据可能灭失或以后难以取得

为避免证据灭失或使用上的困难而采取一定的固定或保护措施，以期将来得以举证，这是最传统、最广泛的适用证据保全的情形。可能灭失的情形，如证人身患疾病有死亡的可能、鉴定或勘验之物将因天然或因对方当事人的行为有消灭、变更的隐患、有关机关保管的文卷已将逾越保存期限有焚毁的可能的情形等；以后难以取得的情形，如证人即将远行、证物即将为对方当事人和第三人携带出国等。有无证据可能灭失或以后难以取得的危险，应由法官依据具体的案件情况加以认定，其应对申请方的证据保全利益和对方当事人的证据保全负担之间进行利害衡量，如对于申请方而言，其以通常程序取得之间并无困难时，即未达到证据保全的条件。如德国民事诉讼法第485条第1款规定，在证据方法有灭失或难以使用之虞时，在诉讼程序进行中或开始前，依一方当事人的申请，可以命令进行勘验、讯问证人或由鉴定人为鉴定。日本民事诉讼法第234条规定：“法院认为，如不预先进行调查证据则产生难以使用该证据的情形时，根据申请，依照本章的规定，可以进行调查证据。”我国台湾地区“民事诉讼法”第368条第1款规定，证据有灭失或碍难使用之虞，得向法院声请保全。

2. 对方当事人同意

证据虽无灭失或以后难以取得的危险，如果经过对方当事人同意，当事人也可以向法院声请证据保全。此种情形主要目的不在于保存证据的现状或维持其效用，而在于事前确定事实关系，不必等到诉讼中的证据调查阶段再为证据调查，有助于实现诉讼经济。但实务中，由于当事人之间存在相互冲突的利害关系，在通常情况下一方当事人向法院申请保全证据，很难取得对方的同意。所以在日本民事诉讼法上，一方面使用机会较少，另一方面为防止频繁引发将来的诉讼，故于1926年将之删除。① 德国民事诉讼法在1990年实行独立证据程序②后，其第485条第1项③仍然保留了这种情形，但实践中除准备合意解决纠纷的当事人方会使用外，在其他情形下并无太多的实际意义。我国台湾地区“民事诉讼法”第368条第1款也保留了这种情形，规定经他造同意者，得向法院声请保全。

3. 确定事、物的现状

证据保全的机能除了消极地保存证据而使之不致灭失外，更重要的在于经由先行的证据调查以确定案件事实，一方面有助于在本案诉讼系属中可集中力量就法律问题或其他较复杂的事实问题进行审理，另一方面也可以因某种程度上事实的查清而有助于促成当事人以裁判外的方式解决纠纷。而确定事、物的现状这种情形就集中地反映了这一目的。如在医疗纠纷中，医院的病历通常并无灭失或以后难以取得的危险，但为确定案件事实，避免遭到篡改，即有申请保全该书证的必要。又如，对于遭受人身伤害的当事人的人身伤害程度及原因也可以申请鉴定。德国民事诉讼法第485条第2款规定：“诉讼尚未系属于法院时，一方当事人可以申请由鉴定人进行书面鉴定，但以申请人就鉴定事项有法律上的利害关系并须确定下列事项之一时为限：①确定人身状态或物的价值的状况；②确定人身伤害、物的损害或物的损失是否发生；③确定为排除人身伤害、物的损害或物的损失所支出的费用。此种确定有助于避免诉讼的进行时即为有法律上的利害关系。”我国台湾地区2000年修订“民事诉讼法”时也加入了这一情形，其第368条规定，就确定事、物之现状有法律上利益并有必要时，亦得声请为鉴定、勘验或保全书证。

（三）证据保全的范围

证据保全的范围指在立法上或审判实务上对何种证据方法可以采取保全措施。从大陆法系主要国家和地区的立法例上来看，各国和地区的范围有所不同。

---

① 参见许世宦：《起诉前之证据保全》，载《台大法学论丛》第32卷第6期。

② 德国民事诉讼法上的证据保全部分原名为“证据保全”，1990年修改后，将证据保全的适用期间从诉讼系属中扩展至诉讼系属之前，故将本部分更名为“独立证据程序”。参见谢怀栻译：《德意志联邦共和国民事诉讼法》，中国法制出版社2002年版，第111页“译者注”。

③ 德国民事诉讼法第485条第1款规定，除在证据方法有灭失或难以使用之虞外，当事人同意时，在诉讼程序进行中或开始前，依一方当事人的申请，可以命令进行勘验、讯问证人或由鉴定人为鉴定。

从德国民事诉讼法第485条第1项和第2项的规定来看，在证据可能灭失或以后难以取得和对方当事人同意两种情形下，其证据保全适用于勘验、证人的讯问和鉴定人的鉴定三种证据方法；在确定事、物的现状情形下仅适用于鉴定。但实务中并未排除对书证的适用，可以通过勘验或提起确认证书真伪之诉以排除文书的伪造或变造，或经由讯问证人、鉴定人的方式间接认识到书证的内容。对于当事人讯问，因为在第485条制定时，理论上并未将当事人讯问认定为一种自由心证下的证据方法，所以德国学界认为在已将当事人讯问界定为一种独立的证据方法的现状下，也可以适用证据保全。①

日本民事诉讼立法对证据保全的范围并未作出明确的规定，理论上和实践中一般均认为人证、书证、勘验、鉴定及当事人讯问等五种证据方法都可予以适用证据保全。②

我国台湾地区“民事诉讼法”对证据有灭失或碍难使用之虞和经他造同意两种情形下的适用范围未作明确规定，理论上和实务中采取跟日本一样的解释，即适用于所有种类的证据方法。而对确定事、物现状的情形仅适用于鉴定、勘验或书证。③

(四) 证据保全的申请

1. 申请主体

证据保全程序原则上是根据当事人的申请而开始的（德国民事诉讼法第485条；日本民事诉讼法第234条；我国台湾地区“民事诉讼法”第368条第1款）。申请通常是由认为该证据能够用来支持其主张的一方当事人所提出，但是倘若双方当事人都认为证据有利于其主张的，也可以由双方当事人提出。

当然，在诉讼开始之后，法院如果认为有必要也可以依职权主动进行，以免当事人因申请迟延或不知道可为此项申请导致证据灭失或难以使用。如日本民事诉讼法第237条规定：“法院认为必要时，在诉讼系属中，可以依职权作出保全证据的裁定。”我国台湾地区“民事诉讼法”第372条规定：“法院认为必要时，得于诉讼系属中，依职权为保全证据之裁定。”

2. 申请的方式

申请的方式是指申请人向法院以何种形式提出证据保全的申请以及在特定形式下应列明或表明何种具体事项。一般来说，保全证据的申请应以书面方式

---

① 参见沈冠伶：《证据保全制度》，载台湾《月旦法学杂志》第76期。

② 参见沈冠伶：《证据保全制度》，载台湾《月旦法学杂志》第76期。

③ 参见沈冠伶：《证据保全制度》，载台湾《月旦法学杂志》第76期。

进行，但并非必须以书面为限，申请人也可以言词请求书记员制成笔录（德国民事诉讼法第486条第3款）。有关申请上应表明的具体事项，德国民事诉讼法第487条规定："申请应表明下列各点：1. 对方当事人；2. 应该证明的事项；3. 证人的姓名、或者第485条所许可的其他证据方法；4. 对于符合于独立的证据程序以及法院有管辖权的事项的释明。"我国台湾地区"民事诉讼法"第370条规定："（第1项）保全证据之声请，应表明下列各款事项：一、他造当事人，如不能指定他造当事人者，其不能指定之理由。二、应保全之证据。三、依该证据应证之事实。四、应保全证据之理由。（第2项）前项第1款及第4款之理由，应释明之。"

3. 对申请作出裁判的形式及程序上的效力

保全证据的申请由受申请的法院予以裁定（德国民事诉讼法第490条第2款；日本民事诉讼法第238条；我国台湾地区"民事诉讼法"第371条第1款）。

在作出裁定前，就保全证据的要件、管辖权的有无、申请是否符合程式等事项加以调查，至于待证事实是否重要不必加以审究。作出裁定前有必要时，也可进行任意性言词辩论（德国民事诉讼法第490条第1款）。

法院认为保全证据的申请为正当的，在作出准予保全证据的裁定时，应表明证据及待证事实，以使当事人获悉保全证据的范围（德国民事诉讼法第490条第2款；我国台湾地区"民事诉讼法"第371条第2款）。

德国民事诉讼法第490条第2款和日本民事诉讼法第238条规定，对于证据保全的裁定，不管法院是否支持申请，当事人均不得提出不服声明。而我国台湾地区"民事诉讼法"第371条第3款则规定："驳回保全证据声请之裁定，得为抗告，准许保全证据之裁定，不得声明不服。"相比较而言，德国和日本民事诉讼法对裁定结果不服的救济均作出禁止性规定，是与其现行法对于证据保全程序适用的范围和程序本身趋于较严格控制相一致的，其目的在于强化法院的职权作用，适当弱化申请人任何主观随意性对诉讼程序可能产生的制衡作用。

（五）证据保全的管辖

1. 起诉前的管辖

本案未系属前，保全证据的申请，并非必须向本案管辖法院起诉，为求得调查证据的便利，应由受询问人居住地或者证物所在地法院管辖。如德国民事诉讼法第486条第2款规定："诉讼尚未系属时，申请向应在申请人起诉后就本案为裁定的法院提出。在以后的诉讼程序中，申请人不得主张该法院无管辖权。”日本民事诉讼法第 235 条第 2 款规定：“提起诉讼前的保全证据的申请，应当向管辖应受询问的人或持有文书的人居所或者勘验物所在地的地方法院或简易法院提出。”我国台湾地区“民事诉讼法”第 369 条第 1 款规定，保全证据之申请，在起诉前，向受讯问人居住地或证物所在地之地方法院为之。

2. 起诉后的管辖

保全证据的申请在起诉后提起的，应向受诉法院提出。当诉讼系属于第一审时，向一审法院提起；当诉讼系属于第二审时，则应向第二审法院提出。至于其诉讼已在第一审辩论终结尚未上诉于第二审时，仍应向第一审法院提出申请，这是因为此时该案件尚未系属于第二审法院的缘故。但在遭有紧急情形时，证据保全的申请也可向受询问人或者证物所在地的法院提出，这属于起诉后的例外情形，不能与起诉前的情形相混淆。如德国民事诉讼法第 468 条第 1 款规定：“已发生诉讼系属时，申请向受诉法院提出。”日本民事诉讼法第 235 条第 1 款规定：“提起诉讼后的证据保全的申请，应当向使用该证据的审级法院提出。但是，最初的口头辩论的期日被指定或者把案件交付辩论程序或书面准备程序之后至口头辩论终结前的期间，应当向受诉法院提出。”第 239 条规定：“在本法第 235 条第 1 款但书所规定的情况下，法院可以使受命法官调查证据。”我国台湾地区“民事诉讼法”第 369 条第 1 款规定，保全证据之声请，在起诉后，向受诉法院为之。

3. 起诉后有紧急情况时的管辖

起诉后保全证据的申请，本应向受诉法院提出，而保全证据是以证据有灭失或难以使用的危险为原因时，常常出现稍纵即逝的紧迫情形，如应保全的证据不在受诉法院所在地，即难以达到保全证据的效果，因此，法律规定此时也可向证人或鉴定人居住地或者证物所在地的地方法院提出。有无急迫情形，由受申请的法院予以断定。如德国民事诉讼法第 486 条第 3 款规定：“在有急迫的危险时，声请也可向应讯问或应鉴定的人所在的、或应勘验或应鉴定的物所在的初级法院提出。”日本民事诉讼法第 235 条第 3 款规定：“在紧急情况下，即使在提起诉讼之后，也可以向本条前款的地方法院或简易法院提出保全证据的申请。”我国台湾地区“民事诉讼法”第 369 条第 2 款规定：“遇有急迫情形时，于起诉后，亦得向前项地方法院声请保全证据。”另外，在诉讼程序合法停止期间，不得从事与本案有关的诉讼行为，但保全证据基于时间上具有急迫性的理由，应理解为如有证据保全的原因，当事人仍可以申请保全证据。

（六）证据保全的效力

证据保全一般将产生如下效力：

1. 对保全的证据双方当事人均可加以利用

保全的证据为双方当事人共同或者相互间发生事实关系的证明，因此不但申请保全证据的当事人可予以使用，如果对方当事人认为该种证据对其有利时也可以加以使用。

2. 保全的证据效力并不必然及于待证事实

证据保全要么发生于诉讼系属之前，要么发生于虽已进入诉讼系属但尚未达到调查的程度之前，则待证事实是否重要，法院无从加以审查，自然不能直接认定其效力。如我国台湾地区“民事诉讼法”第 370 条第 2 款设有保全证据的申请应释明依该证据证明的事实的规定，而所谓释明是指说明其事实与证据关系的梗概或者提出初步资料即可，并非必须其证据足以证明其事务，也就是说，所保全证据的效力仅及于保全程序本身，与查明待证事实的证据调查程序并无必然的关系。

3. 已保全的证据证明讼争事实的仍应在辩论中予以陈述

即使已经保全的证据，事后未经当事人主动向法院提出，法院亦不可直接对其进行法庭调查并采纳为裁判的根据。这种做法乃出于对法官中立、超然地位的认知，以免法官主动介入会妨碍当事人各方在自主、对等的条件下从事诉讼活动。如日本民事诉讼法第 242 条规定：“在保全证据的程序中已经询问的证人，当事人在口头辩论中申请询问时，法院应当对该证人进行再次询问。”我国台湾地区“民事诉讼法”第 375 之一条规定：“当事人就已于保全证据程序讯问之证人，于言词辩论程序中声请再为讯问时，法院应为讯问。但法院认为不必要者，不在此限。”

4. 证据保全的费用视为诉讼费用

日本民事诉讼法第 241 条和我国台湾地区“民事诉讼法”第 376 条均规定，保全证据程序之费用，除别有规定外，应作为诉讼费用之一部定其负担。证据保全程序是证据调查程序的一部分，因此其产生的费用应属于证据调查费用之列，故自然属于诉讼费用。① 但当采取证据保全后，当事人如果未提起诉讼，此时保全费用的承担依我国台湾地区“民事诉讼法”第 376 条之二第 2 款的规定，应由证据保全申请人承担相应的费用。

5. 对不遵从证据保全命令的制裁

---

① 参见陈计男：《民事诉讼法论》（上），台湾三民书局股份有限公司 1999 年版，第 511 页。

基于证据保全程序与本案诉讼程序的关联性，受诉法院在诚信原则的指导下，在当事人无正当理由不遵从证据保全命令时，可以在自由心证的范围内以违反证据协力义务为由作出一定的评价从而使得本案的诉讼结果对其不利。同时，由于证据保全程序具有开示证据而作为本案诉讼准备程序的机能，如果本案诉讼程序因一方当事人不遵从证据保全命令发生迟延，则因此产生的相关费用应由该违令方承担。

（七）我国的现有规定

我国关于证据保全的规定在立法和司法解释中均有体现。

1. 普通民事诉讼程序中的规定

《民事诉讼法》第 81 条规定：“（第 1 款）在证据可能灭失或者以后难以取得的情况下，诉讼参加人可以向人民法院申请保全证据，人民法院也可以主动采取保全措施。（第 2 款）因情况紧急，在证据可能灭失或者难以取得的情况下，利害关系人可以在提起诉讼或者申请仲裁前向证据所在地、被申请人住所地或者对案件有管辖权的人民法院申请保全证据。”

2001 年最高人民法院颁布的《关于对诉前停止侵犯专利权行为适用法律问题的若干规定》第 16 条第 1 款规定：“人民法院执行诉前停止侵犯专利权行为的措施时，可以根据当事人的申请，参照民事诉讼法第 74 条的规定，同时进行证据保全。”

2001 年最高人民法院颁布的《关于诉前停止侵犯注册商标专用权行为和保全证据适用法律问题的解释》第 1 条第 1 款规定：“根据商标法第 57 条、第 58 条的规定，商标注册人或者利害关系人可以向人民法院提出诉前责令停止侵犯注册商标专用权行为或者保全证据的申请。”第 2 条规定：“诉前责令停止侵犯注册商标专用权行为或者保全证据的申请，应当向侵权行为地或者被申请人住所地对商标案件有管辖权的人民法院提出。”第 3 条第 2 款规定：“商标注册人或者利害关系人向人民法院提出诉前保全证据的申请，应当递交书面申请状。申请状应当载明：（一）当事人及其基本情况；（二）申请保全证据的具体内容、范围、所在地点；（三）请求保全的证据能够证明的对象；（四）申请的理由，包括证据可能灭失或者以后难以取得，且当事人及其诉讼代理人因客观原因不能自行收集的具体说明。”第 5 条规定：“人民法院作出诉前停止侵犯注册商标专用权行为或者保全证据的裁定事项，应当限于商标注册人或者利害关系人申请的范围。”第 6 条第 2 款规定：“申请人申请诉前保全证据可能涉及被申请人财产损失的，人民法院可以责令申请人提供相应的担保。”

第 12 条规定："商标注册人或者利害关系人在人民法院采取停止有关行为或者保全证据的措施后 15 日内不起诉的，人民法院应当解除裁定采取的措施。"第 15 条规定："被申请人违反人民法院责令停止侵犯注册商标专用权行为或者保全证据裁定的，依照民事诉讼法第 102 条规定处理。"

2001 年《民事证据规定》第 23 条规定："（第 1 款）当事人依据《民事诉讼法》第 74 条的规定向人民法院申请保全证据，不得迟于举证期限届满前 7 日。（第 2 款）当事人申请保全证据的，人民法院可以要求其提供相应的担保。（第 3 款）法律、司法解释规定诉前保全证据的，依照其规定办理。"第 24 条规定："（第 1 款）人民法院进行证据保全，可以根据具体情况，采取查封、扣押、拍照、录音、录像、复制、鉴定、勘验、制作笔录等方法。（第 2 款）人民法院进行证据保全，可以要求当事人或者诉讼代理人到场。"

2006 年最高人民法院颁布的《关于审理涉及计算机网络著作权纠纷案件适用法律若干问题的解释》第 7 条第 2 款规定："著作权人出示上述证明后网络服务提供者仍不采取措施的，著作权人可以依照著作权法第 49 条、第 50 条的规定在诉前申请人民法院作出停止有关行为和财产保全、证据保全的裁定，也可以在提起诉讼时申请人民法院先行裁定停止侵害、排除妨碍、消除影响，人民法院应予准许。"

2015 年 1 月颁布的《民诉法解释》第 98 条规定，当事人根据《民事诉讼法》第 81 条第 1 款规定申请证据保全的，可以在举证期限届满前书面提出。证据保全可能对他人造成损失的，人民法院应当责令申请人提供相应的担保。

可见，无论是《民事诉讼法》，还是相应的司法解释，关于普通民事诉讼程序中证据保全的规定都是相当简略和粗陋的，与前述大陆法系国家和地区的立法例中的规定相差甚远，亟待完善。

2. 海事诉讼特别程序中的规定

1999 年颁布的《海事诉讼法》第五章"海事证据保全"部分用第 62 条至第 72 条 11 个条文集中对海事诉讼中的证据保全作了规定，且立法水平已较为接近前述大陆法系国家和地区的立法例。其第 62 条规定："海事证据保全是指海事法院根据海事请求人的申请，对有关海事请求的证据予以提取、保存或者封存的强制措施。"第 63 条规定："当事人在起诉前申请海事证据保全，应当向被保全的证据所在地海事法院提出。"第 64 条规定："海事证据保全不受当事人之间关于该海事请求的诉讼管辖协议或者仲裁协议的约束。"第 65 条规定："海事请求人申请海事证据保全，应当向海事法院提交书面申请。申请书应当载明请求保全的证据、该证据与海事请求的联系、申请理由。”第66条规定：“海事法院受理海事证据保全申请，可以责令海事请求人提供担保。海事请求人不提供的，驳回其申请。”第67条规定：“采取海事证据保全，应当具备下列条件：（一）请求人是海事请求的当事人；（二）请求保全的证据对该海事请求具有证明作用；（三）被请求人是与请求保全的证据有关的人；（四）情况紧急，不立即采取证据保全就会使该海事请求的证据灭失或者难以取得。”第68条规定：“海事法院接受申请后，应当在48小时内作出裁定。裁定采取海事证据保全措施的，应当立即执行；对不符合海事证据保全条件的，裁定驳回其申请。”第69条规定：“（第1款）当事人对裁定不服的，可以在收到裁定书之日起5日内申请复议一次。海事法院应当在收到复议申请之日起5日内作出复议决定。复议期间不停止裁定的执行。被请求人申请复议的理由成立的，应当将保全的证据返还被请求人。（第2款）利害关系人对海事证据保全提出异议，海事法院经审查，认为理由成立的，应当裁定撤销海事证据保全；已经执行的，应当将与利害关系人有关的证据返还利害关系人。”第70条规定：“海事法院进行海事证据保全，根据具体情况，可以对证据予以封存，也可以提取复制件、副本，或者进行拍照、录相，制作节录本、调查笔录等。确有必要的，也可以提取证据原件。”第71条规定：“海事请求人申请海事证据保全错误的，应当赔偿被请求人或者利害关系人因此所遭受的损失。”第72条规定：“海事证据保全后，有关海事纠纷未进入诉讼或者仲裁程序的，当事人就该海事请求，可以向采取证据保全的海事法院或者其他有管辖权的海事法院提起诉讼，但当事人之间订有诉讼管辖协议或者仲裁协议的除外。”

第三节 质 证

一、质证概述

（一）质证的概念和特点

质证，是指当事人在庭审过程中，对双方当事人或其他诉讼参加人提供的证据进行公开的辨认、说明、质疑、质问和辩驳，以供法官对证据的可采性和关联性予以判断的一项法律制度。在旧的审判方式中，审查核实证据几乎完全是法官的工作，当事人在这一过程中基本处于消极被动状态；而将质证导入诉讼程序后，当事人变被动为主动，变消极为积极，其质证活动成为决定法官认证结果的决定性因素。从质证的概念可以看出，其主要有以下几方面的特点：

1. 主体

质证主体是指从事质证活动的行为人，也就是因实施质证行为而享有一定权利或承担一定义务的主体。一般来说，作为质证目的的法官认证的效果及于何人，质证的主体自然应为何人，可见，双方当事人自然应为质证的主体，而代理当事人进行诉讼的诉讼代理人则不属于质证主体，虽然司法实践中大量的质证活动是由诉讼代理人代当事人行使。

2. 对象

质证对象是指质证主体从事质证行为所指向的客体。法定的所有种类的证据方法都应是质证的对象，不管其是由当事人提出，还是由法院依职权主动调取。

3. 内容

质证内容是指质证主体对证据进行质证所涉及的范围。具体包括两方面：其一对证据能力之质问，也即就该证据本身是否具有合法的进入诉讼的资格进行质问；其二，对证据力之质问，即就该证据在多大程度上可以证明案件的事实真相进行质问。

4. 方式

只有科学的质证方法，才能达到预期的质证效果。质证方式主要有以下几种：

（1）一证一质。即举证方每提出一项证据，对方即进行质疑。此种方式比较适用案件事实争议不大、法律关系较为清楚和法律适用较为明确的案件。

（2）数证一质。即举证方将诸多证据全部举出，由质证方一次质证。此种质证方式较适合当事人人数多、案情层次较简单、证据数量多但其内容大多相同，所证明的事实较为一致的案件。

（3）一事一质。案件由多个事实组成，而每一事实又由数个证据来证明，这种情况下可将证明一个事实的诸个证据一并质证。

（4）根据证据类型质证。案件所涉及的证据类型很多时，可将每一种类型的证据一并质证。

（5）交叉质证。案件的法律关系较少，但诉讼主体多样，可以由各方针对各自的主张采取交叉质证方法进行相互质证。

（6）分类综合质证。将所有证据根据所要证明问题的性质分别归类，一类问题一类问题地进行质证。这种方式脉络清楚、重点突出、层次分明，在实践中经常被采用。

（二）质证的具体内容

针对不同的证据方法，质证的具体内容或重点有所不同。

1. 书证

对书证的质证一般从几个方面入手：是否伪造或变造、是否是原本、正本、副本或者节录本、与本案事实是否有联系、获取渠道是否合法、书证的作者及与其他证据是否有矛盾等。

2. 勘验

对勘验物的质证一般侧重于是否为原物、搜集的方式、来源、保存方式、是否与案件事实有联系、有无其他证据予以佐证及与其他证据是否有矛盾等。

3. 证人

对证人的质证是通过对其加以询问进行的，主要有五个步骤：首先要查明证人的身份、年龄、性别、职业、文化程度等基本情况，以向法庭明示证人的资格；其次是要求证人就其了解的与案件事实进行连贯性的陈述；再次是证人做连贯陈述后，当事人应当就证人没有陈述清楚或陈述有遗漏、矛盾的内容向证人发问，以查清事实，找出问题；又次是要针对对方当事人提出的问题进行发问，通过询问来查明对方陈述的关联性；最后是证人进行虚假陈述时，应当通过发问澄清事实，必要时，应当对比其他证人的有关证言，以达到证明其虚伪陈述的目的。

4. 对方当事人

对方当事人是诉讼的直接利害关系人，案件的处理结果如何同其有直接的利害关系，因此，当事人陈述虚假的可能性较大。因此，对对方当事人的质证应注意分析对方当事人陈述的合理性、陈述的动机和条件、陈述与其他证据有无矛盾、陈述来源是直接还是间接及陈述的内容是否矛盾等。

5. 鉴定

对鉴定这种专业证据的质证的焦点在于：鉴定人资格、所使用的设备是否完善、聘请是否合法、鉴定中是否受外界影响和掺杂个人因素、采用的方法和操作程序是否科学、鉴定所依据的检材是否充分可靠、论证是否充分、推断是否合理及是否排除了一切可疑情况等。

（三）两大法系质证程序的比较

英美法系国家和地区广泛采取以当事人主义为主要特证的质证模式，质证活动完全为当事人主导，法官在质证过程中始终处于消极的地位，仅作为质证程序的组织者或质证秩序的维护者。英美法系国家和地区的质证程序以对证人证言真实性的发现为中心，采用当事人交叉诘问的方式进行，质证程序在证据开示、审前会议及庭审三个阶段解决。而在大陆法系国家和地区，法官的职权色彩在证据调查中较为突出，在采取职权探知主义的刑事诉讼和行政诉讼中，法官主持质证活动并始终指挥质证活动的进行，当事人在质证过程中的诉讼行为始终受法官控制，处于消极被动的地位；在采取辩论主义的民事诉讼中法官的作用也非常显著，质证一般实行职权诘问，采用以法官为主，以当事人为辅的诘问方式进行，而是否实际采取交叉诘问的方式完全听凭法官的自由裁量。

两种质证模式在查明案件客观真实性这一根本目的上虽然一致，在具体制度布设上则有一定的差异，各有优劣。英美法系的质证模式在展示程序正当性方面具有优势，但由当事人主导质证的进程容易导致诉讼的拖延；在大陆法系的质证模式，其质证在精通法律的法官的主导下，故能较为高效地推进诉讼的进程。不过却不易避免法官的主观判断对质证程序正当性和质证效果的妨碍和影响。从发展趋势上来看，两大法系均有“取彼所长、补我所短”的动向。如作为传统大陆法系国家的日本，其民事诉讼模式即有借鉴英美法系质证制度的趋向。如现行日本民事诉讼法第2002条第1款“询问证人，按申请询问该证人的当事人、其他当事人审判长的顺序进行”的规定即在大陆法系原有质证体制上引入了英美法系的交叉诘问，实行审判长指挥下的交叉诘问方式。

（四）我国的规定及评述

1. 质证的原则

《民事诉讼法》第68条仅是原则性地规定了“证据应当在法庭上出示，并由当事人互相质证”，对质证的程序和效果均未作规定。《民事审改规定》第12条初步规定了质证之效果，即未经庭审质证的证据，不能作为定案的根据。《民事证据规定》第47条第1款进一步明确了质证的原则，即“证据应当在法庭上出示，由当事人质证。未经质证的证据，不能作为认定案件事实的依据”。该条明确了质证是法院认证的前提，即除另有规定的特殊情况外，不经质证的证据不能作为定案根据。《民诉法解释》第103条第1款亦承继了《民事证据规定》的这一做法。

2. 质证的特殊情况

《民事证据规定》规定了有关质证的两种特殊情况：①在庭前交换证据中无争议的证据无需质证。《民事证据规定》第47条第2款规定，当事人在庭前交换证据过程中没有争议的证据，经记录在卷，并经审判人员在庭审中予以说明后，可以直接予以认定，无需在庭审中出示和质证。《民诉法解释》第103条第2款进一步明确，当事人在审理前的准备阶段认可的证据，经审判人员在庭审中说明后，视为质证过的证据。②涉密证据的质证。《民事证据规定》第 48 条规定“涉及国家秘密、商业秘密和个人隐私或者法律规定的其他应当保密的证据，不得在开庭时公开质证”。《民诉法解释》第 103 条第 3 款保留了这一规定。至于这些涉密证据是否需要质证，此处规定并不明确。《民事诉讼法》第 68 条规定：“对涉及国家秘密、商业秘密和个人隐私的证据应当保密，需要在法庭上出示的，不得在公开开庭时出示。”该条规定并未要求涉密证据必须出示，只是需要在法庭上出示的，不得在公开开庭时出示。既然有些涉密证据连出示都不必要，更无质证可言了。因此，依法需要保密的证据既非一概不出示，也非一概出示，是否出示由法庭确定。法庭认为需要出示的，应当在不公开开庭时出示，法庭决定不出示的证据，当然也不存在质证问题。通常而言，如果不存在对国家利益、社会公共利益或者个人利益的重大损害，依法需要保密的证据原则上都要经过庭审出示和质证，不能出示和质证只能作为例外情况。

3. 质证的程序

《民事证据规定》第 49 条至第 62 条规定了证据的具体程序。其中第 50 条对质证的内容作了概括性的规定：“质证时，当事人应当围绕证据的真实性、关联性、合法性，针对证据证明力有无以及证明力大小，进行质疑、说明与辩驳。”《民诉法解释》第 104 条第 1 款亦承继了这一规则。《民事证据规定》第 51 条和第 52 条设置了质证的顺序，即“质证按下列顺序进行：（一）原告出示证据，被告、第三人与原告进行质证；（二）被告出示证据，原告、第三人与被告进行质证；（三）第三人出示证据，原告、被告与第三人进行质证”；“人民法院依照当事人申请调查收集的证据，作为提出申请的一方当事人提供的证据”；“人民法院依照职权调查收集的证据应当在庭审时出示，听取当事人意见，并可就调查收集该证据的情况予以说明”及“案件有两个以上独立的诉讼请求的，当事人可以逐个出示证据进行质证”。第 53 条至第 60 条规定了对证人证言（包括鉴定结论）进行质证的具体要求。第 49 条和第 61 条分别对书证、物证、视听资料和专家辅助人意见的质证作了规定。

二、交叉询问

（一）交叉询问概念和特点

1. 交叉询问的概念

在现代庭审活动中，对证人的调查方式一般有两种：一种是直接询问式，即由法官依职权对证人进行询问，同时不排斥双方当事人对证人的询问，其中，以法官的直接询问为主。大陆法系国家和地区一般采用此种询问方式。还有一种是交叉询问式（cross-examination），即对证人的询问主要由当事人双方发起并推动，按照先提出证人的一方询问再由相对方询问的顺序交替进行。交叉询问，又称交互诘问，一般有两种含义，一是指一种特定类型的法庭调查制度；二是指一种特定的诉讼行为，即当事人，尤其是提出证人一方的相对方对证人进行的盘诘。交叉询问的具体模式也有两种，一是纯粹由当事人主导的典型的交叉询问模式，如传统英美法系国家和地区，二是由法官参与的混合式交叉询问模式。随着审判实践的发展和两大法系的互相交融，混合式交叉询问模式正逐渐替代典型的交叉询问模式，如属于传统大陆法系国家和地区的日本和我国台湾地区在“二战”后相继确立了混合式的交叉询问模式。

2. 交叉询问的特点

（1）纯粹由当事人主导的典型的交叉询问模式的特点。

在交叉询问方式基础上建立起来的交叉询问制度是英美法系诉讼制度的核心部分，是当事人主义对抗制诉讼模式中最具特色的制度之一。交叉询问最早起源于19世纪的英国，并在稍后出现的美国证据体系中得到进一步的发展。① 不管何种类型的案件，在通常的诉讼程序中，只要有证人出庭，都将进行对证人的交叉询问。由于交叉询问是一种专业很强的法庭技术，所以一般都是由双方律师进行。交叉询问首先由申请提出该证人（也称为“己方证人”）的当事人（通常是该当事人的律师）对该证人进行询问，称之为“主询问”（direct examination），然后由对方当事人（通常也是该当事人的律师）对该证人进行询问，称为“反询问”（cross-examination），最初询问证人的当事人或律师还可以对证人进行再询问，称为“复主询问”（redirect examination）；复主询问之后，也允许实施反询问的当事人或律师实施“复反询问”（recross-examination）。② 具体来说，其有以下几个主要特点：

①有严格的形式性要求，询问的顺序、内容和方式等都受到相当的限制。此种严格的规则对于采行陪审制的英美法系国家和地区具有十分重要的意义。因为陪审员只是一般民众，并无法律的专业素养，在交叉询问中若无严格规则之限制，律师往往可以通过诉讼技巧的运用轻易操控证人的回答从而影响陪审员心证的形成，更何况陪审员对案件事实的认定并不需要说明理由，更容易造

① 参见张卫平：《交叉询问制：魅力与异境的尴尬》，载《中外法学》2001年第2期。

② 参见张丽卿：《刑事诉讼法理论与运用》，台湾五南图书出版股份有限公司2004年版，第379~381页。

成交叉询问反而无法发现真相的疑虑，所以各种询问规则的要求其实是相应于陪审制而来，通过对诉讼参与人的限制，以及法官诉讼指挥权的运作，使陪审员的心证不致因律师技巧的高低而使事实真相难以被发现。

②交叉询问制度以完备的审前程序为前提。在英美法系国家和地区的审前程序中，当事人双方通过证据开示等程序，对彼此将要提出的证据已有所了解，可以为庭审中交叉询问的顺利进行作出充分的准备，保证审理程序集中、顺利地进行。

③在英美法系诉讼程式中，证人是“当事人的证人”。证人是否出庭接受交叉询问由当事人保证，法院没有义务保证证人的出庭。

④只有当事人或当事人的律师才能询问证人，法官不得询问证人。

⑤对证人的询问应采取一问一答的方式，且盘问的问题必须具有具体性和特定性。

⑥可以实施诱导性询问。所谓诱导性询问，是指询问者指示证人如何回答或将回答的文句嵌入问话中，强烈地暗示证人按提问者的答案作出回答的询问方式。凡足以使证人遵循询问者的建议而作答的问话均属于诱导性询问。该种发问方式主要运用在反询问中，目的是通过该种技巧发现证人证言中的破绽。如在对一起伤害案件审理的过程中，辩护律师向控方所提供的证人提出“你当时不是看见被告人未碰那个男子吗”这一问题，该询问就属于诱导性询问，目的在于获得证人对被告人未伤害被害人这一事实给予肯定性答复。

（2）由法官参与的混合式交叉询问模式的特点。

以日本和我国台湾地区为代表的部分大陆法系国家和地区在“二战”后陆续借鉴了英美法系交叉询问制度的某些做法，并结合大陆法系传统的诉讼模式加以改造，从而形成了颇具特色的由法官参与的混合式交叉询问模式，其特点在于：

①尽管规定当事人可以在证人询问中进行交叉盘问，但并没有排除法官对证人的询问。当然法官的询问一般被限制在当事人询问终了后，只有当审判长认为有必要时才能先于当事人对证人实施询问。

②证人的性质是英美法系与大陆法系的折中。如前所述，英美诉讼的证人是“当事人的证人”，而大陆法系诉讼的证人则是“法院的证人”，而由法官参与的混合式交叉询问模式下的证人则具有两重性。在是否采用该证人、传唤证人及证人询问顺序等方面由法院决定，表明其证人的法院属性；但在当事人可以预先与证人沟通方面又具有当事人的属性。当然，这种预先的接触没有英

美那样广泛，如在日本，证人除了“原告的证人”和“被告的证人”外，还有一些证人属于中立的证人，即不能与原告和被告任何一方沟通，不为原告和被告任何一方利用。①

③证人询问原则上采取一问一答式，同时也允许采取大陆法系传统的概括或陈述式方式。即证人可以通过陈述的方式先总体性地描述案情，在其叙述完毕后，如有必要，当事人及法官再采用一问一答的方式进行询问。

日本 1948 年修改后的民事诉讼法第 294 条关于询问顺序是这样规定的：“（第 1 款）证人由提出对其询问的当事人先行询问，在其询问终了后，其他当事人可以对其询问。（第 2 款）审判长在当事人询问终了后，可以询问证人。（第 3 款）审判长认为必要时，可以随时自行询问或准许当事人询问。（第 4 款）当事人的询问与已进行的询问重复或涉及与争点无关的事项或认为有特殊必要时，审判长可以限制询问。（第 5 款）其他审判官在向审判长报告后，可以询问证人。”② 1955 年制定的民事诉讼规则第 33 条规定：“（第 1 款）当事人对证人的询问按以下顺序：（1）提出询问申请的当事人询问；（2）对方询问；（3）提出询问申请的当事人再次询问；（第 2 款）当事人经审判长许可可以再询问；（第 3 款）当事人询问终了后，审判长可以询问；（第 4 款）审判长认为必要时任何时候都可以询问证人；（第 5 款）陪审法官告知审判长后可询问证人。”

我国台湾地区对交叉询问制度的确立较日本晚，其对于交叉询问顺序的系统规定直到 2003 年修改“刑事诉讼法”时才确定下来。其第 166 条规定：“（第 1 款）当事人、代理人、辩护人及辅佐人声请传唤之证人、鉴定人，于审判长为人别讯问后，由当事人、代理人或辩护人直接诘问之。被告如无辩护人，而不欲行诘问时，审判长仍应予询问证人、鉴定人之适当机会。（第 2 款）前项证人或鉴定人之诘问，依下列次序：一、先由声请传唤之当事人、代理人或辩护人为主诘问。二、次由他造之当事人、代理人或辩护人为反诘

---

① 参见张卫平：《交叉询问制：魅力与异境的尴尬》，载《中外法学》2001 年第 2 期。

② 1996 年日本修改民事诉讼法时对该条作出调整，修改后的民诉法第 202 条规定：“（第 1 款）询问证人，按申请询问该证人的当事人、其他当事人、审判长的顺序进行。（第 2 款）审判长认为必要时，听取当事人的意见后，可以变更本条前款所规定的顺序。（第 3 款）对于根据本条前款规定的变更，当事人提出异议申请时，法院应以裁定对该异议作出裁判。”从而限制了法院对询问程序的主导权。

问。三、再由声请传唤之当事人、代理人或辩护人为复主诘问。四、再次由他造当事人、代理人或辩护人为复反诘问。（第3款）前项诘问完毕后，当事人、代理人或辩护人，经审判长之许可，得更行诘问。（第4款）证人、鉴定人经当事人、代理人或辩护人诘问完毕后，审判长得为讯问。（第5款）同一被告、自诉人有二以上代理人、辩护人时，该被告、自诉人之代理人、辩护人对同一证人、鉴定人之诘问，应推由其中一人代表为之。但经审判长许可者，不在此限。（第6款）两造同时声请传唤之证人、鉴定人，其主诘问次序由两造合意决定，如不能决定时，由审判长定之。"①

作为最为传统的大陆法系国家，德国的刑事诉讼法中也有关于交叉询问的规定，但同时还设置有轮替询问制度，且实务中以轮替询问为主。② 而轮替询问即是指所有诉讼参与人（包括被告）均可以直接对所有在场的证人、鉴定人或被告发问，至于进行方式则取决于审判长的诉讼指挥权，可谓完全不注重程序的形式性，与交叉询问的要求大相径庭，仍是典型的法官职权主导型的证据调查模式。

（二）交叉询问的内容

交叉询问一般分成四个步骤：主询问、反询问、复主询问、复反询问。证人总是由传唤者先询问（主询问）；再由他方当事人询问（反询问）；传唤者对于反询问的内容再为询问（复主询问）；他方再次反问（复反询问），且询问的范围越来越小。

1. 主询问

主询问是指就待证事实及相关事项以及为争辩证人供述证据力所必要的事项所作的询问。因当事人对其自己申请传唤的证人的证言内容最为了解，故自然应该先由该方当事人或其诉讼代理人进行主询问。主询问的目的主要是通过对证人的询问使该证人将有利于己方的有关案件事实反映出来，作出支持自己主张的证言，以取得事实审理者——陪审团或法官的理解。

由于主询问的对象是己方提出的证人，其范围是待证事实、待证事实的相

① 其"刑事诉讼法"2003年修改之前，第166条关于交叉询问顺序的规定非常粗略："（第1款）证人、鉴定人由审判长讯问后，当事人及辩护人得直接或声请审判长诘问之。（第2款）证人、鉴定人如系当事人声请传唤者，先由该当事人或辩护人诘问，次由他造之当事人或辩护人诘问，再次由声请传唤之当事人或辩护人复问。但复问以关于因他造诘问所发现之事项为限。"

② 参见陈卫东、王静：《我国刑事庭审中交叉询问规则之重构》，载《人民检察》2007年第22期。

关事项及证人陈述的证据力，故其通常要达到下列目标才是成功的主询问：①以证言及证物提出证明；②实体法律关系的构成要件；③确保陪审团或法官对证言听得清清楚楚；④使证人显得可信；⑤使陪审团或法官相信证言已经足够精确；⑥强调证言的重要部分；⑦缩小证人的弱点，扩张其论点的优势。①

主询问下，受询问者往往为主询问者的“友性证人”，容易迎合询问者的意思而为陈述，因此，某些询问行为虽然在反询问中可以为之，但在主询问（包括复主询问）中则应被禁止。一般来说，有如下几种：①与本案无关的询问。此种询问显然会浪费时间，并有可能使无关联性的证据进入庭审，影响陪审团或法官的正确判断，因而在主询问或复主询问程序中不得为此中询问。但在反询问时，为击破证人虚伪或不明确陈述的证据力或证明其对反询问的危害性，原则上可为与本案无关的询问。②责难性询问。此种询问会影响证人供述的自由意志，且有迎合询问者意思的倾向，因而在主询问或复主询问时，除有发现真相的必要，原则上应予禁止。而在反询问时，因证人通常为反询问者的“敌性证人”，对有作伪证嫌疑或不认真作证的证人，有时若不施加以适当的职责或非难性的询问，即无法收到反询问的功效，因此，在反询问时可以进行责难性询问。③重复询问。此种询问显然浪费时间，因而非有必要，主询问或复主询问不得进行。而对于反询问，有时重复询问可用以击破“敌性证人”虚伪或不明确的陈述，达到反询问削弱证人供述证据力的目的。④诱导性询问。在主询问程序中，以禁止诱导性询问为原则，从而避免主询问方与证人就待证事实相互唱和。② 不过，在例外情形下，主询问方也可进行诱导性询问。如美国联邦证据规则第611条（c）款规定，为进一步展开证人的作证，对证人的主询问可以实施诱导性询问。我国台湾地区“刑事诉讼法”第166条之一第3款规定：“行主诘问时，不得为诱导诘问。但下列情形，不在此限：一、未为实体事项之诘问前，有关证人、鉴定人之身份、学历、经历、与其交游所关之必要准备事项。二、当事人显无争执之事项。三、关于证人、鉴定人记忆不清之事项，为唤起其记忆所必要者。四、证人、鉴定人对诘问者显示敌意或反感者。五、证人、鉴定人故为规避之事项。六、证人、鉴定人为与先前不符之陈述时，其先前之陈述。七、其他认有诱导诘问必要之特别情事者。”

2. 反询问

证人被主询问后，在由他当事人或诉讼代理人进行反询问。反询问的目

① 参见张丽卿：《交互诘问之新规定》，载《东海大学法学评论》第18期。

② 参见张丽卿：《交互诘问之新规定》，载《东海大学法学评论》第18期。

的，首先在发现主询问所隐藏或未触及的事项，或使证人说出与主询问相矛盾或不一致的事项；其次在于使证人说出足以削弱或推翻其在主询问时所为陈述的证据力的事项，以排除或降低其证言的证据力。简言之，因反询问的对象为“敌性证人”，所以其最终目的在于打击、削弱该证人证言的可信度，进而得出有利于己方的事实。

为达到有效的反询问，反询问方可以使用以下发问技巧：①进行诱导性询问；②以先前的陈述反驳证人；③逼迫证人回答所提出的问题；④避免让证人进行解释性回答；⑤避免让证人注意到想表达的重点。①

反询问的范围包括两方面：（1）因反询问是针对主询问的询问，故应以主询问的询问范围为限，未经主询问的事项不得进行反询问；（2）对于经反询问程序新发现的可信性疑问，无既定范围可言，凡足以反驳证人证言可信性的事项均可进行反询问。如美国联邦证据规则第611条（b）款规定：“交叉询问（即反询问）应限于直接询问（即主询问）时的主题和与证人诚信有关的问题。法庭经斟酌决定，可以允许像直接询问（即主询问）时那样对附加的问题进行询问。”我国台湾地区“刑事诉讼法”第166条之二第1款规定：“反诘问应就主询问所显现之事项及其相关事项或为辨明证人、鉴定人之陈述证明力所必要之事项行之。”第166条之三第1款规定：“行反诘问时，就支持自己主张之新事项，经审判长许可，得为诘问。”

3. 复主询问

复主询问由申请传唤证人一方当事人或其诉讼代理人进行，即由先前为主询问的一方发问。复主询问乃因反询问结果所引起的必要询问，其目的在于证人经反询问后，经主询问陈述的证据力可能被推翻或动摇，因此为说明、修正或推翻反询问所发现的事项以恢复或增强证人在主询问时陈述的证据力。② 故复主询问的范围自然应以反询问所发现事项及增强证言证据力所必要的事项为限。此外，复主询问应依主询问的方式进行，主询问的规则对复主询问基本完全适用。应注意的是，复主询问是针对对方反询问所提出的疑问进行澄清或解释，并非抛开反询问的内容单纯就主询问本身存在的缺陷或不足进行补充或修补。

4. 复反询问

---

① 参见张丽卿：《交互诘问之新规定》，载《东海大学法学评论》第18期。

② 参见张丽卿：《刑事诉讼法理论与运用》，台湾五南图书出版股份有限公司2004年版，第380页。

复反询问由申请传唤证人一方的对方当事人或其诉讼代理人进行，即由先前为反询问的一方发问。复反询问乃因复主询问结果所引起的必要询问，其以反对复主询问所发现的证言证据力的必要事项为限，应依反询问的方式进行，反询问的规则对复反询问基本完全适用。①

在当事人对证人进行交叉询问之外，法庭可以对证人进行补充性或继续性的询问（美国联邦证据规则第614条b款；日本民事诉讼法第202条第1款；我国台湾地区“刑事诉讼法”第166条第4款、第166条之六第2款）。不过，法庭的补充询问应该尽量少用。诉讼胜败应由双方当事人负主要责任，不应由法院给予协助或加以打击。根据美国的经验，虽然上诉审法院一般比较尊重事实审法院的决定，但有时会因法官问得太多而撤销原判决，发回原审法院重新审判。

（三）我国现有规定及评述

《刑事诉讼法》第194条规定：“（第1款）证人作证，审判人员应当告知他要如实地提供证言和有意作伪证或者隐匿罪证要负的法律责任。公诉人、当事人和辩护人、诉讼代理人经审判长许可，可以对证人、鉴定人发问。审判长认为发问的内容与案件无关的时候，应当制止。（第2款）审判人员可以询问证人、鉴定人。”不难看出，现行刑事诉讼法已将询问证人的主导权交给了控、辩双方，法官虽然也有询问证人的权利，但其询问一般是在控、辩双方结束对证人的询问之后的补充性询问。但是并不能因此即认为我国刑事诉讼领域已确立了严格意义上的交叉询问制度。我国现有对证人的询问制度主要存在着以下四个方面的缺陷：一是询问的顺序不够具体、明确，只是笼统地规定了先提请传唤作证方询问再向对方询问的顺序，而对一些特殊情况下的询问方式未作具体规定；二是对询问的范围未作任何限制性规定，模糊了主询问与反询问的功能设置；三是缺乏一系列有效的交叉询问规则的制约，极易导致交叉询问的无序性，使庭审拖沓冗长；四是交叉询问配套制度的不完善，间接影响了交叉询问制度在我国刑事诉讼中真正确立和切实贯彻。

在民事诉讼和行政诉讼领域，关于证人证言的调查程序规定得非常简略和粗陋。现行行政诉讼法对证人证言的调查程序只字未提，《民事诉讼法》仅在第139条第2款规定：“当事人经法庭许可，可以向证人、鉴定人、勘验人发问。”《民事证据规定》第55条第1款规定：“证人应当出庭作证，接受当事人的质询。”第59条第1款规定：“鉴定人应当出庭接受当事人质询。”第60

① 参见张丽卿：《刑事诉讼法理论与运用》，台湾五南图书出版股份有限公司2004年版，第381页。

条规定："（第 1 款）经法庭许可，当事人可以向证人、鉴定人、勘验人发问。（第 2 款）询问证人、鉴定人、勘验人不得使用威胁、侮辱及不适当引导证人的言语和方式。"对于专家辅助人，《民诉法解释》第 123 条第 1 款规定，经法庭准许，当事人可以对出庭的具有专门知识的人进行询问，当事人各自申请的具有专门知识的人可以就案件中的有关问题进行对质。《行政证据规定》第 39 条第 2 款和第 3 款分别规定，经法庭准许，当事人及其代理人可以就证据问题相互发问，也可以向证人、鉴定人或者勘验人发问；当事人及其代理人相互发问，或者向证人、鉴定人、勘验人发问时，发问的内容应当与案件事实有关联，不得采用引诱、威胁、侮辱等语言或者方式。可见，两个司法解释对交叉询问也是仅规定了一个雏形，今后的完善仍是任重道远。

第四节　认　　证

一、认证概述

（一）认证的概念

认证，是指在当事人举证和质证的基础上，由法官对证据的可采性和关联性进行鉴别、核实并最终确认其效力的诉讼行为。认证是举证和质证需要达到的目的，是案件事实得以确定的基础和前提，是整个证明过程的最终阶段，是法官行使审判权的体现，因此在证明过程中具有重要的意义和价值。

（二）认证的本质

认证实质上是事实认定者对证据的证据力的有无和证据能力的强弱进行判断。在大陆法系国家和地区，认定事实和适用法律都是由训练有素的职业法官完成，其对证据力和证据能力的认定都是经由其自由心证，没有形成法律上系统的认证规则；而英美法系国家和地区因有由陪审团认定事实的传统，为防止未经职业训练的陪审团成员被一些干扰因素误导，从而对证据力的认定（甚至包括某些证据能力的认定）发展出较为系统和完备的认证规则。近年来我国法学界和司法实践中对认证规则的认识受英美法系证据法的影响较大，吸收了一些英美法上的认证规则。但无论证据规则如何详尽，在由职业法官认定证据效力的我国，不可能也不必要排除法官在认证中的自由裁量。如《民事证据规定》即采用了以法官自由心证为认证基础，辅之以特定的认证规则的思路。其第 64 条明确规定："审判人员应当依照法定程序，全面、客观地审核证据，依据法律的规定，遵循法官职业道德，运用逻辑推理和日常生活经验，对证据有无证明力和证明力大小独立进行判断，并公开判断的理由和结果。”

（三）认证的时间

认证的时间主要有两种：

1. 当庭认证

当庭认证，又称庭审中认证，是指在法庭调查中通过诉讼当事人的举证和质证，最后由法官在庭审中公开确认证据的效力。当庭认证是为了避免审判活动中的“暗箱操作”、“先判后审”、提高庭审的透明度及增强司法的公正性而采取的措施，但是在审判实践中仍然存在极大的争议。一方面，当庭认证不易操作。由于认证是审判活动中的一项具体内容，因此它应由独任庭审判员或合议庭成员合议后作出，合议的过程应由书记员记录在案。实践中，认证的过程独任庭审判员无须与谁商议，但合议庭在法庭上往往是简单交换意见或作出某种暗示后就作出认定其证据力的决定。在庭审中审判人员交头接耳进行商议，不仅使庭审活动显得不严肃，且书记员也无法准确地记录合议过程，更重要的是当庭认证违反了秘密合议规则，让有的当事人听到会产生对审判人员的抵触情绪，影响了法官和法院的公正形象。另一方面，当庭认证不利于庭审否认顺利进行。在法庭调查过程中，如果法官对证据的证据力当场确定，势必影响当事人在法庭辩论中的积极性，不利于当事人充分发表意见，间接地剥夺了当事人的诉讼权利，甚至会出现当事人当场与审判人员就证据效力问题进行争辩的场面，影响庭审的质量。

2. 庭后认证

庭后认证，是指法庭对诉讼当事人在庭审中提供的证据不能当庭确认其效力时，审判长应宣布待庭后认证或指令诉讼当事人限期补充证据。

我国三大诉讼法及有关的司法解释均把庭审过程分为“法庭调查——法庭辩论——合议——宣判”几个阶段，没有对认证的具体方式作出明确规定。以民事诉讼法领域为例，我国民事诉讼法和《民诉适用意见》均没有关于认证时间的规定。只有《民事审改规定》对认证的时间作了初步的界定。其第13条规定：“经过庭审质证的证据，能够当即认定的，应当当即认定；当即不能认定的，可以休庭合议后再予认定；合议后认为需要继续举证或进行鉴定、勘验等工作的，可以在下次开庭质证后认定。未经庭审质证的证据，不能作为定案的依据。”分析这一规定可以看出它似乎确定了三种认证时间：一是“当即”，即审判人员在庭审过程中即席合议认证；二是“休庭合议后”由合议庭成员进行认证；三是“下次开庭质证后”。但该规定并未实质性地解决认证的时机问题，使得审判人员在实践中各行其是，恣意为之。

（四）认证的方式

认证的具体方式主要有三种，即个别审查、比较印证和综合分析。

1. 个别审查

个别审查是对单个证据是否具有证据力以及具有多大程度上的证据能力的审查。如《民事证据规定》第 65 条规定："审判人员对单一证据可以从下列方面进行审核认定：（一）证据是否原件、原物、复印件、复制品与原件、原物是否相符；（二）证据与本案事实是否相关；（三）证据的形式、来源是否符合法律规定；（四）证据的内容是否真实；（五）证人或者提供证据的人与当事人有无利害关系。"第 69 条规定："下列证据不能单独作为认定案件事实的依据：（一）未成年人所作的与其年龄和智力状况不相当的证言；（二）与一方当事人或者其代理人有利害关系的证人出具的证言；（三）存有疑点的视听资料；（四）无法与原件、原物核对的复印件、复制品；（五）无正当理由未出庭作证的证人证言。"

2. 比较印证

比较印证是对同类证据或者证明同一事实的不同证据的对比分析。如《民事证据规定》第 73 条第 1 款规定："双方当事人对同一事实分别举出相反的证据，但都没有足够的依据否定对方证据的，人民法院应当结合案件情况，判断一方提供证据的证明力是否明显大于另一方提供证据的证明力，并对证明力较大的证据予以确认。"第 77 条规定："人民法院就数个证据对同一事实的证明力，可以依照下列原则认定：（一）国家机关、社会团体依职权制作的公文书证的证明力一般大于其他书证；（二）物证、档案、鉴定结论、勘验笔录或者经过公证、登记的书证，其证明力一般大于其他书证、视听资料和证人证言；（三）原始证据的证明力一般大于传来证据；（四）直接证据的证明力一般大于间接证据；（五）证人提供的对与其有亲属或者其他密切关系的当事人有利的证言，其证明力一般小于其他证人证言。"

3. 综合分析

综合分析是对全部证据进行总体分析并据此得出整个案件事实的结论。如《民事证据规定》第 66 条规定："审判人员对案件的全部证据，应当从各证据与案件事实的关联程度、各证据之间的联系等方面进行综合审查判断。"《民诉法解释》第 105 条进一步明确，人民法院应当按照法定程序，全面、客观地审核证据，依照法律规定，运用逻辑推理和日常生活经验法则，对证据有无证明力和证明力大小进行判断。

二、证明标准

（一）证明标准概述

1. 证明标准的概念

证明标准可以从两个角度来理解：从当事人角度来看，证明标准是一种证明要求或证明任务，即承担证明责任的人提供证据对案件事实加以证明所要达到的程度；从事实认定者角度来看，证明标准是一种证明程度，即法官在诉讼中通过对特定证据效力的判断来认定案件事实所要达到的程度。一般来说，证明标准是和事实认定者的认证活动紧密联系的，是事实认定者认证最终的结果，故多从证明程度角度来理解证明标准的内涵。

2. 证明标准的意义

证明标准在诉讼过程中具有重要的意义，是诉讼证明活动的方向和准绳，具体有以下两点：一方面，证明标准是当事人履行证明责任的依据。凭借证明标准的衡量，当事人知道何时应当举证，对方当事人也可以知道何时应当提供相反的证据进行反驳。同时，如果法律没有规定证明标准，当事人即对应该如何履行证明责任不甚明确，无法正确评估将要投入的诉讼成本。另一方面，证明标准是事实认定者认定案件事实的准则。事实真伪的认定，就在于与证明标准是否吻合。根据当事人提供的证据，如果事实认定者认为这些证据对待证事实的证明达到了证明标准，则认定该事实为真；反之，如果证明责任承担者提供的证据未能满足证明标准，则认定该事实为假或真假不明。

（二）域外立法中的证明标准

1. 刑事诉讼的证明标准

英美法系证据法上对刑事诉讼证明标准的表述是“排除合理怀疑”。所谓排除合理怀疑，与清楚、准确及无可置疑等含义相当，含有全面证实和完全确信的意思，是指被告人的罪行必须被证明到排除每一个合理的假设的程度方能成立，即作为理性的人的陪审团成员在根据有关指控犯罪是由被告人实施的证据进行推理时，是如此确信，以至于不可能作出其他合理的推论。

大陆法系证据法的表述是“内心确信”或“高度盖然性”。内心确信，是指法律不要求法官说明他们是如何获得心证的，也不要求法官必须遵守关于证据的规则，只是命令他们以真挚的良心问自己，为了证明被告人有罪而提出的证据和被告人方面的防御是否已经给了他们充分的印象。高度盖然性，一方面是指在公开的法庭上通过证据的提出和调查以及当事人双方的辩论而逐渐形成的证据在质和量上的客观状态，以及所反映出来的要证事实的明白性和清晰性；另一方面也指法官对这种客观状态的认识，即该状态作用于法官的心理过程而使其达到的确信境地。在德国的判例和学说中，这一标准还被表述为“紧邻确实性的盖然性”。①

2. 民事诉讼和行政诉讼的证明标准

对于民事诉讼和行政诉讼的证明标准，两大法系差别并不大，表述方式也基本相同，一般都是用“盖然性占优势”这一词语，另外还有使用“优势证据”等表述方法的。盖然性占优势，是指如果证明责任的承担者所提供的证据在总体的分量上高出对方当事人或者更为可信，那么，证明责任承担者便完成了他的证明责任；相反，如果双方当事人提供的证据分量相等或者反证者的证据分量更重，那么证明责任承担者便要承受败诉的结果。盖然性占优势并非意味着哪一方的证据在数量上占优势即可胜诉，而是看哪一方的证据在总体上对案件事实的证明程度更高，也就是质量更高。

（三）我国立法中的证明标准

1. 现有规定

现行《刑事诉讼法》第200条规定：“在被告人最后陈述后，审判长宣布休庭，合议庭进行评议，根据已经查明的事实，证据和有关的法律规定，分别作出以下判决：（一）案件事实清楚，证据确实、充分，依据法律认定被告人有罪的，应当作出有罪判决；（二）依据法律认定被告人无罪的，应当作出无罪判决；（三）证据不足，不能认定被告人有罪的，应当作出证据不足、指控的犯罪不能成立的无罪判决。”也就是说，现行刑事诉讼法规定的证明标准是案件事实清楚，证据确实、充分。而《刑事诉讼法》第55条第2款则规定了证据确实、充分的三项条件：①定罪量刑的事实都有证据证明；②据以定案的证据均经法定程序查证属实；③综合全案证据，对所认定事实已排除合理怀疑。

《民事诉讼法》没有对证明标准作出直接的规定，而是间接体现在该法第170条第1款第3项规定，第二审人民法院对上诉案件，经过审理，认为原判决认定基本事实不清的，裁定撤销原判决，发回原审法院重审，或者查清事实后改判。本条将证明标准从否定的方面进行表达，即“基本事实不清”，那么，直接的表达就应当是“事实清楚，证据确实、充分”，可见，民事诉讼与刑事诉讼的证明标准基本一致。

① 参见王亚新：《刑事诉讼中发现案件真相与抑制主观随意性的问题——关于自由心证原则历史和现状的比较法研究》，载《比较法研究》1993年第2期。

现行《行政诉讼法》同《民事诉讼法》一样，也是通过间接的方式对证明标准作了规定。其第61条规定："人民法院审理上诉案件，按照下列情形，分别处理：(一)原判决认定事实清楚，适用法律、法规正确的，判决驳回上诉、维持原判；(二)原判决认定事实清楚，但适用法律、法规错误的，依法改判；(三)原判决认定事实不清，证据不足，或者由于违反法定程序可能影响案件正确判决的，裁定撤销原判，发回原审人民法院重审，也可以查清事实后改判。当事人对重审案件的判决、裁定，可以上诉。"可见，行政诉讼的证明标准也是案件事实清楚，证据确实充分。

2. 评述

可见，我国三大诉讼法的证明标准是统一的，即都是案件事实清楚，证据确实充分。一般认为，案件事实清楚，证据确实充分的含义有四项内容：①案件事实均有必要的证据予以证明；②证据之间、证据与案件事实之间的矛盾得到合理的排除；③据以定案的证据均已查证属实；④对案件事实的证明结论是唯一的，排除了其他的可能性。

该证明标准最显著特点是凸显对客观真实的追求。该标准如果能够实现，人民法院以案件的客观真实情况来进行裁判，这当然是司法所要追求的最理想的状态。从本质上说，案件的审理过程实质上是法官依据所掌握的各种证据形成心证的过程。首先通过证据寻求其形成特定事实的原因，也就是确定每个证据与事实间的因果关系；然后对全部事实原因进行归纳，得出证明结论以确定需证明的行为事实真实性如何、是否客观真实。可见，对案件事实的证明采用的是从个别到一般的归纳证明的逻辑形式。运用这种逻辑形式进行证明，需要注意两个潜在性问题：一是在确定证据与形成它的行为事实间因果关系时，鉴于因果关系的复杂性，加上人们认识经验上直线性的思维方式，所确定的行为事实往往是一种或然性真实；二是由个别证据确定的行为事实进行归纳，因这些个别证据是有限的，归纳得出的证明结论自然具有或然性。由此可见，诉讼证明在证明案件事实的客观真实上是有程度性的，也就是说是一种或然性真实，绝对的达到真理性的客观认识是不可能的。如果无视现实而一味苛求所谓客观真实这一标准，势必会造成法官的绝大部分工作不是裁量案件而是查明案件真相。这样无疑会破坏对抗式纠纷解决机制的应有功能，降低法院裁决的公信力，并造成诸多无法查明真相的案件累积，法官的裁判职能也难以正常发挥。因此，在证明案件事实问题上，应当确定一个法律上的客观真实程度标准。

同时，三大诉讼法对三个诉讼领域的证明标准进行整齐划一的界定，并不符合诉讼的本质要求。诉讼的目的是解决纠纷，发现案件事实真相只是解决纠纷的工具和手段，并非诉讼的最终目的。因纠纷的性质不同，对案件事实的证明要求自然应有所不同。刑事诉讼涉及公民基本权利的保障和社会公共利益的维护，关系重大，故对于案件事实的证明标准应达到最高的程度，才能够使案件得到正确处理。而民事诉讼仅涉及私权争议，其性质远不如刑事案件严重，绝大多数案件即便达不到很高的证明程度，也可以顺利解决，因此对它的证明标准可以比刑事诉讼低一些。行政诉讼虽然也涉及公共利益和公民利益，但其影响程度远较刑事诉讼要低，故对案件事实的证明程度也应低于刑事诉讼，并可与民事诉讼一致。

2015年1月颁布的《民诉法解释》第108条将“高度盖然性”作为我国民事诉讼领域的证明标准，即对负有举证证明责任的当事人提供的证据，人民法院经审查并结合相关事实，确信待证事实的存在具有高度可能性的，应当认定该事实存在。对一方当事人为反驳负有举证证明责任的当事人所主张事实而提供的证据，人民法院经审查并结合相关事实，认为待证事实真伪不明的，应当认定该事实不存在。

参考文献

一、著作类

1. 李浩培、吴传颐、孙鸣岗译：《拿破仑法典（法国民法典）》，商务印书馆 1979 年版。

2. 陈朴生：《刑事证据法》，台湾三民书局股份有限公司 1979 年版。

3. 柴发邦主编：《民事诉讼法教程》，法律出版社 1983 年版。

4. 刁荣华主编：《比较刑事证据法各论》，台湾汉林出版社 1984 年版。

5. 陈荣宗：《举证责任分配与民事程序法》，台湾三民书局股份有限公司 1984 年版。

6. 陈世雄等：《民刑事诉讼法大意》，台湾五南图书出版公司 1986 年版。

7. 骆永家：《民事举证责任论》，台湾“商务印书馆”1987 年版。

8. 方蔼如译：《法国刑事诉讼法典》，法律出版社 1987 年版。

9. 杨荣新主编：《民事诉讼法教程》，中国政法大学出版社 1991 年版。

10. 李学灯：《证据法比较研究》，台湾五南图书出版社 1992 年版。

11. 应松年主编：《中国行政诉讼法讲义》，中国政法大学出版社 1994 年版。

12. 王以真主编：《外国刑事诉讼法学》，北京大学出版社 1994 年版。

13. 李昌珂译：《德国刑事诉讼法典》，中国政法大学出版社 1995 年版。

14. 毕玉谦：《民事证据法及其程序功能》，法律出版社 1997 年版。

15. 雷万来：《民事证据法论》，台湾瑞兴图书股份有限公司 1997 年版。

16. 卞建林译：《美国联邦刑事诉讼规则和证据规则》，中国政法大学出版社 1998 年版。

17. 白绿铉：《美国民事诉讼法》，经济日报出版社 1998 年版。

18. 朱勇主编：《中国法制史》，法律出版社 1999 年版。

19. 徐静村：《刑事诉讼法学》（修订版），法律出版社 1999 年版。

20. 罗结珍译：《法国新民事诉讼法》，中国法制出版社 1999 年版。

21. 骆永家：《既判力之研究》，台湾三民书局股份有限公司1999年版。
22. 陈计男：《民事诉讼法论》（上），台湾三民书局股份有限公司1999年版。
23. 宋英辉译：《日本刑事诉讼法》，中国政法大学出版社2000年版。
24. 卞建林主编：《证据法学》，中国政法大学出版社2000年版。
25. 陈刚：《证明责任法研究》，中国人民大学出版社2000年版。
26. 白绿铉编译：《日本新民事诉讼法》，中国法制出版社2000年版。
27. 黄朝义：《刑事证据法研究》，台湾元照出版社2000年版。
28. 樊崇义主编：《证据法学》，法律出版社2001年版。
29. 王泽鉴：《民法总则》（增订版），中国政法大学出版社2001年版。
30. 卞建林主编：《证据法学》，中国政法大学出版社2002年版。
31. 谢怀栻译：《德意志联邦共和国民事诉讼法》，中国法制出版社2002年版。
32. 李交发：《中国诉讼法史》，中国检察出版社2002年版。
33. 王亚新：《对抗与判定——日本民事诉讼的基本结构》，清华大学出版社2002年版。
34. 李国光主编：《最高人民法院〈关于民事诉讼证据的若干规定〉的理解与适用》，中国法制出版社2002年版。
35. 最高人民法院民事审判第一庭著，黄松有主编：《民事诉讼证据司法解释的理解与适用》，中国法制出版社2002年版。
36. 王甲乙、杨建华、郑健才：《民事诉讼法新论》，台湾三民书局股份有限公司2002年版。
37. 黄朝义：《刑事诉讼法（证据篇）》，台湾元照出版有限公司2002年版。
38. 何家弘主编：《外国证据法》，法律出版社2003年版。
39. 罗玉珍、高委主编：《民事证明制度与理论》，法律出版社2003年版。
40. 吕太郎：《民事诉讼之基本理论》，中国政法大学出版社2003年版。
41. 王兆鹏：《刑事诉讼法讲义（一）》，台湾元照出版有限公司2003年版。
42. 张丽卿：《刑事诉讼制度与刑事证据》，台湾元照出版有限公司2003年版。
43. 陈一云主编：《证据法学》，法律出版社2004年版。
44. 何家弘、刘品新：《证据法学》，法律出版社2004年版。

45. 樊崇义主编:《证据法学》(第三版), 法律出版社 2004 年版。

46. 那思陆:《明代中央司法审判制度》, 北京大学出版社 2004 年版。

47. 那思陆:《清代中央司法审判制度》, 北京大学出版社 2004 年版。

48. 余定宇:《寻找法律的印迹》, 法律出版社 2004 年版。

49. 王兆鹏:《美国刑事诉讼法》, 台湾元照出版有限公司 2004 年版。

50. 张丽卿:《刑事诉讼法理论与运用》, 台湾五南图书出版股份有限公司 2004 年版。

51. 张永泉:《民事诉讼证据原理研究》, 厦门大学出版社 2005 年版。

52. 肖建华主编:《民事证据法理念与实践》, 法律出版社 2005 年版。

53. 林钰雄:《刑事诉讼法》(上), 中国人民大学出版社 2005 年版。

54. 沈德咏、宋随军主编:《刑事证据制度与理论》(中), 人民法院出版社 2006 年版。

55. 齐树洁主编:《美国司法制度》, 厦门大学出版社 2006 年版。

56. 梁书文主编:《〈关于民事诉讼证据的若干规定〉新释解》, 人民法院出版社 2006 年版。

57. 江伟主编:《民事诉讼法》(第三版), 高等教育出版社 2007 年版。

58. 刘广三主编:《刑事证据法学》, 中国人民大学出版社 2007 年版。

59. 周东平主编:《中国法制史》, 厦门大学出版社 2007 年版。

60. 毕玉谦:《民事证明责任研究》, 法律出版社 2007 年版。

61. [美] Edmund M. Morgan:《证据法之基本问题》, 李学灯译, 台湾世界书局 1982 年版。

62. [美] 乔恩·R. 华尔兹:《刑事证据大全》, 何家弘等译, 中国人民公安大学出版社 1993 年版。

63. [美] 杰弗里·C. 哈泽德、米歇尔·塔鲁伊:《美国民事诉讼法导论》, 张茂译, 中国政法大学出版社 1998 年版。

64. [英] 罗纳德·沃克:《牛津法律大词典》, 光明日报出版社 1988 年版。

65. [德] Musielak, GrundkursZPO, 5Aufl, Mohr, Tübingen, 1997 年版。

66. [德] Zeiss, Zivilp rozessrecht, 9Aufl, Mohr, Tübingen, 1997 年版。

67. [德] Baur/Grunsky, Zivilp rozessrecht, 10Aufl, Luchterhand, 2000 年版。

68. [德] Gehrlein, Zivilp rozessrechtNach der ZPO-Reform 2002, Beck, München, 2001 年版。

69. ［德］罗森贝克：《证明责任论》，庄敬华译，中国法制出版社 2002 年版。

70. ［德］克劳思·罗科信：《刑事诉讼法学》（第 24 版），吴丽琪译，法律出版社 2003 年版。

71. ［日］兼子一、竹下守夫：《民事诉讼法》，白绿铉译，法律出版社 1995 年版。

72. ［日］梅本吉彦：《民事诉讼法》（第 1 版），信山社 2002 年版。

73. ［日］松岗义正：《民事证据论》，张知本译，中国政法大学出版社 2004 年版。

74. ［日］门口正人：《民事证据法大系》（第 2 卷），青林书院 2004 年版。

75. ［日］高桥宏志：《重点讲义民事诉讼法》（下），有斐阁 2004 年版。

76. ［日］伊藤真：《民事诉讼法》（第 3 版），有斐阁 2004 年版。

77. ［日］新堂幸司：《新民事诉讼法》（第 3 版补正版），弘文堂 2005 年版。

78. ［日］松本博之：《民事诉讼法》（第 4 版），弘文堂 2005 年版。

二、论文类

1. 王亚新：《刑事诉讼中发现案件真相与抑制主观随意性的问题——关于自由心证原则历史和现状的比较法研究》，载《比较法研究》1993 年第 2 期。

2. 梁慧星：《从现代民法到近代民法》，载梁慧星主编：《民商法论丛》（第 7 卷），法律出版社 1997 年版。

3. 赵钢、占善刚：《也论当事人举证与人民法院查证之关系》，载《法商研究》1998 年第 6 期。

4. 何家弘：《司法证明方式和证据规则的历史沿革——对西方证据法的再认识》，载《外国法译评》1999 年第 4 期。

5. 黄松有：《证据开示制度比较研究》，载《政法论坛》2000 年第 5 期。

6. 何家弘：《沉默权制度及刑事司法的价值取向》，载《国家检察官学院学报》2000 年第 4 期。

7. 沈大路：《中国司法鉴定的古代史》，载《上海公安高等专科学校学报》2000 年第 4 期。

8. 殷啸虎：《中国古代司法鉴定的运用及其制度化发展》，载《华东政法学院学报》2001 年第 1 期。

9. 毕玉谦：《证据保全程序问题研究》，载《北京科技大学学报（社会科学版）》2001 年第 2 期。

10. 张卫平：《交叉询问制：魅力与异境的尴尬》，载《中外法学》2001 年第 2 期。

11. 吴丹红：《举证时限的理论思考与立法构想》，载《南京师范大学学报（社会科学版）》2001 年第 3 期。

12. 黄士元、吴丹红：《品格证据规则研究》，载《国家检察官学院学报》2001 年第 4 期。

13. 宋英辉、李哲：《传闻证据排除规则——外国证据规则系列之三》，载《人民检察》2001 年第 6 期。

14. 吴丹红：《透视证人拒证权的价值理念》，载《律师世界》2001 年第 9 期。

15. 姜世明：《当事人询问制度》（上），载台湾《万国法律》2002 年第 4 期。

16. 姚莉、吴丹红：《证人资格问题重述》，载《中国刑事法杂志》2002 年第 5 期。

17. 沈晖、王小咪：《书证复制件证据效力刍议》，载《中国律师》2002 年第 7 期。

18. 吴丹红：《证人权利保障论纲》，载《金陵法律评论》2003 年第 1 期。

19. 宋英辉、李哲：《直接、言词原则与传闻证据规则之比较》，载《比较法研究》2003 年第 5 期。

20. 常怡、王健：《举证时限制度的实证分析》，载《西南政法大学学报》2003 年第 6 期。

21. 张军：《民事诉讼质证程序模式思考》，载《理论月刊》2003 年第 12 期。

22. 周洪波：《刑事庭审举证规则研究》，载孙谦主编：《检察论丛》（第 6 卷），法律出版社 2003 年版。

23. 江伟、孙邦清：《对我国举证时限制度确立的反思》，载何家弘主编：《证据学论坛》（第六卷），中国检察出版社 2003 年版。

24. 王学棉：《论推定的逻辑学基础——兼论推定与拟制的关系》，载《政法论坛》2004 年第 1 期。

25. 陈卫东：《论刑事证据法的基本原则》，载《中外法学》2004 年第 4 期。

26. 朱立恒、王超：《传闻法则的产生与理论嬗变》，载《人民法院报》2004 年 12 月 15 日。

27. 刘立霞、田野：《刑事被告人品格证据相关性研究》，载《燕山大学学报（哲学社会科学版）》2005 年第 1 期。

28. 李浩：《事实真伪不明处置办法之比较》，载《法商研究》2005 年第 3 期。

29. 刘雪荣、刘立霞：《刑事诉讼中运用品格证据判断人证真实性研究》，载《河北大学学报（哲学社会科学版）》2006 年第 4 期。

30. 毕玉谦：《试论表见证明的基本属性与应用功能之界定》，载《证据科学》2007 年第 1 期。

31. 谢佑平：《传闻证据排除规则的意义及其引荐》，载《审判前沿观察》2007 年第 1 辑。

32. 陈卫东、王静：《我国刑事庭审中交叉询问规则之重构》，载《人民检察》2007 年第 22 期。

33. 李倩：《德国刑事证据禁止理论问题研究》，载《中外法学》2008 年第 1 期。

34. 吴光陆：《判决是否当然有证据力》，载台湾《月旦法学杂志》第 32 期。

35. 骆永家：《证明妨碍》，载台湾《月旦法学杂志》第 76 期。

36. 沈冠伶：《证据保全制度》，载台湾《月旦法学杂志》第 76 期。

37. 陈运财：《传闻法则理论及其实践》，载台湾《月旦法学杂志》第 97 期。

38. 王兆鹏：《自白与毒树果实原则》，载台湾《月旦法学杂志》第 101 期。

39. 陈运财：《违法证据排除法则之回顾与展望》，载台湾《月旦法学杂志》第 113 期。

40. 黄朝义：《修法后准备程序运作之剖析与展望》，载台湾《月旦法学杂志》第 113 期。

41. 林钰雄：《德国证据禁止论之发展与特色》，载台湾《律师杂志》第 232 期。

42. 许世宦：《起诉前之证据保全》，载台湾《台大法学论丛》第 32 卷第 6 期。

43. 李惊涛：《试论民事诉讼中的推定》，载中外民商裁判网，http：//

www. zwmscp. com/list. asp? unid=5944。

44. 李可:《举证责任:从狭义向广义的嬗变》,载法律教育网,http://www. chinalawedu. com/news/2004_6/22/1319134702. htm。

45. 郭纪元、刘珣:《取证权:困境与出路》,载法律顾问网,http://www. 51fagu. com/tszb/detail. asp? id=75。

46. 马志星:《美国证据开示制对我国庭前证据交换制度建立和完善的启示》,载法律教育网,http://www. chinalawedu. com/news/2005/6/ma 7298214 1111516500212464. html。

47. 北京市司法行政网所载"司法鉴定业务分类",http://www. bjsf. gov. cn/sfjd/sfjdyefl/。

48. [韩] 李时润、金玄卿:《论民事诉讼中的举证妨害行为》,载何家弘主编:《证据学论坛》(第三卷),中国检察出版社 2001 年版。